劉伯驥著

西洋教育史

中華書局印行

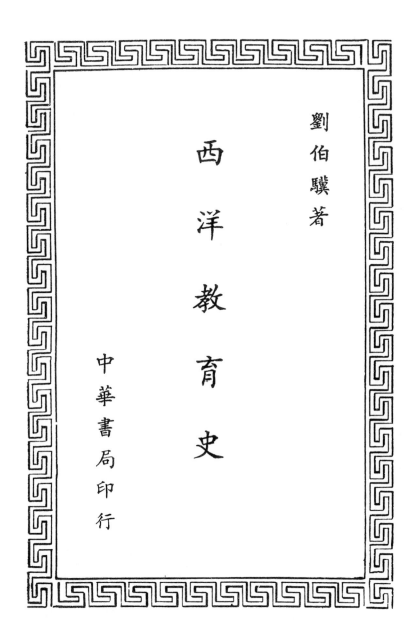

楊序

梁任公先生曾論及歷史學之功能有云：

「史也者，記述人類社會賡續活動之體，相較其總成績，求得其因果關係，以爲現代一般人活動之資鑑也。」

教育史是將歷史的方法應用之於教育上，其目的在闡明教育理論與事實之變遷發展，及其起伏因果關係，藉以瞭解已往的演進和今後努力的趨向。

因此教育史之研究，當以現代教育問題爲出發點。欲確切瞭解現代教育問題，必須追尋其過去演變發展之過程，因爲現代教育乃是其所淵源的歷史發展之成果。如果我們能够對於過去歷史有正確的認識，則對於現代教育所產生之問題，便可有更深一層的瞭解。

教育史乃是一種綜合性的學科，其內容至少要包括下列四部分：一、教育理論之演變，二、教育實施之經過，三、教育人物的思想和事實，四、時代的背景。這四部分在教育史上各有其重要性，而其中相互關係至爲密切。譬如教育理論與教育實施是分不開的。每種教育理論必有一種事實做牠的根據，而每種教育事實亦必有一種理論做牠的引導。再說到個人的教育學說及其事業，亦爲教育史所不可缺少的部分。因爲一個教育家之理論與事業，對於教育演進之形成與指導，具有實際的獻替與影響。又每一時代的教育理想及其制度之形成，乃是每一時代的政治、經濟、宗教、文化等因素之具體反映，欲瞭解其演變，尤須明瞭各種因素之究竟。

民國以來，我國出版界有關西洋教育史之著作，不下數十種。其中或失之簡略，或過於繁蕪，或偏重思想演變之敘述，或僅爲斷爛朝報之記載。求其能如上所述，體系賅備，卓然自成一家之言者，殊不多覯。

劉伯驥先生與予先後同肄業於美國士丹佛大學。士丹佛大學以教育學科馳名。教育學院院長克伯利博士 E. P. Cubberley 爲美國著名教育家，著作等身，尤以其所著之西洋教育史 The History of Education 流傳至廣。在克氏教育史未出版前，美國各大學多採用孟祿 Paul Monroe 所著西洋教育史 Textl Book in the History of Education 爲教本，自克氏著作問世後，各大學多改用克氏之書。迄今數十年，美國教育界仍認爲是一本具有威權的著作。克氏逝世後，其在士丹佛大學所講授之西洋教育史學科，由其弟子阿麥克教授 J. C. Almarck 繼續擔任。劉先生之研究西洋教育史，直接受教於阿麥克，間接乃師承克氏之學說。

劉先生博覽近代教育家有關西洋教育史之著作，故此書內容，頗能兼採諸家之長，而思想體系仍一本於克伯利之風格。此書雖重視教育理想之敘述，而不忽略事實。注重教育本身之演變與進步，而對於教育家之學說與事業及其所影響於教育之發展，亦極重視。其體系完整，取材精審，實爲最適合於大學應用之教本。故樂爲之序。

民國五十三年一月楊亮功於臺北

自序

修習教育科學的課程中，教育史為主要科目之一，通常與教育哲學、比較教育、教育心理學、教育行政、教育社會學、教學法等，為習教育者所必修。教育史又與教育哲學及比較教育有連帶關係，以前者論教育的思想，後者述現代教育的活動，幅度相聯，皆屬於教育史的範圍。近世的教育科學，其原理系統，原肇自西洋，凡研究教育各部門的學識，自應兼修西洋教育史，溯其淵源，稽其原委，察其背景，方能領悟其旨趣。雖然，西洋教育史一科，不啻為西方二千餘年學術思想與文教體制的總覽，故事複雜、理論繁蕪，苟欲通條貫，明本末，稍窺門徑者，非求有系統的研究不可。何況西方學者之治此學，原以闡明其本國的教育史為目的，故論其內容，自中世紀以前，猶一棵公有的蟠根古樹，徘徊共賞；文藝復興以後，競為枝接，蓋欲另闢系統，別導源流，詳己略人，取舍無定。且攙雜國家的意識，誇耀先賢的偉大，以訓導其青年，崇尚祖國文化的精神。凡有著述又每挾其主觀的想法，對史料增裁，非失諸愛惡，即失諸矜炫。事例甚多，不勝枚舉。這樣說來，中國青年欲治西洋教育史者，首應站在客觀的立場，持以批評的態度，方免囿於西方學者的成見，而有無所適從之感。

誠以西方文化思想與教育典制，浩如煙海，本書以區區篇幅，自難詳舉細論，兼賅無遺。因此，唯有將其對西方文明的理想與教育方法有直接貢獻者，提綱挈領，略述其梗概而已。本書取材，主要者是根據克伯利（Ellwood P. Cubberley）、孟祿（Paul Monroe）、阿麥克（John C. Almack）、杜根（Stephen Duggan）、迺特（Edgar W. Knight）、孔培里（Gabriel Compayre）、格里化（Frank

Pierrepont Graves)、麥哥密（Patrick J. Mccormick)、穆爾漢（James Mulhern)、威爾德斯（Elmer Harrison Wilds)、及古里（Percival R. Cole） 諸氏教育綱要及通史的著作，其餘內容，則參考各家專門典籍，書目繁多，恕不盡列。但以資料與學旨所限，著者能否避免蹈西方學者之主觀的窠臼，殊難自信，尚望大雅不吝教正，俾糾繆誤，實至感幸。

著者與內子趙佩文，早歲在美國士丹佛大學教育學院肄業，同列於阿麥克教授門下。阿麥克教授乃克伯利教授的弟子，一本師承，誨人不倦，誠恂恂儒者。十餘年前，阿麥克教授以教育耆宿，遽歸道山，師恩難忘，特編此書，獻爲紀念。

中華民國五十二年九月十五日　　劉伯驥　書於臺北北投僑園寓次

西洋教育史目次

西洋教育史

第一章　導　言

教育是國家用以實現其社會的與文化的理想之手段。每一國家保持其這種理想，乃欲傳之後代，而其教育制度，卽用爲達致此目的之工具。由於各國的理想不同，故其教育制度亦異。但同一國家的理想，如果一旦發生變化，則教育制度，亦因而變動的。歷史是人類過去思想文化的紀錄，寓有溫故知新——檢討過去，展望將來的作用。教育史是文化史的一部份。文化史的範圍，包含政治、經濟、宗教、教育、學術思想、與藝術等。但教育史本身的內容，也統攝文化史的全部。教育的效用旣在傳遞文化和發展文化，那麽，凡屬文化的意義，自然含有教育的意義；屬於文化的目的，也含有教育的目的了。教育史的內容，可分爲教育制度，教育活動（事業），與教育思想三部份，其中尤以教育思想至爲重要，由教育思想而產生或支配教育制度與教育活動。教育史是過去教育行爲的紀錄，提供豐富的內容，爲現在教育的借鏡，如想了解現實的教育，自應重溫過去的教育，是以研究教育史，對於過去教育的經驗、方法、理論、價值，與其前因後果，可得一貫的概念，不僅藉以了解過去教育的效能，且藉以體認和比較現在教育的得失，與展望將來教育的演變。故研究教育的學問，教育史是很重要的。統言之，教育學與教育史的關係是不可分的。

西方文明，從平面來說，是建築於三個基石之上，卽希臘、羅馬、與基督教。希臘貢獻哲學與學藝，羅馬貢獻法律，基督教貢獻宗教生活，由此三大基石，而建立早期西洋教育的基礎。若從縱面來說，西方文明，原遠溯於東方文化(包含猶太文化)、埃及文化，綿延不斷的孕育而成。希臘文化，雖爲西方文明之母，但其本身仍爲希臘本土文化與東方文化、埃及文化的綜合；羅馬文化，爲羅馬本土文化，與希臘文化、東方文化的綜合；而基督教文化，則又爲基督教教義，與東方文化、希臘文化、羅馬文化的綜合，擷取菁華，融化而運用，遂創造一種新形態，並不是突然的、孤獨的產生。通常認爲西方文明，經過希臘的創造，羅馬的傳播，與基督教的陶鑄，而構成其特有的體系。希臘文化，由於人民愛智愛自由，故思想發達，學說繁興，爲西方文明所自出。羅馬文化，初則因農業生活而重質，後則因受希臘思想所同化而重文，故思想家、雄辯家、文學家、與教育家，亦蟬聯而出，各立師承。自羅馬帝國滅亡，蠻族割據，歐陸四分五裂，社會淪於解體，基督教一面致力於統治與傳教，一面致力於學術之保存與教育的活動，故其教育的本色，以基督教的教義爲中心，而以拉丁語爲工具，自由七藝爲課程，支配歐洲教育凡一千年之久。羅馬以武功強雄，雖能征服歐陸的土地，而不能征服歐陸之人心，獨基督教以一傳教的團體，既收拾羅馬的殘局，寖假安撫歐陸的人民，甚至蠻族，亦悠然向化，而納諸此一以神設教的系統之中，完成政教一體，逐漸使其安定，故歐洲之民性，實由基督教所造型。論者常指中世紀爲黑暗時期，或稱爲文化遲滯的時代，但如基於文化演變過程的觀點來說，則基督教對於中世紀文化的維護與啓導，已盡其最大的貢獻。且中世紀後期，由於十字軍東征的結果，商業都市勃興，俗世教育抬頭，大學教育發生，而產生各種市民學校，開教育通俗化之漸。然而自經院哲學的興起，以亞里斯多德的論理學，應用於神學的研究，細分微辨，支離破碎，此種徒重形式的「中世紀主義」，在精神上不足以饜學者之望，於是有文藝復興的肇端。

文藝復興者，其義雖爲學問之再生，其實也爲經學（古文學）與人生觀的復活，而且也爲歐洲近代文化的先鋒。由於文藝復興之結果，第一、人間的發現，形成人文主義教育運動；第二、神的發現，產生宗教改革運動，第三、新世界的發現，孕育唯實主義教育運動，於是近代教育思潮和教育運動，次第展開了。宗教改革運動，企圖推翻中世紀教會的權威，傾向於俗世的教育，而由其刺激，遂使天主教堅守宗教立場，講求革新途徑，而產生有名的耶穌會。但由文藝復興而產生此種人文主義，過份注重文學，躭溺於西塞祿文體的風格，流於形式主義，幾達三個世紀，教育興趣，因而衰退。且第十六十七世紀，科學有長足進步，基於經驗的事實，而發生科學運動。學者受此影響，乃產生唯實主義教育運動：人文的則注重文學的內容，社會的要求實際生活的成功，感覺的認爲智識來自感官，尤其後者，夸美紐斯誠爲第十七世紀教育的主流，對教學法作一大革新，奠下教育心理學及兒童本位教育理想的基礎。當第十七世紀末期及第十八世紀初期，人類生活，在宗教、社會與政治各方面，是受傳統與權威所支配，爲着使用其自己心智以應付眞正的事實，而求理性的自由，是由陸克所發動，教育宗旨養成一個人爲理性的動物，教育本身就是一種訓練。這種理性運動，亦卽啓蒙運動，曾盛行於一時。

第十八世紀，在教育上是一個很大的轉變期。是時政治與宗教的專制時代，造成形式主義盛行，一切陷於形式，甚至理性主義也不免犯此病。盧騷的自然主義，遂代理性主義而興。爲着反抗形式主義，他主張順應自然的教育——消極的教育，注重兒童本位運動，進而對兒童的研究。由於盧騷的影響，一則產生巴斯道的汎愛教育運動，欲使盧騷的理想，得以實行；再則引致教育的心理學傾向，裴斯泰洛齊、赫爾巴特、與福祿培爾等，將自然主義運動變爲科學的原則，並實際上的實施於課室的進行。第十九世紀中期起，科學的與工業的革命，在當時各國的生活狀態中，發生一重大的轉變。科學本身，亦繼續發展與大量發明，由於傾向於生活之道的準備，遂使在教育上認爲學問的內容，比諸方法與教練更爲重要，而主張科學在課程中爭取一地位，其最典型的代表爲斯賓塞。同時，由於教育的普及與通俗化，教會支配的消除，而代之以國家的供應與控制，終至有社會化的傾向。但自國家由教會收回管理教育之權，使教育變爲增進國家利益的工具，於是復有國家制度的發展。照上面的事端來說，這是西洋教育歷史演變的過程，也算是西洋教育史一個簡單的綜述。西洋文化是多方面湊合而成，變化無定，故其教育史，也曲折起伏，綜錯多端的，比如希臘羅馬時期，好像蜿蜒一水，緩流而來；至中世紀，猶平川靜渚，小漪微漩；文藝復興以後，則似溢洪急湍，濫瀉而下，造成各種思潮，各種趨勢，波濤激蕩，前後相接，頃刻之間，景物全非了。

西方社會是進步的、活動的、注重個人主義的，傳統在社會上不甚重視，個人每喜歡研究，將其心思傾向於對外界的本身，即對人類與自然的事情。個人教育的目的，是使其能造就自己，以止於至善。因此教育的內容，不僅包含民族的經驗與理想的文學，並且包含自然與社會現象的學問之科學，正像其自己現時所表現的。學習的方法，並非全靠記憶，而且還靠觀察與研究。個人教以傳統的智識與社會的習慣，不只使對其依從，並且將貢獻於改良與進步。西方民族是求進取，重現實，好鬭爭，因此教育仍偏重於智識，尤其經第二次世界大戰後，教育殆完全配合國家對外競爭的工具，提高國家意識，對技術科學急起直追，此乃最近教育的特性，研究西洋教育史者，也需加以注意的。

第二章　猶太教育

第一節　猶太歷史與宗教的來源

世界上一個蕞爾的小邦，處於衝地必爭之區，強鄰交壓，播遷圖存，國基未定，復臨巨敵。馴至國破家亡，或遭屠戮，或被擄囚，鋒鏑孑遺，流散四方，又受無數迫害，虐殺備至。二千年間，民族命運的磨折，眞不絕如縷！然卒賴其固有宗教與教育的力量，維持思想的團結，充滿心靈的期待，而保存民族的本來面目與特性，最顯著的就是猶太人。猶太民族有這歷特殊情形，本章論述猶太教育，應先說明猶太歷史與宗教的來源，方能了解其教育的背景、淵源和精神的所在。

猶太民族的起源　猶太人自始即爲常遭苦難的民族，故其部落每被迫而作集體的遷移。遠在西元前二千三百年，閃族（Semite）的一個部落，在酋長亞伯拉罕（Abraham）的統率下，由第一加爾底亞（Chaldea）帝國的境土，渡幼發拉底（Euphrates）河向西開始移動，經過沙漠，敘利亞，最後抵達迦南（Canaan 現稱爲巴勒斯坦 Palestine）高原的地方。這一部落即稱爲希伯來人（Hebrews, 或釋作從隔河而來的人民）。在迦南經過數世紀的遊牧生活後，亞伯拉罕的曾孫若瑟（Joseph），被其兄鬻於埃及爲奴，但後來博得法老（Pharaohs，含有皇帝或王室之義）的信任，擢爲掌管家務，統轄埃及全境，權同首相，並邀請其親屬遷入埃及。若瑟之父雅各伯（Jacob），留在迦南，適被饑荒所迫，應邀乃率家族移入埃及東北牧場之地。雅各伯一名以色列（Israel，含有與神格鬪者之義），其後裔每稱為「以色列的子孫」或以色列人（Israelites）。故亞伯拉罕為希伯來人的始祖，而雅各伯則為以色列人的始祖。他們最初十二家七十人遷入埃及，居留几數世紀之久，奕葉繁衍，擴展為十二個支派，繼續牧人的職業，保持其宗族部落的制度與語言。埃及人以異族在其國內繁殖這樣迅速，即生猜忌之心，開始以俘虜待以色列人，而迫其充當勞工的奴隸。

退出埃及　約當西元前一千二百年，以色列人由其領袖摩西（Moses）倡導，退出埃及。這位民族英雄，篤信耶和華（Yahweh，含有上主之義，早期學者誤拼寫為Jehovah），奉為民族之神，藉其庇護。當在埃及受着百般苦難時，摩西承天主顯聖使拯救以色列人脫離埃及的神召，乃率領以色列族，越過紅海，進入西奈（Sinai）半島。越三月，摩西接受天主的誡命，頒佈十誡和法律，以色列人許下絕對的服從，並訂立約書，灑血為盟，矢誓遵守。這是以色列民族生活的準備，政治團結的基本，而為宗教建立的中心。他們抵達迦南，欲再前進，但被住在那裏的其他强大閃族人（Canaanites）所阻，不得不留居於沙漠凡四十年。在這個時候，民族的意識，再進一步發展；摩西或藉教士之助，主持耶和華權威之立法的與司法的職權，實行神權政治。傳統逐漸養成，變為律法（Torah）了。時間的推移，年老的一輩，由在沙漠中所產生精壯者替代了。當其宗族的部落與阿摩利族（Amorites，住在約旦以東的高原）之間交爭時，遂越過約旦河谷。經過許多次小戰之後，迦南的閃族，卒被以色列人所征服。在西元前一千三百或四百年之間，以色列可荷戈執戟的壯丁約有六十萬名，分為十二個支派，其中十個支派為雅各伯的後裔，餘兩個支派則為若瑟的冑胤。他們住在這地區，由遊牧生活已進至於農業生活，再經二三百年之久，稍為培養一種共同的感情，但爭論迭起。政治由士師（Judge）主持，但終無法使內部之意見一致。因此，他們對沿海而居一好戰民族非利士人（Philistines）的抵抗，步卒死者三萬人，完全失敗。非利士人既壓倒以色列人，暫將其統治，而由在示羅（Shiloh）的神堂中將約櫃（Ark，即天主與以色列間契約的象徵，爲一皂莢木製之木箱，飾以四金環，中置十誡，每遇節期，以色列人即奉此箱遊行）奪去。自經此役之後，以色列亟需一個有組織的政府，及一個能督戰的首領，約於西元前一零九五年，士師撒母耳（Samuel）應各長老立王以治的請求，選出一位龐碩與勇猛的男子名掃羅(Saul)者爲王。這位新王，迅即統一未受訓練的部落，並擊退各方面的敵人。然而，一個王的選任，並未完成撒母耳引致民族團結之唯一的任務。他且認識，由於非利士人壓迫下所產生宗教的與愛國的熱誠，或可用爲對耶和華宗教之規復與發展，遂將先知（prophets）組成正常的「學校」；靠此種先知學校的努力，以發展宗教，更進而團結其民族。然而，由於掃羅不遵從天主的意旨，又不聽撒母耳的指導，連年累戰，季爾波阿山（Gilboa）一役，受挫於非利士人而敗亡，乃由一個猶太人（Judahite）領袖大衛（David）取而代之。大衛者好進取，盡破以色列的敵人，在西元前九八五年創建一獨立國，佔領耶路撒冷以爲首都，復奪回約櫃，而置於耶路撒冷，且得腓尼基人聯盟之助，故終保其位。及至大衛之子蘇羅門(Solomon)朝（西元前九五五至九二五年），繼續與西頓(Sidon)王希蘭（Hiram）聯盟，互助之結果，商業發展，財富增加。蘇羅門被譽爲英明之主，自建宮室，修成耶和華神廟，科學與文學進步，故稱爲以色列人的黃金世紀。可是，蘇羅門王本人，流於驕奢淫佚，迷信滋熾，思想無恒，又苛歛暴制，民不堪命，只享短期間繁樂，終弱其國。迨傳至其弱嗣里河班(Rehoboam)統治下，因不同意蠲除苛稅的要求，北方十個支派遂反叛，組成以色列王國，以撒馬里亞（Samaria）爲首都。而仍效忠於大衛朝廷之兩個支派，其後成爲猶太（Judah）王國，則以耶路撒冷爲首都。

俘往巴比倫　這種南北分裂，削弱了以色列人民的政治力量，終使兩個王國，先後崩潰。以色列王國，從其地位言，在耶路撒冷以北，毗鄰於豐饒的腓尼基各城市，而介於埃及與巴比倫之間，人民因富庶而驕奢，膜拜腓尼基之神，不恤先知的忠告，與猶太及鄰國，又連年疲於戰爭，於西元前七二二年被亞述（Assyria）所蹂躪，居民被俘者二萬七千餘人。這十個支派，在歷史上從此消滅了。以色列王國，淪爲亞述之一省。猶太王國在耶路撒冷以南，鹽海以西，土地貧瘠，許多人民仍以遊牧爲生；地醜德齊，擺脫國際紛爭的漩渦，政治却獲較爲安定的。但一挫於埃及（西元前六零八年），再受制於巴比倫（西元前六零四年）；馴至西元前五八六年，耶路撒冷被加爾底亞的巴比倫人（Chaldean Babylonians）侵佔，神廟被毀，器皿財寶被掠，大部份人民被俘往巴比倫，殘餘經虐殺以後，悉遁走埃及。南北以色列民族，生存僅四百五十年便遭消滅了。約遲五十年後，波斯王居魯士（Cyrus）於西元前五三八年征服巴比倫，被俘徙的猶太人及其後裔，羈囚於幼發拉底的平原，望故國之明月，時唱讚美之歌，但仍未恢復自由；及至西元前五三六年，始獲釋放，而使六萬人返回耶路撒冷，重建其神廟，恢復節期，並收回摩西五書。當時創立一個信奉耶和華宗教的國家，稱爲猶太(Judaea)，自是厥後，其人民稱爲猶太人，而不復稱爲以色列人。名義上在波斯保護下而爲其一省，然國家實權則操諸高僧及由教士、文士、與長老所組成的議會之手。先知以斯拉（Ezra）者，曾在巴比倫主持一書院，西元前四五八年，重返故國，大批流亡者亦隨其歸，又得波斯王司酒尼希米(Nehemiah）之助，建立宗教的教儀，而使其流行於民間團體，由一舊式獻祭邱壇或神廟之宗教，一變而為先知所創建之新式宗教，由是化一藉藉無名之部落為一個神聖的國家了。猶太人以野蠻至巴比倫而以文明人歸國。他們被擄去的時候，為一個混雜而散漫的部落，無民族的自覺心，及他們釋歸，則有強烈而且排外的民族精神。他們去時，沒有一共同誦習的文字，摩西五書僅於流亡前四十年為若西亞（Josiah）王在一神廟中所發現的，此外在記載中並沒有說到讀書的事，但他們歸國，却挾舊約資料的大部份而來，對本身歷史加以研究，且自輯其歷史而擴充之，其思想乃在被擄期間猛然躍進一步了。

猶太的滅亡　這耶路撒冷小王國，有時由國王主政，有時由高僧當權，前後歷七百年。西元前三三二至一六五年，受希臘人的統治，亞歷山大大帝待猶太人頗寬大，但只十一年，及亞歷山大歿後，猶太又在托里買（Ptolemies）主權之下，幾歷一個世紀，許多猶太人招致遷往埃及，希望有實際上進步，故許多住在亞歷山大里亞的猶太人，便領受希臘的學問，其後另一世紀，又遭受敘利亞人統治下的苦惱；但經過二十五年奮鬪之後，在軍事領袖麥加比（Maccabees，西元前一四二至六四年）領導下，收復耶路撒冷，卒能建立一獨立的宗教國家，而恢復大衛時代的力量。可是，由於派系的爭論，繼之以內戰，招致羅馬大將龐培（Pompey）的干涉，結果於西元前六十三年，耶路撒冷被羅馬人佔領，而猶太人被征服。後因反抗羅馬而為羅馬人所攻，西元七十年，耶路撒冷被大將提多（Titus）佔領，城池焚刼，居民慘遭屠戮，被俘虜九萬七千人，壯丁一萬七千人遣往亞歷山大里亞為奴，羅馬人遂夷其城，毀神廟，而携去聖器。自是役以後，猶太國遂滅亡了。然而被剝奪政治生活的猶太人，仍致力於其宗教遺產的文化，精神上的結合，反因此而益臻鞏固。他們雖然流離散居於各國，且備受壓迫，但亡國殆二千年，賴有悠久的歷史，顯著的傳統，與堅韌的民族性，對於教育與崇高的宗教觀念，仍保存其本質與力量；一種神學與愛族心的混合，自古迄今，始終不渝，卒於一九四八年恢復故土，重建以色列國。

第二節　宗教觀念與家庭生活

宗教觀念　猶太人的教育性組織，最重視者有兩種：即宗教與家庭生活，故其教育的主要目的，是宗教的與道德的。猶太人主要的宗教信仰是天主——宇宙的造物主。耶和華爲猶太的天主；天主是創造世界，統治世界，乃所有人民、所有力量、所有智慧、及所有正義的天主。故天主的實有，天主是唯一的、永久的、自有的、和全能全智的。天主是至公的，所以賞善罰惡，痛恨罪過。天主是慈愛的，所以照顧萬物，尤其愛護他的人類。人們應該承認天主的全權，並應以全心全靈全力之愛，和天主發生密切的交往。國家雖然由人統治，但耶和華仍保留其最高的與萬能之王、士師、王、教士、與先知，不過爲其在世間可見的代表。人類既由耶和華憑其自身的本相而創造，國家亦秉承耶和華的意旨而組織，因此耶和華的神意直接支配其民族的與家庭的生活。效忠於耶和華即效忠於國家。換句話說，愛族的亦即意指獻身於宗教的——宗教與愛族心兩種觀念是不可分，實際上爲同義的。猶太人在全人類中爲耶和華所特選的人民——司祭的國家，聖潔的國民，乃耶和華最珍貴的寶貝。爲着與耶和華發生密切的交往，表示虔誠起見，猶太人該獻各種祭禮，應當守法、修德與祈禱，成爲人類生存之極致。這種品格的達成，並非爲着智識，乃爲着生命的目的。故在宗教方面，猶太人是超越古代任何民族的，始終信仰着唯一的天主。

家庭生活　家庭生活，爲猶太原始社會的起源。其早期社會中，國家的概念幾完全不知，天主是實際的統治者。當以色列人退出埃及之前，爲家庭的發展時期，教育的主要特性，本質上爲家庭的。他們居留在迦南時，富厚之家與其後之王室，或聘有家庭教師，像蘇羅門曾受先知納丹(Nathan)的教導，便是一例。在被俘往巴比倫以前，猶太人與其他部落的社會無異，既未有正式學校的設置，亦未有讀寫的教授，教育只在家庭內。兒童每觀察或參加部落的活動，如收穫、剪羊毛、戰爭、宗教歌頌、儀式、祈禱、節期與戒齋等，由模仿而學習。父親的責任，正像初期各民族一樣，爲一個管理者、傳教士及教師。父親的行爲，爲子女的表率。父母對子女負責教導，有裁制之權。自流亡返回以後，父母對子女的權力，更無限制，犯罪的子女，有權將其處死。母親的地位，也受相當尊重。男童每隨父親操作，女童則隨母親在家。通常父母對子女所教導者，爲律法的原理或道德的教訓與民族的宗教信仰。對父母的孝敬，及家庭的責任，也爲重要的訓練。

第三節　教育的組織

先知的學校　以色列人自退出埃及以迄流亡時，爲一種民族化的階段。他們移居於迦南，組成許多部族。但其團結的大象徵，同時亦爲主要教育性的影響之一者，厥惟神廟及其祭祀。以色列男子，預定每年拜謁神廟三次，這種實踐，其民族化的影響於以色列人者，正像奧林匹克競賽之影響希臘人一樣。在這階段臨於末期之際，另有一種教育力量，產生最大的影響，即先知學校。那時，宗教已純粹成為一神教的及倫理的，但由於外慾之較大的誘惑，和各方異端的接觸，使以色列人每喪失其對耶和華崇拜的專誠。俗人的先知，當時是極重要而有權力的，一面宣傳，一面預言，欲從宗教的及道德的式微當中，喚醒以色列人。他們穿粗羊皮所製之特別外衣，極似初起之僧侶，皆託於神，能言未來之事，以解釋耶和華關於當時政治的、社會的與宗教的問題之意旨。他們保守遊牧時代的遺傳，在各中心地是羣聚一起，住在其自己所建之廬舍。其親信的門徒既衆，乃組成會社（guild），照現代語則稱為學校。這種學校，撒母耳首創於拉馬（Ramah），王室時代，且在許多地方設立。校舍是由人民所建築，自由捐貸以資維持。學生由數十人以至百人，在校膳宿，共同生活。年老的先知，充當校長或教師。教學課程，首先學習為讀寫、宗教的神學、律法與傳統；其次學習音樂與詩歌，乃至箴言、敍事文及編年史，有些並謂他們是教以數學與天文，以定宗教的節期，教學的目的，培養青年實踐預言的使命。先知不只教人要對天主的聖潔，而且人與人之間亦需同樣的公正。學生大部份時間是專心於祈禱與默念。先知們除率領門徒，羣聚於各地講學外，當旅行時，且向羣衆傳播耶和華宗教的智識並使對其效忠的，故有一種堅强的全國化影響。他們對以色列人提供一新契約、新誡命與新道德的標準，而對於教育的努力，建立一新目標。摩西的訓命既影響於前，而先知的學旨又薰陶於後，以色列人遂發展民族的、宗教的與社會的理想，而為其教育觀念所根據。

會堂　以色列人宗教生活的根源，精神財富的活泉，就是靠這一部偉大作品的摩西五書（Pentateucus，其中包括創世記 Genesis，出谷紀 Exodus，肋未記 Leviticus，戶籍紀 Numbers，申命紀 Deuteronomy）。由此書以色列人撰成律法上一種權威的法典，乃他們賴以團結的契約，並經許多增補的，尤其由先知們的釋義附加上去。當在巴比倫流亡時，以色列人深感其民族的特殊個性險遭消滅，又看到巴比倫善爲發展的高等學術的書院，故返回巴勒斯坦後，即亟謀重視及保存他們的宗教習慣，以爲鞏固他們自己爲一個獨立民族的方法。各城鎮的會堂(Synagogue)，因此逐漸創設，其作用是解釋律法和教導宗教的地方；律法成爲他們生活的中心，研究與遵守，乃最重要的責任。以色列人於每一鄉鎮都設有會堂，每安息日（Sabbath）集會兩次，誦讀摩西五書及聽受律法的解釋。但對律法有系統的解釋及教導，則需文士(Scribes)充當。文士初爲書記員，其後變爲律法的解釋者，在廣義言，即人民的教師。自先知時代（西元前七五三至五八六年）起，似已爲專業的教師。文士的地位和教士均受同等的尊重，其職責分爲三方面：(一)對律法的考試與教授。(二)使律法應用於人民日常的生活。(三)對律法的解釋。當退出埃及時，以色列人是一個遊牧的民族，或已接受這種律法。同時他們並成爲一個農業民族，而且從事於貿易與商業，頒給他們的律法，亦可以釋作適應新環境的。文士對律法解釋的著作，最後輯集而稱之爲猶太經典(Talmud)，包含本文(Mishna)與註釋(Gemara)兩部份，即爲猶太民法與宗教法之總體，其重要性僅次於摩西五書。

第四節　教育的內容和方法

由於時代的推移，對於猶太人領袖益爲證明的，其民族所賴以生存者，不在其物質上軍事力量之具有自衞的能力，而在精神上能抵抗外國社會的影響。國家乃靠律法的智識與實踐而維護，並將其傳授於兒童，因此學校特別注意律法，爲其基本的教育。事實上，猶太人對於教育一詞，在古代所用者爲 Talmud，希伯來文義爲教學， Talmud Torah 即律法的修習，故律法與教育爲同義。爲着保持其道德的目的，猶太人致力於實際的訓練，其著重點並非在學習而在做作，故對於生活的職業以及宗教與儀式的具體責任之培養，爲教育所常注意的。猶太青年在這大團結的契約中接受教育，對於學校的需要，已爲普遍所公認了。教學的內容，簡言之，可分爲兩級：

一、初等教育　當西元前第二世紀時，公共初等學校，開始發展，迨其末期，成爲猶太教育最顯著的特色。此種由耶路撒冷開始的學校，乃對文士的高等教育之準備，每附屬於會堂，稱爲會堂學校，由文士掌教，故其教學在會堂中一室，或在掌教的文士之家中舉行。西元前七十五年，著名的文士西蒙 (Simon ben Shetach) 曾强迫耶路撒冷所有兒童均入此等學校肄業。最後於西元六十四年，高級教士若蘇亞 (Joshua ben Gamaia) 令每一鄉鎮設立初等學校一間，如城鎮被河流分隔而無橋可渡者，則每邊應設學校一間。故在羅馬惠斯巴西安 (Vespasian) 統治的時期，耶路撒冷一城，共有小學及中學四百八十間。男童入學爲强迫性，分爲兩級：初級（小學，稱爲書館 Bet-ha-Sefer）爲在十歲以下，高級(中學，稱爲學館 Bet-ha-Midrash)爲在十歲至十五歲之間。女童受學，與男童相同，以猶太婦人在家庭中爲一「內助」，擔負教導及治家的責任極爲重要之故。貧富平等入學，不需學費，但富厚之家，則納特別學校稅及捐款以資維持。學校設備，非常簡陋。學童初時站立或坐於地上，面對教師，教師亦坐於地上，但比他們略高；其後則用長凳，乃至凳與墊子。根據若蘇亞的規定，每班人數以二十五名爲限，如逾此數，必須增聘一助教；如逾四十名，則聘教師兩名。學童很少有書籍供應，只携備蠟板和一枝鐵筆 (Stylus)，以資學習；如其程度進於高級的，則以筆寫在紙草紙或羊皮之上。上課時間，除安息日及節期日外，每日授課，由晨至暮，中午則稍憩。當兒童六歲入學時，已由其父母學得選擇的箴言及讚美詩的詩節，並教以各種宗教儀式的旨趣。約六歲與十歲之間，他們教以讀寫，大部份用摩西五書爲教本，及些少算術與宗教音樂。特別注意者，是教以改正發音及適當的誦讀。摩西五書最初以希伯來文誦讀，然後譯爲古敘利亞語(Aramaic)，作詳細修習。直至十五歲，教師然後對其解釋猶太經典的本文或口述的律法。除了這些宗教的與文學的修習外，所有學生，無論貧富，應稍習手藝，爲職業的準備。女童的訓練，感情的較智識的爲多——即敬畏天主及遵守十誡。他們雖教以誦讀，但對於律法，並不鼓勵其較深的研究。家政、紡織、烹飪、跳舞及音樂，大多以代替科學。十五歲以上的學童，進而修習猶太經典的註釋；準備充當文士者，則教以數學、律法、歷史、音樂與詩歌。教學主要的是用口授，並採啓發而善誘的方法。學習的方法，要勤於背誦以記憶原文，使絕對精熟，並得清楚的發音。猶太人從各覺官實際上訴諸各種記憶而學習——由誦讀而作視覺的記憶，由發音與書寫而作運動的記憶，由聆聽而作聽覺的記憶，由唱詠而作悅耳的記憶。在開始時應特別注意，所學方能印存於心，好像墨之塗寫於新紙一樣。學校訓練是很嚴格，但體罰只施於年逾十一歲者。凡不服從教導，逾此年齡之學生，其懲罰之法，或使不得享受食物，乃至以皮帶鞭之。在猶太經典時期 (Talmudic Period)，尤其當耶穌降生後，訓練趨於溫和，但鞭撻仍公認的。

教師處於很高的地位，以其爲眞理與道德的闡釋者，大部份視爲耶和華的發言人，和國家眞正的衛士，故教師常有「以色列之光」和「以色列之柱石」等稱譽。凡對教師不尊重者，認爲不敬罪，應受嚴厲的懲戒。猶太經典說：「你對師長應比對你父親更為敬重。如你的教師與父親求助於你，則以助師為先。以父親僅生你於世，而教師則確保你在世上將來的生活。」另一方面，學校擇師很嚴，教師必須為已婚的男子，有能力、經驗，而非太年青的。凡非同時在家為家長之教師，是不可信任。所謂凡得一年老的教師來教導者，好比食熟與美味的葡萄及飲醇舊的葡萄酒。故擇師的條件，為對律法有充份智識，其次為品性貞潔、克己、誠實、溫和、忍耐，有教學能力，而肯致力於神聖事業者。他們每從事其他職業以便教學，有時雖受富家學生的餽遺，但非志在束脩，不過憑其興趣以為之。

二、高等教育　高等教育的機關為學院，原為高級學者聚會的地方。文士因擁有衆多門徒，為着使他們對律法作較深的研究起見，遂創設其自己講授高等學問的學院，故在耶路撒冷每一著名文士，都有其自己的一所。其後成為定制，每一較大的城鎮亦設有一所。另有書院（Academy）之名，只限於大教育中心的學校，在巴比倫及耶路撒冷等著名城鎮，均有設置。學院每一教師所教之學生，其年齡由十五歲至十八歲或二十歲，名額不限於二十五人，有些多至八十人。入學者徵收學費，以資維持，但其後作罷。以文士在律法上成為專家，故訓練甚嚴，學生不得曠課。教學課程，除希伯來語文讀寫外，教授宗教、律法及經典、數學、天文、地理、詩歌、及外國語，尤其希臘語，以猶太人認為在所有文學中，除希伯來語外，希臘語佔最重要的地位。教學的宗旨，陶冶學生謹愼、克己、貞潔、誠實、仁慈與勤勉的德性。學生對於各科目，注重記憶，但對經文的正確解釋及律法問題的辯論，則需要智慧。教授時教師對每種功課覆講數次，——通常為四次。比如教師於傍晚授完一新功課，隨之在翌日晨早、中午、及傍晚覆講，必要時或作更多的覆講。學生供給充份時間以記憶每一功課，通常以歌詞方式吟誦，俾便於記憶。有些教師且在教學上使用幫助記憶術的新法，以助學生的記憶。當講授每一課或一要點之後，教師提出暫停片刻，使學生對其反省或領會。但功課有時像教條式，學生對於教師的講解，像囫圇吞棗的接受。學生向教師問難及教師提出討論，皆在恰當的時間。當教師詳細講授及討論律法之後，將每條或數條律法的各端，歸納爲簡約的共通之結論。學生的類別，可分爲四種：一、到校受課而無任何考試與修習者；二、修習而不到校者——在家自修；三、到校受課及修習均熱心用功者；四、註冊爲學院客座生者，並無入學與修習。至於書院，自耶路撒冷創設一所維持數世紀後，再有希利爾（Hillel）及撒美（Shammai）兩間旗鼓相當的學校，前者爲免費的，後者則爲收費的；前者的學生較多，而後者則較爲聰明的。但這種著名的書院，直至耶路撒冷被毀，遂告衰落了。

第五節　猶太教育的結果

猶太人對東方的精神，有其最高的與最純粹的表現。個人是列爲附屬的，其命運是由一種從外面施於本身的力量而決定，那種力量，即是天主。猶太人異於所有其他的東方文明者，在使天主完全控制人性的生活與命運，以其信仰天主乃造物之主的緣故。自有史以來，實找不到另一個像猶太人信仰唯一天主的民族。他們的宗教富有準備性，寄寓偉大的期待——天主許下默示與預許，律法與教儀都在指導人民，好好準備迎接默西亞（Mesiah）。先知們也時時在訓導着猶太人，誠心誠意等候救世主的降臨，並以善法恢復古代大衛蘇羅門的光榮，從而拯救全世界的人類。基於這種觀念，猶太的教育，側重於對天主的義務，個人的德性、忠誠、眞實與貞潔。故猶太人所追求的完人，是虔誠的和有德性的，個人的負責與良知，是求最高的發展。兒童受教育者是獻身以服事天主及遵從所有律法，此爲其教育的本質。猶太教育所注重者，並非智識的追求與文化的達成，而在品行，即倫理的生活，故律法的研究，最爲重要。要言之，猶太教育是道德的與宗教的陶冶及愛國的訓練。另一方面，其宗教的與教育的理想之效力，常在優美的家庭生活及其他社會關係，足以見之。因此，由其對天主的及人類本份的崇高觀念，作光明的期待，深植於心，始終不渝，故猶太人亡國凡一千八百年，在各國被驅散，忍受無數的磨折與迫害，但並未喪失其本身，而能團結不破，且能建立他們的宗教與教育，作爲對他們全體的一種鼓舞與安慰。他們雖無國家、政府與統治者，而可維持其生存，以永恒的毅力，保持其習慣、風俗與信仰。要言之，由於猶太歷史與教育的研究之結果，可得一大教訓，他們並非有任何民族特性，只靠一種密切的附着於一種教育制度而產生一種特別崇高的道德理想，以保存其民族的團結，故猶太民族的拯救，實賴其教育的力量。

對西方文明的貢獻　猶太與希臘羅馬教育顯著的差別，是基於其所追求的目的。希臘在斯巴達及早期雅典，其教育之主要目的，是培養良好公民，故求個性的超卓，注意身心的發展。羅馬教育亦是一樣。猶太以宗教的動機爲支配教育的要素，故所有猶太人規定要知律法及對其遵守。因此其教育完全是實用的有效的。希臘創造其學藝與哲學，羅馬創造其法律與治國之道，但已從地面上消失了，獨猶太創造其道德的訓練，律法與其經典，仍存於世，堅强與準備永爲生活的鬪爭。關於政府的原理及關於科學與藝術，猶太對於西方文明，雖沒有多大裨益，但其主要的貢獻有三：一、宗教——一神教的宗教觀念之基礎；二、倫理制度之基礎——十誡；三、文學的基礎——舊約。猶太人對耶和華的崇敬，影響於整個西方對天主的觀念。他們的一神教，不僅限於一個民族或一個區域是很大影響的觀念之一種，且自這時起影響於整個西方的文明，確定其宗教的與倫理的人與人之關係，及人與超自然的關係。由猶太宗教之先知相傳，其後乃產生空前未有之大先知耶穌及穆罕默德，此二教主實出自猶太之先知而踵武之。對於倫理的道德訓練，在東方民族中只有猶太人的傳統遺留於西方。舊約爲最古時期關於巴勒斯坦的智識之主要來源，故爲西方文學的基礎。要言之，猶太人所貢獻者，大部份爲宗教生活與人類的思想，這種貢獻，爲全世界所承認。故猶太教育，構成現代西方教育理論最重要基礎之一。

第三章　早期希臘教育

第一節　希臘民族的起源

古代希臘人民原稱爲 Hellenes，其國家則稱爲 Hallas。事實上，Greece 的名稱，乃由羅馬人所採用的。希臘人爲雅利安族（Aryans），與印度人波斯人是同種，但希臘人亦猶所有古代的民族一樣，對其起源，尚覺茫然。他們初由黑海逐漸南遷，移入希臘半島，而發展爲一民族。因希臘人既不能書寫，又缺計算的曆法，故早期的希臘，乃屬於野史時期，自奧林匹克的四年節以紀歲時，而四年一屆卽稱爲四年紀（Olympiad），其第一個四年紀爲在西元前七七六年，因而希臘人的年代紀，亦始於此時。此類野史多關於古代君王與英雄的事蹟，但常與寓言相混雜。野史中最著名的爲特羅亞戰爭（Trojan War），乃西元前十二世紀希臘人征服特羅亞（Troy）城的故事。這故事所以史上盛傳者，全賴荷馬（Homer，生於西元前第十或第九世紀）所著兩篇史詩——一爲伊利亞(Iliad)，敘述希臘人的作戰與希臘王亞奇里斯（Achilles）的英勇戰蹟；一爲奧德賽（Odyssey），描寫特羅亞破後伊大卡（Ithaca）國王攸力栖茲（Nlyses，或稱奧狄秀斯 Odysseus）凱旋歸家，歷刧不死，冒險生還的經過。故荷馬之詩，乃希臘人最早的歷史著作。自特羅亞戰役後，希臘人頗有進步，已能耕田、築城、組織小邦、服從國王，但仍處於半野蠻的狀態。

希臘的民族，一爲多利亞人（Dorians），是來自北方，多業農，身强體壯，富有尚武精神，能忍飢耐寒，保留野蠻時代的風俗。一爲伊華尼人（Ionians），似爲最先至者，是住在阿提喀（Attica）諸小島及亞洲沿岸的人民，因其多業航海與貿易，常與東方最文明的民族接觸，故爲希臘人中之最文明者。斯巴達爲多利亞種，而雅典則爲伊華尼種，但大多數希臘人包括十個不同的種族，每泛稱爲伊奧利亞人（Aeolians）。他們只有無數的城邦，又有近鄰同盟，因地理環境關係，從未統一組成國家，城邦間彼此交戰，互相殘殺。但所有希臘人，皆奉同一的神明，過同一的生活，而產生統一的遺傳。其宗教是信多神教，每種自然力，俱屬於神性。又有英雄，即生前有功烈而死後成爲半神之人，有一種超人的能力，故亦奉祀以求其庇護的。神與英雄，既建廟以承祀，且舉行盛大祭典，表示慶祝，而博神的歡心。因此每城各舉行競技以娛神，其中以奧林匹克競技（Olympian games），最爲重要的。奧林匹克競技，原爲宗教的性質，初時只爲跑賽，其後加之以角力、跳躍與擲槍矛；又其後添增御賽與騎賽，而圖畫、雕刻與文學，亦包括在內。凡具有優良德性的希臘公民，始准參加競賽，以創造丈夫氣慨與刺激國民的愛國心。希臘的僧侶，不過爲神廟的守衛者或專任司祝，其地位實卑不足道。希臘宗教比之於猶太者，既無同等之先知與教士，亦無天主耶和華的觀念。故希臘的宗教，大部份是屬於教儀的，對於道德的教範，並沒有規定的聯繫，乃一種非倫理的宗教。

早期希臘文明的理想，得自荷馬的史詩，但教育史方面，實際上其起源比這些著作爲早，惟無史料以透示其情形。在這些時代，即英雄時期，政治爲一種世襲的王國，教育乃一種家庭的性質，兒童從其父母在生活上所做的工作而摹仿之。社會偏重傳統與習慣，包含貴族、中等階級及奴隸，貴族包含地主與物主；中等階級包含工匠、外科醫生及工人。兒童是根據社會上其階級的需要而教導，自然，那些最高階級接受最好的教育，當時即爲音樂及作戰技術的訓練。婦女教育，純爲家庭性質，即在家庭教以爲良妻賢母的責任。在教育史上有兩個最著名的國家，代表古希臘的生活與教育最特性的形式者，爲斯巴達與雅典，茲分述於如下兩節。

第二節　斯巴達教育

斯巴達的教育背景　斯巴達人在其最高的發展中代表多利亞族。他們征服拉哥尼亞（Laconia）流域，住在其主要城市的斯巴達（Sparta）。原始的居民，即居民（Perioeci）及農奴（Helots），兩者爲舊亞該亞（Achaean）居民，他們維持一種嚴格的軍事統治。獨斯巴達人享有公民權。居民當時爲自由人，地主、商人及工匠，即一部份爲農人，一部份爲工商，義務上應對斯巴達繳納重稅。他們無論所受何種教育，是由他們自己主理。農奴並無主權，只職司耕田；他們是土地的農夫，征服者的僕役，常受斯巴達人統治的虐待，乃至殺害。斯巴達人以作戰備戰爲其唯一的任務，份應當兵，不得改操別業——不得經商，不得耕田，完全過着軍事的生活。當他們在一種民主政治中生活時，組成貴族階級。其政府從一方面看假定爲一種共和政體，但在另一方面看，又似專制政體。有兩個王，兩個國民議會，在議會中置一首長，掌握全國之力量。高級議會或元老院，議員有二十八名，由六十歲以上者充當，爲終身職。低級議會或衆議院，任何公民凡逾三十歲者，有被選之資格，實際上授其權力於五個長官（Ephors），每年改選一次，凡宣戰媾和、司法職務等，皆由其決定。斯巴達的政策是對臣民維持其軍事的最高權。當時農奴有二十萬人，居民十二萬人，而斯巴達人不過九千家而已，以少數統治多數，每遇重大事故發生，斯巴達人須以一當十，加以此時敵人遍佈境內，戰爭頻仍，不遑寧處，如非舉國盡是敏捷矯健的戰士，實無法生存。故斯巴達全國組織猶一營房，其人民猶一隊士卒，能隨時荷戈執戟，起而應戰。爲着適應這種目的，其教育遂完全爲軍事性的。

尚武的教育　斯巴達教育制度溯源於立法者的力科格（Lycurgus 約生在西元前八五〇年以前），其目的是準備兒童在國家中的地位，訓練男子爲公民及對軍事服務，訓練女子在家庭負起良妻賢母的責任。兒童誕生卽歸國家所有。國家有權可決定嬰兒應該生存與否。長老的委員會決定畸形孱弱者之命運，通常由饑餓或遺棄以任其死亡，而注重民族的優生。男童經家庭七年的訓練，然後入國家的機構，在教育總監（Paedonomus）的命令下受教。在這裏他們成爲大家庭，卽國家的兒童；他們共同生活，享受同樣膳食，睡在公寓，穿着相同衣服。兒童百人爲一羣，群有長，彼此之間，往往以拳脚相鬥爭。他們所有供應品是公共的，屬於國家的。但他們的生活儉約，跣足披單衣，分給少許食物，睡臥於蘆葦之上，無非以養成刻苦耐勞的習慣，爲戰士訓練的準備。

教育的文學方面，讀與寫，除非由私家教授外，在國家的學校無法學得。選自荷馬的詩歌，卽國民的歌曲，其應牢記者是由於愛國的精神比專心於文學或音樂的爲多。尚武的觀念是作爲訓練的指導精神，而歌曲僅爲喚起及鼓舞這種精神的方法。唱詠亦列爲體格訓練的課程。故多利亞式音樂，是嚴肅雄壯，甚至近於粗暴。這是軍樂，其跳舞亦屬於一種軍中的舞蹈。斯巴達人對於體格的訓練，舉凡能增進軀體的氣力與忍受者，像田徑、跳高、泅泳、角力、跳舞與歌唱的練習，爲其主要的教育努力。並且，暴露於酷暑與嚴寒之中，糧食與衣服的短乏，使男童於追隨有經驗的戰士之訓練中，養成其忍受兵士的刻苦生活。由長老主持的桌中，或在街上，每舉行會談，討論作戰之事，並提出問題以測驗及訓練男童對於戰場上所遇一般事情之判斷與評價。戰士過着一種粗率的生活，其志趣明顯，性情高傲，言詞簡單而中肯。斯巴達人希望有强健之婦女，生育精壯的兒童，女子亦受與男子相同之體育上訓練，但由婦女教授，故斯巴達女子，爲全希臘最勇敢的女子。

在這些練習中，附帶着性格的陶冶。對其上級的尊重、崇敬、服從與誠實，是在一種易行的方法中教授。可是，如果對非斯巴達人說謊，並不認爲非禮，當男童對於食物不滿足時，亦不准其盜竊。當然，他們是常鼓勵作小竊，但如被擒獲，以其缺乏敏捷或狡詐而受鞭笞。兒童行路時雙目低垂，不發一言，手則放於衫內，不許回頭，亦不許作聲，食不言，服從其所遇之人，凡此訓練，所以使其遵守法律的。訓練是嚴格的，在男童訓練各時期中，即使其達十八歲進於少年（Ephebi）的階級，常由長老施以鞭笞的體罰。當其受特別軍事訓練，而充當兒童的指導員時，仍受嚴格訓練，歷兩年之久。二十歲進於青年（Mellirens）的階級；三十歲時，則成爲公民或戰士，至六十歲退伍。凡服裝、寢興、飲食、運動、無論何事，皆如身處營中，應受規則的束縛。

教育的特性　斯巴達教育制度是社會主義的與實利主義的，唯一目標是爲着國家的利益，而非爲個人的，故個人對於全體及團體而犧牲。男童受有系統的訓練是培養其擔當民族衛士的地位，而女童則爲着母親的職責，而對國家產生新戰士。在一個專制的社會主義的國家中，這種制度產生一戰鬪的民族，對於保衛鄉土及準備征服國外，達致其目的是成功的，但此不能再有進展，當嚴格的訓練廢弛時，征服者便出現了，其國家本身勢必從而消滅了。這種教育既無包含宗教的訓導亦無道德的薰陶，且無準備藝術與科學的進行。民族性喜明朗簡單，對於和諧、秩序與相稱，有一强烈的意識，恬憺複雜、神秘、暗昧與豪華，健全的體格超過智力的發展，故斯巴達人本質上是偏重一方面的，而缺乏想像、智力與創造，對於爲着個人及社會發展的性質與想像力訓練的因素，完全忽略了。

第三節　雅典教育

雅典的教育背景　希臘文化之遺留於西方文明，如藝術、哲學、文學和科學精神，比任何其他古代民族所遺留者爲大。這些壯麗的遺傳，主要的是來自雅典。雅典人（Athenians）不僅爲伊華尼族之花，且爲全希臘人對於政治優越與教育成就中之最超卓的。他們留給世界以民主政治的第一個榜樣，並且在其時所進行教育的努力，理論與實際，甚爲優越，對於今日的教育，亦有最啓發性的貢獻。

雅典人最初歸一王統治，其名號於西元前第十世紀時改稱爲執政官（Archon），然而其權力却授與由貴族所控制的議會。其後執政官由議會選出，任期爲十年；又其後，執政官增至九名，其任期減至一年。梭倫（Solon，西元前六三九至五五九年）法律（西元前五九四年），解決土地與人民的自由，准許全體公民以選舉權。自經專制君主的朝代後，約當西元前五零七年，雅典人在克來斯提尼（Cleisthenes）統治下作徹底的改革，准許外人——大部份爲水手與商人有公民權，使其與土人平等，變爲民主政治。自是以後，雅典有兩種人民：一爲其原有住在阿提喀（Attica）的公民；另一爲住在拜里厄斯（Piraeus）的外人，遂造成雅典人爲一新民族。降至西元前第五世紀，雅典社會完全成立，阿提喀共有三種居民，即公民、外人與奴隸。所謂民主政治，實即以主人自居而統治全國之一萬五千至二萬之公民的貴族政治。但此等公民，在政治上是平等的，在生活上是自由的。雅典的民族性，自始爲堅强的個人主義，傾向於繁華、誇張與奢侈。這慧敏的與富於想像的種族，常作不斷的革新。多才多藝，是其特色。他們所求成功的，在乎智識而非在乎體格。他們的想像力勝過其實行力。他們不及斯巴達人的强壯、鍛鍊、克己、誠實或堅忍。他們短於體格上、倫理上的性質，而長於所有智識的追求與發展。

雅典的教育制度　教育並非像斯巴達的一種嚴格的國家制度，但由私人的主持。國家對敎育的一般規例，雖有些影響，實際上並未負責以規定教學的制度。自梭倫時期以降，國家雖未設有學校，而已實施一定的監督與控制。梭倫曾宣佈，每一男童應學習有用的職業；他規定學校日的時間，教師的年齡等，在其管教下學童的數量；他並介紹荷馬的名著應在學校中修習。雅典教育的理想是美感的——在優雅的與匀稱的軀體中一種受過教育的心靈。經過體格上、智識上與道德上之諧和發展，將產生至善之人：兵士準備於戰時捍衛國家，公民於平時則由美感的從事以增進國家的文化。故教育的目的，卽爲對公共之用的個人超卓的產生。所謂個人的超卓卽爲身心之多方面發展；所謂對公共之用的，卽在平時與戰時對國家全部事情能積極的參加。他們認爲公民的先決條件，在廣博的個人訓練，以求其人格各方面的發展。體格上訓練並非遜於心思的訓練。其心思訓練的重視，不僅指示智識的進展，而且關於感情的和意志的。道德方面是求德性的發展，但此種德性注意公民的品格，故維持尊敬、忠實與節制，而不僅爲智識的聰慧。

雅典的兒童，直至約七歲爲止，皆在家庭中生活，受其父母或護士的看管。在這一階段，兒童心靈上所得，包括宗教、道德和儀容之初步的智識。體格上，由於遊玩而發展。女童常玩紙牌（Jacks）、跳繩、及傀儡玩具。男童則玩球、跳田鷄戲（leap-frog）、玩陀螺（Spun tops）、及滾地環（Rolled hoops）等。當兒童七歲送入學時，常由一老僕看管，這老僕稱爲教僕(pedagogus)，其職責是偕兒童返學，陪兒童在校，直至回家爲止。他負責兒童的行爲，所看管的，是使兒童不要懶惰，勤習功課，和正當的舉動。初等教育，並非爲一種公共的效用。爲父親者負擔其兒子受教育的責任，而普通來說，國家認爲這種責任，算已由私人履行的。學校是一種私人事業，學生的父母，對於教師的服務，直接付給報酬。任何人都可以開設一間學校，且沒有特別資格的限制，在生活上其他行業每因不適宜和失敗的，隨時可轉而擔任教育家的工作。這種結果，因此教師並不常受人尊重。教學常在教師的家庭或在一間公共建築物中施教，是看學生人數多寡而定。貧人的教師，每在露天授課，通常在公共樓宇如廟宇的門廊或在靜街上課。體格訓練，在一種露天運動場的角力場（Palestra）舉行。心智訓練，則在音樂學校(Didascaleum)，這種學校或毗鄰於角力場附近。教學完全是個別的。教具非常簡單。教師坐在比學生較高的位置。而學生每站立或坐在櫈上，並沒有檯桌使用。牆壁也沒有黑板，只懸掛着計算板、書寫板、誦讀卷和七弦琴。授課時間很長，每天由晨早起直至下午的傍晚，但心理上厭倦，由於音樂學校與角力場間調換功課，而或可稍釋的。學校沒有長期休假，但因崇拜神祇常有慶典，供應許多例假。學校訓練也許不是極嚴格的，但仍實施體罰。女子只在家庭中受家政的訓練，故其教育並沒有逾超這種範圍。雅典的初等教育，學校分爲兩種，其組織如下：

一、角力場　這種學校設在小鄉村，由私人維持。學生修業期限，由七歲至十五歲。教程屬於初級的，特別爲男童修習，而由私人教師教授。訓練的目的，並非僅限於體力，也非因爲增進舉止和運動的優雅。希臘教育從未忘却心智與體格間密切的聯繫。體格訓練，作爲其目的之一部份，使身體爲一有效的以傳遞心思指示的工具。雅典的運動性質，不及斯巴達的重要及軍事性，其訓練不是十分嚴格但多變化的。由各種體育活動組成五項競技(Pentathlon)，卽田徑、跳躍、擲鐵餅、擲槍矛和角力賽。角力認爲是體格訓練的極致，因爲，加以使身體全部肌肉用於動作，這種角力，由於需要敏捷的知覺和判斷，而補助其心思的訓練。泅泳幾乎很普遍。跳舞也訓練，因其有使動作溫柔和文雅的價值，而在宗教儀式的舉行時，亦有其用途。軀體常加以沐浴與塗油使其優雅與健美。曠野遊藝，也佔了很大部份。

二、音樂學校　音樂學校，教以詩歌和音樂，但男童在學，只有半日工夫，其餘半日，則在角力場裏，其上班的先後次序，未能詳確查悉。所知者不過晨早用腦，下午用力而已。音樂學校教學的目的，是授給音樂的智識。希臘人對於音樂，不啻和文化(Culture)同一字義，包括文學的成份至少爲讀寫及荷馬名著的精熟，與道德的訓導。一個男童始習其學校功課時，是教授誦讀、寫字和計算。誦讀是教其識字，首先教以字母，是用一種詩的格式，其次音節，拼字時兼用詩歌和跳舞以爲幫助的工具，使易於學習，最後則爲文字。寫字首先由寫在沙上開始，繼而採用一塊蠟板和一枝鐵筆而教授。這枝鐵筆，一頭是尖形，以爲寫字之用，另一頭是坦平，把寫好的字擦去的。經過學習書寫之後，男童可用筆和墨寫在紙草紙(papyrus)之上。計算初用算盤教授，並以希臘文字作符號，用以指明數字，因方法呆笨，故算術演習是困難的。除上述基本教學之外，兒童心智教育之中，狹義來說，其重要的科目是文學和音樂。文學訓練的教本世荷馬的伊利亞和奧德賽，兒童用心學習，孜孜不倦。荷馬一書爲希臘人的經典，兒童不只藉此以學習說話，正確讀音，作文模範，及些少地理的智識，而且受其道德的教訓與愛國心的啓發。文學訓練的目的，在使兒童對在該荷馬一書內容所包含的感情能有所表現，並且藉這方法，使文學和音樂有密切的聯繫。除了荷馬之外。希西阿（Hesiod）、提奧格尼斯（Theognis）、伊索（Aesop）、及詩選亦採用的。選詩是重在記憶，並配以音樂而吟誦。音樂並非作爲一種特殊的藝術，而對文學是有補助的。年紀較大的兒童，每唱詠其自己的音樂以表達適當的理想。音樂所以特別注重者，是作道德訓練的泉源。口述筆錄（dictation）和作文，或爲在音樂學校功課中另外的成份。但應注意的，學習的方法，雖由於模仿，而其目的是常發展其表現的能力，不只是限於吸收的。

中等教育，約在西元前第四世紀中採取固定的形式。貧苦的男童，受了初等訓練後，變爲工匠的學徒；富裕者則繼續進修直至其收納爲少年（Ephebi）爲止。大多兒童年屆十四歲便離開初等學校或音樂學校，而去聽那些哲人的演講，以求較高的學識，如幾何、天文、論理學、修辭等。其後由柏拉圖、愛蘇格拉底產生固定的學校，以代替浪遊的哲人所開設隨時的分期的講座。此等學校，初爲與角力場相同計劃的高級機構，繼而發展成爲音樂、數學、修辭與哲學的高級學校。修辭的以愛蘇格拉底爲代表，哲學的由柏拉圖的阿加的美（Academy）及亞里斯多德的利凱央（Lyceum）爲代表。

關於高等教育，當兒童受初等教育時，每根據父母的經濟能力以保持其子弟在校，故每處於無定期的階段。及至十六歲，兒童脫離教僕而成爲學生，富裕家庭的子弟，則轉受高等教育，希望造就其爲領袖的地位。這種高等教育，受國家的控制和監督，受業期兩年，在體育學館（Gymnasium）授課，並且爲對國家之軍事服役的一種準備。體育學館有柱廊（Porticoes），設有坐椅，供給修習或講授之用，又有運動場、換衣室、角力場、冷熱水浴室、及半圓形跑道。體育學館爲公立的開放爲公衆之用，常擁有各種年齡的公民、實習者或參觀者。但因建築費太大，即使大首都的雅典，在西元前第四世紀時，亦不過有利凱央、阿加的美、及西諾沙及（Cynosarges）而已，其後僅添增幾間較小的。小城市實無力供應這種學館。體育學館是由體育員（Gymnasiarchs）十名監督，有管理院舍及撤換教師之權。在其下置有低級職員。教師分兩種：一爲專授五種競技；一爲教授志在爲專門體育家者。課程爲音樂的高級修習、軍事訓練及公民訓練。國家委任教師及舉行每年考試；教師爲哲學家，並無薪俸，只靠學費來供應。體育比在角力場爲一種更嚴格的性質。五種競技的成份，組成爲較有活力一項練習。青年們注重競技，恣意於拳鬥和相撲拳擊（pancratium）。這種競技，任何贏勝的方法是公平的。青年受直接訓練雖然是屬於體育上的，可是他也可以間接接受一種有極大價值的心智訓練。此等體育學館每設在城牆外的公園裏。那些公園，常爲政治家、德育家、和新思想解釋者的集會場所。當體育學館上課的時間，青年們離校而往公園，聆聽那些人所發表其愛好的講題。青年們在這自然環境裏和成年人聯絡一起，作爲其正常的活動。他們和生活、實際事情相接觸而學得道德的標準。而且在一個正式道德的監察者嚴格監督之下，青年有一種非常廣泛的自由，可參觀戲院和法庭，在宴會席上及市場上聽取各種討論、和參加宗教的儀式。當十八歲時，經過體格上和道德上合格評驗之結果，兒童成爲成人（Ephebos），即公民的學徒（Citizen Novice）。又有國立成人學院（Ephebic College），培養青年為軍事服役的。青年入學之先，必須對其年齡和父母是否為雅典人，得本區政府的認可，最後得中央政治委員會的核准，然後將其姓名塡入本區的名單上，並在神廟舉行效忠的宣誓：不汚辱武器，不遺棄同伍，為宗教和國家作戰，促進其國家的利益，遵守法律，維護憲法，尊敬祖先的宗教和廟宇。入學後，學生的軍事訓練，由每族選出的軍官來主持。其後還設有一種監督，是管束學生，率領他們去聽演講，分派他們各種職務，並視察他們體育的發展。此外由國家聘請許多低級的教員，教練他們使用武器、體操、擲槍矛、射箭、擲飛石、騎馬以及其他的課程。他們練習駐營，在城市充當警察，維持秩序；在前線履行士兵的義務。他們並且受管理公務的訓練，對公共慶典與宗教儀式的參加。在第一年之末，要舉行一次大閱兵，政府對於每個學生頒給一個盾牌和一枝槍矛。第二年大半時間是野外的演習、邊疆的巡邏和衛戍的責任。到二十歲，離開學院，便成為一個羽毛豐滿的公民了。至西元前第四世紀之末，這種制度廢弛，由於雅典軍力的衰落，對於軍事訓練不十分注重，學習時期減為一半，而且不是強迫的。學生人數，由一千減至僅得二三十名。直至西元前第二世紀，外國學生亦准許入學，哲學的演講，代替軍事訓練的地位了。

每一種人性的理想，雅典人奉之為神。全力的天主，即萬有的造物主，稱為宙斯（Zeus）或天神（Jupiter）。在其下則為愛情、智力、音樂、優美、及每種至善與並為心思所能想像的情緒之女神。天主的智識及其祀典，自始已施入於教育。男童在角力場崇敬赫密士（Hermes，為其他諸神的使者）之神，在體育學館則崇敬九位女神（Muses）。當初等或中等階段時，雖未顯出有任何宗教教學的課程，可是，文學的學問許多關涉於神祇，自會需要些少宗教的教學。道德訓練由家庭開始，繼續實施至整個學校階段。追尋智力的優異與力求體格的健全，相信對兒童有一種道德的影響。教僕的責任，主要的是監督其行爲與指導其道德。事實上，雅典人每以箴言及榜樣教導，是特別注意善人的陶冶，良好公民的訓練。

第四節　哲學家的學校

畢達哥拉斯學派　在早期希臘教育之末，由過渡與重整的階段繼之，哲學家的學校，便應時而興。此後初等與中等教育，維持不變，而高等教育，則在有些最偉大的哲學家與教師影響之下，經過其發展的產生許多顯著的學派。照時代之次序，最早爲畢達哥拉斯（Pythagoras，西元前約五八零至五零零年），亦爲這種學校的代表人物。他是沙摩（Samos）島的人，其學校設在希臘殖民地的古魯吐納（Crotona，在意大利南部），在學校組織上，類似斯巴達的制度；在其一般性質上及學習的方法，却似雅典的。自其創立者逝世後，流風未歇，且以畢達哥拉斯學派門徒衆多，在教學上與著作上常廣泛的宣揚其學旨。畢達哥拉斯雖然爲伊華尼的希臘人，但非完全是希臘教育的產物。據云他曾遊學於波斯、印度與埃及，從未擺脫東方的與埃及的學問之影響。他沒有著作遺留，其所以顯名者不過藉其弟子的祖述而傳至後世。許多現代學者認爲，這些弟子及其繼承者的見解，每誤歸之於畢達哥拉斯的。任何其他哲學家或哲學的學派，實沒有像他附會這麼多稗史性質的傳統。畢達哥拉斯受其門徒最高的崇敬，對其關於任何學旨之言，奉爲圭臬，不敢贊一詞。

天主存在之高級觀念、靈魂不滅、來世的報應及輪迴的學說，即靈魂轉生於低級動物之說，是溯源於畢達哥拉斯的。無論如何顯而易見的，在宗教上，對其諄諄教誨之超卓的道德法則，他創出一種眞諦。基於他的觀點，天主是宇宙的統治者，全自然界由諧和的活動而對其順從的崇敬。「天體的諧和」乃其敎學之皈依的要旨，由是以發現自然的諧和，從而力求人類成爲與眞理相諧和，——身心的諧和、父母與兒女的諧和、社會生活的諧和、人與神的諧和。他採取的方法，注重智識、音樂、運動與禁慾主義的實行。畢達哥拉斯學派中有一重要原則：數乃萬物之本。他們應用這種理論以研究自然、哲學與音樂，其結果遂促進是時科學的與數學的智識。由於此種數字理論的結果，他們且發明音階。故其教學課程，包括數學、天文、地理、音樂、形而上學、醫藥與體育。

在古魯吐納的學校，在組織上爲一貴族的會社，而以畢達哥拉斯爲首領。學生通常來自貴族的階級。他們共同住在環繞講堂的小舍之中，像斯巴達人一樣，所有物件是公共的。學生入學時所納之學費，彙集爲支付生活費。這款在敎師指導下的學生來管理，作爲一種經濟的訓練。學生分爲兩級：即顯爲信徒的和選修的。畢達哥拉斯向全體學生講授，但只將教義一部份授給於預修階段的初學者。此種預修，歷數年之久。當講授時，他用簾幕掩遮，學生們肅然靜聽，通常包含口述或語錄，對其不了解的義理，從不發問。迨至修習及靜默時，始作潛思反省。寫作是用爲記憶及對於反省之助。高級的學生接受教義的全部，並准其參與會社中所有秘密而堪授衣鉢的。

誠如上文所說的，諧和是在全部教學中的目的——在全部能力中心靈與眞理的諧和；軀體與心思的諧和，這意含低級服從高級的原理。他擬定對於個人諧和的一種教育方略；他的再生力是藉運動而服從修養；修養藉音樂而服從感覺；感覺藉算術、幾何與天文而服從推理。體格練習是企圖增進康健及氣力，卽諧和的另一面。在道德上，諧和乃德性，這是從學問與宗敎而得。良以他們在實行中，對於心思，由研究、反省與音樂，對於體格，則由運動，以獲得其全部諧和，這樣他們更由宗教與德行的正常練習，盡力以實現道德秩序中至善的諧和。敎師經常需要服從與忠直，卽爲節制與克己的榜樣。一般認爲他提高希臘人的道德自覺，比從前所成就者，致力的更多。

這間學校，當古魯吐納的人民暴動時，突然關閉。誠以其在傾向上是貴族的，在殖民地政府中或有些影響，故在反對貴族的暴動中，人民遂將其焚燬。畢達哥拉斯乃逃往美達班旦（Metapontum），而於西元前五零零年在那裏去世。

第四章　後期希臘教育

第一節　哲人的新教育

雅典社會的變動　迭次發生的波斯戰爭（西元前四九零年及四八零年），原由於整個希臘人類活動的各種形態大擴展的結果，尤以雅典爲然。雅典擔任伊華尼人希臘的盟主（Hegemony），而爲希臘人世界的中心。由其貿易和商業迅速生長之結果，大批的外國人居留在雅典境內，以爲賺取財富機會的便利。因此，這些外國人傳入不同的習慣，宗教的和道德的見解，及觀察社會事情的方法。由其與當地人民習慣和傳統的衝突，便發生一種趨向，即對於前此不假思索的接受就發生疑問與推論了。對於神祇和其控制人們各種事情的信仰，開始付諸研究，對現象更求合理的解釋。這種轉變，反映於失去宗教基礎的道德方面，未有準備任何的成份，而在政治方面，其本性在公民權中是承認財富，事實上，社會也處於變動的狀態。而且，政府機能的增加，派遣外交人員出國和軍事民事官員往附屬國的需要，使個人，尤其使聰慧而有機智的和無所顧忌的人們自我進步以很大的機會。波斯戰爭後，雅典公民生活有提高的機會，因此希臘青年的高等教育發生了轉變，以準備青年來應付社會生活已經變化的狀態。雅典新教師，也博得青年的同情。

新教師的哲人　這些新教師叫做哲人或詭辯家（Sophists），自謂將啓人智慧，乃一種專業教師。他們初爲浪遊的教師，並非屬於任何學校，只隨處遇有學生願奉束脩者則教之。其中如布魯達哥拉斯

(Protagoras)與哥基亞(Gorgias)，乃早期哲人，博學而愛好旅行，擅於討論當時文學、政治與科學問題。有些亦爲長於數學、哲學與文法的。可是，他們許多每以粗具辯論與演講的能力而大言不慚，並傾向於愛好學問的矜尙。他們通常攻擊希臘各城之宗教習慣與制度，證明其無理由；又斷言人類不能確知萬物，萬物亦無眞僞之分，此等懷疑論者，通常稱之爲哲人學派。他們大多爲非雅典人，由於有教學的機會，乃吸引其來到這大都會的。但因爲講學收費，接受束脩，常受人非議，良以雅典青年所受高等智識的教育是間接的，即由體育學館的小樹林中和其他各處的名流會談而得到的。這間接教學的目的，是品性的陶冶，這樣進行，舊式的雅典人，認爲無需有財政上的考慮。另一種對哲人的反對，是基於其教學的內容。

哲人教育的目的，是準備青年人積極生活，使個人適應已變動的社會狀態，因而確保其個人的進步。雅典既沒有報紙，爲着保持影響以及政治的和市民的進取，唯一辦法是靠演講。因此哲人教育的主要內容，是演講的技術；最重要的練習有二：一爲辯論的，一爲解釋的，前者爲駁斥，後者爲辯護，故希臘的文明裏，關於這些技術的組織，應該歸功於他們的。他們既教授演講和雄辯，並且由於這些精煉出來作爲技術的而發展文法和修辭。可是，此不過是形式的學習，在其應用，哲人的取材，主要的還是採取政治的和倫理的。

哲人學派的首領布魯達哥拉斯，曾作其基本原理的肯定說：「人爲萬物的權衡」。智識必應爲個別的，乃靠感覺而來；並且，由於沒有兩個人的感覺相同，因此不能以一種事情當作原則或共通有效的眞理。是以每個人必需爲着自己打算，對於鄰人、國家和社會，應該採取什麽樣的態度。良以社會環境的改變，激動人們爲著自我進取的競爭。故哲人是絕對注重個人主義，他們的教學，表明了個人對於國家的關係，發生轉變，個人的力量，需要時甚至其生命應該爲國家之利益而犧牲的觀點，已逐漸消失了。這種舊有道德標準的崩潰，無論對於社會方面產生的結果如何，但他們的學說，已提高個人智識的水準，和增進思想的內容。哲人影響於高等教育是深刻的。他們所注重的，教育並非爲着市民的責任，而只求個人的進步和幸福。因此在體育學館的體格訓練，逐漸將其重要性讓與在講堂上對心智的訓練。哲人是首先把智識的成份貫注於雅典教育。他們對於初等教育雖然沒有接觸，但並非不受影響的。文學和音樂，仍存着教學的成份，但爲着其道德內容的文學修習，已趨向於文學形式的批評；音樂，原來爲着道德而訓練現已變爲愉快的作用。在角力場裏，訓練的嚴格性已放鬆許多，志在審美的旨趣比從前更爲濃厚了。

哲人學派之興以後，分爲哲學（義爲愛智）派與修辭派，前者以蘇格拉底爲首要，後者以愛蘇格拉底爲代表。哲學派的教育理論家，如蘇格拉底、栢拉圖及亞里斯多德，對於個人自由和社會堅定如何協調的問題，尋求一新解決。蘇格拉底創出其辦法，是在道德。道德是基於智識；智識的各種成份則存於每個人的意識之內。簡單而有系統的陳述這種智識，是需要一種新方法，而這新方法，由蘇格拉底在其「會話的問答」（Conversational Quiz）所提供的。栢拉圖認爲，由蘇格拉底所要求的智識，僅靠透察現象而達到實在的哲學家始能得之。他會提議一種完全由國家控制的社會制度，在這制度裏，每個人爲着地位而應受教育，及操最適宜其性質的工作。亞里斯多德提議一種教育，準備對於每個人指導他的行爲。直至七歲，教育幾特別是爲體育的；至十四歲，教育集中於心靈的不合理的部份，目的是在陶冶優良的德性；至二十一歲，教育貫注於心靈的合理性的部份，目的是求智識的發展。茲將這哲學派三位教育理論家的學說，分述如下。

第二節　蘇格拉底的學說

蘇格拉底傳略　蘇格拉底（Socrates，西元前四六九至三九九年）生長於雅典，父親為一雕刻匠，母親則為一產婆。在其早年生活時，曾承習其父親的技藝，並操此業有相當時期。當伯羅奔尼撒戰爭（Peloponnesian war）之役，充當步卒，表現其刻苦耐勞而有勇敢的精神，其後乃為公民及參議員。在三十僭主的朝代中，他深覺有些政策，並非有益於國家，不肯贊助，冒生命的危險。他稟抱古代雅典人愛國精神，公爾忘私。他既容貌不揚，對雅典人所習尚的儀表和衣冠，又復不整，因此他常被其敵對者如哲人、詩人與刺諷者所嘲笑的犧牲。其容貌雖不為人所悅，但其優美的聲音能吸引聽衆。其素性又復慈祥、誠敬與正直。故除儀表外，蘇格拉底誠為一理想的人物。其潑辣之妻，乃一悍婦，但他處之泰然，容忍之量，為世所稱。故其弟子栢拉圖，認其為全時代中最公正之人。蘇格拉底為世界上從未做過任何特別事情，並未有任何著作的罕有著名人物之一，對其生平事略之資料，只見之於栢拉圖、色諾芬（Xenophon）、及亞里斯多芬（Aristophanes）等著作之中。他畢生教學，但未嘗如哲人學派之招收學徒，而其所教者乃根據其自己的方法。他稟抱有詰問的天才，無論在體育學館的走廊，或街上，或市場，逢人便詰問。他詰問哲人以說服其錯誤，使其自大之心，恍然若失；他無顧忌的詰問青年，以教導其所忽略的眞理，訓誨之，啓廸之，乃至商人政客，隨時隨地提出詰問，以迫使每個人養成清晰的觀念。這是其畢生經常的職業與嗜好。由於他的獨創，對話變爲一種藝術，而問答成爲一種方法了。

智識即道德的說法　當時哲人受著雅典社會保守者的劇烈反對，誠以道德的舊基礎既已喪失了，但哲人的消極態度，並不能適當地塡補這一眞空。因此個人自由和社會堅定與福利之協調問題，依然有待於解決。蘇格拉底便以建在智識上的道德，進行尋出一解決的新途徑。他的思想，自然受著畢達哥拉斯及哲人學派的學說之影響，故服膺布魯達哥拉斯的：「人爲萬物的權衡」一名言，但拒絕哲人的立場，而欲使雅典青年從哲人的愚笨個人主義而進於較廣大的思想，以衡量正直的人之生活。他相信一良善生活的藝術，爲所有藝術之最偉大的。「人貴有自知之明」，乃其指導的原則。他認爲有共通的觀念，如虔誠、節制、正直，乃全民所同意的，這些觀念的因素既存於每個人的意識中，如憑清楚的與完全的想像，便可了解與明瞭了。在人們的生活中，對這些觀念的明白和實踐即是道德。這種道德，是教育的目標。蘇格拉底對於教育的目的，是啓發其想像的能力，即教人以想像，而不在教其以已成的智識，使人能達致這些共通的基本觀念或道德的原則。智識是基於所有道德的與聰明的動作之基礎，但這智識即共同關於全民的。爲着引致良善的生活，是需要有全部眞實的智識。既有正確的知，必需有正當的行以繼之。要言之，他對教育的目的：智識在所有藝術，包括生活的藝術中，是正當動作的基礎，每個人雖非有正當的智識，但每個人有潛存的能力，以達到那種智識。教育就是爲著發展這種能力，即正確想像的能力。蘇格拉底不相信任何正式的教育內容，其本人亦很少讀書。他只相信由直接與人接觸及由個人觀察與體驗而得的智識。蘇格拉底側重於學習上基本的內容，而不注意於學習的形式與工具，如文法與修辭的法則，或講話與寫作的技術等。

辯論的辯證法　教學的方法，蘇格拉底認為不能由哲人的演講方法為之，這不過是貫注一種消息，即次等的智識，是無效益的。因此他採取對話式詰問來代替。這是一種靈敏的與巧妙的詢問、盤詰、問答及會談的方法。這種方法，叫做辯證法（dialectic），在性質上是雙重的。第一步是反詰的問答法（Ironic），即破壞的成份。他提出一個為其所欲教授的問題，如對方反應的答覆中是錯誤的陳述，蘇格拉底自認無知，虛心聽講，並不反對，而且佯為支持其對方的意見與觀點。然後以靈敏的與有時伺隙而乘的好像雕刻匠樣的工夫，逐層詰問，迫其發揮意見，及表現——當然講述其愚蠢的全部範圍，乃立即狡猾地令其自己發覺所引進的結論是如此荒謬的與矛盾的，使其失去信心而結束，最後遂使承認其錯誤。第二步為產婆術（Maieutic）或建設的成份，以類似的進行構成其方法的另一部份，即用着產婆樣的方術，再行詰問，逐步引申，使對方心思中發展正確的思想，由意識的愚昧而進至明晰的與理性的眞理，而得到正確的立說。故蘇格拉底稱教師為智識的產婆。這是在栢拉圖對話集所全部披露的。

蘇格拉底的學旨　蘇格拉底的學旨，對社會的是解除獨一意見所影響的社會，而代之以一般眞理的智識，這眞理是奠立生活上一切活動的行為。對個人的，他志在發展為著自己而想像的能力，以培養自己的智識，而造就自由的人格。對教育上，他特別側重智識，而且，在於實際的智識，使在日常生活中改正其行動。蘇格拉底對於宇宙性質與自然科學的研究，是沒有結果；但對人類及其行為與效果，是作有價值的研究。他的方法，孕育教育上訓練的觀念，為以後發展的憑藉，在高等教育中成為有支配性之一種，故建立科學方法與倫理體制之廣泛的基礎，厥後雅典各哲學的學派之興，大部份乃淵源於其學問而來。但應注意的，蘇格拉底所採用之對話的詰問，僅能應用於其內容是靠個人經驗中所領會而來的科目。故這種方法，可用以教授哲學或倫理，但不能教文學、歷史或科學。誠以其側重方法而不充份注意內容，且其所過份發展者在討論而不在動作，對於教育似覺不够，而其方法亦非對全部教育病態可作治療的萬應藥。同時此種方法，還有危險性，即其使用，尤其流於愚劣者之手，每變爲曲解而非眞理的。蘇格拉底所倡哲人的理論及其對當時的影響，引起强烈的反對。他受個人主義的哲人所憎惡者，以他們之膚淺的及消極的意見，遭其不斷的暴露；他亦受對舊傳統與舊道德之保守派所痛恨者，以他們視蘇格拉底爲一無神論的及敗壞青年的德性，說他把青年從體育學館引誘出來，加入狡猾的哲學競賽，而在哲人中最爲危險的。法庭提起控訴，遂授其以毒草(Hemlock)汁。他在審判前本可以逃亡，即在審判以後，亦可以出走，但其不發一言以自辯，毅然接受，卒仰毒以死！

第三節　栢拉圖的學說

栢拉圖的生平　栢拉圖（Plato，西元前四二七至三四七年）生於雅典富貴之家，爲蘇格拉底的高足。自蘇格拉底歿後，他離開希臘，遊學十年或十二年，主要的是在埃及，與在意大利及西西里的希臘殖民地。西元前三八八年，他在雅典創設其著名哲學的學校，即阿加的美（Academy），掌教凡三十六年。這校設有圖書館、講堂、寢室、教授哲學、數學與科學，男女均准入學。栢拉圖雖爲蘇格拉底的弟子，但心思的質地與蘇格拉底完全不同，他乃一最溫良的作家，而蘇格拉底不能撰綴辭成篇之文；他關心於物之美者，而蘇格拉底則蔑視之；他極注意於公衆事情的整理及增進人類康樂的計劃，而蘇格拉底不問人類的世情與意見，唯以解除迷罔為務。他企圖發揚蘇格拉底的思想，不僅廓充其倫理教學的性質，並擴大哲學本身的範圍。關於方法，他採納及用心於蘇格拉底的辯證法，認為對於分析或掃除意見有極大的價值，故其不朽的對話集中以蘇格拉底為討論的主角，假其師之言以表達其思想的。蘇格拉底既無著作，亦無創立任何教育的制度，其教育的觀點，是靠他的兩位弟子色諾芬與栢拉圖的著作而體認，色諾芬只記其師之言，而栢拉圖則更為了解，但在栢拉圖的著作中，究竟何者為蘇格拉底的與何者為栢拉圖的，很難決定的。

唯實論的要旨　栢拉圖師承蘇格拉底的「智識即道德」之基本原則。蘇格拉底極注意於發展個人獲得智識的能力之實際問題，栢拉圖對於智識本質之極抽象的問題，却饒有興趣。什麼是智識？智識是根據實在的。但什麼是實在(Reality)？實在不能僅為現象的，那不過是片刻的及暫時的，但必須是不靠感覺而存在之永恒性的。他堅持這種智識包含無限眞實的抽象觀念，即現象存在所摹仿的超感覺的觀念。蘇格拉底的眞理處在人類日常體驗的世界，栢拉圖的眞理，則超越此種體驗的世界。唯有實在或眞理是抽象的或萬有的「觀念」，而在超自然的（Metaphysical）世界中有一客觀的及獨立的存在。物質的即可見的世界不過為這些「觀念」反映的呈現或虛幻之一，此觀念為所有具體事物的原因。最高的觀念，或第一原因，為天主的觀念，這是栢拉圖認為最高的主宰。物質的世界，即感官世界，是暫有的現象，不斷的轉化，由感覺力可以察知的；實在的世界，即觀念世界，是恒久的存在，不變的眞實，唯有靠一種潛思的、純推理的、直覺的方法——即哲學（栢拉圖稱為辯證法），才可以悟知的。常人能知其前者，唯有哲學家始能知其後者。這是栢拉圖的唯實論（Realism）的要旨。哲學家將使人類社會有些正義、良善、優美及處於實在世界的眞理。每一現象的實體，有一種特有的善，但最高的善乃良善（Goodness）之抽象的觀念，此良善是各種善事的特性。最高的善之智識是道德（Virtue）；爲求達到此種智識，是生活的目的；爲着發展其能力以達之，是教育的目的。

理想國的教育計劃　栢拉圖生長於希臘慘戰及社會混亂環境之中，自始卽目覩人類之不和及其制度之不當，其心旣受刺激，卽起而與之相應。且當伯里克理斯之世，雅典曾開拓海外殖民地，這足示人以社會不必天成亦可人造的觀念。其早年著作中之一及其最後著作對於社會關係的改良，皆作勇敢而透澈的討論。其理想國（The Republic）一書，是說烏托邦之最早的著作，敍述少年夢遊一城，其他人類生活皆依照一新穎而良好之計劃配置。當晚年時，其最後未成的著作叫做法律（The Laws），乃討論另一烏托邦的規律，捨棄其在理想國一書中許多政治的與教育的觀念，而根據保守的希臘觀點提出一解答。前者爲默想的，會話的體裁；後者爲教條式的。理想國一書，表面上似乎討論正義（Justice），但實際上所研究者乃如何用正當敎導和訓練的方法，以產生公正的人和公正的政府出來。所謂正義，是有賴於一種正當的教育——個人的正義，便是卑下的慾望能與高尙的情緒和智力相協調；國家的正義，便是統治者、軍人、工匠能協調的各盡其職守。他的理論未爲希臘人所採納，但此書爲在教育上第一次創作科學的計劃。其理想社會制度，完全是由智識的統治階級所支配，故王卽哲學家，哲學家卽王，但國家是貴族政治的，每個人對國家應嚴格的服從。他相信支配人類的特性有三種：卽智力、情緒與慾望。當這三種特性協調的動作時，可以解明其附帶的德性，慾望僅是專心於供應而非放縱，情緒是專心於自衞而非狂暴，智力是特別用於聰明的指導，然後作個別適當的效用，而達致於其終極——道德，即節制、勇氣與智慧。國家乃個人的擴大，他認爲雅典的弊病，由於工人未能作適當的分類，故將社會分爲三個階級：即金人、銀人與鐵人。所謂金人者即哲學家，其德性是智慧，以統治國家；所謂銀人者，其德性是勇敢，充當國家的衞士；所謂鐵人者，其德性是服從上級及自己節制，爲國家的工匠。此乃神意所安排，賦其特性，每個人要恪遵職守。此三種階級協調的動作時，當工匠的供應社會，軍人的防衞社會，與哲學家統治社會。國家作適當的效用，便達致其終極——正義。所謂良好公民，即負擔國家命令所做之事，無論工作、作戰或統治。一個理想的社會，是建築在分工制度的基礎之上，在這樣的國家裏，每一類的人做其自己的工作，不妨礙他人的工作，那麽人民都過着一種簡單而儉樸的生活，不貪不奢，自趨於平治了。故教育的目的，是求個人的康樂與國家的良治，教育不僅爲國家的一種效用，且亦爲國家之主要的效用。

爲着達到個人的道德與國家的正義之目的，應該組織什麽樣的教育制度？栢拉圖對此問題的答覆，是主張組織一個理想的社會，即爲一個貴族的社會主義。國家必須控制一切。它決定誰應結婚——婚姻不過作爲養育公民的一對配偶。家庭生活放棄，所生的小孩歸於國家。國家有權決定是否准許其生存。母親的哺乳，亦不需要的。關於教育的組織，栢拉圖採取斯巴達的實施方法，但內容則仿自雅典的。兒童直至七歲，由於戲玩、講故事、與學習道德和宗教，體格上已發展了。由七歲至十六歲，在國立學校受訓練，此與在角力場及音樂學校對雅典青年所施教的相同，只在內容上稍異。文學、凡傾向於不道德與非宗教的影響，應予淘汰；體格訓練爲體育，心靈陶冶爲音樂，包括文學、書寫與算術，應作初步的實習。此兩者畢生應受其陶冶。但音樂教育是應在體育之先，以並非良好體格改善靈魂，而只由良好靈魂改善軀體之故。十六歲時在社會上舉行第一次甄別：那些男女青年——兩性受相同的教育——如表現他們是由其慾望作主要的支配者，被淘汰而徵入工匠階級。其餘繼續受體育與軍事訓練的教育，直至二十歲，然後舉行第二次甄別：那些表現由其情緒作主要支配者，被淘汰而徵入士兵階級。其餘繼續修習科學，如數學性質，卽算術、幾何、天文與音樂，只爲抽象的與陶冶的方法，三十歲時，便舉行第三次甄別：並非實用的。那些曾表現僅由其智力支配者，又被淘汰而授給其主持國家之次等的職位。其餘少數的人而具有聰明的資質者，繼續再受辯證的哲學教育五年。至三十五歲，他們分派擔任各種長官的職務，凡十五年之久。五十歲時，他們實行退休，棲隱林泉，作爲統治的顧問，且以其餘年研究與省克，此爲全部的最高生活了。

教育理想的價值　理想國所主張的教育計劃，是根據基本的倫理觀念，每個人應該從事於其本性所最適宜做之工作。跟着其基本的教學原則，教育的作用應從個別中發現何者是其最適宜操作，然後準備其服務的訓練。因此個人不僅可達到其康樂，並且使其最好的服務於社會。這是一種自由教育的希臘理想之表明。但必須承認的，這種解決，僅爲一種形式的，而且任何實際的解決，大部份是由一種先前理論的策略所決定。實際上，栢拉圖對於個人自由與社會堅定之協調問題的解決，要歸之於對個人的壓制；但理論上，稱爲在這問題中使兩種因素之最好的協調。在教育上，他堅持關於以每種實用技藝爲本之理論智識的追求，與其在教育計劃中對女子同享一種平等地位的規定，栢拉圖在當時已大爲進步。在教育上形式訓練的觀念，對於教學的課程與方法，曾有一大影響，殆直至今日。他是最先規定教育上一種明確的哲學，及奠立國家教育之哲學的基礎。理想國在其時期中雖未有實際的影響，其計劃亦視爲未能實行的，但此書認爲最重要教育論著之一，爲後來摩爾的烏托邦及倍根新大西洋島所取法。他側重於潛思的生活作爲最高的公民生活，這是開基督教節慾主義之端，而其實在世的幻想，對早期基督教哲學家提供許多幻想的哲學之基礎。中世紀教會的統治，原由猶太人所影響，但本質上爲栢拉圖的，以教士的教職政治負擔哲學家的任務。栢拉圖的唯實主義與神學的獨斷主義是密切的相關。中世紀的學者擬像栢拉圖一樣，基於來世的理想建立一「絕對」的社會，而物質的世界，不過爲幻影之一。這種唯實主義阻礙科學思考之長進，凡數世紀之久。

第四節　亞里斯多德的學說

亞里斯多德的身世　當栢拉圖晚年講學於阿加的美時，由馬其頓之斯他基拉（Stagira）負笈而來的一位美少年，乃馬其頓的亞明達王（King Amyntas）御醫之子，叫做亞里斯多德（Aristotle，西元前三八四至三二二年）。他的學問，一部份傳自其父親與馬其頓之科學的學校，但大約從十七歲至三十七歲，則由其在雅典栢拉圖教導下而得優良的訓練，故其爲栢拉圖門下最聰慧的弟子。栢拉圖去世後，他離開雅典，遊歷亞梭司繼續其研究與探討，越四年（四十二歲），被聘爲馬其頓王腓力之太子亞歷山大的師傅凡三年。約西元前三三五年，他設立教壇於雅典之利凱央（Lyceum）以講學，批評栢拉圖及蘇格拉底很厲害，對於栢拉圖的教育理論，重新加以考慮，並有一些補充的地方。且由其廣大的成就，備有百科全書的智識，研究的實驗性質，及其天性之明確的與實際的傾向，故亞里斯多德深察教學的問題，較栢拉圖爲透闢。其後他與亞歷山大有特別的關係，得其獎助，又得許多人爲其搜集資料，故治學淵博，著述宏富。但其所撰許多論著已失去了，所遺留的皆爲講稿，並非全部可靠的。有些似爲其門徒所擴充的注解。其保存之語錄僅爲殘闕之文。現存的著作包括生物學、生理學、物理學、機械學、心理學、修辭學及詩學。其論理學、形而上學、倫理學及政治學，爲對此等科目最偉大的著作家，故政治學與自然科學，由其濫觴的。其學派稱爲逍遙的（Peripatetic），或因亞里斯多德常與其門徒在門廊緩步而行，優遊講學之故。學生分爲高初兩級：高級的學生，在上午教授論理學、形而上學、或自然哲學等比較抽象的學問，在下午或晚間，他對初級的學生講授政治學等比較具體的學問。並設有圖書館一間。他掌教此校，直至死前之一年爲止；其歿後五十年，「利凱央」竟絃歌罷歇，衰替無名了。當西元前第三世紀時，亞里斯多德著作的稿本，傳給其門徒而繼續主持學校者提奧夫拉斯塔（Theophrastus），三十五年後，又傳與尼流斯（Neleus），帶往小亞細亞，秘藏於地窖，凡一百八十七年之久。約在西元前一百年，傳回雅典。當西元前八十六年，薩拉（Sulla）佔據雅典時，刼取運往羅馬，由安德洛奈卡（Andronicus，西紀前五十年）整理而纂編之。

對亞里斯多德的研究，一因爲他對於後代的思想生活及教育比任何其他人有較大的影響，二因爲他代表希臘智識生活的極點。亞里斯多德關於教育觀點的理論，可在倫理學（Ethics）中發現，但在實際及較重要的部份，可見諸政治學（Politics）一書。前者叙述個人在生活中怎樣作自我訓練，後者論述在社會中社會的與經濟的最有利的條件以達成這種目的。此兩書是作爲科學論著的體裁而撰寫，因此不及栢拉圖的對話式之文學上魔力。政治學一書是一部殘稿，其主要題目：一、教育的控制與組織，二、音樂，三、體育；最後部份，論述高等教育，是未撰成或已失佚了。

理性的生活　亞里斯多德雖然是栢拉圖的弟子，但對於個人自由與社會堅定的協調問題之解決，他的見解，與其師迥異。亞里斯多德否認蘇格拉底的基本假定「智識卽道德」之眞確性，誠以道德乃行的一種附屬物，而非知的。他不肯承認栢拉圖實在(Reality)的理論，以爲栢拉圖抽象的理想(Ideas)，除作爲形式外，實沒有存在。這種理想，除非寄托於有形的物體之中，並且經過我們的五官的感觸，否則對其實無所知。實在既不包含理想，故人類最高可能的成就，並非具有理想的智識，亦非其獲得此種智識之教育的目的。凡事根據其最高作用而行動時，道德自會達到。現時人類最高作用是理性(Reason)，因此，爲着達到其目的，必須依循理性而生活。故教育的目的，是培養理性的生活。他要求一種教育制度，是使個人，結合其他的，引導其一切由理性所發出的行爲。個人的最高作用，是在思想上及行動上是理性的；國家的最高作用，基此方法以指導社會培養人類於至善的。在穩當的推論上，幸福（Well-being）與德行（Well-doing）兩端，構成眞正道德及全部教育之終極目標。同時，亞里斯多德並認爲教育乃實用的政治科學之一重要部門，及促進公民團體之幸福與德行的方法。良以國家的基本作用是教育的。如欲社會的完美，先求其份子的完美；因此，一律性與强迫性的教育制度，是最良社會之首要的本質，其適當的管理，乃政府最重要的職責。

爲着適應這時代的需求，究竟以何種社會的與教育的制度爲最好？在當時各國中，從比較上研究其組織的結果，亞里斯多德於政治學中推論，認爲君主政體雖然在理論上是政府之最佳的方式，但其末流，有專制的弊病，故寧取民主政體，以其永久用於公民，有利而可行，其失爲最微的。在希臘文的字義上，雖有民主政治之稱，但這種城邦，乃基於奴隸制度而組織，勞工階級被剝奪其公民權。亞里斯多德雖爲一個外國人，而其對於社會的與教育的觀念，接近於雅典人理想却較對栢拉圖的爲多。亞里斯多德與栢拉圖，皆欲使其公民的教育爲獲得國家福利之主要方法；但亞里斯多德拒絕栢拉圖理想國的觀念，故其教育計劃的需要便與栢拉圖的不同了。他主張教育之對於國家，其目的在培養公民的道德，栢拉圖認爲良善寓於幸福之中，但亞里斯多德却認爲其寓於幸福與德行之中。他說：幸福是心思的良善，而德行是動作的良善。道德並非像蘇格拉底所認爲寓於良好的智識之內，只在於智識的作用之內。根據亞里斯多德的意見：道德的因素，包括本性、習慣與理性。道德或良善，是有兩種：智識的良善與性質的良善。智識的良善，主要的由於教導而增加；性質的良善，並非天生，乃由於適當環境的關係所陶冶的習慣。他非難栢拉圖對於家庭與家庭生活的破壞，及對男女兩性享受同等教育的制度。由於男女每一方面的最高作用各異，故他們必須有不同的教育，在家庭中由父母負擔兒童的教育。兒童的全部教育，直至七歲，始由另外的管教，而其道德教育，常爲父母的一部份責任。

教育的計劃　亞里斯多德在倫理學一書，認爲人由兩部份所構成，即軀體與心靈（Soul）；而心靈的性質，包括一種不合理（Irrational）的因素——嗜慾（Appetites）、意慾（Desires）、與情緒（Passions），及一種合理性的因素——理智（Intellect）。不合理是先於合理性的，例如忿怒、志願與欲望是深植於兒童的心裏，與生俱來，而推理與理會，乃在其生長過程中而發展，因是軀體的注意，應先於心靈，而心靈之感情所驅使方面應次之。在教育上，習慣是在理智之先，軀體亦在心靈之先，故體格訓練最宜實施於兒童的早期，與栢拉圖把音樂在先體育在後的不同。教育有三方面，包含體格、性質與智力的發展。其方法是分析的，開始教以實物，由具體進而至抽象。教學的內容，低級爲體格的與道德的習慣之陶冶，中級的由於運動、音樂、圖畫，而作情緒的訓練，高級的由數學、論理學及科學而作公民訓練及理智的發展。亞里斯多德的教育理論，可分爲兩端來說：

一、軀體與不合理心靈的教育——亞里斯多德的教育計劃，學生的學齡直至二十一歲，分爲四階段：第一、直至五歲；第二、直至七歲；第三、直至青春發育期(男子十四歲，女子十二歲)；第四、直至二十一歲。爲着保持康健的體格，他主張由國家規定人種改良的結婚。當小孩開始五年，教育應爲自然的，包括自發的運動，並對其監護，以免受不道德的影響。再經兩年，兒童參觀各種活動，準備其將來學習的。在這些年頭，兒童在家由國家「教育指導員」的監督。智力教育，在青春發育期以前不要開始。讀寫算作爲以後學習的準備，運動與音樂構成爲不合理心靈訓練的課程。在這些科目中，運動與音樂爲最重要，亞里斯多德對其詳爲討論。運動並非使成美感的或粗健的，但人們——優美的軀體與高尚的性質之康健的人們，因爲他們溫和與節制的推動心靈的作用，而使其成爲有道德與康樂。他主張體格訓練乃餘閒及和平的享受，而非爲軍事的準備。不合理心靈中邪惡衝動的澄濾，及對一個人之天性的與道德的行爲上，遵守其「相關性」原則的習慣之啓發，好像對音樂一樣，爲運動的主要意向。音樂，奴隸與勞工所聽者或如其心靈一樣的粗鄙與放肆，但精製的佳調，乃對自由人一種優閒教化的娛樂，並在道德上有特殊的影響。這種不合理心靈的教育，並非爲私立的，只在國家的掌握中，因爲教育是一種基於普遍有效的一般原則之科學，故應該操於其熟識此等原則者如立法人員或其代表之手。

二、合理的心靈與能力心理學的教育——他如何教導理性的心靈，僅能由推測而知。青春發育期以後三年，青年應從事「其他學習」，在性質上爲智力的，以人們不應同時從事於心思及軀體的勞作。故其所表現的，像栢拉圖，亞里斯多德承認身心之間有一種二元的形態。這或者應修習科學、哲學、及文學以發展合理性的心靈。他認爲政治科學乃全部學問之後，而心理學亦爲其中一重要的部份。但這種學習，合理性心靈的能力應該發展。栢拉圖曾講到心靈的各部份，這種理論，亞里斯多德變爲心智能力的各部份。這種能力心理學，再經聖奧加斯丁發揚，直至第十九世紀，未遇嚴重的反對。這或假定，在教育上合理的心靈，亞里斯多德供應適當的練習以爲其能力的啓發。這種心理學的理論，常支持栢拉圖陶冶訓練的理論。

亞里斯多德學說的貢獻　亞里斯多德遺留於世界的理想，就是一種康樂，因此有德性的公民，造成一個康樂的與有德性的國家，在完整的國家之中，人們應由理性及由尊重正義的意識所控制。其對於國家教育的見解，傳佈至羅馬的法律，以至多馬士（Thomas Aquinas）及路德（Martin Luther）的哲學，實際上以迄於現代教育的實施。其智識的及宇宙的理論，成爲第十三世紀教會的正式哲學，而穩握歐洲大學的權威，凡四百年之久。亞里斯多德在自然與社會中尋求眞理，並堅持此應對其現象作全部觀察而由反省所證實的。這種演繹方法的實踐，使其成爲歷來最偉大的科學思想家，而奠立物理學、機械學、生理學及政治學的科學基礎。故其哲學與科學的論著，有相當價值。爲着發展思想的原理，他編撰其工具（Organon）一書，討論思想本身的法則，即論理學。實際上，自其時起，對此形式的論理學，一仍舊貫，從未有任何增減。中世紀時，這種演繹法論理學控制智識的生活，但演繹法不過爲一種證實的而非發現的。自西元五二九年羅馬猶斯丁尼安（Justinian）大帝禁止希臘的學術後，亞里斯多德的學說，逃亡於東方，其後藉伊斯蘭教（大部份吸收亞里斯多德的學說）之傳播，經西班牙而傳入歐洲。於第十二三世紀盛行而威脅基督教，引起基督教的劇烈反對，但最後教會竟採納之以增飾其教義。經院哲學派學者開始着手研究，而作爲教會的有效武器，將所有人類智識，歸納於亞里斯多德的思想體系之中，而以神學冠之。故亞里斯多德的思想，影響於基督教的教義很大。

第五節　大學的興起

雅典是被過份的個人主義所毀滅。對於控制這時期的傾向，所有努力已證明無益，而亞里斯多德欲解決個人自由與社會堅定的協調之問題，不過爲最後的企圖而已。亞里斯多德時代，也就是亞歷山大的時代，古希臘各城邦的獨立，已成爲過去的光榮，因此，雅典及其他城邦的教育，便失却從前那種社會的愛國的特性，而祗追求個人的進展和抽象的智識。亞歷山大把希臘的領域擴充到亞洲和非洲，有許多戰勝的領土且成爲海外希臘文化永遠的傳播之地，西元前三二二年所建立的亞歷山大里亞城，就是一個顯例。然而亞歷山大戰爭之結果，並不是發展文化，僅爲傳播文化，故非產生有名的學者，只增加了讀書的羣衆。且其風氣亦改變，自亞里斯多德以後，凡是對於書本不熟習的人，便不能認爲是讀書人，所謂讀書人者，必須讀過名師的遺著，方能學有所本，這樣比從前那種專靠演講的教育，得到較高的統一。當此個人主義佔了優勢的時期，那企圖講求社會生活之實際理想的哲學，唯一的是求個人的愉快爲滿足。最重肉感（Sensual）的伊壁鳩魯學派（Epicurean），對於個人處世實際問題之最終目的，也和最高尚的斯多葛學派（Stoic），頗相類似。教育原爲適應於社會的與政治的理想之一種轉變，現時却專志於求個人愉快的發展，而不注意於社會的關係了。

雅典被馬其頓征服，既喪失政治的力量，其公民遂轉而注意於使此名城成爲世界學術的中心。由哲人所傳入的新教育，開導其勢力的兩個主流，結果變爲一種高等教育的改組。一派宗蘇格拉底作爲一條通道而奔流，結果爲各種哲學的學校之建立。另一派宗愛蘇格拉底（Isocrates，西元前四三六至三三八年）而奔流，結果便產生修辭的學校。這兩種學校，歷時代的推移，而在一種廢弛的狀態中逐漸合併便構成現代作家所給與「雅典大學」之名，其實這名稱，古人自己原未知的。

哲學的學校——此種學校，一般來說，爲組成法人的團體，擁有產業，並有正常繼承的領袖。初時，栢拉圖與亞里斯多德所注意根據實際生活的思考生活，爲最高的學識，至後期的希臘哲人，則注意於不關任何實際生活的思考生活。蘇格拉底門徒在希臘及各地所創哲學的學校，除較大的四間之外，已不存在了。由栢拉圖時期以迄西元第六世紀之新栢拉圖學派哲學的學校關閉爲止，全部哲學的教學幾乎是與這四間學校或其中一二間有關係。直至羅馬奧加斯都時期，至少雅典爲這種教學的中心。雅典最大的光榮，是靠各派的哲學，其中至少有四派是享有永遠的地位。自西元前第四世紀起，此四間哲學的學校之創立如下：

一、阿加的美（Academy）的學校，是一個營共同生活的團體，西元前三八六年由栢拉圖所建，掌教殆四十年。自栢拉圖去世，他將其在「阿加的美」的小樹林附近的房舍與財產，交與其外甥斯普西皮（Speusippus，約生於西元前三八零年）。斯普西皮死後，又將產業傳與其弟子或其繼承人施諾格拉底（Xenocrates）託管。這產業因此易手多次，而成爲團體性學校的所有。學校的員生，崇祀文藝女神（Muses）而組成一宗教的兄弟會，並選有領袖。這會主持學生通常對科學的研討及教師對智識的傳授。宴會規定常舉行，並邀請外賓參加。

二、利凱央（Lyceum）的學校，西元前三三五年由亞里斯多德所建，是一個研究學術的組織。遲數年，亞里斯多德的弟子提奧夫拉斯塔在「利凱央」附近創立逍遙學校（Peripatetic School），與阿加的美的學校相類似。這亦爲一宗教性的基礎，其校產由會員中推選一人託管。學校領袖產生的方法，似有不同。提奧夫拉斯塔的繼承者斯他拉頓（Straton），於其遺囑中委任列康（Lycon，生在西元前三百年，主持此校四十年）繼承，並希望學校的人員會默認這種抉擇。但列康對其繼承者，則由十個最信任的朋友與學生中來選擇。此校亦有宴會的規定。

三、斯多噶的學校（The School of the Stoics），於西元前三零八年由齊諾（Zeno，西元前三四零至二六五年）在神廟的門廊設教而創立。學校僅得一空名，並不像其他學校之有校舍的。它並無私有的產業，亦未成爲法人團體，但其學理是一貫的傳授下來。這學派專治邏輯與修辭，欲以抽象論證之綿密及思想與言論之高遠，以博得人心。其學旨以德行爲至善；所謂德行，即一舉一動胥本於理性，以期有益於全宇宙。又認爲眞正的滿足，乃定於個人的心思之內。由其與競爭的學派稍異，故繼續能獨立的存在。

四、伊壁鳩魯的學校（Epicurean School），由其創辦人伊壁鳩魯（西元前三四一至二七零年）於西元前三零六年將其私人的房舍與花園來開設的。但這種校產似乎由於時間變遷至少一部份已消散了。這學校的學生，遵照伊壁鳩魯的遺囑所指示，每月集會一次，並在其誕辰日舉行紀念的宴會。伊壁鳩魯似已委定其自己的繼承人，並預定將來的領袖也同樣做的。其學旨以個人快樂爲至善；所謂快樂者，非感官的快樂而乃節慾之人鎮靜有理的快樂，幸福卽寓於靜享一種和平生活之中。

此等學校，無論其大小，不只包含一種智識的訓練，並且發展爲一種宗教的崇拜，哲學的師生，組成爲秘密宗教的團體，志在控制行爲以及決定其門徒的智識生活。此種學校與修辭的學校相對立。有許多學生同時進兩間學校。當此等學校創設之初，僅包括教師與其學生。但當其創立者去世，遺留其資產與手稿於學校，而挑選或安排其繼承者爲領導，此種資產因爲學校永久的基礎，其另外收入的供應則來自學生的學費。此等學校吸引世界各地青年，負笈而至。但在進哲學的學校與修辭的學校，必須先入文法或文學的學校，由文法家教文法的法則，批評家則教文學批評，着重於詩藝的講習。

二、修辭的學校——希臘人敬重文學，尤其愛好口頭的演講。哲人乃精於講壇藝術的人，他的聲調吻合於題材，其優雅合度的態度、動作和姿勢，以及不慌不忙而文雅的詞令，使人發生一種快感，尤其聽講的學生，都充滿了求知的熱情和傾心的情緒，故修辭的學校較哲學的學校更爲重要的。修辭的學校之典型人物爲愛蘇格拉底，他曾受學於布魯達哥拉斯、布魯的古（Prodicus）、哥基亞（Gorgias）、他拉曼（Theramenes），而受最大影響者則爲蘇格拉底。完成學業後，他曾充法律演講的紀錄，操此業多年，其後轉而注意於修辭學，最初在克阿斯（Chios）創立修辭的學校，及其遷往雅典，未幾，復在那裏設立。其課程歷三四年，學生繳納學費爲一千狄拉克馬（Drachmae，希臘貨幣）。

當愛蘇格拉底八十九歲去世時，其學校已不存在，但其對於教育上修辭的課程有很大的影響。其學校中，學生是教以與哲人的學校相同的學科，他開始教導青年經過修辭與哲學的學習，而培養其作公衆的生活。以其乃一個有很大政治興趣與一般文化的學者，故其所提供訓練，除了其態度趨向於哲學與科學外，是廣博的與理性的。他認爲雄辯是有德性靈魂的產物，優美的風格，乃爲在個人的美德及國家的正義中之女僕。因此，他主張整個高等教育爲語言的與文學的。由於此道，他有助於哲學家造成雅典爲文學的中心。愛蘇格拉底堅持修辭教學的目的，是能使人清晰的想像及適當的發表其思想，不僅像許多哲人以辯勝爲目的。其學校是非常成功，吸引許多學子，使其後來成爲領導的政治家而堪作模範的服務，此乃在西元前第四世紀希臘公民的特性。修辭的學校教學，初時是嚴格的與完全的，但因雅典政治獨立的喪失，故其後期學校的內容，却變成形式的與刻板的了。

另一方式的高等教育爲成人學院，初原爲完全軍事性質，而由國家設立（見上章），直至西元前第二世紀之末，因准許外國學生入學，學生註冊人數大爲增加。智識的學科變爲學院課程之一部份，學生在指導員領導下，聽哲學家、修辭家與文法學家的講授。指導員的責任是檢查學生的康健，維持他們的訓練，管理他們的上課，及參加他們的指定各種軍事的職責等。到二十歲離院的成年人要捐書一百本給圖書館，這圖書館是在角力場，或在西元前三百年後未幾，由托里買非列得爾夫（Ptolemy Philadelphus）的慷慨所建的。當他們的學徒期限之末，成年人出現於委員會之前，表演其嫻練武器的使用。似乎亦有安排的，無論正常的或臨時的並舉行某些智識的學習，如文法、幾何、修辭與音樂的考試或表現。這似乎可能的，在其後時期，或在西元前第三世紀創設一體育學館，爲規定進成人學院的準備，上面所述的學科，或其一部份，候選生是規定要考試及格，方准其入學。這成人學院，在其存在的以後數世紀中——繼續直至西元第三世紀——逐漸的變爲配合於是時的高等教育。

雅典大學　同時，雅典青年的教育，曾有大變動。由於哲人側重智識的教育與傾向於個別的自求之結果，在角力場之體格訓練與爲着對國家服役之軍事教練，開始失去其重要性了。服役期限，開始由兩年減至一年；及西元前三三八年馬其頓帝國征服雅典後，結束了希臘文化的古典時代，是時已不需對國家之服役，角力場之參加，是完全以自願的行之。少年團（Ephebic Corps）現開放准許外國人參加，該團成爲帶有軍事意味之社會的組織。以前强迫其參加角力場之少年隊（Ephebes），現在代之以强迫參加哲學的學校之講授，並加以自動的參加於修辭的學校。最後，由於馬其頓與羅馬戰爭的危險，阿加的美、利凱央、及伊壁鳩魯等學校，以無圍牆的防護，乃跟隨斯多噶的學校而遷入城中，雅典議會准許公衆對其供應，實施監督，並執行對哲人或教授的選擇。哲學的與修辭的學校之合併，由於早期羅馬各皇帝贈給修辭的與哲學的講座之實行，成爲更確定的。惠斯巴西安大帝爲第一位君主對大學的供給；哈得良及庇護大帝欲使雅典大學爲帝國學問的中心，特別有興趣。學生就學的年期，常延長至六七年；學生的生活，宛似今日之大學生活。教授人員僅十名或十二名，其工作並藉大批助教與指導員來輔助，教授的束脩，依靠學生的學費。授課內容爲哲學、科學、文學、文法與修辭，學術蔚興，羅馬帝國各地的學子，聯袂而從師。迨耶穌降臨後，這大學仍保留爲異端學術的堡壘；及至君士坦丁（Constantine）大帝定基督教爲國教後，流於衰退。最後，猶斯丁尼安（Justinian）大帝於西元五二九年頒佈勅令，指其爲異端思想的中心，斷然將其禁閉了。

亞歷山大里亞大學　雅典大學並非上古世界之唯一希臘的大學。由於亞歷山大征服各地之結果，希臘文明的傳布，遍及東方；雖然在其外表如神廟、戲院與浴室等是最顯著，但希臘的語言與希臘的文化，征服了人們的心靈，較其以武器征服各國的政府，更爲有效的。希臘的大學，崛興於羅德斯（Rhodes，愛琴海一島）、拍加摩曼（Pergamum）、塔蘇斯（Tarsus，在小亞細亞）、及亞歷山大里亞；其中以亞歷山大里亞大學完全具有雅典的影響與聲望。自亞歷山大崩殂，其部將托里買，鎭守埃及，遂僭號稱王。王在位時，征戰不絕，然猶能出餘閒以獎勵學術，且招致希臘各國的哲學家及碩學之士，就居於其首都亞歷山大里亞城。王子托里買非列得爾夫更發揚而光大之，以迄於托里買三世（西元前二四六至二二一年），仍繼續未歇。他們發起一種徵集手稿的運動，其結果，遂於西元前二八零年在亞歷山大里亞創立一圖書館，成爲上古世界之最偉大者。根據若干報告，有一時期，這圖書館藏有手稿七十萬卷以上；其中至少一部份，保存至西元六四零年亞歷山大里亞被伊斯蘭教徒所佔領之時。約在同時博物院是創立了，這是與今日的科學研究所相類似；又建有天文臺一所。世界各地的學者，紛紛這裏來研究與討論，有時國王且與他們聚餐，頗爲優待。歐幾里德（Euclid）的幾何學、亞基米德（Archimedes）的物理學、埃拉托色尼（Eratosthenes）的地理與天文，其中許多部份，曾靠在這裏用功而成。埃及王並設置修辭的與哲學的許多講座，與圖書館及博物院而組成大學。學者常召集會議，舉行演講，四方人士，雲來而景從，爲父兄者皆遣其子弟來就學，故亞歷山大里亞城本地的學生達一萬四千人。這所大學，雖然在其早期主要的是以科學著名，但在後期，尤其在基督教盛行之後，爲哲學上思考的中心。這自然因其乃希臘人、猶太人、埃及人、及東方的學者會晤之地。他們挾其宗教、哲學、科學以俱來，各民族互相合作，致力於學術。故學說的傳佈，不僅限於高級抽象的希臘思想，而且包含埃及與東方的具體信仰，如祆教（Zoroastrianism）、猶太教與基督教。在這裏，希伯來經典，約於西元前二五零年譯為希臘文；非魯（Philo the Jew）亦企圖將希伯來經典與希臘哲學，合一爐而冶之。這樣說來，西元第三世紀，亞歷山大里亞已替代雅典為希臘文化的中心，且亦為閃族文化的中心。其大學成為上古世界文化的領導之一了。

第五章　羅馬教育

第一節　羅馬歷史與政治的背景

羅馬起源與政治組織　羅馬城位於泰伯河（Tiber River）畔，原爲拉丁族十二鄉鎮之一，拉丁人與伊特魯里亞人(Etruscans)經商貿易的市場，迨殖民驟盛，遂混合爲一城。這城傳由羅穆拉斯(Romulus)於西元前七五三年創建，匯合巴拉丁(Palatine)山及附近山區的拉丁族爲一邦。這區區小邑，漸成爲一專制的城邦，由是發展而統一意大利半島，乃至稱霸世界的帝國。初由拉丁人任國王，其後由伊特魯里亞人取而代之。當西元前五零九年，國王因暴虐被逐，改爲共和政體，與希臘的貴族式共和國相類似。社會方面，隨習俗分爲貴族與平民，貴族的祖先爲羅馬城的創建者，平民則住在羅馬城外的外人，即被征服的鄰族之後裔。共和政體，有國民會議，稱爲民會(Comitia，即市民全體的會議），其職權爲制定法律，選舉官員。最高的執政官爲兩名長官（Consuls），稟有王權，每年選舉一次，負實際軍民的行政。又有兩名監察官（Censors)，爲註冊長，掌司調查人口，管理民戶，編制參議員、武士及平民的名單，並有處罰之權。長官從貴族中指派對於政府及公衆事務最有經驗者三百人爲參議員，組成參議院(Senate)，此乃羅馬貴族的會議，代表羅馬要人的權力，凡其諮議，對於處理軍國大計，效力形同法律，而由長官執行。故羅馬主權雖在民，而實際統治者，則在貴族的參議院，平民在政治上只有義務而無權利，至多享有一表決權而已。是以當第一次腓尼基之戰(Punic

War）以前，二百五十年間，無非爲貴族與平民之互爭。西元前四五一至四五零年間，十二銅板法（Twelve tables）公佈，便成羅馬法律的基礎。西元前三七六年，自李錫尼（Licinius）法律草案制定後，逐漸和解，兩方之爭，告一段落，公民得受法律的保護，政治地位，因而改善。公民之中，又分爲貴族、武士（富厚階級）、平民（大多數爲農民）、及新自由民（由奴隸脫籍者）等階級。自是以後，因政治勢力擴張，商業漸興，平民致富者頗多，大多貴族，却轉富爲貧，貴、賤間社交公開，社會遂產生新興階級；自由民之間亦有商人，今皆漸富。參議院已非完全貴族的團體，而變爲國中有財有勢者所把持；社會階級對立，消滅於無形，而有新團體新抗敵代之而起了。

羅馬人民，素性勇敢，乃一鬪狠的民族，西元前二七五年，已統治全意大利，開始越過半島推進。三次腓尼基戰爭（西元前二六四至二四一年、二一八至二零二年、及一四九至一四六年），征服而消滅迦太基，羅馬勢力擴展而至意大利以外。並且貶抑馬其頓而分裂其希臘王國（西元前一九七及一六八年），征服小亞細亞（西元前一九零年）及伊利里亞（Illyricum，西元前一六七年），復滅科林斯（Corinth）淪希臘爲一行省（西元前一四六年）。連年用兵，東征西討，地中海沿岸，歸入羅馬版圖。被征服的國家，建爲行省，派一總督（Proconsul）統治，共計十七省。統治的手段，在經濟剝削，故對外戰爭的結果，而使羅馬富庶。於是橫徵暴斂，苛政百出。戰俘或被征服的人民，悉賣爲奴隸，虐待備至。但此種奴隸每隨羅馬人之意轉變爲公民，因此羅馬人雖因征戰而逐漸消滅，但因同化外人，臣民與奴隸得變爲公民，故公民的人口，亦足以彌補。

共和政體的崩潰　舊日羅馬人原爲勤樸的農民，只知耕田、作戰及參加宗教的儀式，故生活動苦，非常實際，養成的民性爲嚴肅、誠實與端正。貴族原爲農牧業開拓之人；文化(Culture)的含義，實溯源於墾荒的。自第一次馬其頓戰爭(西元前一九七年)以後，由於征服的結果，希臘與東方的文化技藝，傳入羅馬，於是羅馬人逐漸認識其習俗與信仰，而對於固有的宗教與風俗習慣，發生變化，尤其貴族每好虛榮，歆羨外國人且從而摹仿之，拋棄其傳統的勤儉德性，一變而爲奢侈浮靡的風氣。西元前第二世紀以後，風俗益偷，婦女亦豔粧鬬妍，生活墮落，舊日家教，已掃蕩無餘。頹風影響，社會糜爛。舊羅馬人淳樸生活，可以極保守的大伽圖(Marcus Porcius Cato，西元前二三二至一四七年)爲代表，他認爲希臘的教育、文學與哲學，會使羅馬人零落，不肯使其子受希臘奴隸的教導，而欲保存羅馬人固有的德性。那些傾慕外國生活的羅馬人，則稱爲新羅馬人，其類可以盧古魯斯(Lucullus，約西元前一一零至五六年)爲代表，廣築巨廈名園，聲色淫佚，食前方丈，講求享受，爲羅馬人墮落生活的典型。舊日羅馬人民，多爲自耕農，乃構成羅馬的主幹份子。其後因貢物日多，賤穀傷農，他們乃出售田地，離鄉別井，到處漂泊，此破產農民的子孫，紛紛到城市謀生。被征服國之人，後經主人解除其奴籍，歸化爲公民，麕聚城市，漸取舊羅馬人的地位而代之，但此等新平民階級，却賴政府的救濟而生活。國家的選舉，每靠此輩困窮懶散之人投票而得，故賄賂公行，選政腐敗，參議員亦因習染奢侈而墮落，馴至軍隊蕩然風紀，大將跋扈，參議員政治一變而爲軍人政治，有力者募軍以植勢，軍隊歸於私人，於是演成內戰：革拉古(Caius Gracchus)與參議院、美立阿斯(Marius，西元前一三三至一二二年)與薩拉(Sulla，西元前八二至七九年)、龐培(Pompey)與凱撒(Caesar)，以兵戎相見，紛爭不已。而龐培與凱撒，且爭雄長，西元前四八年，法舍拉斯(Pharsalos)

一戰，龐培敗亡。西元前四六年，凱撒被推爲獨裁（Dictator），任期十年；翌年，又改爲終身獨裁，簡直是帝制了。又翌年，凱撒爲親近所殺，其後安多尼(Antony)與凱撒外甥屋大維(Octavian)爭長，復釀成內戰。卒於亞克興(Actium)大海戰一役（西元前三一年），安多尼因敗自殺（西元前三零年），由屋大維統攬大權，共和政治告終了。

奧加斯都的盛世　當羅馬帝國成立，新朝主人屬於屋大維一人，而御八千萬人的庶政。參議院授其號爲奧加斯都（Augustus，西元前二七至西元一四年）；奧加斯都者，即公民的元首，含有殿下之義。登極之初，力謀省政的改革，及國庫的整理，樹法治之風，尚誠實之俗，恢復舊日的道德習慣，百官以備。他雖然保持共和的政制，但執政官及參議院的權力，逐漸由皇帝掌握而獨斷之。其左右的弼輔，不信任貴族，而於其界倚的奴隸中求助手，故大臣秘書，皆爲新自由民，其中大多且爲希臘及東方的外國人，即以從前的奴隸，統治羅馬的公民。此時期大興土木，崇樓傑閣，劇院浴室，建築雄偉，而人口有二百萬，衣冠都麗，使羅馬煥然一新，表面上有昌盛的景象。奧加斯都崩後，提庇留（Tiberius，一四至三七年）亦能以治稱，繼之以加力荀拉（Caligula，三七至四一年），喀羅狄（Claudius，四一至五四年），尼祿（Nero，五四至六八年），惠斯巴西安（Vespasian，六九至七九年），提多（Titus，七九年），杜密善（Domitian，八一年）等。這種專制政治，自然發生流弊，一旦皇帝既沒，則百事紛亂。參議院雖有擁立之權，不過被迫行之，政治實不安定。國運不過四百載，即完全分裂。故十二凱撒，多由軍人廢立，治亂相尋。但這時期的帝國領土，大爲擴張，政治潛力，尚能維持。當帝國成立之初，乃羅馬在政治上與道德上轉變的時期，由於希臘影響的開始，羅馬人摹仿其文學，而造成拉丁文學最光明的時期，稱爲奧加斯都時代，此亦即惠吉爾（Virgil，西元前七零至九年）、賀拉西（Horace，西元前六五至八年）、奧維德（Ovid，西元前五四至西元一八年）、替巴拉斯（Tibullus，西元前五四至一九年）、普洛帕細阿（Propertius）與李維（Livy，西元前五九至西元一八年）的時代，以奧加斯都極推重此輩詩人的。這種文學發展，溯諸共和時期的末年，已達其高峯，而舊羅馬的理想，仍在保存中。許多文學，尤其歷史與演講，業已產生，此乃在散文作家凱撒（Caesar，西元前一零零至四四年）、名史家沙洛斯特（Sallust，西元前八六至三四年）與尼普斯（Nepos）、及最偉大演講家西塞祿（Cicero，西元前一零六至四三年）的時期。而且詩歌，像琉克理細阿（Lucretius，西元前九七至五三年）的哲學詩、加都魯（Catullus，西元前八四至五四年）的抒情詩與悲調、惠吉爾的詠史詩與牧童詩、賀拉西的短詩、諷刺詩及書扎，已戛然獨造。哲學產自西塞祿，教育的名著撰自昆體良，智識的全套百科全書，由發祿（Varro）所編成。事實上，羅馬文學在質上雖不能與希臘相媲美，而在量上抑又過之。此種富室文化運動的廣佈，乃帝國初葉之功。奧加斯都在羅馬建兩圖書館，其中一所藏有希臘拉丁文的典籍，最爲豐富，人們亦每以藏書自豪。羅馬文化，雖非低劣，但除地理（希臘人斯特拉波 Strabo 所撰）外，實完全無科學可言。

帝國腐敗與瓦解　十二凱撒後，繼之以安多尼（Antony）朝的五賢主，即尼爾華（Nerva，九六年）、圖拉眞（Trajan，九八年）、哈得良（Hadrian，一一七年）、庇護（Antoninus Pius，一三八年）、奧理略（Marcus Aurelius，一六一至一八零年），此百年政治（九六至一八零年），只爲有限度的專制政治，乃最和平的時代。但他們皆非羅馬貴家的冑胤，亦非因血統關係而世襲，不過從大將及總督中選拔賢能，得參議院的承認，立以爲嗣。統治者既有經驗，故政治較安定，開疆闢土，四鄰安謐，社會欣欣向榮，國勢尚强。可是，奧理略崩後，統一景象及治理較善的政府亦告終，其子高摩達(Commodus)卽位，而大亂開始。就大局言，帝國內部得享和平者已二百年，但此乃奢靡的時代而非創業的時代，社會上富者越富，貧者愈貧，而精神與道德則漸淪亡了。厥後內戰又起，百年之間，除軍人意志外，別無所謂政治可言，逐漸趨向於絕對的專制。經過百年內戰之後，共和的遺跡，又爲奧利連(Aurelian，二七零至二七五年）及戴克里先（Diacletian，二八四至三零五年）所掃蕩無餘；後者曾竭二十一年之力，厲行專制，改革政府，企圖恢復帝國的權力。及君士坦丁（Constantine，三零六至三三七年）出，奮其全力以謀及時再造，亦銳意整飭，阻延帝國的崩潰。君士坦丁且遷其朝廷於希臘城鎮的拜占庭（三三零年），卽君士坦丁堡，自是稱爲後期帝國，亦稱爲東羅馬。然而由這時起，西羅馬貪汚腐敗，蔓延無度，皇帝愈益專橫，奢侈荒淫，成魚爛之勢。三三七年，日耳曼人開始入寇。三七六年，西哥德人（Visigoths）越過多瑙河。四一零年，阿拉列人（Alaric）攻掠羅馬城，匈奴、哥德、與汪達爾人（Vandals）的武裝隊伍，橫行全境，歷一世紀之久。羅馬文明，逐漸消滅。然而羅馬的崩潰，其來也非一日，以奴隸的負累，橫徵暴斂，連年征戰，人口減少，軍隊零落，蠻族入侵，徵募蠻民爲軍，難於節制，加以基督教認羅馬爲異端的國家，信徒追求另一世界，而沮喪其意識。由於此類積弊所侵蝕，千瘡百孔，非土崩不可。帝國政制，遂爲蠻族所毀滅。四七六年，日耳曼族領袖奧都瓦卡(Odovaker)廢幼主奧加斯都魯(Romulus Augustulus)，流放於那不勒斯，將徽幟送往東羅馬，而自立爲意大利之王，西羅馬的實際權力，落於日耳曼人之手。西羅馬既亡，其境土分裂爲無數的蠻民王國，只東羅馬帝國尚巍然保存於拜占庭，以迄一四五三年，始被土耳其所消滅。

第二節　羅馬民性與生活的本色

宗教的觀念　早期羅馬人，原爲半野蠻的民族，以農業爲生，此外有些衣服的紡織、房屋的建築、家具的製造，沒有什麽優美的藝術或文學，其淺陋的詩歌和戲劇，無結構無想像的，言詞也很粗鄙的。其北方邊境的伊特魯里亞人，文化較高，常爲羅馬人所摹仿，尤喜其宗教的儀式，故羅馬宗教，半爲伊特魯里亞的宗教。羅馬人與希臘人的觀念相同，亦信人世間一切的事物，皆神的所爲，但不信一神能够支配整個宇宙，以爲每種現象，都存有一種神性。最主要的爲天神（Jupiter），此外尚有許多神，每種神明，各司一種自然力。人們向神獻祭，自然降之以福，禮拜就是種種娛神之事。羅馬宗教有異於希臘，以其諸神並沒有人類的屬性，只願處於莊嚴的神廟內，藉歡樂的活動像跳舞唱歌等而安慰。羅馬人所信奉的宗教，有一種具體而實用的目標，對於人民的美育和智識生活，沒有影響。家庭亦承祀祖先，設有神龕，爲奉祀家神之所。家長主持宗教的責任，凡生日、慶節、結婚，皆舉行祭祀的儀式。當公衆舉行祭典時，家長則代表其家庭而參加。至於卜預兆、問休咎，羅馬人亦篤信的。

家庭教育　羅馬人生活最基本的是家庭；家庭既爲社會的單位，亦爲教育的中心。家庭制度最重要的特色，則爲父權——在法律上有絕對控制家人而操生殺的權力。羅馬男子，不像希臘的，多數在家庭中生活；家庭乃其最神聖的地方，全體老幼，作親密的團聚。希臘人生活的傾向，每將家庭的重要性，減縮至最小，但羅馬人則極爲重視。希臘人希望使其子女盡可能從早獨立，而羅馬人對其子女作終身的管束。兒子要絕對服從父親，在家幫助父親耕種，如遇慶節，在宗教儀式中，又爲父親的助手。父親往戚友之家，亦追隨前往，服侍長者。如其父親爲參議員，特許其隨父前往參議院，坐在門，藉廣見聞，以資學習。十二銅板法所定父親對兒子之權，凡畸形與殘廢的幼兒可直接殺滅之；父親對兒子有終身控制之權，卽使其享有高級的職位，可以鞭撻、囚禁、在桎梏中充當勞役，或鬻爲奴隸，或將其殺害；凡父親將其兒子三次連續的鬻售，最後可以解除其父親的控制；凡在父親死後十個月以上而出生的嬰兒，不能認爲合法的兒子。在父親管轄之下，兒子儼同奴隸，但在法律上不同者在承繼權而已。父親死後，兒子始獲得自由，可以主持家務的全權。女子尚不自由，在家從父，父親爲其擇婿，出嫁從夫，夫死從子，但尚未受奴隸的待遇。母親所佔地位，與父親同樣受崇敬。家庭的主婦，可命令奴隸，督率婢僕，照料兒女，管理家事，並與丈夫出外應酬。在生活中，羅馬婦人的地位，比希臘人爲高，且有較大的影響。女子首重德性，未受何種教育，伏處閨閤，直至出嫁，在母親督導下而紡織。羅馬家庭教育的典型，像帝國時代，奧理略自撰思量（Meditatione）的第一章，述其所受家教的影響，充滿道德的陶冶，可作一例證。他謂由祖父，學得溫良氣質而約束脾性；由父親的令名與追思，使有謙遜與剛毅之德；由母親，養成對宗教虔敬、仁慈好施、戒惡行而抑邪念的習慣，摒除豪華的氣派而返儉約的生活。這樣說來，羅馬青年，受着這種家庭生活的影響，遂陶鑄其特有的個性了。

羅馬四週都是一些好戰的小邦，常處在戰爭中，故需有一種能保持長期戰鬥的良好制度。他們也好像斯巴達人一樣，所受的訓練是要完全服從國家，甚至爲國家而犧牲。以道德而論，他們顯著的德性，是作戰的勇敢、自尊、勤勉、堅忍、節制、忠貞、服從，而極爲愛國的。因此父親的首要責任，是準備其子能參加作戰。這並非像希臘人一樣在運動場受學員式訓練。羅馬人從未有體操一科。父親教其子學習騎御、游泳及使用槍矛，故兒子每隨父親上戰場，實地練習武藝。及達到成人（十六、七歲）的年齡，他已嫻練在營幕內武器的使用了。除非在農田擔任耕作外，他應約束於營幕之內。如去從軍，則需經一種同樣的學徒生活，在有經驗的軍官指導下，作實際的服役。當學徒階段完畢，則此青年公民或軍官便可開始爲國家服務，但其私生活仍受父母的約束。在整個共和時期，法庭對於青年給以教育的影響，集會時青年在法庭可聽公開的辯論，而知各種理想及公民應有的責任，但他們主要的是討論國家的實際問題。在初期所有自由人都參加這種生活。

民族的特性　羅馬人對生活的觀點是客觀的，而非主觀的；對於智識的成就，只應付具體的，不能忍受抽象的。其衡量事物的價值，常根據結果的實用爲準繩。生活的每一種關係，是根據實際的原則而組成。卽使宗教，表露個人最高的渴望，羅馬人主要的是對諸神許願，爲每日生活的一種實際計劃。羅馬人是一個實際的做作者，而非想像者，亦非一個感情者。主要的他是代表意志的生活，與希臘人所代表智識的及感情的生活一樣，所謂多才多藝屬於希臘，而勇氣則屬於羅馬的。他是爲著國家而生活，從未想到一個人脫卸其公民的責任。他以側重國家的控制，爲解決個人自由與社會安定之協調的問題，但個人服從國家是志願的而非强迫的。基於此種觀點，希臘爲理論的，羅馬則實行的；希臘人在思想上創造理想，羅馬人則注意實際的成就；希臘創造哲學，羅馬則創造政府與法律的制度。

故羅馬人比任何歷史上民族，是最具有組織的及行政的天才。由於篤實力行而無崇高的理想，他們在歷史上使命是組織制度，故其所注意者是秩序、公共責任與英雄的愛國心。猶太人以其宗教思想，腓基尼人以商業，希臘人以藝術文學與哲學，靠羅馬人建立一大帝國爲傳播的工具，而貢獻於西方的文明。是以羅馬帝國好像一個中央的巨浸，古代歷史的所有細流被其吞沒，而現代歷史的細流，却由此吐瀉而出的。

第三節　早期羅馬教育

羅馬教育，可分爲兩個階段；這兩個階段的劃分，雖沒有確定的日期，但爲着便於劃定其界線，或以西元前一四六年爲限際，是時希臘被征服而爲羅馬的一行省。早期羅馬生活既如上述，教育是山純羅馬思想與方法所控制。在這階段結束以前，由於南意大利征服的結果，羅馬生活因與希臘人接觸而受影響。第二階段，羅馬幾全部吸收希臘的文化，故教育的內容與方式，雖非抄襲其思想，但已希臘化了。從特性上來說，第一階段，其教育制度有似於斯巴達式；第二階段，則仿雅典式，而文學與演講，首先在教育上佔得地位。茲將第一階段的教育，分述如下。

在共和時期，羅馬並無公立學校，教育不過爲私人的事業。早期教育的性質是實用的，在某些範圍上可以說爲職業的。教育的目的，志在產生一個忠心的羅馬人。由於追隨士兵、農人、或政治家爲學徒，或參加一些公民的活動，故訓練良善的父親、公民與士兵，爲對其生活的實際責任而準備。基本教育是家庭的任務，在家庭裏，父親訓練其子爲成人及公民的責任，母親則培養其女爲婦人及主婦的責任。家庭教育是做的教育，教導的範圍，使其子弟有處理家務、作戰、生計及法律的智識，此乃對其個人的及家長的實際需要；並有祖宗的先德及國家的歷史之智識，以陶冶其爲愛國的公民。但其全部制度中，側重生活的道德方面，即根據性質的發展。其結果，羅馬人稟有樸素的及嚴峻的德性，以虔誠、剛强、勇敢、嚴肅、正直與儉約而著稱。與道德陶冶相配合者爲體格訓練，以產生一個強健的壯丁和兵士。可是，羅馬青年的體育，從未組成一種制度，亦未有像希臘一樣在學校訓練，對於希臘的運動理想，亦未完全接納，如志在求軀體的漂亮和舉止的文雅，不過當作一個女性看。希臘所實施理想上身心協調之科學的訓練，在羅馬傳統上全無所知。至於智識的成份是很小。兒童每由其父親教以讀寫和計算。羅馬英雄生活的傳略，於發展羅馬人的性格方面亦有裨益於家庭，故佔一極重要的地位。十二銅板法，即基本的法典，猶梭倫法律之對於雅典憲法一樣，每一羅馬青年應用心學習；但其對他們的影響，不及荷馬對希臘青年的影響之大。除了十二銅板法之外，沒有文學的成份，並且，除了爲着國歌及宗教唱詠之外，在羅馬教育中，也沒有音樂成份的表現。至於藝術、科學、與哲學，尚覺茫然，對於文化本身的目的，更爲輕視。

教育的方法是直接摹仿——首先對父親的摹仿，然後對英雄的摹仿，其次爲實習與學徒。希臘人認爲將兒童處於言行與事情之優美、文雅與文化的環境裏，而藉賴心理的感化，可有助於其趨向所理想的目的。羅馬人却相信，學習任何活動，唯一是摹仿具體的模範，便可形成一種習慣。當其養成了習慣，目的便算達到了。可是對於習慣的理性基礎，從未有對他們加以指導。

在第一階段結束以前，青年教育早已開始轉變。當這轉變之初，私立初等學校（Ludus，拉丁文爲學校的通稱，希臘文則爲Schola）已創設，教授兒童以讀寫算的課程。這並非對於家庭教育經已輕視之謂，不過在私立學校授給其所學習的正式科目，而非培養成人及公民的習慣與責任。當羅馬征服了意大利全境，對於與外國人及一種較爲完全優越文化相接觸，甚爲重要。但這種轉變，非常緩慢。在南意大利的希臘人奴隸安德洛奈卡（Livius Andronicus，約西元前二八四至二零四年）開設第一所較初等學校程度爲高的學校。開始時由於拉丁文學供應的困難，他將奧帝賽譯爲拉丁文（西元前二五零年），此後這書成為羅馬青年的讀物及文學的教本。其他希臘人依隨其矩矱，紛紛開設學校，傳授翻譯的希臘文學及希臘語言的初步知識。此等翻譯——實際上是希臘文學的本身——替代了十二銅板法的記憶，而爲羅馬青年教育中智識的成份。但這種學校都是私立的而不成爲任何公衆所採納的制度，不過爲上等社會的少數青年肄業之所而已。

第四節　希臘化的羅馬教育

自西元前一四六年希臘被羅馬人征服後，其優美的文化，澤被於整個羅馬的社會。征服者掠奪希臘許多典籍與藝術的寶物，運回羅馬。希臘的文法、修辭，甚至哲學的教師，大批遷移於羅馬的首都，從而開設學校，因此羅馬文化的範圍，也大爲擴展了。在歷史上，一個民族的文化被另一民族的完全摹仿，不容易找出這樣的事例，尤其像羅馬人採取希臘的宗教、哲學、藝術及文學——至少在形式上，也不多見的。希臘爲西方文明之母，故羅馬乃其傳播者。對於全部文化所寄託的教育制度，自爲他們所假借，但爲著這樣做，他們將其組成制度而比希臘爲優異的。然而羅馬人的性質極爲頑固而保守，許多有勢力的人們且積極反對，仍保留其實用的傾向，故羅馬教育在任何時期之與希臘的完全同化，受着阻力，而緩慢進行。這並不似哲人教育征服雅典的那樣迅速，這種運動，需歷一個世紀方達成其任務。西元前五五年，西塞祿的論演講家（De Oratore）一書的發表，明顯的表示其最後的勝利了。這種教育制度——初等的文學學校，中等的文法學校，高等的修辭學校，由當時所組成的以迄帝國沒落爲止，沿用着很少的改變。

一、文學學校（Ludus Literarum 或 School of Literature）文學學校卽舊時的 Ludus，兒童六、七歲入學，直至十二歲，以求學問的基礎。男女童均可入學，但多爲男童的。通常由一個訓蒙教師(Pedagogue)主持，像在雅典的一樣。共和時期與初期帝國時代，這種私立學校，在城市頗爲普遍，設在一建築物的房室中或甚至在一門廊中。由於並沒有教學資格的規定，通常由一個自由人主持全部。他們的束脩微薄，而社會的地位又低。學校設備簡陋，教學方法，側重記憶及摹仿。訓練很嚴，對學童每施以夏楚。讀寫算教學與希臘的學校同一方法，首先教以文字的字母，然後由口述教以讀寫，計算則教以指算及算盤。並有歷史故事、民歌宗教歌、及十二銅板法，其後此十二銅板法由奧地賽的譯本替代了。學童讀得稍好時，可送入文法學校。這種初等學校沒有希臘人充當教師，許多羅馬兒童亦不願入這間學校，只在家裏由家庭教師作啓蒙的教導。

二、文法學校(The Grammar School) 文法學校是以文法爲學習的主要科目。但所謂文法者，有一更廣泛的意義，包括文學及語言的研究。這種學校，等於文學的學校，爲中等程度，兒童十二歲入學，至十六歲爲止。布魯塔克（Plutarch）謂自由人伽非琉斯（Spurius Carvilus，西元前二六零年生）最先在羅馬開設文法學校，但還沒有確實的證據。最初這種教學，由於富裕之家聘請家教師教導希臘語言而開設。第一間文法學校於西元前一六七年設在克雷提(Crates)。文法學校原爲希臘文的學校，由希臘教師掌教，自定課程，專授希臘語言與文學，稱爲 Grammaticus 或 Literatus。約在西元前一百年，斯提盧(Lucius Aelius Stilo)開設一所拉丁文法學校，由那時起，羅馬兒童每進這兩種學校肄業。這種學校，遍設於各大城市，入學是志願的，只限於小康之家的兒童，教師爲希臘人或受過希臘人訓練的羅馬人。教學的課程，主要的包括文法與文學的教授，其目的是確保拉丁語言及希臘與拉丁文學的精熟，而使羅馬靑年從事一個演講家及公務官吏的生活。其他實際的科目像數學、音樂、初級辯證法、神話、歷史、地理、天文與幾何，皆爲文法學校所採用，但運動與跳舞，從未教導，以前者僅爲有關軍事訓練而教授，後者則在家庭中學習。希臘文的修習，甚爲重要，昆體良主張即使學習拉丁文，亦應先授希臘文。文法的教授，不只爲着語言的技術與科學，並且爲着文學研究與批評的修習，及由詩歌與散文作家所透露的智識。對於希臘與拉丁作家之文學的形式，曲意揣摩，爲對修正寫作與說話的模範。荷馬常爲希臘文法學校修習的主要作家，拉丁文法學校，其作家大部份採用荷馬，與劇曲作家希西阿(Hesiod)。在帝國時期，惠吉爾爲修習的主要作家，其他的像賀拉西、琉坎與士達細阿（Statius）等作家，亦皆採用。教授的方法，是由教師解釋與口述。修習的方法，主要的是摹仿與記憶，昆體良認爲這種力量，是對於一個預期演講家能力的最重要證明。這種文法學校。其優良配備，與希臘的學校相同，教師受豐厚束脩，和享有高尚的社會地位。訓練是嚴格的，不遵循者常受夏楚。每日授課時間很長，由晨早起直至傍晚爲止。但在意大利至少有一夏季休假，由六月一日起至十月一日止。而且，羅馬神節(Saturnalia，由十二月十七日開始)等於耶穌聖誕節放假，在許多慶節的日子，學校並沒有上課。

三、修辭學校（The School of Rhetoric and Oratary） 由於國民議會、政治審判及法庭有辯論的機會，故演講在羅馬比在希臘人中較爲重要。大戰士也是演講家；演講家較哲學家尤爲偉大，演講家可包含哲學家，以其對於高等學問各方面作實際的應用。因此，講話的能力爲公共生活中最大的武器，故演講的智識在羅馬社會中是很重要的。當西元前第二世紀，修辭學校，卽公衆演講或演講術的學校，開始由希臘傳入羅馬。但修辭學校的設立，比文法學校較慢，僅在帝國時期之初，才成爲普遍的。最初，僅爲希臘文的修辭學校，及至西元前第一世紀時，許多拉丁文的修辭學校已設立了。當兒童修完了文法學校，於其年齡假定爲「成人的準備」之時，除非他擬進一步獲得一公務員的資歷，否則羅馬青年男子的教育算已完結了。因此，富裕之家或貴族，於其子弟十六歲時，送入修辭學校深造；肄業期限的長短，每隨其能力與興趣而定，通常多爲三年。當共和後期及帝國初期，上等社會中，也有派遣子弟遄赴希臘，受修辭的訓練。修辭學校教學的目的，是訓練青年以修辭或演講，產生完全的公衆演講家，準備其能操法律的或公務的職業。當共和與初期帝國時代，對於社會服務的訓練是有力的與實效的，全國幾乎所有全部智識力量，是趨向於法律的與政治的研究，其最有名的演講家，自然的作爲政治家或律師而表現。著名的人物受過修辭的訓練而享其實惠者，如西塞祿、龐培、凱撒、安多尼、以至奧加斯都，皆擅於演講的。在羅馬人來說，演講家原爲受過優良教育的人。因此，修辭學校的課程，主要的雖然專志於演講的技藝——修辭（辭令）、朗誦(Declamation)、與辯論(debate)，但是智識要廣博，西塞祿認爲一個完全的演講家，乃一個博贍的能講述各種問題者，要具有軍事、地理、政治、哲學、物理、數學、法律與論理學的智識；昆體良則認爲希臘拉丁文法與文學、文字論、字源、音樂、天文、幾何、求積法、測量、物理、哲學、倫理、歷史與小運動，宜注意的受教。其教學的方法，首先學習演講的模範選品，其次實習辯論，迨聆聽講述後，根據定式或定例而撰寫演講詞。其用於朗誦、辯論及演講的題目，許多是參考羅馬法律的精義，誠以羅馬法律可啓發其造就優良特性的能力。無疑的，羅馬的修辭學問，是祖述愛蘇格拉底與亞里斯多德的學旨，其後則宗西塞祿與昆體良的。但在帝國時期，他們每從神話或歷史上而向高度想像方面着手，致離却日常實際生活很遠。文法與修辭學校，當時在各省，尤其在高盧、西班牙與非洲等地，甚爲盛行，多由市政府供應。及至中世紀初期，始由主教的或修院的學校取而代之。

高等教育　除上述三級學校之外，羅馬的高等教育也仿效希臘的。其最早的圖書館，由於羅馬征服希臘所掠奪而來。西元前一六七年，征服者阿美琉斯(Paulus Aemillus)搬運第一間圖書館；薩拉(Sulla)與後來的征服者則搬運其他的。至帝國時期，奧加斯都設置公立圖書館兩間，當拉丁文學的黃金時代，典籍倍增，圖書館也紛紛創設。約在西元七五年，惠斯巴細安於和平廟內建立大圖書館，大學基礎，於焉奠立。繼承的各帝，設置自由藝的講席，而與圖書館相聯繫。最後約於一二五年，哈德良將其組成爲羅馬學府(Atheneum，由可愛的雅典城一名而來)，設在羅馬首都，極似亞歷山大里亞大學，盛行至基督教的皇帝時期爲止。這所學府，初爲希臘羅馬的詩人、演講家、及批評家聚會之地，朗誦其論文及演詞，並爲表演的劇場，其後變爲羅馬大學的中心。內置教授講座。拉丁文法十個，希臘語言十個，拉丁修辭三個，希臘修辭五個，一說謂哲學三個，羅馬法兩個或四個，醫學教授亦增置。凡羅馬青年修完其初級教育後，約十四歲便可入此校，從事於演講、數學、哲學與法律的修習，至二十歲可完成其學程。此大學對於法律與醫學較哲學爲注重，自由藝，尤其與圖書館有關而設置的文法與修辭，是完全代表拉丁與希臘的語言。其後建築、數學與機械的教師，是由皇帝至少由西威路(Alexander Severus)所聘任。全部教學寓於形式訓練或僅對此等學科加以解釋而已。

當共和時期，各級學校的發展，完全是私立的，及至帝國初期，公私立學校混合的制度盛行，其後則完全由國家供應與監督。由奧里略時期起，此等學校有很大的擴展，實際上沒有省的城鎮不設文法學校，也沒有省的都會不設修辭學校的。惠斯巴細安開始對選聘文法與修辭教師，實行由國庫發給其薪俸，其中以修辭教師的薪俸最高，文法與幾何教師次之。昆體良爲當時被委任修辭教師之一。他的繼承者，沿用此策不變。在第一世紀時，斯特拉波(Strabo)在高盧曾見國家委任的教師，但在羅馬各省，由市政府發給教師的薪俸。最後，約當一五零年，庇護對文法、修辭與哲學的教師，頒給以參議院階級特權的許多種。三二六年，君士坦丁增補教師豁免其對帝國的與市府的納稅、軍事服役、及其他的負擔；並可引用於教師的妻子。而其對個人神聖不可侵犯之權，且成爲基督教教士特權的基礎。猶里安(Julian)於三六二年修正由市政府委任教師之權，堅持所有市政府委任的教師，皇帝有變更其委任與薪俸之權。格拉細安(Gratian)於三七六年准許各城鎮可自由委任教師，設置全國教師薪俸的固定制度，如嫌不足，常由學生納費來補充，故有些修辭教師變成非常富有的。圖拉眞、尼爾華與西威路，設置獎學金，澤被於自由所生的學子。故皇帝與公共當局，成爲文化與學問的贊助者。這種公共的基金，有時由私人慈善所補給的，但學生的學費，是繼續需要。四二五年，狄奧多秀(Theodosius)的敕令，學校設立，乃國家的特權，禁止任何私人的教學，故羅馬學校制度變爲國家控制的制度。然而，當帝國政府發展教育殆爲全國性制度時，由於蠻族入寇，使學校隨帝國的崩潰而終結了。

第五節 羅馬教育的衰落

政治糜爛與社會墮落　羅馬帝國末葉，內政不修，外患叢起，政府外强中乾，日趨於沒落之途。自第三世紀開始，純爲暴君政治，對傳統的舊俗，每棄而不顧。君權高壓，人民懾於淫威，俯伏順從，全無自由可言。皇帝宮庭，高敞都麗，充滿豪華的、荒淫的與諂媚的習尙。所有權力，集中於皇帝及臣僚之手，而此輩臣僚，充斥朝庭，也競習奢靡的。參議員的席位，每藉徇私與賄賂而厠進，享有無限的特權，多屬尸位素餐，很少擔當義務。他們的權力，失去作用，對充滿蠻族份子的軍人，畏怯姑息，無法控馭，故其個人只過着一種奢侈的安逸生活，對於國家大事，乃至民間疾苦，漠不關心。軍事與政府的責任，却壓在自由公民的肩上，民勞無度，百姓憔悴。加以疫癘、棄嬰、與淫亂的結果，致不斷減少人口。由於連續戰爭，奴隸階級，數量增加，而自由公民，爲着逃避公民的義務，寧願轉變身份，淪爲奴隸的，亦復不少。公民份子日以遞減，貧苦的奴隸，充斥國中，因是國內空虛，實力銳降，抵抗蠻族的防衛，極難支持。第四世紀之末及第五世紀，當蠻族接踵衝破羅馬防線，盤據西歐及北非各地之時，帝國的弱點，完全暴露，政治力量衰退，失去領導的地位，蠻民紛紛組成王國，强枝弱幹，瓦解之象已成，帝國的人力物力，一蹶不振，遂致沒落。古代文化的社會，遭受破壞而無法挽救了。

教育由變色而衰退　無論何時，社會理想與社會生活發生轉變的，教育也跟着轉變。羅馬社會既然日漸衰退，教育也不能例外。當教育式微的時候，日益變爲參議員階級的特殊利益。此種文化教育，並非志在對個人事務上實際責任的準備，而只求個人在社會上能够出類拔萃。其鼓舞學校者，願望形式的完美，而不理事情的實際意義與內容。從這種生活觀點和教育的目的來看，這時期的教育，自然爲枯燥無味。自奧里略之後，並沒有第一流的作家、藝術家或哲學家出現，只有些少第二流的。在這個階段，除了少數關於技藝科目的作家，像文法家杜納陀斯(Donatus，約西元四零零年)及巴立細安(Priscian，約西元五零零年)的文法對於中世紀時被採用外，沒有異端的作家對以後時期有任何的影響。因此，文法學校本身專注於研究舊經典，尤其爲惠吉爾與賀拉西的；然而，並沒有爲着感化與文學的鑑賞，僅注意於文體、語法及適宜的引句。同樣的，演講術也無需對生活上實際事情的應付，只重形式而不重內容。因此，爲求一部大辭典，一種綺麗的體裁，一種矜誇的演講，乃修辭學校學生的目的，此即以修辭之空洞的與虛僞的本身，爲學生所修習的內容。由於皇帝的專制，以壓抑人民之工具的法律，替代了雄辯的及說服的演講；演講術不復在參議院或法庭上發表，演講者却退隱於私邸或劇院，對聚集的羣衆表演，好像音樂會的表演一樣。然而，由於缺乏政治的自由，使修辭的修習，却變爲最重要的性質。文法學校與修辭學校曾達最佳的境況，而終至完結，教師保留高尙的地位與享受優異的薪脩，但這種教學已成爲貶損的文化，而失去希臘教育之自由的或羅馬之實用的特性，在這帝國末期緊張與騷動的階段中，並未有任何影響。自由七藝的教學，因缺乏基本的需要，而變爲形式化，僅爲有閒階級的享受。哲學在任何學校中已不再施敎，法律也不過輕微的授課。學校的課程，流於最虛僞的與無效的性質。希臘文的教學，原爲最主要的教育方法，逐漸消滅了。因此希臘文在歐洲實際上自此殆完全不見，最重要的希臘作家，只靠拉丁文的翻譯而知。且自狄奧多秀於四二五年頒佈敕令之後，高等學術的學生，數量減少，直至其殆完全限於高級官吏的班級爲止。由於帝國政府壓抑自由與桎梏思想，故羅馬人的智力，完全衰退，教育遂日以式微，最後由修院學校所替代了。

第六節　羅馬的教育目的與教育作家

羅馬人不似希臘的，對於教育的目的與教育的意義，並沒有特別思考的。因此，教育云者不過指對於實際生活的準備，凡羅馬人關於教育的任何論著，大部份是對現行習慣的解釋而已。

早期羅馬教育的思想，可以大伽圖（Cato the Censor，西元前二三四至一四九年）的兒童教育論（De Liberis Educandis）爲代表，著重農人、戰士、演講家之舊式實際的訓練，而反對外國尤其希臘思想的影響。自西塞祿年青的時期起，此種舊式教育已不復見，當此轉變時期，代表新式文化科學的，可見諸發祿（M. Terentius Varro，西元前一一六至二七年）的科學九書（Disciplinarum LiLri Novem），即爲自由藝的百科全書，將希臘學問的全部課程，以拉丁文保存於羅馬。而對此新教育的理論和智識，主要的得自西塞祿的論演講家（De Oratore）、塔息陀（Tacitus）的演講家的對話（Dialogus De Oratoribus)、蘇頓紐斯(Suetonies)的著名文法家的生活(De Grammaticis)及著名修辭家的生活(De Rhetoricis)，尤其昆體良的演講原理(De Institutione Oratoria)。在此等著作之中，唯有昆體良對教育作全部的解釋。此十二冊的巨著，不只闡論修辭的專門訓練，而且由幼兒期起各階段的教育，並關於教導、興趣、記憶、適應於氣質與教師的資格，都經過討論。根據昆體良的觀點，特別關於幼兒之體格的與道德的注意，以及其早期的教導，在當時及以後是很重要的。昆體良指示，教師應尊重學生的智力及其體格，在教育上算屬先見。他雖然生長於西班牙，但爲羅馬修辭教學的名師凡二十年，於西元九六年退休後，以著述自娛。他受當時的人所極端推重，其演講原理的名著，直至帝國沒落爲止，對學校的影響很大。自文藝復興初期，其書發現後，對於人文學者也有很大的貢獻。

第六章　早期基督教教育

第一節　基督教的起源

耶穌創教與使徒傳佈　猶太人朝夕所期待其解放者——救世主（Messiah）的從速來臨，終於誕生在北方加黎利（Galilee）省一木匠的家中。他的名叫做耶穌（Jesus），但其門徒則敬稱他爲基督（Christ），希臘文基督之義，即「塗油者」，意謂猶太立王之法，以香油塗其首而有神聖之權了；又稱他爲主，爲救世主。耶穌原爲開明派猶太族一位偉大的先知，常作深閎的預言，力倡天國之說，認爲宇宙間唯一正直的主宰爲天主。天主即萬物的慈父，以博愛之心，視民如赤子，恩惠廣澤，像太陽的普照，人類盡屬於天國，其所有的亦皆爲天國之所有。天國觀念既植於人心，作思想的革命，一反猶太族當日狹隘而孤陋的傳統，對其乃耶和華選民之說，根本推翻。在當時猶太的黑暗社會，以受邦君與貴族的專制、在羅馬鐵蹄下苛稅的重壓，人民飽經憂患與苦難。耶穌本人爲這些下等人民之友，實行一種改革運動，以內心生活的宗教來替代當時只重儀式的猶太教，而使人信仰其另一個大放光明的天國；在這理想社會的天國裏，無資財、無權利、無可驕亦無可尊，無所求亦無所報，唯愛而已。耶穌以這種偉大精神，在加黎利宣揚其眞理，從之者日衆，其後進入耶路撒冷講道，凡一週之久，風靡上下，傾動一時。猶太當局認爲耶穌以和平的言行激起羣衆，致舉國若狂，誠恐引起羅馬人的誤會而召禍，遂執而釘死於各各他（Golgotha）山的十字架上，十字架者，爲當日羅馬一種極恥辱的刑罰。耶穌既死，宣道事業瓦解，門徒亦星散。但追隨耶穌的彼得（Simon Peter），安得路（Audrew）等十二使徒，復聚於耶路撒冷，承耶穌之命，繼續對人民宣道。他們仍信耶穌復活升天及再臨人世，耶穌爲天許降生的基督，即猶太人所期待的救世主。由是喚起人心，信徒日衆，在猶太與叙利亞之間，傳播甚速。約當西元三十五年，即有第二大師繼耶穌而起，這是羅馬籍的塔蘇斯人掃羅（Saul of Tarsus），後稱保羅（羅馬名爲 Paul）的。他原未曾親見耶穌，不只不信仰基督教，却爲反基督教最激烈的份子，後受基督徒亞納尼亞（Ananias）的勸導而感化，誠心皈依，以積極姿態，爲基督教奮鬬二十餘年，努力宣傳推廣，不只勸猶太人信奉新教，並勸非猶太人受洗改宗，足跡所至，隨在設有教會。他了解耶穌的精神及其新生命之說，主張人們當犧牲其身獻諸天主以贖罪的觀念，信徒翕然從之，且變爲絕對的信仰，故有精神有希望的基督教徒，由保羅而成爲帶有神學有教條的教徒了。保羅爲人，勇於任事，布教所及，遠達耶路撒冷、安提阿（Antioch）、雅典、科林斯、以弗所（Ephesus）及羅馬諸城。故基督教教義傳播之速，賴保羅一人之力至多。且以時勢適應的關係，由於羅馬帝國的統一，國家的疆界被打破，許多民族的固習被解放，羅馬公民爲世界的公民，希臘語言的普及，皆有利於傳教。加以希臘哲學，聚訟繁興，單靠理想是不能解決人生的問題，其趨勢需要一種宗教的哲學來替代，以求精神的解脫。故自耶穌受難二十年後，此新宗教的進展，遂引起羅馬各方的注意。

羅馬傳教的鬬爭　基督教誕生於猶太，受猶太教徒的敵視，其結果與佛教在印度一樣的不見容於其本土，但由於使徒的努力宣揚，得勢於外邦，而傳入羅馬。初時羅馬人視之不過爲東方宗教之一種，並不普遍，而基督徒乃一種秘密結會，專吸收下層階級的人爲信徒，惟其不隨流俗，不拜偶像，常和多神教徒發生衝突。此新組織的教義，許多似乎是反社會的，又與羅馬習慣和法律相牴觸，不悍皇帝的尊嚴，而與羅馬帝國特有的制度挑釁，遂被目爲一種推翻國家或破壞國家統一的革命運動，故對其發生惡感，大加仇視。第一次迫害，始於西元六四年，適羅馬城大火，尼祿帝疑基督教徒所爲，於是搜捕虐殺，被害者不可勝數，聞有名使徒彼得和保羅，皆於是役殉難。後繼的各帝，亦不斷迫害，於是基督教徒常躲匿地下教堂之內，舉行禮拜，避免官吏的緝捕。其最酷之一役，是在戴克里先之世，作明令迫害；由三零三至三一一年間，統治東部諸省的伽理略（Galerius），且欲作有計劃的將其撲滅，殉道者踵相接，男女老幼不免。各省基督教堂一律拆毀，聖書焚燒，教會財產遭沒收，凡秘密結會舉行宗教的崇拜者處極刑，基督教徒被目爲大逆不道，摒於法律保護之外。拷問嚴刑，空前慘酷，或梟首、或磔死、或焚斃，乃至解往圓劇場以恣羣獸飽啖。在此二百五十年間基督教慘經九帝的肆意摧殘，稱爲九大逼迫。然而此種迫害，却給與基督教以表示忠貞的機會。他們慷慨就義，臨難不苟，殉道者視死如歸，相信不只可以登天國，且享有世上英雄的地位，故鼓舞宗教精神，泯不畏死，到處宣傳殉道者光榮事跡，引起後死者希蹤往哲的雄心，野火燒不盡，反使信者愈衆。伽理略既爲迫害教徒最烈的一人，於臨死之際（三一一年），深悟此宗教團體之大，摧抑之難於奏功，乃下詔寬容，准許復建教堂，可舉行其宗教儀式。及君士坦丁大帝臨朝（三二四年起），基督教所受之大難，至是可謂已過。三一三年，頒佈米蘭（Milan）諭旨，准許基督教與其他宗教的地位相等，自是基督教地位增強，異教立即衰退。這時候，基督教的內部組織，雖未一致，但耶穌的精神，頗能感召全體，自三二五年奈西亞（Nicaea）大公會議，停止派系之爭，確保基督教信仰的統一，故其勢力，不只瀰漫全國，且超出帝國境外，聲教所播，以迄波斯及小亞細亞。君士坦丁爲統馭帝國的臣民計，欲其一心一德作精神上團結，對基督教乃蓄意扶助，不數年，基督教遂成爲羅馬帝國正式的宗教。三三七年，君士坦丁將崩時，且受洗而爲基督教徒。其後雖經猶里安（Julian，三六一至三六三年）的歧視，但此乃信奉羅馬舊教最後的一位大帝，未幾戰歿於波斯，影響極微。及狄奧多秀一世（Theodosius I，三七九至三九五年）繼起，三九一年諭旨禁人信奉舊教，違則處以極刑，毀國中一切異教徒的神廟，或改爲基督教的教堂。狄奧多秀二世（四零一至四五零年），四三八年，編纂狄奧多秀法典，其中包含教會的新令，規定公教的信仰，凡不贊同基督教者，羅馬政府決難容忍。由於此新令的效力，强迫人民受洗，教會成爲西方的權威。經過上述的三百年奮鬬之後，基督教遂在羅馬巋然獨尊，莫可抗攖，且具有堅固不拔的統一精神了。

當基督教的初起，本極微小，首先不過爲加黎利的漁夫和稅吏等小民所信仰，所傳講，一旦推廣，遭受猶太的壓迫之後，繼之以羅馬，而經過迫害、容忍、以迄於承認，而躋於最高的權力。於千年之間，基督教爲西方政治、經濟、社會、教育、以及神學最超越的力量。正如耶穌自己所喻說：「天國是像一粒芥菜種，人將其撒在他的田裏，那本是世界較小的種子，只是當其生長起來的時候，它是較大於一些別的菜，成爲了樹，所以大的飛鳥來棲息在它的枝間」。（馬太福音十三章、三十一節、三十二節）人類思想和宗教的力量，其發展過程，都是這樣的。

第二節　基督教的新力量與新教育

基督教的教義　耶穌勸人仁愛，做人的首要本份爲愛天主和愛人，「誠心愛你的天主和你的鄰人，好像自愛的一樣」，故善人的觀念，即是愛人；能愛人者，方爲善人，慈善遂成爲基本的道德。然而所謂愛人者是愛全人類，社會好比人類一大家庭，人類皆爲天主的兒子，如兄如弟，一律平等，並無貴賤、富貧、智愚之別——愛無差等，是謂博愛。這種博愛，向全世界開放，而又包容一切，充滿濃厚的宗教感情，把萬世萬邦的人類聯成一體。可是人性不齊，猶物之情的，人類過的不是完全愛的生活，其行爲每有直接的損人害人，即是間接的反抗天主，違犯神性。天主爲着兼顧情理計，准許人類藉一犧牲者替其受刑，爲之贖罪，人類賴以得救，這是救贖之道。耶穌爲天主所喜悅的愛子，自期爲衆捨命以代贖，最後走上了十字架，貫徹其愛天主愛人的犧牲主義，表現最大的慈愛。這是耶穌爲生民立命最偉大的出發點。人類既常有罪過，凡信教者需要受洗，尤要信仰耶穌代贖之功，改過遷善，虔誠禮拜，才不失爲天主的義子。耶穌自謂降生爲創天國；所謂天國者，不在現世，而爲來世的觀念，亦即人類心中的國家。如從精神上眞理上盡心盡性盡意盡力皈依天主，得其恩寵，日後自然可進天國。故在基督教的觀點中，來世的社會重於現世的社會。基督教的基本信仰，是建立在三個據點之上，即天主、基督、與教會。天主爲最高的造物主，萬能的，永生的，首先靠理智以認識天主的存在，完全信仰天主是從完全信仰基督、效法基督而來的。天主藉着基督，已把神性的充溢默示給了人類。在基督之內，天主的智慧、善德、與仁慈一起成了肉身。除了藉着基督以外，並無任何道路可以達到天主的面前。基督生活於教會之內，若要得到基督，唯一的方法只能藉其教會，舉行聖事而得與其接近。凡信奉基督教的人，要信仰一個基督，一個教會，是合爲一體，而且，天國既在來世，是一種超凡的觀念，可望而不可即，其披上人間的形式，使人人可以易於接近的，體驗的，就是教會，故教會也即是地上的天國。基督之與教會的關係，猶頭顱之與軀體的；而基督之與教徒的關係，猶葡萄樹之與衆枝子的。教會又具有傳播天主聖言的權威，利用道德訓練和教義傳佈，提高人類之趨向天主，對於人類的本性，再施教育，使其永遠的堅定的在基督聖寵中生活。這是基督教教義的要旨。

新倫理的力量　古代猶太、希臘與羅馬三個民族，由其文明與教育的實施，合而對世界進步以一大貢獻。猶太人對世界貢獻天主、宗教信仰與道德責任之高超的觀念。希臘人貢獻藝術哲學與文學的高度標準，以及最進步智力的與審美的觀念。羅馬人貢獻法律與組織以及行政的天才，其創造法律的制度，及廣袤而强大的帝國，基督教教會藉其便以推廣。基督教則綜合上述的貢獻以產生一種新理想與新教育的力量。基督教的肇興，其所以易於受人接納的原因，良以在數世紀以來，地中海的世界，充滿着經濟的、社會的與政治的不均及不公的狀態，而奴隸、戰爭、道德墮落與種族上、階級上憎恨，無法消除，形成社會的掙扎，及智力上、精神上躊躇與不安的世界。由於智識與社會變動的劇增，希臘、羅馬、乃至猶太的舊式崇拜之信仰，發生動搖。其智識曾代替宗教的哲學，但對於社會問題，無法解決；對於人類永生的願望，亦未能滿足，故人們期待一救世主早日降臨，以求精神上解脫。爲着反對猶太宗教與文化之狹隘的種族主義與國家主義的性質，及反對地中海世界各民族的同樣排他主義，並由其所產生的憎恨，耶穌乃創一種普及的文化，即天主爲天父，全人類無論貧與富、奴隸與自由、主人與僕役、猶太人與非猶太人、希臘人與野蠻人，皆爲宇宙的兄弟，一視同仁，全民共同的包含一體，國家的疆界，認爲是虛僞的。對於人類的道德性質，乃全民所共有。在達成個別的欲望與志願之個人的自由和爲著種族的或國家的保存之社會的安定，其如何協調的問題，乃建立個人對社會關係的倫理標準最重要者之一。對這個問題的解決，雅典的仲裁者蘇格拉底、栢拉圖與亞里斯多德所貢獻者，原甚於人類的智識性質，不過爲貴族的或爲少數人的。在羅馬吸引許多受過教育的智識階級之斯多噶派哲學，認爲理智是生活的適當法則，德性乃人生唯一最後的目標。這種不離心智的，亦僅滿足少數人。故其所要求者，是一種基於感情的與人類的自然德性之倫理制度，能引起全人類傾向於良善與德性。這種倫理制度，是由基督教的教義傳播於世界。由於訴諸感情而非在智識，基督教乃傳入於各階級各方式人民的生活中。基督教傳授世界一種新倫理的力量，爲開放全人類有效的能力一種新動機，供應全人類教育的基礎及鞏，固社會的組織，因而確立一種人道主義。那富於想像的、審美的與創造性的希臘人，會側重於政治的與個人的自由及個別的着手，其結果遂發展文學、藝術與哲學，而構成對現代大遺傳之一。實際的、進取的與有系統的羅馬人，則側重於法律與政府，及實用的藝術，其結果遂在暴戾的與混亂的世界，施行法律、維持秩序、及組成政府的機構。然而兩種文化各異，此强則彼弱，基督教舉其優點而調和之，發展一種倫理的標準；由是人格與社會的要求，乃能適應與滿足的。基督教的倫理貢獻是兩方面的：（一）個人道德的理想，包括虔誠、正直、信實、與貞潔的美德；（二）社會責任的理想，基於兄弟之愛的動機，如睦鄰、忠心、仁慈、慷慨、利人主義與大公無私的。由於推行這些理想的結果，階級差別與種族歧見，逐漸減少了，婦女躋至最高的地位而獲得新尊重，小孩亦變爲更神聖的。各種權利好像義務與責任一樣而被承認的。統言之，在全部歷史中，基督教是具有最偉大的創造力之一，其對生活的新創造精神，不只限於精神的範圍，而且包含經驗的各方面。故其力量所表現者，除了克服當日社會的惡魔，一改舊觀之外，並使蠻族皈依基督而同化，以保存信仰及文明的本身。從教育理論的全部基礎而言，基督教無疑對於現代教育思想以最大的影響，二千年來，支配着西方的文明與文化的。

道德訓練與宗教訓練　早期基督教是一發育的階段，其教育之首要目的，在求個人道德的重獲新生。可是早期基督教分明是一種改革運動，其終極目標是改革世界的道德與滌除異端文化的腐敗社會。但教會認識欲求社會的改造，唯有靠構成社會的份子之淘化而得，因此盡力對其自己教徒及改宗者施以道德的訓練。是時羅馬社會淪於邪惡與腐敗，奴隸過剩以供公民操着不需要的工作，貴族生活，享受豪華，驕奢淫佚，流風所及，人民逐漸墮落於邪惡的習慣。糧食與競技，僅爲普通人民所需要的事。離婚、棄嬰與殺嬰的陋習，甚爲流行。在宗教的外貌下，舉行最不道德的公開儀式，流血鬪士的表演。凡此表現一種社會墮落的色相。爲着對抗這些邪惡，基督教教會遂有一套德性以代替異端的陋習：簡樸代替豪華，貞潔代替淫佚，節制代替躭溺，人道主義代替殘忍，友愛代替自私——此乃凡入教會者所規定的德性；因此，這些訓練必須施行。基督教又認爲現世、肉體與魔鬼，乃邪惡與腐敗之源。人們必須教以捨棄現世、克服肉體與逃避魔鬼，度着純潔的與簡單的生活，以服事天主，最後方可進到天國。然而，由於改造世界的困難日益明顯，基督教的終極目的，變爲拯救自己的及其改宗者許多教徒的靈魂。但最初兩個世紀的早期基督教，尚未達到精神上的與來世的觀念，他們仍希望靠人類靈魂的新生以改造世界。爲着滿足此種有限度的目的，僅需要兩種訓練的方式，即道德訓練與教宗訓練。如給與兒童或改宗者以準備受洗之充份道德的與宗教的訓練，基督教教育的目的，便算達到了。

早期基督教是基於感情而非理智的，故最初並無智識的教育，而教會的本身，每爲最早的教育機關。而且，基督教信仰將來生活的存在，現世的生活，不過爲其一種準備，而其要旨在希望脫離現世而得靈魂的永久拯救，於是對世俗的興趣，表示一種輕視的態度。世俗之事，通常認爲最優美者，却將其拋棄，此與異端的觀點，是極端相反的。異端是爲着現世而生活，覺得其幸福就是在此，預定並沒有其他地方的生活。事實上，早期基督教在發展過程中，不只受希臘文化的影響而改變，對於羅馬之法律與行政的觀念，特別爲其重造基督教的重要成份，甚至教會的組織，仿效羅馬帝國的法式。故基督教多少憑藉或綜合希臘羅馬的文化，推陳出新，而產生獨有的新力量。但其堅持的教義不變，而且要否定一切異己的，認爲異端的文學是完全猥褻的，藝術不過與其邪教相配合，哲學則爲有害於基督教的信仰。異端文化堡壘的學校，逐漸成爲教會的敵人，其學術每爲眞正信徒所咒詛。因此，凡智識的、體格的、審美的、娛樂的訓練，被基督教徒所輕視。在教育上，異端所注意體育、文學、藝術、科學與哲學的教學之發展是拋棄了，而爲異端所忽略之道德陶冶與宗教訓導，却特別重視了。

第三節　基督教的學校

由於基督教的展布，猶太人及異教徒改宗者甚衆，爲求對於教會更大的統一、純潔與聰慧起見，遂授給受洗者以較充份的教育，並尋求個人的以至社會的道德之再造，因此，基督教學校便應時而興。此等學校，分爲三種。新信徒學校對其受洗者授以全部道德及宗教的教育。其後，當基督教宏佈於高等階級時，問答學校授以一種高等教育，這是成爲教士訓練的修業所。隸屬於主教的教堂，並又發展爲禮拜堂學校，以訓練篤信的領袖，成爲教堂主要工具之一。

新信徒學校（Catechumenal School）第一世紀時，基督教已擁有信徒，他們沒有教育，亦未感覺有其需要。但由猶太教及異教徒改變信仰，與兒童準備受洗而爲教徒者，乃需要聖禮教導的。因此每星期規定時間，在教堂的某部份地方集會，施以宗教的教導，道德的訓練，及聖詩班的學習。其課程完全是宗教性質，包括十誡、主禱文、使徒信經、教會的教義、儀式、基督教生活的遵守、以及簡單的讚美詩，有時並加授讀寫的。最初的教師爲主教、教士與教會執事兼任，其後，小書記與俗人，亦擔任教師之責。教師稱爲問答之師（Catechists）。學生分爲兩級：一爲學習基督教的教義而尚未接納爲洗禮的候選人者，稱爲修習生；一爲接受教導一種有系統的課程之後者，稱爲預備受洗者（Catechumens）。在教導的第一階段，對於洗禮的需要，爲期兩年，但以信徒的兒童變爲衆多的，乃延至四年。教學的方法，大概是首先剖解教義，然後用問答式（Catechetical），以測驗其心得，不過有時也講述故事，諄諄誘導。預備生不僅接受這種智識的教導，並且受一種制慾的與祈禱的訓練，經過見習的階段後，便宣佈合格受洗，而正式爲信徒了。當羅馬迫害停止，背教的危險減少，見習期因而縮短，當額俄略（Pope Gregory the Great，五九零至六零四年）時代，且縮至四十日。最後，近第五世紀之末，因嬰兒受洗很盛行，這種學校逐漸漸衰微了。

問答學校（The Catechetical School）新信徒學校，供給基督教教徒所需要的教育大部份，歷兩個世紀之久。可是，當那時候，基督教已開始傳播於小康的異教徒之認眞的思想中，他們常遣其子弟進異教徒之文法的修辭的學校肄業，希望獲得一種高等教育。但將至第二世紀之末，基督教於傳教中，已將許多文法學家、修辭學家、甚至哲學家，改變其信仰。這些人們，自然皆爲博學及好學之士。而且，基督教夙爲貧愚者的宗教，每被博學之士所鄙屑，其教義及實踐，受異教徒所攻擊。爲着捍衞其教義而對抗異教徒，並且爲着異教徒改宗之教導的實際需要起見，乃建立一種有異於新信徒學校的教育。因此若干已改宗的教師遂爲着栽培基督教青年而開設學校了。初時，這種教育完全爲私立的，補習的，與教堂沒有關係。但在一七九年，其中最著名的一所設在亞歷山大里亞，創辦人爲亞他納哥拉（Athenagoras，一八零年卒），由當時最飽學的神父爲教師。一位信教的斯多噶派哲學家班達奴斯（Pantaenus，二零二年卒），或爲擔任首任的教席。他企圖以希臘哲學調和基督教，而稱爲「護教家」（Apologists）之一。在其主持下，特別在其弟子克里孟（Clement，約一六零至二一五年）與再傳的奧里琴（Origen，約一八五至二五四年）主持下，這所學校，稱爲問答的（Catechetical），其義即以口頭教學或講授，學生謹記對問題的解答，如教師詢詰問題，即對其重述此解答。其後繼續發展爲一所完全教授希臘羅馬學問以配合基督教運動的學校。初時，並無特別的校舍，教師只在其私邸或教堂的某些適當地方來會晤學生。學生爲男女老幼，其中有些是準備洗禮的，有些原爲崇拜偶像者而求啓廸的，有些是基督教徒爲求對教義了解而修習的。教師並無規定薪脩，只由學生餽贈所供應。首先教學的課程，並非固定的編制，除了神學的訓練外，學生可修習希臘哲學（伊壁鳩魯派哲學除外），並有希臘的經典文學、修辭、辯證法、算術、音樂、幾何、天文、歷史、語言學與神學，以及異端學校其他的高等科目，只持不同的觀點。在訓導中，學生應教以謙恭，而且應嚴格的。授課進行，應緩急適宜，更應使其透徹明瞭，按步學習，而刺激其明瞭最好的方法，是興趣和自制。教授方式，包含講授，再助以問答、剖解和誘導。此種學校，並設在羅馬（在猶斯丁 Justin the Martyr「一零零至一六六年」的主持下）、迦太基、及在東方的加沙里亞（Caesarea）、安提阿、伊地沙（Edessa）、尼西比斯（Nisibis）、與耶路撒冷等地。第三四世紀時，這種學校最爲發達，迨基督教克服了異教徒而不需作洗禮的勤苦準備時，便逐漸消失了。

大禮拜堂學校（Cathedral School）　基督教初期在各城市傳佈，及教堂在數量上與力量上經已增長，乃組成各主教的管轄區，主要的城市成爲主教的教座，亦爲大禮拜堂的所在。每一教區，爲着訓練青年人充當教士的準備，及對俗人學生的教導，乃創設與問答學校相同的學校，初時由主教直接監督，稱爲主教的學校或主教監督的學校（Bishop' School or Episcopal School）。其第一間於一五零年設在亞歷山大里亞。在西方，這種學校名稱，因其與大禮拜堂的教堂相聯結，逐漸的由大禮拜堂學校取而代之。其後，由於效用增加，這種學校乃由特別教師或執事主持，協助主教以訓練將來的教士。教學內容是道德的與宗教的訓練，而無體育、運動、公民或社會的訓練。課程包含基督教教義的大綱、洗禮的儀式的，其後在東方則授以文法、文學、修辭與作爲「經學的忠僕」之哲學。當異端的中等學校消滅時，這種大禮拜堂學校與修院的學校逐漸替代了異端學校而爲重要的教育機關。

除上述的數種學校之外，由第九世紀中期起，禮拜堂另設有初等學校，如歌唱學校與教區學校，爲教儀上歌詠的訓練。故大禮拜堂學校，可免於教授讀寫的初等科目，而發展爲較高級的教學，以自由七藝（Seven Liberal Arts）爲課程。自第十一世紀起，有些大禮拜堂學校，變爲著名的學術中心。又根據教會法規定，每一大禮拜堂必須附設文法學校一所，施以拉丁文教育。由第十三世紀以後，這項法令，普遍奉行。當時拉丁文爲共同的語言，故此校特別注重拉丁文法的教授，並加以修辭及辯證法。因此所謂高級學校者，每以文法學校、大禮拜堂學校或主教學校並稱。

第四節　教會的教士

東方的神父　自第四世紀起，基督教在羅馬獲得最後勝利，變爲羅馬的國教，從而征服西方的世界。在此期中，其信徒已失去許多早期基督教之純潔的與樸素的本質。但早期基督教教會的神父與作家，對於教育自然有深刻的與實際的興趣，他們不只爲教育的理論家，並且爲實際的教育家。當開首的三個世紀，希臘教會的神父們，其早年皆飽受希臘的教育，大多且受希臘哲學——新栢拉圖派(Neo-Platonism)與斯多噶派的影響，故對於希臘文化的研究，採取友善的態度。他們認爲，倘若經過適當的選擇，異端文化大有助於對聖經的了解，而「掠奪埃及人」也是正當的，因此致力於調和一番，普通在信仰上增加一個智識問題，要求將其所信仰的教義，作一合理的解釋。克里孟與奧里琴，對此最爲熱心，亦爲早期東方的教會最博學的教士。克里孟主張，福音不過爲「完全的栢拉圖哲學」，而哲學乃使世界進於基督的蒙師，故嘗謂希臘哲學好比一野橄欖枝，如將其與聖經眞理的根相接駁，必有美果產生，因此很熱心搜尋希臘的典籍。他又認爲天主授猶太人以十誡、授希臘人以哲學，哲學原爲天主所創，而善人乃研究哲學的。因此克里孟的教育工作，志在調和哲學與宗教，理智與信仰，及基督教與希臘的文化。其繼承者奧里琴，自始曾脫下其哲學家的外衣，一向教着世俗的學科，認爲實際精神的基督教，唯有靠希臘思想的方式，始能了解，因此企圖藉希臘哲學發明聖經的定理而加以有系統的說明。他的教育工作，志在使希臘文化與基督教的教義，不只關於教學，而且關於惡習的改正，能調和而一致。即使其後對此熱心表示暗淡了及對異端學問採取批判的態度時，有些著名的神父們，像巴西略（Basil，三三一至三七九年）及額俄略（Gregory of Nazianzus，三三零至三九零年），對於基督教學校排斥希臘的學問，更表示斷然的，但其意見並非像較早的神父之漫無限制的，只有在有限度之內，這種學問亦贊同的。巴西略曾任加沙里亞主教二十年，認為世俗的典籍，是為了解聖經一種很有益的準備，不過研讀時應加以辨別，選擇那些無害於聖潔和德性的；如合乎道德的見解，不只研讀，而且要實行的。額俄略是代表早期基督教主教之欲使全部文化與學問用於教會的類型。他像巴西略一樣，亦主張對希臘文學的研究。其控告猶里安（Orationes Invectivae Contra Julianum Imperalorem）的演詞，對於背教者竭力剝奪基督教徒的高等教育，強烈反對。克里蘇斯旦（Chrysostom，三四七至四零七年），乃東方教會神父著述宏富者之一，在其七百二十二種著作中，內有信札二百三十八篇。其有教育價值的著作，為教士的職務（De Sacerdotio Libri Vi）及修士生活的辯護（Adversus Oppguatores Vidae Monasticae）。在其講道與函牘中，特別注意基督教對於兒童訓練的需要，首重家庭，其次在學校。宗教的教導，乃全部教育的基礎，及教師與家長最重要的取法。他並主張家長應遣其子弟入修道院教育，以公共學校對於基督教青年既易受不良的習染，所學者不過為自由教育，價值不大，而失去其最高貴之靈魂的完整。他並非主張放棄文學，如能將靈魂與文學融會而結合之，自然應該這樣做，否則寧擇其更高貴的。

西方的神父　拉丁教會的神父們，與東方的相反，他們對希臘文化常採取反對的立場。尤其基督教傳佈於羅馬人的道德上尊嚴，因而拉丁神父們認爲教會的重大使命是倫理的。況且，希臘哲學應用於基督教的教義，其結果，在東方每產生許多邪說。教會領袖多來自輕哲學而重實際的羅馬人，因與衰退的社會接觸，喚起更大的反應，其傾向是拒絕希臘的學問，更依賴感情的信仰及道德生活的實行。其實際的見解，誠恐異端的文化，影響於基督教的道德。自第三世紀之末起，對異端學校及希臘學術採取敵視，已成爲斷然的。他們雖然皆爲教師，且渲染於希臘的文化，像他特里安(Tertullian，約一五零至二三零年）、吉羅莫（Jerome，三三一至四二三年），及奧加斯定（Augustine，三五四至四三零年），在信仰上實不贊成此種研究。他特里安是直言無諱的譴責希臘哲學家，其態度無疑由於此觀念而來，即認爲人性是惡的，在希臘哲學所表示的理想是不可靠的。在其反異端的法規（Prescriptions Against Heresies)中表示西方的態度非常堅決。在論學校教師與其困難（On School-Masters and Their Difficulties）一篇裏，否認一個基督教徒應爲古代學問的教師。他開始將基督教文學，譯爲拉丁文，認爲神聖的學問與世俗的學問，實不相稱的。吉羅莫乃拉丁文聖經的譯者，這是拉丁教士中學問最淹博的第一位，於基督教的服務中，爲一作家與教師，眞是好學不厭，誨人不倦。他最重要的見解，爲對拉丁文、希臘文與希伯來文的修習，及關於女子的教育。他致拉達書札（Letter to Laeta）中，注意兒童早期道德的培養、選擇教師、及實際上作賢妻良母的準備，此並爲確述基督教教學原則的第一人。他於基督教信仰與經典學問間的衝突，變爲最明顯的確定了。其發夢死去進入天國，被判爲西塞祿的門徒，而不算爲基督教徒，故他警告基督教徒切勿從事於異端的學問。奧加斯定爲早期基督教最偉大教育家之一，幼年受異端的教育，曾充修辭的教師，一部份完成自由藝百科全書式的論著。在智識上，他且爲西方教會神父中之最活躍與最聰慧的，而影響亦最大。其所撰論教義一書，爲對聖經修習的入門，並包含各種科學，尤其修辭、哲學與異端的文學之適當的採用。但其晚年，却變爲同情於異端學問受更大的限制，在迦太基大公會議(Council of Carthage，四零一年)，主張禁止教士對任何異端文學的閱讀。這命令與蠻族入侵同時發生，異端的學校自是迅即不見，而教會與人文主義從此絕緣了。他爲名著的天主之城(The City of God)的作者，謂世界最大的都會——羅馬淪於傾覆，但天主之城——天國乃天命所定之誠信者以精神相結合的團體，則存於永久。這是導引人心傾向於組織世界成爲天國的可能，代表當時教會發展中的政治理想。關於教育的義理亦著述宏富，其所撰答教外人(De Catechizandis Rudibus)一書，論述問答學校的教學範圍、方法、以及要點的見解，認爲全部教學應依據信仰與權威的。

第七章　中世紀教育（一）

中世紀的意義，常晦而不明，其時期劃分莫衷一是，大抵自羅馬帝國滅亡（四七六年）以迄於文藝復興（一四五三年），約有十個世紀。中世紀文化的本質，爲拉丁語與基督教，其特徵是吸收的而非進展的，故形成同化與抑制的作用。教育與學術，皆操在教士之手。從第五世紀至第九世紀，自西羅馬帝國沒落後，政治完全瓦解，當時蠻族南下，除擾亂秩序外，絕無貢獻，金甌既缺，分裂成七零八落的局勢，東西哥德與法蘭克等族，各據地爲雄，古代文化遺產，大部份散失。蠻族昧於教化，故民智閉塞，道德墮落，文明降低，到處充滿恐怖與暴戾，殘殺掠擄，層出不窮，此不只爲戰鬭刼奪的世界，且饑饉疫癘流行，社會秩序大亂。這四個世紀，史家稱之爲黑暗時期（Dark Ages）。當此歐陸陷於晦冥之際，基督教眞如黑夜之一炬，實現其救世的使命，恢復社會團體的觀念，收拾政府的職權，維繫人心，勢力日增，古代文化的保存與傳播，更賴其教士們勤苦的功蹟。教育制度，主要的爲修院學校，教學的基本性質，由宗教觀念所支配，實施嚴格的訓練。這是中世紀最重要的與數量最多的教育機構。第七第八世紀之間，修道院發展極廣，各處賴其爲政教的中心，由是規復文化的標準，經過一番維護與培養，歐洲學術始由黑暗透露光明。且當大陸既淪於喪亂，在極西的愛爾蘭與英格蘭的島國，受蠻族的侵略與蹂躪較少，第六世紀時由大陸前往佈道的教士們，發展宗教與文化，保存古代文化的遺產，維持希臘語文的教學，儼如周禮之盡在東魯的。至於割據歐陸的蠻族中，以法蘭克（Franks）族最强大，武功亦盛，至第八世紀，梅盧溫（Merovingian）王朝，根基已定；第九世紀，傳至沙里曼(Charlemagne)而重建西羅馬帝國，愛爾蘭與英格蘭博學的教士，相率渡海將古代文化傳囘大陸，推動學術的復興。但以沙里曼的英明，亦僅能暫時約束擾亂份子，維持安定的局面，不過數十年，宛似曇花一現而已。沙里曼崩後，歐洲分爲無數王國，繼之以北蠻、匈牙利、斯拉夫（Slav）人及囘教徒的入侵，西歐局勢，囘復第七、八世紀之舊。

中世紀社會，由第九世紀起，流行一種封建制度。是時國王無力，舉世擾攘，寡弱者每擇境內最有勢力且最活動的人而投之，自爲附庸，此卽保護者與附庸的自然結合，遂成爲封建制度。這種制度，淵源於日耳曼族效忠領袖的習俗，以封土爲基礎。封土的大小種類，不勝枚舉，公伯貴族，固有享受封土的特權，小則如騎士，亦蒙封土之惠。爲騎士者，不但爲附庸，且隨時有從軍的義務。第十一世紀時，十字軍興，以騎士爲中堅，效忠於教會。騎士階級既爲當時社會所趨尚，遂產生騎士教育，以戰爭、宗教及儀文爲主要的訓練。在拜占庭的東羅馬帝國，自始保存希臘的語言文化，其後藉景教徒而傳至阿拉伯，第九世紀時，巴格達儼然爲希臘文化的中心，且隨囘教勢力的擴展，沿地中海南岸而西進西班牙，繼續發展，於第十二世紀之際，希臘的語文學術，由西班牙與西西里爲橋樑，復傳入歐洲，爲造成第十二世紀學術復興主要因素之一。如謂希臘爲古代文化學術之父，則阿拉伯人不啻爲其義父了。第九世紀以後，經院哲學興起，乃中世紀文明的產物，以亞里斯多德的論理學爲工具，卽以理性來解釋教義，企圖在理性與信仰中找到和諧的一種學問。這種學問，包括神學與哲學的，是以宗教的信仰爲主，而以理性的智識爲輔的。第十至第十三世紀，是歐洲大統一，所謂基督教國(Christendom)的時代，經院哲學，也以這時爲最興盛的黃金時代。第十三世紀末年，種種進步，且肇其基。由於社會的與思想的演進，大學便應運而興，爲近代文明的特色。然由於十字軍東征的結果，促進西歐的進步，造成歐洲新城市的興起，產生市民階級，近世社會，乃造其端，商人與工匠，結成其行業的組合，以爲保護。爲着適應當時社會生活的實際需要，於是有同業會學校與市民學校之設，注重土語教學，使教育成爲通俗化。第十三、十四、十五世紀的商業，乃諸城間的商業，商民得勢，擁有鉅資，漸注意於讀書。各國君主，每召集城市的代表，商議國政，並求其輸款以裕國庫，故中等市民階級之發生，爲第十三世紀最大變化之一。當時教育之權，雖尚操於教士之手，然俗人的著書教學者，益形增多，學問遂不爲教會中人所獨有的了。

這時候，專制政治與封建制度的桎梏，已逐漸削弱，國家的君主政體與世俗的精神初興，由第十二、十三世紀起，物質的與智識的新復活，始露端倪。騎士之世界的呼籲，對摩爾族的接觸及由於十字軍東征而使眼光擴大。加以城市、同業公會、商業、財產、奢侈品的滋長，文學與藝術的發展，超乎其上的，又有經院派哲學的討論及大學的創建，使思想與理性的解放——凡此累積，皆有助於中世紀的最後兩個世紀，爲增加活動與進步的時期。由是立卽注定引起人類精神一大醒覺，此卽爲文藝復興。中世紀教育的情形，玆分節叙述如次。

第一節　修院的教育

當耶穌降生最初兩個世紀中，基督教徒不過結爲社會中一個特殊的團體，稍參加其政治的及社會的活動而已。但當基督教在數量上及力量上增長時，其信徒雖習於當時的俗人生活，但所注重的在宗教的信仰，而非在對於生活的態度，故與異教徒有別的。基督教徒，尤其在東方的，篤信修道者如與他人同流，每蔽於物慾，即不能成為一個潔淨無瑕的信徒。因此，大多認為如欲求精神圓滿而得永久解脫者，便要捨棄世俗的歡娛與活動，遂脫離塵世而遁隱於沙漠或叢林的荒野中，苦行以修煉性靈。異教徒常講求保養軀體而不注意靈魂，基督教徒却凈修靈魂而非重視甚至抑制肉體。凡脫離塵世以求解脫的男女信徒，稱為隱士或修道士。這種習俗，於第三世紀中葉首先盛行於東方，而顯於埃及。最早的修道為保祿（二三五至三四零年），年九十猶隱棲於清旱及棕櫚樹附近的山窟中，啜清泉，茹棕櫚，以維生活。典型的修道士為聖安東尼(St. Antony)，於三零五年棄其富貴資財，隱於沙漠之中，初則伏於枯塚，繼又匿於殘壘，齋戒絕食，晝夜祈禱，嘗謂我返回沙漠，好像魚的入水一樣。此等出世而逃往沙漠的人，拋棄塵寰，苦修肉體，以為混濁的世間，使人類靈魂受着躲避天主而不得解救的危險，凡基督教徒則應全部屬於天主，忘却一切塵世之物；肉體阻礙靈魂升天，而導其傾向於塵世的逸樂，所謂塵世的逸樂，原為來自魔鬼的。故隱士不許肉體享受其所愛好的以征服之，只進麵包與水，乃至摘野草而生啖，棲於巖穴墳塚，臥於泥土藺席，或倚牆而眠，或居於沼澤，實行肉體的苦修，服膺制慾主義，以確保精神的圓滿，這種隱士生活，不獨限於男子，婦女亦有的。

修道院的興起　約自三三零年起，發現巴康米阿(St. Pachomius)在尼羅(Nile)河瀑布附近的塔巴納（Teberanae）島，組設了修道院一間，並訂立清規，修道士們個別的各住小室以默念，但用膳、祈禱與宗教的儀式，則出而共同參加。聖巴西略（St. Basil）約於三五零年，將其制度傳於希臘；三七零年，巴西略會創立，並訂有清規，凡自願加入修道院的修士，必須盡棄所有資財與家庭的關係，相約不擁私物，不結婚，而絕對服從。其後，雅塔納秀斯（Athanasius）與吉羅莫又將其傳往西方。由是意大利、西班牙、高盧皆有修士會，但其所過的生活與埃及隱士所過的不同。直至五二九年，一位逃離腐敗的羅馬之貴族本篤（St. Benedict，四八零至五四三年），初則極致力於苦行，坐於崖洞中修煉，其後在南意大利的加仙諾山（Monte Cassino），建立修道院一所。他訂立一種清規，共七十三條，用以應付這修道院的組織和行政，及修士日常的生活。自稱此修道院為「服事天主」的學校，其所為不過仿效東方的修士而已，但就時間的利用而論，則又與其不同，蓋不冥想，不制慾，認為懶惰乃靈魂的仇敵而力主勤勞操作。這種本篤的清規（Rule of Benedict），殆為西方所有修道院所採用，而每一繼承的修士會，亦依循其規矩而組設。修士生活之對社會方面的貢獻，大部份為聖本篤清規的結果，尤其在第四十八條，規定修士每日工作至少七小時，並可讀書兩小時。關於手工的條款，對於愚蒙的衆生之中，供應手藝的領袖及專家。修士們也變為模範的農人，裁伐荒林，開墾隰地，介紹新收穫。並且，他們又充當木、鐵、皮革與金銀的工匠。凡欲參加修士會者，須先經一番實習，實習滿兩個月，即對其朗誦清規，迨滿一年，即簽名於入會的證書，當修士公衆之前，將證書奉置於祭壇之上，然後跪拜衆兄弟。自是以後，此新修士承認即其本身的肉體，亦不得有所主宰。但條款規定每日可以讀書兩小時者，寓有社會的與教育的效果，而為修道院保存學術的來由。基於修士們此種讀書生活，故修道院對於中世紀的學術貢獻：（一）修士們為着讀書，書本需要再產與擴增的。每一修道院設有一繕抄稿本的淨室（Scriptorium），修士們在那裏埋頭工作，不只為着聖經，甚至對於拉丁文的經學，是繕抄的。自加西奧多時期以後，各修道院累千的修士，從事於抄寫稿本，如非賴他們的勤劬，則歐洲許多古代的名著或早已喪失了。（二）每一修道院置有一圖書館，庋藏繕抄的稿本，其主要的藏書，雖爲聖經的典籍，很少有逾五百卷的，但圖書館間交換書籍及供應外界閱讀，具有流通的便利。（三）修士們不僅繕抄稿本，並有自撰的卷帙。修道院的紀事，爲研究是時制度與習慣的智識之主要資料；由於修士偏重教會的立場，所記事實，雖有時不盡可靠，但比法庭記事，較爲準確。而且，修士們並撰著聖徒傳、訓誡(Sermons)、道德故事，及關於聖經與神父著述的傳註，因此各修道院便成文學活動的中心。（四）入修道會（Orders）的青年，每日誦讀聖經、神父的論著、及彌撒書兩小時，並參加稿本的繕抄，則他們至少應訓練其讀寫的能力。因此，在七十三條淸規中，雖未有表示關於學校或教學的事例，但因讀書規定之結果，修院學校便乘時而興了。

修道院生活(Monasticism)的理想，統言之，爲實行貧苦、貞潔及服從的三願，似與教育有輕微關係。貧苦，釋作對物慾的戒除；貞潔，對家庭關係的摒絕；服從，對政治組織的拋棄。對於社會生活的三方面，卽產業的組織、家庭與國家，修士們並不注意。個人自動的放棄其自由，則協調個人自由與社會安定的問題，不克存在。這些理想，似將造成修士生活是反社會的制度，但修道院生活對於物質進步與人文，學術與教育的保存，及野蠻人的開化，有很大的成就。不過，其偏重道德虔誠與勤勞，而流於幾分反對經典的文學，尤其絕對的反對科學與個人主義。第六世紀時，高盧及意大利各部份，俱化爲荒烟蔓草，參天的森林籠罩大地，退隱的修士，皆逃往此「沙漠」，建築小禮拜堂及茅舍，稍後且開墾附近之地。當日土地無甚價值，國王、貴族或大地主，往往贈以荒地，於是新修道院便成立了。修士們建倉廩、爐竈、工場、麵包房、耕田、織布、製造家具、作美術品、抄稿本，故當日的修道院，不啻為一模範農村、工場、圖書館及學校的。因此修道院創於第三世紀，不待至第六世紀，已成為有力量的組織，逐漸遍設於意大利、法蘭西、西班牙、德意志、瑞士、英格蘭及愛爾蘭。其著名的，在意大利有加仙諾山（五二九年）、加西奧多的修道院（五四零年）；在英格蘭有堪他巴里（Canterbury，五八六年）、威爾茅次（Mearmouth，六七四年）；在瑞士有聖加爾（St. Gall，六一四年）；在德意志有賴克諾（Reichenau，七二四年）、富爾達（Fulda，七四四年）、君士丹斯（Constance）、漢堡（Hamburg）及科倫（Cologne，第十世紀）；在法蘭西有里昂（Lyons）、都爾（Tours）、巴黎、克洛尼（Cluny，九一零年）及盧昂（Rouen，第十世紀）；在奧地利有沙爾斯伯里（Salzbery，六九六年），及許多其他的修道院，大多是由本篤派教士所創建。第十世紀，由於克洛尼修道院的改革，本篤的清規，更為嚴格。第十一、十二世紀，各新宗派所採取的清規，也同樣認眞，故修道的精神，始終維持不墜。

修院學校（The Monastic School）　修院教育之終極目的，是與修院生活之終極目的相同，在求個人靈魂的解脫，傾向於復行苦修或來世的理想。最初修院教育完全是專供於宣誓（Oblati）參加修道院生活而為徒弟者，殆全為宗教的。其課程為讀寫、聖經、讚美詩、數學與天文。教學的主要方法是採用問答式，教師由口頭講授，學生以鐵筆紀錄在蠟板上，其後則以羊皮紙抄之。學生用心記憶這些口述的功課，有小量的教本，為這種方法應用所必需。訓練是嚴格的，甚至使用鞭撻。其後，修院學校藉自由七藝為媒介，淺嘗古代希臘羅馬的學術，變為定型的課程。即使在異端學校沒落以前，卡比拉（Martiannus Capella）約於四二零年撰語言與風神的結婚（De Nuptiis Philologiae et Mercurii)，以一種枯躁的與譬喻的體裁，論述自由七藝之學。這是中世紀自由七藝教學最流行教本之一。波愛萃斯（Boethius，四八零至五二四年），爲羅馬一貴胄及政治家，撰有算術、幾何及音樂的短篇論著，常用爲教本。又譯有亞里斯多德的論理學、及兩部歐幾里德的幾何。其最大的影響爲哲學的安慰（Consolations of Philosophy）一書，在獄中撰成，乃一部講自然神學的著作，是中世紀通俗著作中最流行的讀本。加西奧多（Cassiodorus，四九零至五八五年），生於叙利亞而住在意大利，亦爲一政治家，當其在東哥德（Odrogothic）朝廷充當大臣時，常提倡學術，聞羅馬學校教師待遇非薄，常慨然謂我們既優給劇臺上娛樂我們的伶人，則對負責我們的道德與教育者，亦應給以酬報。及其晚年退休，在加拉比安（Calabrian）半島之末端西拉堪（Scyllacium）的地方，其自己產業中創設一修道院及一隱士之居，自爲修士。這修道院環以魚池、花圃及禁獵場；並有一圖書館，藏書甚豐，蒐集古代的遺稿而繕抄之，使修道院制度成爲强有力的工具，以恢復歐洲的社會秩序。他撰有自由藝與科學論（De Artibus et Disciplinis Liberalium Literarum），暢論自由七藝的學問，而將基督教與異端學術合而爲一。色維爾（Seville）的聖良達(St. Leander)，最先設置教席以教授自由藝，而與其大教堂相聯繫。其兄弟伊西多祿（Isidore，五七零至六三六年），繼任爲色維爾城大主教。他擴大學習的範圍，包括拉丁文、希臘文與希伯來文；並撰有探源論（Etymologiae），凡二十卷，包括自由七藝、宗教、歷史、科學、法律、醫學與技術的學識，爲當時智識的百科全書，採用前三藝（Trivium）與後四藝（Quadrivium）的名詞。伊西多祿實爲修院學校一個主要的權威，厥後自由七藝變爲傳統的課程。卡盧林（Carolingian）朝，無論隸屬於修道院或大禮拜堂的學校，其教學是基於自由七藝。自由七藝分爲前三藝與後四藝兩倫，前者爲文法、修辭與辯證法（論理學），構成課程之語言的部份；後者爲算術、幾何、天文與音樂，即科學的部份。每種科目，並非顧名思義，內容與名稱一致。文法包括文學在內，杜納陀斯（Donatus）與巴立斯安（Priscian）的文法，用爲教本，在較大的修院學校，不僅對於惠吉爾（Virgil）的，而且對於其他異教徒的文學名著，亦應修習。修辭不甚重視，其教本爲西塞祿（Cicero）的論演講家（De Oratore）及昆體良（Quintilian）的演講原理（Institutio Oratoria），有時採用原本，有時藉卡比拉、伯達（Bede）與阿爾琴的媒介而學習。初時僅學習起草公文，逐漸包含大量歷史與些少法律在內。辯證法，波愛萃斯的著述，爲習此科的教本，揣摩波愛萃斯之後，便可閱讀普非里（Porphyry）的導論（Isagogue）與亞里斯多德的工具（Organon）之譯本。另一方面，算術一科，波愛萃斯的算術論，極具權威，除計算尤其大多爲數字的神秘特性與理論外，並無他物，直至阿拉伯的記數法傳入，其內容始大爲增加。幾何所包括的不僅爲歐幾里德（Euclid）原本（Elements）的全部體系及波愛萃斯的幾何，並且與地理的觀念相聯繫。天文，首先專用於節期、耶穌復活節與齋期的安排，變爲包括天文與物理的相當智識，但有些很難與占星學分開的。其教本爲托里買（Ptolemy）的最偉大者（Almagest）及依西多祿的探源論（第三冊）。音樂限於記號法和唱詠，及音樂的理論和歷史，以波愛萃斯的音樂論爲教本。當時以卡比拉的語言與風神的結婚、波愛萃斯所撰辯證法、算術、幾何、音樂與倫理學的論著、加西奧多的自由藝與科學論、伊西多祿的探源論、及阿爾琴（Alcium）的前三藝與天文論著，最爲流行的教本。一種學科，每根據時代的需要，有偏輕偏重的趨勢。當中世紀前期，拉丁文智識極爲重要，故文法與修辭是最注重的。迨阿拉伯學術開始傳佈於西班牙時，算術、幾何與天文、大受注意。第十一世紀後，當經院哲學家歷長期的爭論，辯證法爲主要的學科。但必須記得，當中世紀早期，在普通的修道學院中，這些學科不過作初階的教導，而較廣博的智識，只限於少數的大修院學校，如在法蘭西的克洛尼及都爾；瑞士的聖加爾；德意志的富爾達及賴克諾；英格蘭的約克（York）及堪他巴利；與意大利的加仙諾山等。

約由第九世紀中期起，修院學校每分爲小的或初等的與大的或高等的。較大的及較重要的修道院，則設有大的學校。學生也分爲兩種：一爲內學生，即宣誓參加修道院生活者；另一爲外學生，即俗人的學生，不願成爲修士的。招收外學生的修院學校，設在貼近修道院的一座建築物中，置有主任敎師及助理各一名，但在較大的學校中，其敎師人數則增多的。學童約由七歲入學，開始學習聖詩，爲敎育本身的功課，熟習之後，再進而修習世俗的學問，包括讀寫及自由七藝。課室所講的語言爲拉丁語，規定學生要精習，方能受業。文學研究，主要爲羅馬的名著。希臘語文極少修習，其有精通者，不過爲例外的或特殊的。學童肄業直至十四歲，然後離校，各操其業，若願意爲修士者，則留在修道院，受其適應此種生活的訓練，以迄十八歲，方得爲敎會的正常修士。至於女修道院（Convents or Nunneries），亦設有學校訓練，女修士學習讀寫算、宗歌、唱歌、縫紉及祭袍，與其他宗教上用物的刺繡等。

第二節　沙里曼的文教復興

由伊西多祿至沙里大帝（Charles the Great）的時候，歷史家每稱爲大陸的黑暗時期。但聖者之島的愛爾蘭在基督教史及西方學術中佔着一個重要的地位。這島所受蠻族的侵略與蹂躪，不及大陸各地之酷，故當大陸陷於黑暗時期，文化殆淪於破滅中，對於古代文化的遺產，能够保存，尤其有許多修道院，一直維持希臘語文的教學。希臘語言與文學的研究，在大陸迅卽消失，而獨存於「西歐大學」的愛爾蘭。最初，聖巴特利爵（St. Patrick，約卒於四六九年）由高盧南部的里鄰（Lerins）大修道院將基督教教義傳入愛爾蘭；其他教士隨其傳入者，不只當時流行於高盧的學校之宗教的而且爲世俗的學問。愛爾蘭最早的修院學校，一爲亞爾瑪（Armagh）學校（由聖巴特利爵於四五零至四五五年間建），一爲班哥爾（Bangor）學校（由聖坎加爾 St. Comgall 於五五九年創立），尤其後者，最爲著名，人才輩出，澤及於法蘭西、瑞士與意大利。許多愛爾蘭的教士，如哥林巴奴（Columbanus，約五四三至六一五年）、加盧（Gallus，約六四五年卒）、及克里孟（Clemens Scotus，八二六年卒）等，懷抱學問，渡海而至大陸，所謂「出售智慧」者，不僅帶來基督教的教義，而且傳授自由藝、藝術、文學與農業的智識。由哥林巴奴的績業，與其門徒的紹述，播發了百餘間修道院於法蘭西、德意志及意大利。加盧於六一三年在瑞士建立其著名的聖加爾（St. Gall）修道院。梅盧溫朝各王（四八零至七五零），歡迎愛爾蘭的使徒，傳佈基督教及文化於日耳曼各族之中。第九世紀時，全法蘭西的修道院及學校中，卡盧林朝各王，常聘用愛爾蘭的教士，爲讀寫及自由藝的教師。事實上，由於愛爾蘭養成愛好學問的風氣，第七、八世紀時，使北英格蘭的各修道院，學術因而增進，博學之士，如阿爾琴、鄧各爾（Dungal）輩，受聘於沙里曼王庭，亦爲愛爾蘭學術間接復傳於歐陸的。

中世紀教育的發展，並非由第五世紀以迄第十五世紀的一承不變而長成。學術的趨勢，每隨政治的條件而盛衰，第八世紀遜於第九世紀，而第九世紀却又盛於第十世紀，其主要原因，由於沙里曼大帝對教育竭力推進的結果，其統治的時期，由七七一至八一四年。沙里曼對東方曾征服許多異教徒的日耳曼族，並渴望以其所保存的羅馬文化來同化他們。他取法舊羅馬的帝國制度，其教育及政府的政策，許多方面是仿制的，在其擴大的版圖中，創設進步的學校。教育的目的，是統一政治的、宗教的、與智識的生活，以組織一個基督教化的羅馬帝國，並藉普及强迫教育而增强教會與國家。他認爲在其統治下的各民族，如無一種共同的語言、文化與思想，則永不能達到實際的統一。爲求達到此種目的起見，他施行三種辦法，證明是很成功的。

一、王宮學校（The Palace School）　沙里曼先在亞拉沙比（Air-la-Chapelle）設立王宮學校，由全歐聘請名師掌教，七八二年並由英格蘭約克的禮拜堂學校延聘最偉大的學者阿爾琴爲校長，並協助其教育工作，爲學術復興推動者之一。沙里曼本人，宗室貴胄，及貴族的子弟，皆列於門牆。其課程包括自由七藝、文學、語言及宗教的訓導。這種學校，由阿爾琴發展爲固定的制度，沙里曼希望由這學校培養教會與國家之精明的行政人員，而且以其爲示範，希望各教師能在全帝國境內，設立同樣的學校。爲着保持對這學校經常的監督，沙里曼於歷次巡狩中，每偕校以自隨。

二、法令　改組王宮學校之後，沙里曼轉而注意於改革教育。七八七年，公佈學校改革的法規，每一修道院及禮拜堂，應設立學校，兒童教以讚美詩、音樂符號、唱詠、算術與文法，並供應其書籍。八零二年，又公佈法令：「各人應遣其子弟修習文字，兒童應用功在學，以迄於其在學問上飽學爲止」。

三、巡按使（The Missi Dominici）作爲一大政治家的沙里曼，深知此種教育法令，無論有任何價值，都要執行。因此，授權其巡按使，無須預先通知而可進入任何修道院，視察其法令是否奉行，如有違反，可能將其首長撤職，以作處分。由此等方法施行，自然引起學校在數量上及質量上立卽改進。自沙里曼崩後，這種教育活動並沒有停止。八一七年，其嗣君下令，創設爲着收容內學生與外學生的學校。其後局勢荒亂，繼之以帝國的分裂，與北蠻的侵略，致在大陸的教育，遭受衰退，以迄於第十二世紀之初，仍未恢復。

同時，英格蘭的阿爾非特大帝（Alfred the Great，統治期八七一至九零一年），仿效沙里曼的榜樣，設立王宮學校，聘請博學之士，如格林波特（Grimbald）、亞薩（Asser）與阿爾琴爲助手及充當教師，並建立許多修道院，使成爲學術的中心。其教育的目的，志在培養英格蘭之國家的教育。爲着供給研究與反省的資料，及竭力傳播學術起見，他將大量名著由拉丁文譯爲英文，其中主要的爲波愛萃斯之哲學的安慰，及伯達的英吉利人民史（History of the English People），以供應英國教育的教本。卽使受丹麥人（Danes）的刼掠，亦不能破壞其所成就的。

在這時期，著名的教育家有阿爾琴（七三五至八零四年），爲本篤派修道士及是時最有名的學者。他從事於教育的工作，包括首任公共教育部長，王宮學校的校長，及在都爾的圖書館創辦人。當七九四年，他由富有的都爾修道院院長退休時，已使這院成爲學術的中心。阿爾琴改革學校教學的方法，是採用問答法，恢復自由七藝的舊課程，故有時復興辯證法的研究，其教育思想的影響很大。但當其晚年，他的教育理想更爲抑制，拒絕經典文學的學習，而側重修道院之避世方面的訓練；他規定其弟子與修道院一般的對聖經典籍的修習。阿爾琴並沒有創造性思想，撰有關於自由七藝的論著，在其著作中，側重對話的體裁。其辯證法一書，對話者爲其自己與沙里曼大帝。他是第一個企圖將經典文學與基督教的感悟，構成一種聯繫，以創造一個「基督教的雅典」。事實上，其素性是一個保守者，而不贊同愛爾蘭學者的進步思想。但其派遣學者數十名在歐洲各地當教席，並表現一種相當大的工作，即將早期名著的稿本編輯，因此等稿本歷經重複的繕抄，變爲充滿錯誤及粗陋的拉丁文。阿爾琴的高足馬路斯（Rabanus Maurus，七七六至八五六年，原名拉邦奴斯、阿爾琴贈以馬路斯之名，遂保留兼用的），八一三年，應勒加院長（Abbot Ratgar）之邀，前往德意志北部的富爾達，任這修院學校的首長，依循其師阿爾琴的方法與制度，先求學生精熟文法，然後進而修習其他自由藝。但其認爲學問與能力的主要工具，是辯證法而非文法的。自其時起，富爾達學校成爲歐洲最早修道院的研究所（Seminaries）之一，與聖加爾齊名。他對於異端的文學，採取聖奧加斯定的觀點，在教師與修士中影響甚大，其弟子在教會與國家中，亦很著名。其最偉大的名著爲教士的教育論（De Clericorum Institutione），包含其對自由七藝的理論，在著作上地位，比其師爲高，而其爲人亦較其師爲具有創造性的。阿爾琴在王宮學校最著名的繼承者伊里根納（Johannes Scotus Erigena，約八一零至八七五年），約於八五零年被聘爲王宮學校的校長，這時期最湛淵的智識，皆操於愛爾蘭的學者之手，他們的影響很大，擴展至大陸。這位超卓的學者，隨其帶來的是全套希臘的智識與異教徒作家的愛好，而且，他比其前輩或同時人有更活潑的思想，側重辯證法的研究，故對神學的問題，常引起深思。由馬路斯與伊里根納的工作與影響，使第十一、十二世紀的智識興趣，大爲復活。伊里根納實際上且爲經院哲學的先驅。

第三節　騎士教育（Chivalric education）

騎士（Knight）的制度，起源於日耳曼民族的性質與習慣，後期羅馬社會的結構，及基督教的教會所孕育而成。日耳曼人視青年騎士初受武器爲一生大事，乃少年成人的標幟。是以日耳曼的騎士，由個人獨立的精神及效忠於首長的志願而變爲特性化。當羅馬帝國的領域被征服了，土地由騎士所劃分，馬上的軍事服役，逐漸變爲只限於對擁有土地的主君。服從與服務的觀念，由此等社會的條件發展，並經基督教所陶冶，保留着這種騎士的理想。故所謂騎士，乃一種篤信基督教的兵士，自成一種階級而具有行動上之高尚目的者，即基督教中遊俠的團體。由沙里曼時期起，戰爭中騎兵代替了步兵，封建的主君，靠其自由人以爲養供及護衛，此種騎士運動逐漸發展至第十與第十一世紀，赳赳桓桓之士，成爲世襲階級，但充任騎士者，並非一種職業，只爲一種尊榮。騎士教育，起於第九世紀後期及第十世紀之初，而極盛於十字軍時期（第十二世紀），但由第十六世紀起而消失。騎士分爲兩大階段，在第十二世紀中期以前，十字軍大運動時期，爲騎士的英雄或黃金時代，理想的騎士爲十字軍，擅於馬上作戰，非常强悍與勇敢，輕生銳死，獻身於天主、國家與主君。自是以後，稱爲儀文（Courtesy）時代，以迄於第十五世紀，首先表現於法蘭西南部的貴族，騎士的理想與規制，變爲固定的、形式的與浮誇的，蓋十字軍已告終止，已無人再作宗教戰爭之想，其原來的重要性遂立卽衰退了。豪俠、社會的文雅與浪漫的事情，爲這時代的主要理想。一般來說，北方的騎士，重視軍事與宗教；南方因社會富庶，則流於虛文與愛情。換言之，在十字軍以前的時期，騎士成爲確定的組織，宗教方面最爲顯著。在文學上，這是羅蘭之歌（Chanson de Roland，敘述沙里曼自西班牙引歸時，其軍官羅蘭在庇里牛斯（Pyreness）峽陣亡的故事，約編於第一次十字軍以前），搜尋聖杯（Holy Grail，儲基督之血）、及法蘭西北部之詩歌的時期，類皆描寫反對異端及忠於封建主君的騎士，形容其冒險、忠勇、殘忍及輕生等精神。自十字軍後，世俗的成份變爲更顯著，在意義上，獻身於貴婦替代獻身於教會。這是英王阿達傳奇（Arthurian Legends，阿達相傳爲索克遜族，入侵後的英國國王，此傳奇撰於第十二世紀後半期），法蘭西的抒情詩人（Troubadours）及日耳曼的愛情詩人（Minnesingers）時期，表示封建主君宮中嫻雅的習俗，以描寫溫文勇敢的騎士而忠於情人爲主，在這時期，騎士的習慣與規例需求一種固定的教育，變爲確定的與形式的，遂流於虛僞與荒謬，隨而消滅了。

騎士是一種理想的世俗社會之組織，與修道院之對於宗教生活相類似。但騎士是供應貴族的一種教育制度及發展儀容的訓練，其目的是求適應戰爭、宗教與儀文的習俗。戰爭的理想，需要訓練氣力、勇敢、忍毅及擅於馬上作戰的。宗教貢獻仁慈、正直，對失敗敵人的慷慨，對弱者保護，忠於基督教，及對作戰抱有高尚的主旨。由貴族的宮廷，啓發社會的文雅與舉止，並加以儀文的觀念。因此，一個騎士乃一個兵士、朝臣及基督教的紳士，適當的尊敬教會，效忠主君及其封建的義務。騎士地位的尊榮，並非世襲，但只有騎士之子弟——貴族的份子，始准受訓練。當中世紀最早期，通常低級的貴族，每遣子女爲其大主君（Overlord）作人質。而且，由大主君保護，等於法律上孤兒的教養，帶往主君的城堡。此等男女童自需適當的訓練，於是有城堡學校之設。當時大禮拜堂與修院的學校，不能適應貴族的需要，貴族子女之入城堡學校者，教以社會的與實際的貴族生活。智識教育的供給，比修道院生活爲尤少。土語是注重的，法蘭西語是騎士的語言，並無拉丁文訓練，亦無文學的成份。這種教育並非書本的，只靠經驗而作直接的與實際的誘導。在本質上，這是爲通俗目的之一種教育，其所培養的不僅爲着積極的參加戰爭，而且並爲着中世紀的七術——騎術、游泳、射箭、擊劍、獵狩、紙牌戲(Whist)或棋戲、及作詩。這七術之對於貴族的訓練，猶如自由七藝之對於修士與教士的訓練一樣。其後，由是以發展一種紳士的教育，而有別於學者的教育。故騎士只是接受一種訓練——不完全的訓練，雖沒有多大智識的內容，但對當時個人及社會，有深刻的影響。

騎士的教育　騎士訓練，雖沒有設置特別的學校，但其教育成爲標準化與系統化。紳士及貴族的兒子，七歲以前，留在家中，由其母親施以道德的及宗教的教導。及至七歲，欲得騎士身份者，則送往大主君的城堡，開始受長期的訓練，直至其能披鎧戴盔爲止。因武器笨重，必須練習，始知操持與使用。由七歲至十四歲，這男童實際上爲學徒，隨從一貴婦爲侍童（Page），由其學得優美儀容、禮貌、勇敢、愛情與高尚的禮法，以土語讀寫、唱詠及跳舞、有時並稍教以讀習拉丁文，彈豎琴(Harp)，與下棋。在其戶內，履行侍童的職責，如傳遞函札、奉侍飲食及招待賓客等。在戶外，則教以騎馬、游泳、拳擊、角力及使用輕兵器向木人接戰。十四歲，侍童變爲一個侍從(Squire)，主要服務，爲其騎士或主人的衞士。他依然伺候其女主人，隨其獵狩、唱歌、下棋及彈豎琴，但其娛樂，主要的包括與其主人騎獵與鷹獵。這時他既充當男僕，其職責殆無可勝計，例如侍奉於其主人的桌旁，整理牀褥、照料衣服、助穿甲冑、主人有病，夜間服事、飼養馬匹、檢點武器，於比武中或於實際作戰中參加，保護主人，因而學得各種作戰的武藝，尤其知道如何使用刀戟斧盾之術。將近二十一歲時，他選擇其情婦，年齡雖然較大，但或與其結婚，即使他爲已婚的男子，亦對其海誓山盟，矢志鍾情的。他並學習韻詩、作曲、唱詠、跳舞、彈豎琴及奉行教堂的儀式。二十一歲成年，封騎士的典禮，初時甚爲簡單，第十三世紀時，則在教堂一隆重的儀式中授封。有些人因短於資財，終其生仍爲侍從。此項授封儀式，首經數星期的宗教準備，經過齋戒、煉靈及祈禱的一時期後，候選人穿全副武裝進入教堂，守夜不眠及默念。晨早，他舉行懺悔，接受聖餐，將其劍獻奉與教士或主教，教士在祭壇上對劍祝福。他遂作莊重的宣誓：「保衛教堂、攻擊邪惡、尊敬教士、保護婦女及貧苦、捍衛國家於安謐、願爲同胞而流最後一滴血」。誓畢，教士授回其劍，頒以訓詞：「保護寡婦孤兒，再造與保存毀滅，洗雪侵害，及證實善良的」。他然後向其主君面前跪下，主君拔劍按在其肩上致詞：「余謹以至誠，代表天主，我們的聖母，你的守護神，聖密加爾（St. Michael）、聖喬治（St. George），授爾騎士，爾其勇（劍按其左肩）、其果（劍按其右肩）、其忠（劍按其首）」。詞畢，騎士授典，禮乃告成。有時一個侍從的行動，建有殊勳，則在戰場受封爲騎士。充當騎士後，常謹守十誡：「祈禱，避免邪惡、捍衛教堂、保護寡婦孤兒、旅行、從事忠貞的戰爭，爲其貴婦而作戰、防護權利、敬愛天主、聽從眞實者的勸導」。這是當時所篤守有價值的箴言。男子所受騎士教育既如上述，城堡中女子所受的教育，除體育及軍事訓練外，其餘實際上與男子所受的各要點相同。此外，治家責任、服務、儀容、會話、音樂、宗教、縫紉、紡織及刺繡的智識，是特別教授的。這比女修道院所教的教育，或較爲廣泛；至少其所包括社會的特色，每爲他們所忽略的。

騎士教育的效果　修道院的修士，重視勤勞與服務的宗教生活，騎士則重視世俗的生活。騎士教育是一種社會訓練的形式，儀容重於道德，特別側重軍事訓練，宗教訓練亦非忽略，雖有文學訓練，大部份爲口頭的，且只限於土語。騎士教育的本質爲階級的，尤其爲貴族的。由於「宗教、戰爭與愛情爲基本」的訓練，因而陶冶及鍛鍊一個粗獷青年的本性與習慣，乃至對是時貴族的教化，爲最有益的影響。然而這種騎士教育，每產生正反兩面的結果：勇敢與殘忍、自尊與驕傲、尊重婦人與淫蕩、慷慨與放肆、正直與邪念。凡此種種缺點乃至失德，雖不免爲通常騎士的特性，但其對於女性誓願的神聖，對伴侶有禮貌，除了在城堡所受關於騎士的理想之訓練外，比其可能已有的較爲尊重。由是，教會對於粗獷的、爭執的與激烈的人民，實施一種抑制的與教化的影響。騎士的發展，自然影響於土語的文學，尤其法蘭西詩詞之興，騎士所愛好的故事、短歌與抒情詩，乃受土語文學的啓發，此種短歌與抒情詩，常在城堡中冬夜誦吟的。最後，騎士所根據服從與服務的觀念，爲共同目的而合作，個人的忠誠，對於日耳曼人改變其極端個人主義，亦有一顯著的效果。因此，由古代世界的國家過份控制的改變，而爲協調個人自由與社會安定的問題，取得一聰明的解決。

第八章　中世紀教育（二）

第四節　阿拉伯教育

阿拉伯文化，是亞細亞式的希臘文化。除了古代希臘的靈智與東方的沉思一種融合之外，阿拉伯文化，可以說是等於零。希臘文化之傳入阿拉伯，可分爲三路：第一、波斯薩珊（Sassanide）王施爾溫（Khusrū Anu-Shirwān），約於五五零年，在古耶斯坦（Khuzistān）的眞達沙波（Jundaisābūr）建立一學院，吸引浪遊的學者，講授希臘的哲學與醫學，散佈學問的光芒，興盛凡三百年之久。第二、美索不達米亞（Mesopotamia）的叙利亞人，蒞臨眞達沙波的學院，教授希臘的哲學與醫學，誠以當羅馬與拜占庭時期，叙利亞人常與希臘的博學之士接觸，對於亞里斯多德、希婆卡拉地、加連、歐幾里德、及托里買等學問，曾濳修與採用。第三、哈蘭（Harran）的美索不達米亞鎭居民，不斷的辟心於數學與天文的研究，乃阿拉伯人祖述希臘文化之智識的主要來源。且自亞歷山大（西元前三三六至三二三年）時期以降，叙利亞與波斯各大城市中，住有許多希臘居民，而其學術，由猶太人及聶派教徒的學校保持，許多希臘科學的名著，已譯爲叙利亞文。如上章所說的，問答學校的最大者，發展於東方如亞歷山大里亞、安提阿、以弗所及其他地方，建立後歷一個世紀以上之久，此等學校，對於希臘文化，表示一種開明的態度。但自第五世紀起，東方教會由一狹隘的正統學說成爲特性，對於企圖將希臘哲學與基督教混合之結果而有異端之嫌疑者，實行放逐。在教育上，此等放逐之最重要的，是以弗所大公會議（Council of Ephesus，四三一年）禁止君士坦丁堡主教聶斯多列斯（Nestorius）之希臘化理論——耶穌基督一身兼具神人二性說。聶派教徒被迫，逃往叙利亞各城鎮，尤其如尼士比斯、安提阿及伊地沙，皆在東方教會勢力範圍之外，發展許多著名的學校，實行研究希臘的科學與哲學，不僅靠叙利亞文的譯本，並且由希臘文的原本而修習。因此，當伊斯蘭教徒征服了愚昧與迷信的阿拉伯各部落後，西入叙利亞（六三五年）時，進而與一種特異才智的民族相接觸，遂將其學術採納了。

阿拉伯發展希臘學術　當第八世紀之末起，一種教育的大運動，由於聶派的影響而肇端，其目的是將希臘科學家、哲學家與醫學家的名著，譯為叙利亞文。阿拉伯的阿巴西亞王朝第二位君主曼蘇爾（'Abbasid Caliph, Al-Mansur，七七五年卒）乃聶派醫生的最大保護者，曾邀請此等醫生居於巴格達。其最感興趣者，是藉由希臘文、叙利亞文與波斯文所翻譯之哲學與科學的名著，而傳佈科學思想的工作。七八六年，赫倫那爾拉施得（Haroun al-Raschid）為巴格達的君主（七八六至八零九年），乃伊斯蘭教文治武功昌盛時期，其父子兩人使此地成為智識最重要的中心，開設禮拜寺附屬的學校，並取法希臘而創設大學，聘請希臘人與猶太人掌教，許多科學的工作，由希臘人擔任而大見進步。至瑪門（al-Ma'mun）時期（八一三至八三三年），繼承其父親的遺志，希臘的教化，是登峯造極了。八三零年，在巴格達建一大圖書館，稱為智慧之府（Bayt al-Hikmah）。王朝各貴族，紛紛蒐藏書籍，每一伊斯蘭教禮拜寺，受此風氣激盪，亦競為效尤。同時，巴格達並設置翻譯學校一所，由聶派大醫士胡納恩（Hunain ibn Ishag，八七七年卒）主持，翻譯人員，大部份為聶派教徒及沙比亞人(Sabians)，常遣往亞歷山大里亞、與近東、中東等地，從古代圖書館，獵取希臘文原稿，携回巴格達，廣爲迻譯。眞達沙波的其他學者與醫士皆邀往巴格達之王庭。故由第九世紀起，科學智識的一切來源，已由阿拉伯人據爲己有了。

第九世紀之末以前，不只亞里斯多德、希婆卡拉地及加連的著作，而且柏拉圖的政治學、托里買、歐幾里德、亞婆龍紐斯(Apollonius)及亞基米德(Archimedes)的地理、數學與天文名著，均已譯爲阿拉伯文。但最奇異的，凡古典的詩歌、戲劇與希臘的歷史，每視爲陳跡，而阿拉伯人最注意吸引者則爲智識，即供實用的目的，——醫藥、機械、地理與數學。換句話說，凡宗教、語言及社會制度，依然爲阿拉伯半島的產物，而學藝與科學，則由外面傳入的。然而，對伊斯蘭教的智識發展，最重要者乃爲亞里斯多德的，而非柏拉圖的。亞里斯多德的全部著作，當時所已知的，均已譯成阿拉伯文。第十世紀時，達馬士革、巴格達及其他阿拉伯的城鎮，爲着其學術的發展而負盛名。阿拉伯人是同化者而非創造者，不僅吸收希臘文化，並吸收由印度及其他來源的文化。但希臘的思想與文化，由叙利亞的聶派教徒、波斯的祆教徒、猶太人及哈蘭的異教徒，傳授於阿拉伯人。這種運動，以後繼續進行，因此，阿拉伯本身產生許多數學家與天文學家，或翻譯，或評註，或修正，或創作。其著者有化格尼(al-Farghani)、古華里斯美(Musa al-Khowarizmi，八三五至八四五年間卒)、巴塔尼(Muhammed ibn-Jabir al-Battani，約八五零至九二九年)、眞地(al-Chindi，約八六零年)、哥拉(Tabit ibn Gorra，八二六至九零一年)及華化(Abul Wafa，九三九或九四零至九九八年)等。對於希臘哲學與亞里斯多德論理學評註最偉大者爲亞威宸納(Avicenna，九八零至一零三七年）。他的作品約有百種，其中最有影響者醫典(Canon of Medicine)，故有醫藥界之王的盛譽。其次爲復元書（The Book of Recovery），包括論理學、物理學、數學、亞里斯多德的宇宙論與靈魂論等。由其影響，虔誠兄弟會（Brothers of Sincerity）在巴斯拉(Basra)將百科全書整編。這套百科全書乃全阿拉伯學問的傳註，而接近於企圖將信仰與推理溝通。但信正統學說的伊斯蘭教徒，竭力反對希臘學問與對其宗教的影響；最後，約一零五零年，其門徒被驅逐而避難於西班牙與非洲西部較開明的伊斯蘭教徒中，對學術繼續發展。

西班牙的教育興起　當伊斯蘭教徒經北非而侵入西班牙，建立安得羅斯省，此西方的阿拉伯人爲摩爾族(Moors)。其後侵入法蘭西，七三二年都爾一役被馬爾提（Karl Martel）擊退後，即棲止於西班牙，與伊比里安人（Iberian）、羅馬人及西哥德人（Visigothic）雜居於半島，開始發展其文化。東方的學問，由旅行的伊斯蘭教徒學者，逐漸傳入西班牙，而征服者的精神，亦馴至傾向於學校與學術的發展。由九百年起，一種優良文化的智識生活，已在西班牙啓軔。在一千年以前，西班牙的學術，尤其屬於希臘哲學的部門，極負盛名，吸引歐洲基督教的修士，冒險前往，第一位爲格爾伯(Gerbert)。在巴格達的伊斯蘭教徒之宗教狂熱者，對於希臘學術，比諸西方教會之神父所爲者，實際上更爲冷淡。約一零五零年，他們控制上層，將希臘化的伊斯蘭教徒驅逐，猶東方基督教教會之驅逐聶派一樣，故東方的學者，紛紛逃往北非洲及西班牙，對於西班牙的智識生活，再度發展，而產生一種輝煌的文化。第十二世紀時，一種極有組織的教育制度，在西班牙的全部伊斯蘭教境域中發展。所有鄉鎮及城市，設立小學或禮拜寺（Mosque）學校，授以讀寫算、地理、文法與宗教。在各大城市，如哥爾多巴（Cordova）、格拉納達（Granada）、色維爾、托利度（Toledo）、及沙列明加（Salamanca），遍設學院，不僅由摩爾人及猶太學者教授東方的學問，師生共同生活，並且對於數學、科學與哲學，使其繼續發展。基督教修士之來學者，尤以肄業於哥爾多巴學院爲多。當第十世紀時，東西兩方之基督教學校，學術趨於最低潮之際，西班牙的東方學者，教授東方的學術，包括算術、幾何、三角、物理學、天文、生物學、醫藥、外科、論理學、形而上學及法律。由於此等學院之啓發，學術與研究的最高精神，盛極一時。歐洲學者，爲之嚮風。科學亦有高度的進步，仿自印度的阿拉伯記數法，傳入以代替羅馬數字。他們以地球儀教授地理，設立天文臺而研究天文。又發明擺鐘，發現硝酸與硫酸，採用羅盤與火藥，種植棉花，飼養絲蠶，而在航行、商業與工藝，比基督教的歐洲，更爲進步。

學術影響歐洲　西班牙一位偉大的學者亞味洛厄茲（Averroes，一一二六至一一九八年），由羅馬沒落至文藝復興期間，是最偉大的亞里斯多德的評註者。他解除了新栢拉圖派的主要思想，將亞里斯多德的哲學，另闢途徑與伊斯蘭教的教義融爲一體，而介紹唯理主義（Rationalism）的精神於伊斯蘭教神學中。其對於亞里斯多德的傳註已譯爲拉丁文，在經院哲學中視爲權威，其著名學者如大亞爾伯（Albertus Magnus）及多馬士（Thomas Aquinas），受着一大影響。故亞味洛厄茲的哲學，影響基督教學者的思想，歷數世紀之久。當第十二世紀之初，一批科學的與哲學的論著，開始由阿拉伯文譯爲拉丁文，一部份爲阿拉伯人的原著，一部份乃希臘名著的阿拉伯文譯本。其中最重要的譯者爲泰烏利的栢拉圖（Plato of Tivoli），約於一一一六年，他在西班牙修習阿拉伯語，翻譯亞巴德紐斯

(Albategnius)的天文學，及其他文學的論著。英國修士的亞達哈德（Adelhard），約一一二零年在哥爾多巴肄業，攜回算術、代數與幾何的智識，其歐幾里德原本的譯本，由一三零零年起，各大學用爲教本。吉拉德(Gerard of Cremona，一一一四至一一八七年)，稍後在托李度肄業，對意大利亦有同樣效勞，由阿拉伯文翻譯許多名著，其中包括托里買的最偉大者、亞爾沙蘇(Arzachel of Toledo)的托利度天文表、及亞爾哈任(Alhazen，西班牙學者，約一一零零年)所撰光學的書，聞其所翻譯的科學論著，約有七十種。其他修士之肄業於西班牙各城鎮者，亦帶回各種重要的譯本。意大利方面，第十三世紀之初，神聖羅馬帝國大帝腓特烈二世（Frederick II，一二一七至一二五零年）在西西里與東方學術相接觸，聘請一批猶太人醫士，由阿拉伯文翻譯許多醫學名著爲拉丁文，其著者爲亞威宸納的醫典（共五冊），此書是參考希臘的加連與希婆卡拉地(Hippocrates of Cos)的著作而編成。此譯本由中世紀各大學的醫科用爲標準教本，以迄於第十七世紀爲止。

第五節　經院哲學的教育影響

早期中世紀，由西元五百年至一千年，形成一個信仰的時代，在這個時代裏，人們對於信仰便毫無疑問的服從了。直至這時代之末，情勢大變，引起很強烈的影響思想的態度。歐洲北蠻的侵襲完全停息了，而給與對公民的與智識的生活發展之機會。阿拉伯的學問開始滲進於基督教的歐洲，惹動基督教徒注意保護其宗教的教義。第十一世紀之末，保存文明的奮鬥，已至轉捩點，很清楚的，自這時期起，這鬥爭是勝利了，一種新基督教文化——新智識的生活，於是崛興於西歐。當這時候，教會對其信仰與教義，在組織上、系統上及傳述上，已準備適應及採用這種新精神，於是經院哲學的大世紀便應運而興了。在第十二世紀，許多十字軍由東方返回，由其在希臘人與阿拉伯人中所見所聞之智識上影響，而對於所引起懷疑，尋求一種解決。因此，對於教會的教義表示合理的需要，與對其傳述較合理的及有系統的形式。這是當時經院哲學（Scholasticism）的特性——信仰與理智的諧和，換言之，其哲學化的方法，志在諧和信仰與推理。經院哲學，在字義上即大禮拜堂學校教師所成就的思想方法，即以亞里斯多德的演繹法爲基礎的方法。事實上，經院哲學並非如窮究物理的方法一樣之哲學系統。當第十二世紀後期及第十三世紀，經院哲學達至最高峯，自是厥後，這種教育力量立即衰退，而由新大學繼承對其學者所給與的新精神了。

經院哲學的創立　經院哲學，是基於教會領袖的著述，及亞里斯多德與阿拉伯學者的著作而創立。這種唯理主義的傾向，藉摩爾人的影響與亞里斯多德名著的發現而傳佈。其主要問題是調和推理與基督教的信仰——即論理學的原則與信仰眞理間的諧和，由經過推理的辯論以支持教會的教義；由論理學的推理與神學，以辯明信仰。當推理的大師亞里斯多德定爲基督教眞理的僕役，哲學與神學變爲領導的學問，其對論理學的採用，乃建立推理與信仰間一致之方法。這種方法，許多作家雖略有不同，但當全部發展，包含進行的一定原理。經院哲學的目的，以理性的辯論，智識的訓練，與唯理主義及理智論，支持教會的教義，因此，這是一種宗教的智識教育。修院時期的教育，貢獻於學術的保存，而經院哲學時期的教育，則表現於學術上研究的精神。教育的宗旨：一、啓發辯論的能力；二、使智識先爲系統化；三、使個人對這種智識系統的貫通，其內容包括神學與宗教哲學（唯實論、唯名論與概念論）、神學集成、及在大學的自由藝、法律、神學與醫學。教學採用講授的方法、辯論或辯護、邏輯的分析、三段論法的推理及小小訓練。第十二世紀的教育復興，以其所爲，歸於稱爲經院哲學之智識產物，與稱爲中世紀大學的制度，此乃經院哲學所寄托，自然是關於宗教的。巴黎大學的成爲經院哲學派活動的中心，其教師的盛名，遍於歐洲。當時，教會成爲最感興趣者，正如上文所言，在對其教義給與適當哲學的敘述，並將其全部變爲一種諧和的制度。但爲着實踐這種任務起見，其智識領袖中，對於智識的本質，全稱的問題，有極大的爭論，因此，經院哲學分爲唯實論派(Realists)與唯名論派(Nominalists)兩個陣營，歷數世紀之久。

唯實論與唯名論派的爭論　經院哲學的開始，其首要目的是表示如何使教會所「默示的」教義基於推理。伊里基納(St. Erigena，八零零至八七二年）認爲全部教旨，並非根據權威——神的語言，而是根據哲學與推理，眞的哲學便是眞的宗教。他是把亞里斯多德的辯證法應用於中世紀玄想的第一人。然而由於波愛萃斯所譯普非里導論中一段話「「種」（全稱 Universal）與「個體」都有眞實的存在」，一般人認爲正面的答覆是對的，但此竟演成爲唯實論（Realism）與唯名論（Nominalism）爭論的焦點。安瑟倫(Anselm of Canterbury，一零三四至一一零九年）根據新柏拉圖哲學的理論，認爲理想、觀念及其通有性(Universal)，構成唯一的實在，凡任何所見的與所用的物體，先作一理念的存在，而且，任何個別的人或物，並非一實在，不過爲一實在（可以說爲理想的）之一種反映與概念。換言之，觀念是唯一眞實的存在，個別的物體，不過爲現象（表現）而已。通有性是存在於個體之先的東西，比如我們說人，通有性的人與個體的人，彼此之間，只有附加的分別。他主張信仰必先於智識，卽藉信仰而進至智識，並非由智識而達到信仰，依其次序，先求對基督教有深刻的信仰，然後敢對其推理。安瑟倫常被稱爲經院哲學之父，商卜的韋廉（William of Champeaux），也是這派的健將。羅斯林（Roscellinus of Compiègne，一零五零至一一零六年）則依亞里斯多德的工具對於事實的觀點，認爲理想或觀念，不過爲對於實在卽具體事物的名辭而已。這種唯名論的要旨，人類思想之進行，由特殊的而至一般的，凡辨別物體之本身（Res），由觀察與體驗所得的觀念，而給以其名（Nomen），實在則包含於個別的具體事物之內，而個別的具體事物，有客觀的存在。在大自然界中，並沒有所謂適有性的存在，它只寓於人的理性中——主觀的存在，是後於個體的。羅斯林認爲通有性，只是聲音的發出，一個名辭而已，於是否認理則的存在，只視爲高等的文法。此兩派神學家所爭論者，不只爲眞理與實在的性質之問題，而且亦關於求取智識的方法。唯實論者，認爲信仰是通眞理與實在的幻象之路，故其先於推理而對於智識爲不可少的。安瑟倫的名言：「我並非爲着可信而求了解，却爲着可知而信仰」，爲此派理論的圭臬。唯名論者則堅持，推理與智識必先於信仰；全部智識是藉感覺與推理而得；故教會的教義與啓示的眞理，必靠推理方法的研究，始可證明的。故其論式爲：「我了解，我才相信」，但安瑟倫斥其爲辯證法的異端。最後唯實論派的爭論勝利，教會認其爲正確。羅斯林於一零九二年遭教會譴責，被迫將唯名論取消，他的命運，沮喪了唯名論於兩個世紀之久。

可是，羅斯林的學生阿柏拉爾（Peter Abelard，一零七九至一一四二年）折衷兩派而創概念論（Conceptualism）。他認爲關於「種」和「個體」的關係，實爲對的理論，並不是唯實或唯名論，乃是概念論。一種觀念或全稱或類的名辭，並無客觀的存在。通有性亦不能解釋事物，只是實物的模糊影像。故凡通有性的種類，既不是獨立的實在，也不是空洞的唯名，而是概括的觀念。阿柏拉爾在哲學上立場，雖爲一種調和性，但其著作卻對正統地位以特殊的批評。他撰有是與非（Sic et Non）一書，共有一百五十八條命題，每一題排列教會神父之正反兩面意見，令學生自己決定何爲正確。此書是提倡推理與研究，堅持理智在信仰之先，及爲基督教教義許多眞理的泉源。他認爲求知之唯一方法，莫過於發問之一途，由疑而思問，由問而得眞理，以其發問的邏輯方法，使用於神學，繼續至其同時人的吉爾伯（Gilbert de Porree），更注意於亞里斯多德的論理學，用於神學的推想。他雖然受責難兩次，但其影響仍很大的。

對於教學的內容，在第十二世紀時，經院哲學派學者又分爲兩類：一爲神秘派或玄想派，另一爲唯理派。前者在教育上代表爲烏高（Hugo of St. Victor），後者爲阿栢拉爾。烏高認爲哲學並非全是哲學，自由七藝被選爲代表哲學的主要區分。自由七藝是互相聯結的，倘其中有一種缺乏，則寄寓於全部科學——理性的、體格的與道德的——的廣博智識之哲學，自難免爲不完全的。故神秘派堅持有更全部教育體系的需要。他們同意，由其內容與訓練，自由藝的課程，對於論理學的研究，以一適當的準備。阿栢拉爾志在授其學生以哲學，此乃引其以求得智慧的一條康莊大道。前後自由藝應委諸忘却，而經學與各神父的著述，似在架上塵封，獨論理學高於一切，哲學家與神學家可以放棄其他各種學問，故反對在自由藝中其他學問的效用。當第十三世紀之初，由於十字軍對君士坦丁堡征服之結果，亞里斯多德的倫理學、物理學與形而上學，復傳於西方，且由阿栢拉爾所啓導的傾向，獲得一大推動。教會本身採納亞里斯多德，爲其防衛的主要堡壘，哲學與神學成爲同盟。當第十三世紀時，經院哲學基於神學觀點的組織中，達到最高峯，而由一羣湛深而明敏的思想家，構成完全論理學體系。其中最偉大者爲多馬士（Thomas Aguinas，一二二五至一二七四年），採取亞里斯多德的哲學而應用於基督教的神學，並側重智識的價值。他認爲在事物中也一樣有眞理，由事物中得到印象，然後再融化而爲智識。神學與哲學都是思辨的，凡人必須「了解」眞理，方能達成其最高目的。其神學集成一書，爲天主教正宗的教本，保留爲基督教信仰之權威的表現，可是，它不僅如此，且亦爲各時期智識最完備的解釋，成爲在神學達於極點之一種論理學體系。在經院哲學的世界，依據多馬士的學說而諧和，但由於奧坎的韋廉（William of Occam，一二八零至一三四九年）之唯名論復興的結果而毀滅。由於對眞理的認識，引起兩種方式，即多馬士派（Thomists）及士葛派（Scotists）。斯各特斯（St. Duns Scotus，一二七四至一三零八年）爲蘇格蘭（Scotch）一位方濟派教士，綽號微妙博士（Subtle Doctor），認爲哲學是思辨的，而神學則爲實踐的，故注重增强意志，因而減少神學的實際蘊義。綽號無敵博士（Invincible Doctor）之奧坎的韋廉，斷言神學的教義，嚴格言之，並非推理的基礎，而爲默示及信仰的問題，換言之，他堅持眞理僅靠默示而知。他認爲天主並不是理性的，而是全能的；全能在於意志，故此派是純意志主義者，首重意志，智識列爲次要，反對多馬士派活動的與積極的智識之理論。韋廉對經院哲學最著名的貢獻，爲其全稱（Universals）的理論，此乃唯名論的變形，但其對於概念論較唯名論爲接近。自韋廉以後，一般的傾向變爲更多的採取由理智所支持的眞理，而作爲經院哲學的消滅了。

經院哲學的方法　早期經院哲學家常與大禮拜堂的或修院的學校相結托，但由於包含經院哲學中的智識醒覺之結果，因此發展而爲大學。其方法有兩種基本方式：教課與辯論；教課與學校上課相似，由教師先讀名著一段原文，然後師生之間，提出自由辯論，進而獲得贊成及反對之證據，最後乃尋出結論。在各學校中，最常用表明科目之方法，現則代之以論理學分析的方法。全主題或論題分爲相當部份，每一部份又分爲幾項，每一項再分爲細目以至特別的義理。在各大學中，分析方法常用之於辯論的方式以及題材。首先，對問題敍述，然後非正式（Unorthodox）解決之辯論與方案提出及辯駁，繼之以正式（Orthodox）解決之辯論與方案，最後對此問題幾個異議在同一系統體例中予以答覆。在此等學校中，其所採用之主要教本爲彼得（Peter the Lombard，一一零零至一一六零年）的意見集（Sententiae），彼得者，乃在巴黎教學的阿栢拉爾之弟子。後期經院哲學派中，多馬士的神學集成一書，亦相當流行。

經院哲學的影響　經過經院哲學的注意講求，使教會的教義益形理性化。經院哲學的方法，產生靈敏而精微的思想，以應付歷史的任何階段。此等思想所注意者，是趨向於抽象的與形而上學的問題，而非趨向於人類的與自由的世界；因此在擴大智識範圍中，略有實際的進展。但其分析的方法，表現每一問題有兩面；由於在奧坎的韋廉主持下唯名論之復活，主張經驗乃眞理的泉源，遂啓導文藝復興的方法與現代科學的發展。而且，經院哲學對於智識的追求，給與一種很大的激厲，其結果，維持博學之士以一長時期的講究。統言之，經院哲學的影響：一、大學乃經院哲學的產物；二、引起研究的精神；三、使拉丁文成爲哲學的語言；四、使宗教爲全部智識與趣的實際中心，教會爲對全部智識生活的支配影響；五、培養一種思想習慣；六、對於智力訓練——教育的實際目的之一——有一恒久的影響；七、側重理智以反對權威，因此給與趨向於科學發展的最先推動。然其弱點可得而言者：一、使哲學的研究變爲兩大極端；二、其推理的方法，如非在嫻練的人之手中，則流於謬誤；三、其旨趣每在於形式而非在內容。事實上，當經院哲學的討論時，對於名辭的運用，每流於無窮的與無謂的遁詞，不能不變爲衰退。經院哲學便喪失其教育的價值與意義了。

第六節　中世紀大學

大學是由中等學校自然演化出來，猶大禮拜堂與議會制度一樣，乃中世紀的一種產物。大學的效用，是培養民事與教會行政的高等人才，爲着醫學專門的訓練，及爲着學術本身的陶冶。大學教學的內容，爲自由學術的興趣，及醫學、法律與神學的實際，合而爲一。大學與學校之間，有基本的差異：一、大學是由教宗、大帝或國王所特許而組設，因此脫離地方宗教當局及地方政治的統制而獨立；二、學生來自遠方，爲求高等教育，結果打破地方或省界的觀念；三、每個教師或其教旨是有詳解力，而非僅靠提要式的教育；四、大學收容者是較爲成年的學生；五、每個學生可擇其所需要而不在固定的功課，在大學所供應之學問是特殊的，並非像在學校之妥爲編定的。

大學的肇興，自有其時代的背景。第十三世紀，在人類歷史上乃一顯著進展的階段。異端的倏頓人與北蠻人，已皈依基督教，因此對於西歐給與一個相當和平的時期，而使其有發展的機會。十字軍破壞封建主義的形態，刺激城市與商業的增長，遂大爲擴展西歐人的眼界。且由於阿拉伯學問相接觸及亞里士多德名著之尋得，對於智識追求，給與很大的興奮。肄業於較爲著名的大禮拜堂的及修院的學校之學生，人數業已增加。在有些此等學校中，名師開始講授其學旨，而吸引大量的學生。因此自然要求更多的教師，中世紀大學的成份——教師與學生——遂呈現了。但歷長久的時期，大學並無校舍、圖書館及其他附屬建築。由此過程，北歐大學中最大的巴黎大學，不過，由聖母院的大禮拜堂學校發展而成。由第十二世紀之初起，法蘭西與低陸各國，其學術並不限於修道院，而其最活動的中心，乃在大禮拜堂學校，如列日（Liege）、萊姆（Rheims）、拉旺（Laon）、巴黎、奧里連（Orleans）、及沙脫爾（Chartres）等，甚爲著名。巴黎既發展爲大學，初無藉藉名，及至第十二世紀早期，國內名師如阿栢拉爾及其弟子倫巴特的彼得，在哲學上有輝煌的成就，在此講授；一旦名師蝟集，便吸引其他學者，聯袂而至，乃成爲學府。然而巴黎大學並非中世紀大學之嚆矢。在那不勒斯（Naples）附近的沙拉諾（Salerno），早已創有醫科學校一所，此地以有益衞生的氣候著名，病客乘礦泉之便，每在此休養。這校或藉一位教士君士坦秀（Constantius Africanus）的勤劬所推動，他曾旅遊東方，將希臘與阿拉伯的醫學之精華，譯爲拉丁文。約在同時，北意大利對於法律的研究，亦發生很大興趣。各城市曾迭次爭鬥，維護其特權，反抗日耳曼各大帝的侵奪；此等特權，原爲根據自羅馬時期各大帝所授之憲章、勅詔及特許而保留的。有幾個城市，對此種新研究，經已着手進行。尤其在波隆（Bologne），早期以法律的名師而顯著。早在一千零零年以前，一位教師名匹波（Pepo）者，有波隆的明燈之譽。一一一九年，大法學家伊爾納累（Irnerius，約一零六七至一一三八年），撰有民法大全（Corpus Juris Civilis），在民法中極負盛名。格里細安（Gratian）又編有教會法，脫離神學而使其成爲高等學問的特殊科目。故波隆藉此等名師而發展。這樣說來，此足以證明並無特別時期能斷定其爲最早大學的開端。此等大學創設，相沿已久，當由教宗或國王頒得特許狀之前，原爲某種特別科修習而設之專門學校。沙拉諾從未領得特許狀，但合併於那不勒斯的學校，此校由腓特烈二世於一二二四年特許爲大學。因此，波隆實爲中世紀大學中之最早者，蓋其於一一五八年已由腓特烈一世領得特許狀了。巴黎則於一一六年獲得路易七世(Louis VII)正式的承認。當第十三世紀時，醫學的領導，由沙拉諾轉而至新創設的大學，如巴度亞（Padua，一二二二年，由波隆所分設）、那不勒斯（一二二四年）、比薩(Pisa，一三四三年)及蒙地比里亞（Montepellier，一一八一年），此等著名的學校，皆有百餘年的歷史。約在同時，著名的奧里連大學，迅速成爲意大利以外法律科第一流的學府。牛津大學原由前在巴黎大學的若干敎授遷移而創設，至一二四八年得英王亨利三世發給特許狀而組成爲一大學。劍橋(Cambridge)則於第十三世紀由牛津移植而開設。西班牙第一所大學，約於一二二零年由拉旺(Leon)王在沙拉明加(Salamanca)所創設者最爲成功。德意志原未有大學，至第十四世紀時，在布拉格(Prague，一三四七年)、維也納（Vienna，一三六五年）、艾福(Erfurt，一三七九年)、海德堡(Heidelberg，一三八七年)、及科倫（Cologne，一三八八年），始設有大學。由這時起，在安格(Angers，一三〇五年)、都盧沙(Toulouse，一二三零年)、巴維亞(Pavia，一三六一年)、佛羅稜斯(Florance，一三四九年)、里斯本(Lisbon)、卡拉古(Cracow，一三六四年)、布達(Buda，一三八九年)、都伯林（Dublin，一三二零年），及其他地方，大學亦紛紛興起。全意大利，以波隆大學爲典型，並强烈的影響於西班牙與法蘭西的南部。歐洲其他部份，則以巴黎大學爲學術的模範。當時歐洲的高等教育，都步巴黎大學與波隆大學的矩矱，兩者發展相同的教學方法，頒發相同的學位，但其學科則各異。波隆以法律支配一切，對自由藝與神學，不甚注意。巴黎大學以自由藝與神學爲無敵的領袖，對於教會法處於次要的地位，而民法並不教授。

第十二世紀時，大學只有沙拉諾、波隆及巴黎三間。由一三零零年起，爲十四間，分佈於意大利、西班牙、法蘭西與英格蘭，教宗亦鼓勵其盡可能增加。由一四零零年起，增至五十間，由第十五世紀之末起，則有七十五間以上。在宗教改革時期以前，全歐洲共有大學八十一間，但其中有些停止。巴黎與波隆，各擁有學生六七千名。牛津由一千五百至三千名，都盧沙爲二千名，其他則較少。許多較晚的大學，當其創立之初，原由早期大學的一種脫離運動，如牛津大學，以英國的教師及學生不滿額俄略九世（Gregory IX）對於總監學的大特許狀而發生糾紛，遂於一二二九年脫離巴黎而往牛津，因而成立大學。其後牛津，亦受同樣的運動而創立劍橋。意大利幾間大學，當第十三世紀時，由學生退出波隆而創立，巴度亞是其著例。來比錫大學，亦由布拉格（此爲日耳曼第一間大學）而產生的。各國雖有民族的與政治的互異，但整個歐洲，大學是流行着一種統一制度；這種制度的基礎，仍爲自由藝。

大學的組織　學生自全歐各地負笈而至，以從名師，因此學生的團體，稱爲「公共講學所」(Studium Generale)。在講學地方的外面，學生們羣聚以聽教師之拉丁語教授。他們每根據其籍貫而自己團結一起，此等組合稱爲「民族」(Nations)。巴黎大學，一二三一年由額俄略九世諭旨，准許自治，但其組織，非常簡陋。其後分爲四個民族：高盧的高尚民族、諾曼地(Normandy)的莊嚴民族、畢卡地(Picardy)的非常忠實民族、與英吉利的非常恆毅民族。每一民族又分爲各省，每一省包含由各地而來的人，例如在布爾格(Bourges)省，其份子爲巴里克人(Berrichon)、西班牙人、意大利人、埃及人、敘利亞人與亞美尼亞人(Armenian)，而在巴黎肄業者。每一民族有其自己的組織，掌管大學存款金庫四條鎖鑰之一，民政或宗教當局，曾准予特權。在波隆大學，其民族比在巴黎者爲多。約自一一五八年起，以百計的學生負笈於波隆者，不只來自意大利，而且遠自阿爾卑山以外。他們因爲離鄉太遠，又無保護，乃團結一起，而採相保互助之道。這異邦的留學生組織，是仿效當時流行於意大利各城市的同業公會爲榜樣，乃爲大學組織的開始。其最初目的，作爲對付市民威脅與虐待的一種保護方法。當時以麕聚此羣新住客及顧客，遂使房租及日用品迅即漲價，莘莘學子，無法抵抗此等弁利之徒，任其剝削。他們乃聯合起來，向波隆城提出交涉，其最厲害的武器，便是不合作，如相迫太甚的時候，他們便離開本城而到鄰近的城市相威脅。大學既無校舍，遷移自易，而且此類移民，已有先例可循。學生團體，要求房租和書籍等，其代表有取決價格之權。對市民交涉獲勝之後，學生又轉而向教授以集體抵制相要脅，淸苦的教授們，原靠學生的學費爲活，故這種要脅是相當有效的。教授受着拘束，要整天在校，如欲離開城鎭，要貯付現金以保證返回。倘若在其正常講授中，上課者不够五人，當作曠課論。如上課時遲到或課本上應講的章節而躐過不講，則處以罰金。爲着審定其講授一科的能力起見，學生並檢驗教師的執照，作爲其合格的證件。此種證件，卽教學的執照，變爲學位的最早形式。文科碩士學位是有教自由藝的資格、法律博士是法律的合格教師。由第十三世紀早期起，波隆的學生併合爲兩個團體：一爲阿爾卑山以南的公司(Universitas Citramontanorum)包含有十七個民族；一爲阿爾卑山以北的公司(Universitas Ultramontanorum)，包含有十八個民族。事實上，學生們仿效同業公會（Guild）而組織，由其團體之稱爲「教授與學生公司」(Universitas Magistrorum et Scholarium)，足以表示出來。拉丁文 Universitas 一字，通常釋作人民的公司或團體，無論理髮匠、木匠、或學生的，在同等的法律或規章之下，處於相同興趣的生活與工作，其字義與學術性的大學，原無什麼關係。但未至第十四世紀，此字義已限於本身只注意於學術的團體而言。由此演變，故團體（Universitas）一詞，爲綜合性大學所專用。至於學生寄宿所（Collegium）一詞，則爲學院或單科大學所特稱。

大學之實際管理權，歸於「民族」，每一「民族」，每年推選一代表，叫做參事（Councilor）或代理人(Procurator)，是保障「民族」的權利，並約束其會員的行爲。未加入此團體的教師們，稱爲教職員會（Faculties)。最初，這 Facultas 一字，原釋作智識，即如法律、醫學、神學與自由藝的各分科而言，但其後是指凡教授智識的專門教師之一群而言。各教職員會，每年選出一個教務長(Dean)，此等教務長與各「民族」的參事，組成一個大學議會(University Council)，每年選出校長(Rector)，爲大學的正式首長。可是，校長只能行使對其所規定的權力。在波隆，學生的大部份是已成年而作專門研究者，校長由一位長期的學生充當，而「民族」仍控制各學生。在巴黎，學生大部份是修習自由藝，年齡較輕，校長則由一位教師充當，「民族」更快喪失其權力。巴黎大學爭得自治最重要的結果，即承認教職員會爲完全合法之機構，自編課程，發給教學執照，頒授學位，及委任其自己的人員。在大學組織中，教會的代表人物爲總監(Chancellor)，但無實權，只頒授學位時露面而已。

大學的特權　由大學最早的正式承認之時期起，許多與教士所享同樣的特權，是由教宗、皇帝、國王、封建主及市政府，授給這種組織或其師生的。在羅馬帝國時期，此等特權原屬教學階級所享有的。其特權如下：一、豁免納稅；二、豁免兵役；三、豁免民事裁判，即大學的人員，凡犯民事與刑事案件者，只由其自己的吏員審訊；四、凡領得學位者，即有在任何地方教學之權。若其錯誤未能立即補救者，則大學可遷校離境。大學的特權，不只屬於教師與學生，而且屬於侍從者乃至實際上大學所雇用的人員。當時就讀大學的學生大量增加，爲着應付此事實，必須有充份的寬容。但其特權的享受，豁免民事裁判，常引起市民與學生之間的衝突，使學生們儼然成爲特殊獨立的團體；且對其流於放任而漫無節制，經過相當時期後，迫使君主出而干涉與限制。而且，屬於學生的許多特權，不僅當其住在大學之時所享有，即使當其赴校及離校之際，亦包括在內。然而學生太過放縱，往往發生流弊，在許多無大志而隨校浪遊的嬉戲學生之中，產生一種習慣，借端亂爲，變爲一種羣相效尤的生活。他們甚至組成一個愚弄會（Mock Guild），常編撰歌曲，以詠唱其所享之放蕩不羈的生活。此輩莘莘學子，生活如此浪漫，故自第十五世紀起，有些城鎮迫不得已乃通過法律，對其實行監督與約束，規則較爲嚴謹。

學生的生涯　中世紀時的人們，每沿用學徒的方法，作正常的造就其職業。侍從者每拜封建的貴冑爲師，學工匠者則拜同業的師傅爲師。因此，當一個十四歲的青年入大學時，亦在一教師指導下在其學生名册中簽名註册，並直接向其繳付學費。學費並不高，貧苦學生或學生並無入學試亦可免費。

但必須熟習拉丁文，年齡亦無限定。在這教師負責的督導下，他開始修習自由藝課程，歷四年至七年之久，以迄於其能充份讀寫及講拉丁語爲止。如其能達到此程度而令教師們滿意者，可成爲學士(Baccalaureate)，卽其開始爲學位的候補生。換句話說，學士原非一個學位，不過爲欲領學位者之一種註册，巴黎大學並規定其年齡至少爲十四歲。在此期中，凡不願教學而只欲領得一學位者，對此甚爲重視。學生的地位是等於「神職的」(Clericus)，故其服裝是根源於神職的服裝而來。早期對於服裝方面大都是規定儉樸，例如，不准穿綠色或紅色的靴子、尖頭鞋子、燈籠褲和燈籠袖子等。學生似很優遊，並無强迫經常上課或在學期之末要參加考試的條例。一個學生如取得學士，在一教師督導下繼續研究，並順次教導年青的學子。但其或在一羣教師指導下研究，通常經四年至七年的時間，以迄其能「辯論」，卽在一羣教師面前公開口試，能答辯其論文。他當時提出論文，以完成其學徒的身份，卽如同業公會之熟練工匠一樣，若答辯成功，卽授以學位，發給特許狀。此乃大學學問之獎格，爲可在任何地方教學的執照。碩士(Master of Arts)、博士(Doctor)及教授，在大學的早期，都是一種職業的頭銜。在二十歲以前，是不能領得碩士的，欲領取教學執照者，論理學爲主要科，學生每日聽講三次，每次爲兩小時。當學生修畢課程，可向總監請求考試，但考試並非强迫，而須宣誓聲明是志願的。碩士的考試是個別的與形式的；博士的考試，以後立卽在大禮拜堂舉行，候補生的親友及莘莘學子，環聚其中。迨公開答辯其論文及格後，乃在盛大儀式中授給其學位。這樣，他准加入教師的同業會，能與所有其他教師在競爭中教學了。碩士除非有充份理由，照例至少應教學兩年，但許多學生，仍繼續升至其他科，亦並未教學。

四科的組織　由中世紀起，大學設有四科，即神學、法律、醫學與自由藝（或文科）。首三科爲高等的，第四科爲其三科的基礎，學生亦比其他各科爲多。通常學生多在十三、四歲入藝科，因此他們雖作爲大學的學生，但其所修習的，即如現時的中學課程。各科的重要性，各大學不同，但以每一大學的管教而言，藝科較爲嚴格的，因學生領得藝科碩士，方能進行較高深的研究。當其領受碩士學位時，宣誓服從藝科的法令。因此，藝科常能控制大學，其教務長爲全校的校長。在藝科之內，各「民族」可控制全部，通常一校長選任，亦由這科所選出與核准的。如巴黎，乃教師的大學，校長則爲其教師；如波隆，學生的大學，校長原爲其學生，任期雖然三個月，但權力很大，以其是代表大學。神學科以巴黎大學爲研究的大中心，修業須經八年，當第十四世紀之初，擴至十四年，如欲領得神學博士者，至少爲三十五歲。神學常稱爲科學之後，而自由藝則稱爲其女僕，第十三世紀時，學生並不多，而法律科與醫學科卻較爲普遍。巴黎於第十三世紀雖曾一度禁止羅馬法的修習，而只注重教會法，但似乎兩者均較普遍的，有些學生則兼習兩者，而可合格的擔當任何種行政的職位。自第四世紀以來，教會有其自己的法律及法庭。且自第十三世紀起，教會成爲一龐大的行政機構，需要精通法律者以辦理之，故凡一個飽受訓練的教會法專家，則有擢進至享有最高聲價的機會。教會法雖常被神學家指爲牟利的科目，但最爲學生所崇尚，羅馬法次之。然而，許多學生並非欲精諳法律的本身，卻志在較低下的而且有利的學習筆錄術（Ars Dictaminis）或公証法（Ars Notaria），這是修辭研究所採的方式。而筆錄術或爲寫信的優美技藝。特別在波隆，此乃最時尚的修習，常以教廷或帝國所發出的公牘爲模範。因此，這種技藝的智識，主要的是用於法律之事而變爲公證法。如精通這種知識則成爲獲利的專業。波隆爲法律科的主要中心，其法學博士的學位，比普通藝科的學位要高一級，在阿爾卑山以北，奧爾連與蒙地比里亞，對於法律的研究，或較巴黎爲重要，但爲波隆的聲音寓所遮蔽。在巴黎，醫學科修習期限爲五年半或六年，其教本爲希臘文或阿拉伯文原本，加連名著爲最具權威的，學生對於最重要的教本，至少聽授詳解三次。第十三世紀時，對於人體解剖實習，並不注重，其智識只靠書本，或由動物尤其由豬的解剖研究而來。在較早的世紀，號稱希婆卡拉地之城的沙拉諾，爲醫學的主要中心，許多教師爲著名的伊斯蘭教學者。當腓特烈二世將其與那不勒斯大學合併之後，扔維持其重要的地位。遲數年，腓特烈頒佈一項法律，管理其西西里王國的醫業。這法律規定，凡學生普通受訓練三年後，必須專習醫藥及外科三年，又須在一位有經驗的醫生指導下實習，及領得研究人體解剖的證書，方能受領執照以獨立的行醫。在阿爾卑山以外，蒙地比里亞爲最著名的醫科學校，但以業醫者有利可圖之故，以其他大學，醫學一科亦非常普遍。

治學的內容與方法　當第十三世紀之初，修習的課程，曾做徹底改組。藝科的課程：文法是宗杜納陀斯與巴立斯安。波愛萃斯的論著，供應修辭（但極少注意）、算術與音樂的教材。是時學生大部份專注論理學，駕凌其他各科，亞里士多德的工具，爲當前的宗師，其權威的地位，殆無可爭辯的。對於文法與修辭，不甚注重。幾何宗歐幾里德，天文則採自托里買。教本與講授，皆用拉丁文，學生間的接觸交際，強迫使用拉丁語言，故拉丁爲普及的語文。數學與哲學所增加的許多教本，是傳自阿拉伯人。第十三世紀時，科學或爲衆尙的科目，通常包括於後四藝的幾何或天文之下，故稱爲數學。此等科目每爲許多教士所蹙額，即使阿栢拉爾，亦稱其爲極邪惡的。第十三世紀之初，亞里斯多德的自然科學論著，在巴黎大學被禁止，但在一二二九年，併入爲自由藝的課程。許多亞里斯多德的科學論著，由第十三世紀中葉起，顯著於西方，一部份由於阿拉伯文的翻譯，一部份從希臘文原本的翻譯。至其倫理學、政治學、物理學與形而上學，在教學上亦佔重要的地位。神學科，爲大部份藝科學生以後所升進，此時其課程，除聖經外，大部份是教授彼得的意見集與聖多馬士的神學集成（Summa Theologiae）。法律科，其課程分爲兩部份：一爲民法，另一爲教會法。前者以猶斯丁尼安（Justinian）的彙編（Digest）及民法大全（Corpus Juris Civilis）爲認可的教本；後者則採用格拉細安（Gratian）的教會法（Decretum，約一一四年撰）及其傳註。教會法包括三部份，即傳教職務、教會的行政及儀禮與聖禮等。但民法在巴黎大學於一二一九年後被禁止。醫學科，希臘的希婆卡拉地與加連的論著、亞威宸納的醫典，以及阿拉伯人、猶太人與沙拉諾人醫士的論著，作爲專修的主要教本。所有專門學校所認可的教本，常附有許多評註。學生對於最重要的教本，至少聽授三次。關於書籍，許多學生自備一部聖經，及至少其中一部份的，有些則租用，故書籍未有相當的供應。而且有些書籍，售價非常昂貴，有時由牛津前往巴黎聽名師的講授，用費反較購一部書爲少。由於每一部書抄寫的困難，而本文準確尤其重要，因此大學設置管理員及採購員，按期視察城內出售的書籍，以便採購。在波隆，規定凡教師如有複本的與爭論的書，應交與書店出售，故經常供應新書。

巴黎大學並無校舍，多在藁街拉丁區租用會堂（Halls）講學；此等會堂，並無座椅，亦無長櫈，每以藁鋪地，以備學生踞地聽講，故稱其街爲藁街。大學教學之目的，是傳授題材的智識及其辯論的能力。惟以書本的缺乏，故用講授的方法以傳授題材，而通常採取口授筆錄的方式。講授分爲兩種：

一爲經常的，一爲特殊的或臨時的。特殊的性質是混合的，方法是自由的，以補充正課，學生可隨意去聽授。通常教學方法，教師將本文誦讀一二句，然後對其意義作詳細解釋，所有資料必須記憶，許多學生對一科聽講兩三次，始領會其要旨。除非富有的學生有力購買羊皮紙做筆錄，否則只憑記憶其講授。辯論的訓練，藉形式爭論而傳授，在爭論中，一個或一羣學生是互相駁詰，結果便產生敏銳而慧巧的辯論者；但其問題，與每一科無可思疑的權威之區區教本的修習，是否能發展自由的與深刻的思想而已。除哲學與神學外，其他法律、醫學、文法、數學，對於講授與辯論，是正常的自由。經院哲學的方法，即中世紀大學講習的方法，其效果在上節已經討論過了。

中世紀大學的影響　經院哲學的影響，乃中世紀大學主要影響之一，以經院哲學即寓於其中。且由於各大學成立之結果，並有其他的大影響。由全歐各方而來的青年，聚首一堂，潛移默化，便消除其民族的偏見，迨至他們學成歸國，即爲傳播容忍的及學術的精神之媒介。而且，大學象徵着駕凌野蠻力量之思想最高權。間接上，它對教育有一種最普遍的影響。當各地極感需要教師時，則遣回大批飽受訓練之士，以爲供應，並督促低級學校改良其功課，以應其畢業生之可以升進大學者。早期大學之自治性組織，准許其討論許多問題——如政治的與神學的——之自由，能使其對於教會與國家所爭論的問題，常作一公斷者。至對於政治的影響，法蘭西、英格蘭與蘇格蘭的議會，每以大學爲楷模。事實上，大學的意見，常爲教會與國家統治者所最顧忌的。故英王亨利八世，請教於各大學；而關於教義的爭論，巴黎大學爲其裁定的。在中世紀後期，巴黎大學無疑爲歐洲支配教育的機關，故當時諺語說：「意大利人有教宗，日耳曼人有帝國，法蘭西人有大學」，此可見大學地位的重要了。

大學對於修士，亦有影響。當第十一、十二世紀時，本篤式修道院及其附屬的修院學校，日以衰微。遲一世紀，意大利的聖芳濟(St. Francis of Assisi，一一八二年生）創立其灰袍修士宗派（一二一二年），而西班牙的聖多明我(St. Dominic de Guzman，一一七零年生)，又創立其黑袍修士宗派一二一七年)。前者原爲苦行修士而後變爲宣敎師，後者原爲宣敎師而後變爲苦行修士。兩派大體上相同，組織亦無大差異，皆有一首領，直接聽命於敎宗，但多明我派感化領主，而芳濟派則感化平民。然而此兩派爲托鉢僧，而非普通僧侶，他們處於人跡塵囂之區，而非遯隱於修道院，世界卽爲其修道院，故方式上與本篤派的修士不同，每不從事於精神的修養，專與各級人民互相往還，勇敢吃苦，出爲人民服務，辦理慈善工作，而爲福音的傳道，並且由於作虔誠的與刻苦的示範，喚醒篤信中的靈性。多明我派世稱爲布道僧(Preaching Friars)，故多研究神學，爲答辯異端的準備。芳濟派每懷疑學問，專注於向大衆傳道工作，且每較多明我派中人爲能淸貧自守。然就大體而論，兩派修士，類皆收受他人所布施的財產，並以學者貢獻於當時的大學。兩派亦互相影響，例如布道僧由芳濟派取法其絕對貧窮的觀念，而芳濟派亦不同意由多明我派之完全統制學術，於是在巴黎亦取得神學的敎席。事實上，此等宗派起初爲傳道會，乃以前各會所未曾有，但由其傳布與示範，將基督敎敎義與理想傳布於人民，成功非常迅速。初爲其自己之傳道計，繼又爲着其聽衆計，遂終致側重於敎育。爲求在各階級中展開其工作起見，他們卽覺得與新設立之大學有成爲結合之需要。多明我派側重學術，其信徒特別在大學的市鎭活動，寖假伸其勢力於大學之內。他們注意高等學問的訓練，尤其欲指示大學及其他敎育機關的政策，因此在意大利的多明我派總機關在波隆，法蘭西則在巴黎，而蒙地比里亞、都盧沙及牛津等大學，神學多由其控制。一二五二至一二五七年間，巴黎大學教授常與托鉢僧發生爭執，從而罷教，但多明我修士繼續授課，並吸引學生，教宗亦對其支持，且鼓勵其勿懈工作，罷教卒告失敗。事實上，多明我派在巴黎神學科已取得若干講席之權，自巴黎成爲領導的大學，使其受各處的承認。至於芳濟派，許多修士亦爲博學之士，一二三零年首先在巴黎大學設立教堂，在學術上幾與多明我派一樣的活動。統言之，於第十三世紀末之前，此兩派已控制高等教育。當時所有偉大的經院哲學之士，殆皆爲此兩派的修士——大亞爾伯與其偉大的弟子多馬士，爲多明我派；羅傑倍根(Roger Bacon，約一二一四至一二九四年)、斯各特斯與奧坎的韋廉，則爲芳濟派。羅傑倍根且反對亞里斯多德，認爲即使其是最智慧的人，不過爲智識之樹而已，而此樹尚未生枝，亦未產果。求眞的方法，以用實物試驗爲愈，假使達成我的意願，我必盡焚亞里斯多德的著作，以其研究，不只徒費光陰，而且產生謬誤及益增其愚昧的。此肇近世自然科學的始基。此兩派最初聯合而努力，第十五世紀，他們發生競爭，有時指控，斥爲教導異端的邪說，而引起爭論。要言之，多明我派是奉正統學說的衞士，而芳濟派則爲哲學與神學新運動的創始者，皆與大學有密切的關係。

第七節　同業公會學校 (Guild school)

後期中世紀對文化與教育的重要影響，是由商業的增進而產生。自羅馬帝國時期以降，外國貿易雖受蠻族侵略而造成損害，但由於貴族常需奢侈品，及教會在其教儀中必需之物，故並未中止。且由於十字軍時期需求船舶與運輸，與其後欲由東方求取寶石、蠶絲、香水、藥品、香料與瓷器，對於商業的活動，給與大推進。因此歐洲各國間的交通，使更爲容易，從而開闢商業新路線與新領域，增加地理的智識，發展航行，組成航海的與貿易的事業，擴大製造與工業，增加通貨，改良掛帳的方式，資本的與銀行的組織因而興起。凡此轉變，趨向於較大智識的眼光。這種工業的復興，其最重要的結果，是城市的興起與增長。意大利與高盧的舊羅馬市鎮復活，範圍與財富立即增加，由於製造、工藝與商業發達，新城市便沿領主城堡與修道院附近而突興。此等城市的人民反對其領主的統治，如非將其全體驅逐，則由其獲得一特許狀，授給寬大的權利與特權。第十三世紀，爲市鎮居民的黃金時代，貴族與教士或受苦，但此中等階級由於歐洲新經濟組織而受惠。商業與製造發展，市鎮的居民增多。商業活動開始表現新方式，市鎮增厚的財富，影響於其政治上的重要性。中等階級的態度與信仰，因其財富與政治的力量，變爲重要。他們的行爲影響其他階級，故由第十三世紀之末起，歐洲文化，帶有中等階級的性質。

同業公會的組織　由於西歐市鎮與城市的發達，商人與工匠在數量上及重要性上增加，因之有同業公會的組織。每一同業公會，各有其規章、財庫、旗幟及領袖，並有守護神。最早的同業公會，爲巴黎的製燭業公會，其規章於一零六一年訂立。而最有力之同業公會，則爲森河航商公會。同業公會可分爲兩類：一爲商人公會；一爲工匠公會。前者首先出現，而盛於第十二至第十四世紀，特別在英格蘭，其會員住在同一市鎮，包括經營買賣的商人及發售其產品的工匠商。這會通常統制其市鎮的零售商業，而有向外商徵稅之權。後者是製造家、工匠及熟練工人的組合，最盛於第十四至十五世紀，實際上又分爲兩類，卽熟練工人的與店主的組織，前者似今日的工會，後者似今日的商業團體。

由於同業公會的產生，遂需求工業訓練的一種新方式，以促進手工業的利益。這種由同業公會早期發展非正式類型的教育，其後經同業公會學校而成爲較正式的。在這種制度之下，一個人化費三年至十年以學習其手藝，首先爲學徒，並無工薪，數量亦有限制；其次爲職工；最高級則爲師傅。此種古代的學徒制度，繼續存在，比騎士教育爲久，在教育上是非常重要的。教育是由同業公會經過學徒制度而供應。這種制度的教育，側重於職業的訓練，其主要目的，是培養學徒實際參與商業與工業的活動。其中有製餅、理髮、屠宰、木匠、織布、金銀匠、製鞋、織工、梳羊毛、製革匠及其他等同業公會。

同業公會學校　此等組織，定有規章，對其會員約束，保障其自己的職業、公平的價格及優良的工作，而控制手藝與商業。他們的活動，並包括社會的與宗教的實踐。同業公會常舉行會議，並設有宴會，然後舉行宗教儀式及參加其同業者逝世的喪禮，慰問其寡婦孤兒。奠立這同業公會制度的原則，即在同市鎮或團體中，凡操同業者，爲着互助及促進共同利益而結合。但這種同業公會並非像現代工會一樣，專以約束雇主與雇員間的關係。他們不過爲兄弟關係的志願組織，對其會員的保障與協助而組合。有些商人與工匠的同業公會，常資助一教士，替其已故的會員祈禱，有時混合其職務，並兼教導會員的子弟。這種學校稱爲同業公會學校，其性質爲初級的，課程包括讀寫（土語）初階、算術、商業智識及宗教。有些並供應中等的教學，大部份課程爲土語，但拉丁文課程及其他高等的科目，亦有供應。有些同業公會學校，如在倫敦的商人泰羅（Merchant Taylor's），視爲中等學校，授以拉丁文課程。

市民學校　將在中世紀之末，另一種學校成爲顯著的爲小教堂學校(ChantrySchool)，由於富裕商人資助一小禮拜堂及一二教士，供應其唱詠彌撒，爲求喪葬時替死者舉行奠祭的儀式，但舉行奠祭所佔的時間不甚多，於是對此等教士，常付託其他的職務，特別是請其維持一文法學校，所收的都是附近的貧童，免費敎導。這些學校，大部份限於英格蘭，約在宗教改革時期，共有三百間，但自一五四七年命令封閉各小禮拜堂之後，這種學校也隨而消滅了。由於同業公會逐漸與市鎮合併，在市鎮內各種學校是常聯合的，因此同業公會學校是普遍的歸併於市民學校（Burgher School）。由於教會的與私立的寫算學校，未能切當地適時的需求，故有土語的市民學校之設，確定以通俗的實用的教學爲目的。學校雖仍由教士掌教，但其大部份由公共當局的管理與維持。它們是代表商人與工匠階級的利益，其課程側重土語與算術，認爲算術並非一種自由藝，不過爲有用的工具。當中世紀後期，此類學校在各地突興，當時仍由教士教學與視導，教會亦竭力爭取其控制，但各城市對於教會的控制，常不同意，於是俗人敎師的數量，逐漸增加。此一趨向，爲鋪上宗教改革時實行教育通俗化的大道。

第九章　文藝復興（一）

第一節　文藝復興的肇端

當十字軍歷七次東征（一零九七至一二七零年），飛芻輓粟，給養配備，和人力運輸，不絕於途，遂强有力的刺激起干諾亞（Genoa）及威尼斯等自由城市的發達。戰士留駐於耶路撒冷時，發覺東方人民，不僅樸實勤勞，而且安居樂業，衣食享受既優於歐洲人，即智識亦比他們的爲高，漸啓向慕之心。自與東方文明的接觸，便引起輸入東方產品的要求，貿易因而勃興，歐洲自由城市的商業與製造業，受着激盪，城市或市民階級——商人、銀行家、同業會的領袖——供應此新經濟的需要者，介於貴族、教士與農奴之間，成爲「第三者的地位」。此種新階級的需求與理想，自與原來中世紀的階級有別，而趨向一種生活上新作風之路。擴展的商業，亟求征服及開闢新世界。迨馬哥孛羅（Marco Polo）及其他訪得通印度的新路，哥倫布及其後繼者發現美洲的新大陸，仍繼續尋求通東方較短的路線，商業領域既然擴大，遂改變貿易的經營。自由城市只限於狹小範圍之內者，未能充份適應此新商業問題，在貿易的範圍上變爲國家的。加以市民階級的興起，促成各强有力的城邦合併爲一中央政府，王權亦因而增强。這種情勢，爲西歐各國興起的顯著因素之一，而爲教育新觀念與實施的先驅。在力量上與影響上，「商業大王」開始代替「教會大主教」了。因此，十字軍、自由城市的富庶、市民階級的興起、工商業與銀行的擴張、工業上同業會與學徒制度增加重要性、民族主義的茁壯精神、國家的語言與文學之發展——在現世事情的興趣中所有這些因素，便代替中世紀基督教文化的精神境界與來世了。

文藝復興（Renaissance）的根基是建立於轉變的經濟與社會情況之中。但文藝復興的理由與意義，則基於研究智識的新精神；這種新精神，是逐漸損壞修院生活與經院哲學的結構，正像新工業與新商業之破壞封建制度一樣。經院哲學拘束思想，好作遁辭，智識陷於停滯之中，但其曾奠下對智識進步的基礎。這使學子領會分析思想的合宜，及供給其思想的程序，此雖首先僅用於證明教義的，其後變爲方法，經院哲學本身由是被科學的研討所破壞並取而代之。在中世紀創立的大學，開始刺激對智識成就的一種欲望。由於法律科與醫科的興起以補充神學科，產生更多的智識自由，對於那些桎梏思想與壓抑研討的制度，深致不滿。伊斯蘭的學問，經西班牙益爲逐漸的影響於歐洲，已鋪上由希臘文化基地拜占庭傳入經學名家的作品及新人文學者的教師之大道。

貫注於歐洲人生活中許多實際事情，有助於智識的進步。紙由阿拉伯人傳入；印刷術業已發明，以翻印經學的稿本——此等稿本由早期人文學者發現而傳入歐洲。用印刷機所印之巨帙，當以一四五六年古騰堡（Johannes Gutenberg）所印之聖經爲最早；越年，有名之馬因斯（Mayence）聖詩篇出版。此對「新學問」的推廣，給與很大的動力。版本的增多，終使其書價減低至五分之一，前此求過於供，莘莘學子所不易購得的。躭志古代稿本的狂熱瀰漫於全歐，由修道院與城堡中遍搜遺簡，立即翻印。結果，大城市紛紛興建圖書館，羅馬的梵蒂岡（Vatican）之著名圖書館，是其一例。印刷術發明之結果，書籍無間新舊，每版以千册計，立即傳佈於各級社會，於是不只教士與學者暢曉科學論著與聖書，而世俗之士，亦諳文學與神學，且其研究至爲熱心，於是有世俗文學與世俗神學的發生，前者爲文藝復興，後者爲宗教改革。而且，此種對學術設備的增加，自然令到對已承認的權威，作比較的研究及歷史的批評，終使思想全部控制中所承認的教義，被徹底破壞了。

探險家與科學發現者的工作，使探查與研究的精神，爲之敏銳。麥哲倫（Magellan）向西航行以尋覓東方，對爭論已證明地球是圓形而非平坦的。當時，哥白尼（Copernicus）亦證明宇宙的中心乃太陽而非地球。自指南針、凸凹鏡、火藥等發明以來，世界文明一變。這樣，生活與理想之陳舊的協調，即舊教義的權威，在懷疑派要求具體證明以代替玄學的抽象觀念之壓力下而讓步了。

至於教會的本身，在其安定的意義言，淪於衰退，權力亦日削，自然的，個人對教會將失其信心，馴至對教會控制力量之反抗。人們對於教堂的教義，減低興趣，而對現世生活却較爲注意。換句話說，人們的注意，由神性轉而至人性，故對生活的享受，愛美與好奇，欲知更多的人類之社會關係，及其實際的慾望、目的與責任，與時俱增。在活動方面，重視藝術、文學、科學與商業的各式各樣，使生活豐富與愉快，而不理其靈魂之良善與否的問題。

統括上述的要端來說，由經院哲學所啓發的思想方法、大學的推廣、伊斯蘭學術的傳入、書籍的供應、探險與科學發現的尋獲、教會的退化，凡此皆有助以啓發智識的自由及個人的人格，使造成西歐之智識的、藝術的、道德的及精神的復活，培育其現代文化的誕生。中世紀的人，覺得個人不甚重要，缺乏自信，對過去既無印象，對未來亦無觀念者，立即讓與稟抱着現代精神的人——有自信、有力量的感覺、欣賞生活、深悟其與歷史的過去有聯繫、及了解未來創造的偉大之人。這是轉變時期的大事，尤其在第十三、十四世紀，產生這種變化。人們迅卽淸楚的體驗到這種情操，他們開始研究引致察覺有一茫然罔知而應詳審之偉大歷史的過去。當達到這地步時，西歐已準備學術的復興了。這種運動肇端的時期，雖難劃定，但一般認爲約由一四五三年君士坦丁陷落之際，爲其趨勢的開始。

第二節　人文主義教育的本質

文藝復興，是第十四、十五世紀一種學術與教育的運動，由意大利肇其端，——始以羅馬文學爲模範，繼以希臘文學爲典型，熱誠的回復古典，使古代希臘與拉丁文學之復活。故新教育的內容，僅包含語言與希臘羅馬的經典文學，卽古文之學，在這時期，以人文主義（Humanism）來表示之。人文主義一詞，西塞祿曾善爲解釋，謂羅馬官吏應以人道（Humanitas）待遇希臘人；又認爲人性的（Humani），乃對文化有適當修養而曾受過教化者。這種文化是稱爲人性（Humanitas），而與當時流行的教育之神性（Divinities），大異其趣。根據拉丁文的字義，等於現時的人文主義。

人文主義的本質，乃一種個人主義，以反抗智識及生活的社會方面之權威，擺脫中世紀宗教與哲學的束縛，注意於人類生活事情的興趣，對現世持以愉快的自信的態度，而與迷溺於來世生活相反，使其現實生活更爲有用的及快樂爲目的。希臘與羅馬的文學，注意生活之道，誠爲了解此種運動之唯一方法，故汲汲謀經學精神的復活。當其伊始，人文主義屬於宗教的較科學的爲多，推演其道德力量，寧由感情方面而不在智識方面。人文學者，充滿追求過去智慧的熱誠，從事古代典籍的研究，琢玉淘金，發現過去歷史文化的偉大，由嚮往而圖恢復，心目中認爲只有從希臘及拉丁語文中，才能得到文化。他們對於古代的生活，深印同情的態度。可是，人文主義分爲南北兩派：南派方面，意大利的人文主義，由訴諸審美的感情表示其特性，志在鼓勵個人的發展及個性的表現。其第一個目的，在恢復自由教育的理想，——即由希臘人創之而由羅馬人如西塞祿、昆體良等述之的理想。這種自由教育，是求思想、體格與道德的諧和發展，以適應於自由人。第二個基本目的，是重新重視個性，恢復古雅典人所注意個別的超卓與個人的自覺。北派方面，阿爾卑山外的人文主義之教育目的，社會的較個人的爲重，而與意大利人文主義稍異。其重點不在主觀的與審美的結果，而在客觀的與道德的結果，教育並非特別志在達致個人的康樂，而求社會的改革與人類關係的改善。此兩派——個人的人文主義與社會的人文主義——所趨的方向雖然不同，但皆以古代學術作爲完成此種新目的之手段，因而熱心於經典文學爲其特性。因此，人文學者向希臘與拉丁語文中實行對自由的追求，教學方法，乃從論理學或辯證法一基礎，轉而至文法與修辭一基礎，中世紀最重視的論理學被推翻了，忽略已久的修辭，由於專注古代經學的體裁與內容之硏究，恢復羅馬時期所享有的重要性。在教育上素握權威來說，亞里斯多德被抑低，西塞祿却享有最高的地位。初期廣義的人文主義，其後流於狹隘而形式化的。由第十六世紀中葉起，這種狹隘的人文主義是具有特殊的優勢。在其最狹隘的形式中，這種傾向稱爲西塞祿學派（Ciceronianism），人文學者的思想，僅爲西塞祿的演講術論著之回聲而已。他們特別注重希臘與羅馬的經學作家，尤其西塞祿的文體與實際辭句的結構，刻意揣摩，而非在其思想與內容，故教育亦變爲狹隘的與形式的。

一般來說，人文主義的教育，主要的在訓練貴族的及富裕階級的青年，教會志在啓廸學者與教士，爲其敎會將來的領袖；統治者志在訓練其王室的紳士與學者；中等階級，則志在兼陶冶此兩方面。初時，意大利學者將古代希臘羅馬世界的豐富遺產，予以復興、重建、了解及利用於教育之上，興起了現代的中等教育。北歐學者，再進一步將其作精密的組織，使經學融化爲教學的內容，創出中學制度的典型。故文藝復興運動，對於教育上之重要影響，卽奠定了大學以下新教育的基礎，使中等教育之性質與目的兩方面，完全變更，溯其淵源，實自此一運動開始。

第三節　意大利的文藝復興

基於地理的關係，十字軍對意大利各獨立的城邦，裨益之大，並沒有其他國家的享受可比。由於十字軍與工商業附帶發展的結果，增進其富庶與聲望。當英國法國間有百年戰爭（一三三七至一四五三年），而德國內部小邦的紛擾，獨意大利北部諸城，如佛羅稜斯、威尼斯與米蘭，及其他諸城，於第十四、十五以迄第十六世紀的中葉，莫不景況隆盛，文物燦然，爲西歐經濟上文化上的樞紐。第十四世紀初年的意大利，可分爲三部份：南方有那不勒斯王國，中部有敎宗的領土，在敎宗領土的西北，則爲城邦林立之區，卽學術復興的中心，諸城邦文學美術之進步，有異尋常，其中尤以佛羅稜斯人民觀念最富、天性最慧、眼光最銳、最機警、最精密，故在文學上、美術上、哲學上及科學上處於領袖的地位。每一意大利人嘗對祖國的燦爛文化、國家的文明和民族的創造力，深感榮耀，形諸興奮，激發其愛國的精神，成爲人文主義敎育之推動力量。且意大利爲希臘羅馬文化的故土，意大利人對這種文化的傳統，比任何其他歐洲人爲更努力的保存，因是，他們奮發愛國的熱情，以恢復其過去文化的遺傳，造成學問的再生。然而這種文藝復興，實未產生於大學之內，而大學對此運動，亦無貢獻。當其開始時，只由一小羣具有現代精神及愛國心的普通意大利人所倡導，另外有若干聰明而愛國的商人、銀行家及王公等，每從經濟上支援，並得教宗的同情。佛羅稜斯的邁底克家族（Medici Family），與米蘭的威斯康蒂家族（Visconti Family），特別慷慨資助，使佛羅稜斯大學沿着人文主義的途徑而重建起來。加以當時政治力量之助，使北意大利的各城邦，成爲著名的古典學術中心。自是以後，追求希臘羅馬時期學問的狂熱，風靡整個社會。當時流行着對希臘型生活的最大傾慕，對於經典文學的潛修，與對美感追求的愉悅，乃意大利文藝復興的特性。然而最重要的，是個別的及個人的事情。凡專心研究經典文學者，乃求滿足個人的志趣，而非在其社會作可能較好的改良。因此，這是一種貴族政治的運動。而且，這種運動，經過幾個階段。早期的階段，以反抗傳統及權威，在各方面以側重個人主義爲顯著。由於學者的數量，隨新學問而俱增，爲着教學的緣故，逐漸變爲有組織的。然而，不幸組織愈益泥於形式的，却剝奪其生氣，以迄第十六世紀起，退化而流爲一種狹隘的教育方法，稱爲西塞祿學派。

當第十四世紀中葉，西歐的思想、風尚、書籍、建築、圖畫等，實發生一重大的變化，這仍稱爲文藝復興，欲明其性質，最好研究第十四世紀時兩大名家的著作。所謂兩大名家者，即但丁（Dante 一二六四至一三二一年）與佩他拉克（Francesco Petrarca，一三零四至一三七四年）；尊崇古代作家的熱心，始於但丁，至佩他拉克而益著。西歐學者之完全脫離中世紀的學問，與使人賞識希臘羅馬的文學，當推佩他拉克爲第一。故世人多稱佩他拉克爲第一位現代學者及文學家。他是意大利文藝復興的偉大人物，亦爲經典的人文學者的先驅，與早期文藝復興精神最具體的表現。他且很大膽的攻擊傳統，譏諷經院哲學派的道學，目中世紀的大學爲「愚昧的巢窟」。佩他拉克最愛好及精熟當時尚存西塞祿的所有著作，主要的是修辭論著的殘斷原文，並相信拉丁文學比希臘的更爲優越。對於新學問的進展，他表現着四種影響：第一、在廣大的旅行中，專志蒐集古代拉丁文作家的稿本，抄寫並廣爲分發。第二、常與意大利學者書札往還，討論學問，敦勸友輩對新學問的愛好，頗爲成功，即意大利以外的名士，亦復魚雁頻通，時相切磋。第三、他撰有許多拉丁文著作，——包括其「致名人的書札」，即對古代名家如荷馬、惠吉爾、及西塞祿的陳述——在當時，此類著作雖迅被替代了，但仍有一大效果。最後，於其對經院哲學派及神父們的著作譴責中，他並對宗師亞里斯多德以最後一重大的打擊，他說：「我深信，他在其畢生中是錯誤的」！故以西塞祿代替亞里斯多德。他又以土語所撰的短詩，在現代文學史中亦佔一地位。受佩他拉克所激動的青年人文學者與文學家爲薄伽邱（Giovanni Boccaccio，一三一三至一三七五年）與加斯巴里諾（Gasparino da Barzizza，一三七零至一四三一年），而佩他拉克與薄伽邱或可稱爲早期意大利人文主義教育家的典型。薄伽邱專從事於蒐集及修正稿本，尤其希臘文的，大有助於人文主義；他淹通希臘文，爲第一位西方學者能讀荷馬原本的。自佩他拉克卒後百年間，意大利人專修經典文學者，有如對宗教的狂熱，風靡一時。

希臘遺傳的恢復　佩他拉克與其大部份同時的人，皆不諳希臘語文，但至第十四世紀之末，希臘學者始洎意大利以設教。其中最偉大者爲克拉索羅拉斯（Manuel Chrysoloras，一三五零至一四一五年）。當一三九三年，他奉拜占庭皇帝之命，遄抵威尼斯求援，以抵抗土耳其人的入侵。其後，他復回意大利，佛羅稜斯大學聘爲希臘文教授（一三九七至一四零零年），嗣在北意大利各大城市中講學，並且，翻譯若干希臘的作家，又編有一部希臘文法稱爲問答(Erotemata)的，爲在意大利的標準教本。其弟子中有尼古羅(Niccolo de Niccoli，一三六四至一四三七年)、布魯尼(Leonardo Bruni，一三六九至一四四四年）及加亞里諾（Guarino da Verona，一三七四至一四六零年）等，皆爲有名的學者，將希臘語文與文學的智識，竭力以傳播於西歐。另一位重要的希臘人，爲雅典的地美特魯(Demetrius Chalcondyles，一四二四至一五一一年），一四四七年行抵意大利，一四五零年在秘魯基亞(Perngia)任希臘文教授，一四六三年轉往巴度亞掌教，其後任米蘭、佛羅稜斯等地的教授。在君士坦丁陷落以前，並有許多博學的希臘人，逃抵意大利；及其既陷，逃難而至意大利者仍踵相接，皆挾學問與典籍而來。另一方面，希臘學術與希臘的藝編，亦由留學生所帶回。歐里斯巴(Aurispa)者，西西里人，留學君士坦丁，習希臘文，一四二二年返回意大利，携有稿本二百三十八部。梅施爾(Messer Filelfo)，巴度亞人，留學君士坦丁凡七年，一四二七年携有稿本四十部而歸。當時意大利學者，追求希臘學問與墳典的狂熱，與中國高僧之赴天竺者相類似。迦薩(Theodorus Gaza)者，原爲地沙羅尼加(Thessalonica)城的希臘人，學問淹博，於土耳其人佔領該城（一四三零年）以前逃出，其後抵菲拉臘(Ferrara)，充當這裏大學首任希臘文教授。他從事許多翻譯，並編有一部非常流行的希臘文法。一四五一年，他在羅馬任哲學教授。希臘文化的遺產，經過此等學者的傳遞，便源源輸入意大利了。

宮院學校（Court school） 學校之以宮院（Court）稱者，以其由意大利各城邦統治的王公所創設，並加以維持，而與其宮院有關，因以得名。此等獨裁的統治者，以當時覇主紛興，政治力量逐漸喪失，乃欲收攬人心，使其城邦爲人文薈萃之地，遂搜集稿本，建立圖書館，對學者及藝術家的資助，並且設立學校。又以原有的學校與大學，爲最强有力以反對新學問者，故新型學校是必需的。此等著名的宮院學校，遍設於佛羅稜斯、威尼斯、巴度亞、威魯納及其他城市，貴族、銀行界及商人，紛遣子弟入學，初時志在訓練此輩青年，從事於政治的與社會的生活。學生自九或十歲入學，至二十或二十一歲離校，教授與大學同樣多或更多的課程，並使學生徹底了解，融會貫通，結果，遂演進爲大學準備之中等學校。女子不入學，只在家由家庭教師教導。最著名的兩校，一爲在曼陀亞(Mantua)，由威托里諾(Vittorino da Feltre，一三七八至一四四六年）主持（一四二三至一四四六年）的；一爲在非拉臘，由加亞里諾（Guarino da Verona，一三七四至一四六零年）主持（一四二九至一四六零年）的。

威托里諾　威托里諾爲是時最著名學者之一，完全皈依新學問。他主持曼陀亞的學校，其目的使學生盡可能是愉快的與活動的，故稱爲愉樂院(La Casa Giocosa)，遊戲與競賽配合於學習，並養成美感，尤要者，特別側重道德的與基督教的影響。其方法是根據昆體良的演講原理之規制而辦的，邀約其朋友及鄰里的子弟，乃至貧苦的兒童，進其學校肄業。這種學校的組織，受着雅典理想的很大影響。他非常贊同栢拉圖所主張的健身運動，故對於體格訓練，如游泳、劍術、拳擊、騎術與跳舞，極爲注意，甚至風度、舉止與聲調，也特別重視。威托里諾乃一虔誠的基督教徒，故學校受着强力的道德與宗教的影響，學生必須進禮拜堂祈禱，每月懺悔一次，並須按時禁食，注意宗教的修養。教學的課程，以文學佔優勢，極注意於早年期拉丁與希臘的文法之學習，並注意於由修辭所成就的演講、作文及體裁的文雅，對於西塞祿、惠吉爾、奧維德、賀拉西、荷馬、地摩斯他尼斯，以及其他標準的拉丁與希臘作家的文學，用功揣摩與記憶。算術、幾何、天文及少許音樂，亦修習的。故其課程，除論理學外，實爲全部自由七藝。他企圖規復全面發展之經學理想，並注意於體格訓練與基督教的倫理道德，是以教育的目的，是「確保心思、軀體與本性之諧和發展」。陶冶的類型，包括人文主義、俠士之風與基督教。其學旨雖然爲人文主義型，但本質與精神，仍爲基督教的。威托里諾在其工作中實現了教育上若干重要原則。對個人的訓練，使適應於其特別的需要與能力，因此引起學習的興趣，學生的生活，盡可能是愉快的與活動的，而消除當時所流行之不適當的訓練。威托里諾在當時有一深刻的影響。惟自其歿後，這種狹隘而形式的訓練之西塞祿學派，才受抑制的。

其他著名人文學者　此外，其他著名的人文學者，略舉如下：一、古洛邱（Coluccio Salutati，一三三一至一四零六年），乃一位意大利的人文學者，並爲早期基督教文藝復興的代表。二、威格留斯（Petrus Paulus Vergerius，一三四九至一四二八年），爲克拉索羅拉斯的弟子，在巴度亞充當修辭與論理學的教授，撰有論高尚性格與自由學問（De Ingenuis Moribus et Studiis Liberalibus）一書，爲最有影響的名著，傳誦凡一百五十年。其教育要旨，側重兒童期之宗教與道德的訓練，性格的陶冶，主張自由學術，並下以定義說：「是對自由人有價值的；我們靠那些學問可達致而實踐道德與智慧；教育所奮勉者，乃訓練及發展軀體上及心思上使人們高尚的最高天賦，而對其適當的判斷，在品位上僅次於德性吧」。自由學問的科目爲歷史、道德哲學、雄辯術，繼之以文學（文法與文學）、論理學、修辭、詩詞、音樂、算術、幾何、天文及自然研究，而以醫藥、法律與神學的專門訓練殿其後、三。亞爾伯地(Leone Battista Alberti，一四零四至一四七二年)，對於教育的目的，規定其義爲天賦能力的改善，由於訓練，及在家庭內責任與關係的一種高度準則之供應而認識，並由學藝與文學的修習而增進。教育的理想，乃爲着公民、學者、朝臣、演講家、王侯及都督而作準備的陶冶。四、巴爾美里(Matteo Palmieri，一四零六至一四七五年)，乃亞爾伯地的摯友，撰有喪失公民的生活(Della Vita Civile)一書，仿效昆體良的演講原理理論，列靑年訓練態度的理想公民之意見。其教育計劃，在寫作之前，先求有淸楚流利的講話習慣。文字應該認識，隨而土語方易於誦讀。其次，音樂與歌唱，對於發音及正確拼音中一種講話聲音的訓練，很有價値；兩者效用，藉韻律而作心理訓練，及作爲有關個人康健的體格訓練。第三、算術與幾何，像實用技藝一樣作爲一種理性的訓練。他並無企圖强迫空洞的精熟古代語言，以爲講話的方音。因此，拉丁文法要迨至十七歲才開始學習。修辭不僅作爲拉丁文的訓練，並且作爲對於研討及培養土語體裁之一種重要工具。五、畢古羅明尼(Aeneus sylvius Piccolomini，一四零五至一四六四年)，後爲教宗庇護二世(Pius II)，撰有兒童教育論(De Liberorum Educatione)，以人文主義立場論兒童的教育。此書是參考昆體良與僞布魯托克(Pseudo-plutarch)，以及基督教神父如聖巴西略與聖吉羅莫的名著，擷取其綱要，而提出一種十分完全的計劃。其新教育的要旨，認爲凡其興趣注意於實際生活的人，「天賦的能力需藉方法的訓練與經驗而發展；品性、訓練及實踐——似爲全部教育的三要素」。身心必須平衡發展。在修習方面，哲學與文學，是同等重要，但哲學乃全藝之母。他並撰有許多詩詞、小說、喜劇、演詞與書牘，皆宗經典的體裁。

第十章　文藝復興（二）

第四節　北歐的文藝復興

在意大利方面，經典學問的復興，不僅造成一種狹隘的、摹仿的西塞祿學派之拉丁文化，並且帶着一種異端懷疑派的色彩。北歐方面，在條頓的穩定民族性之下，很久未能達到意大利文化的水準，但有一種將新文化利用於道德和社會方面的趨勢。

北歐各國人文主義的展布與性質　殆至第十五世紀之末，文藝復興運動，大部份限於意大利。在北歐各國，由這世紀的中葉起，零星的人文學者，在各地出現。但由於印刷術的輸進，給與人文學者保存經典學問及擴大其影響範圍的新方法。這種技藝，約一四五零年在日耳曼發明，遲十五年由富斯特（Johann Fust）的弟子傳入意大利，當這世紀之末以前，而遍傳於法蘭西、瑞士、荷蘭、西班牙、英格蘭及十餘個不甚重要的國家。一四七二年，惠吉爾集的第一版，已在佛羅稜斯印成，自此集出版後，所有典籍的翻印，是迅速而繼續進行。因是之故，學問的復興，及獨立與批評的新精神，實不只限於一國。文藝復興與經典學問遂逾越阿爾卑山，開闢其大道，首先傳入法蘭西，然後傳入條頓民族的國家、英格蘭及其他各國。最初，人文學者浪遊於北方，未幾，其他的學者由重學術的當局廣爲延攬；後來，北歐各國的學生，羣趨於意大利以受業。以迄第十五世紀之末，在意大利半島以外的人文學者，變爲非常衆多。當第十六世紀時，這種運動，厥後在意大利漸失其活力；而在北歐却達其鼎盛，直至這世紀之最末，並未陷於形式主義。

然而，在北歐的文藝復興與人文主義，其本質及主旨，與在意大利者大異。意大利人由於愛國心的激發，推進文藝復興的運動；日耳曼人除愛國心之外，並加上宗教的狂熱，激發了對新人文主義的研究。故北歐的人民尤其日耳曼族，比諸燦爛多姿的與活潑的意大利人，自然較重於宗教的。由是之故，文藝復興不甚求個人的發展、自覺與個別的成就，而較為注意於一種社會的與道德的色彩。實在偉大的意大利教育家，認為人文的訓練應求勻稱的發展與社會的效率，但大部分為着個人的幸福與盛名。因此，北歐的人文主義之主要目的變為社會上道德的與宗教的改革，不甚注意於教育上體格的、智識的與審美的因素。經過希臘文的復活，北歐的，尤其日耳曼的與英格蘭的學者，欲擺脫傳教的教義與傳統，從原本來修習新約全書，回復基督教的本質。對於舊約全書也是一樣，因而引起注意希伯來文的興趣。因此，在北歐大部份人民，對聖經的重新研究變為人文主義的特色，與經典的評價同樣重要，實際上所定宗教改革而形成較純粹宗教的與神學的觀念，乃文藝復興一種必然的成就。故北歐人文主義比儲在意大利的為廣博的與精密的。

共同生活兄弟會　當文藝復興在意大利進行之際，一種具有極重要意義的教育運動，正在北方推進中。一三七六年，格魯特（Geert Groot，一三四零至一三八四年）在荷蘭的地溫達（Deventer），結合具有宗教熱誠的及社會意識的人們，創設共同生活兄弟會（Hieronymians）。會員雖然過着同住的團體生活，但沒有宗教的發誓，也沒有受清規所約束，可任意脫離其組織。他們的生活，主要的靠手鈔稿本來維持。他們的目的，是滌除下層階級人民的愚昧，而藉經典的智識，鼓舞他們比諸僅靠體格練習爲高的理想。因此，他們的宗旨，最主要爲宗教的，而其純粹的教育工作，只限於在各學校協助貧苦學者以維持其生活。他們並進行教導落後的學生，俾其由學校功課而獲進益。在這點，由於他們願意以求適應學生的需要，而對原有學校之不適宜的與形式的方法，採取輕視態度，故非常成功的。他們的教學，先重聖經及土語的教授，並教以讀寫唱，及拉丁語的會話。當意大利學術的影響，在高陸各國開始感受時，共同生活兄弟會雖仍保持其道德的與宗教的動機，但他們由人文主義成份的增加，而擴大其課程。他們篤守基督教的訓練，但加以經典文學及希伯來文。其所供應的教育，一般爲初等的及中等的，大部份包括拉丁文與希臘文，高級的則包括修辭與神學，而共同生活兄弟會常擴大其課程，因此，有些學校包括大學的文科。他們的成功，便引起注意，故常被聘請以主持現有的學校及開設新型的學校。在北方，當文藝復興開始之前，已建立四十五間校舍，遍及於荷蘭、日耳曼各邦，與法蘭西的西北部，在三十年之內，其數量增至三倍。其所創設許多學校，比原有的學校爲著名。共同生活兄弟會在地溫達、楚黎（Zwolle）、來比錫、列日、勞維仁、美克林（Mechlin）、劍巴拉（Cambrai）、及華倫西安茲（Valenciennes）控制著名的學校，並創設孟達古學院（College de Montaigu），而與巴黎大學相聯絡。第十六世紀之末以前，在地溫達入學的學生二千名，在其他十間或十二間共同生活兄弟會學校，約有數百名。這會的會員，經常負笈於意大利，歸國後在其學校教授新學問，例如阿格里可拉（Rudolphus Agricola）對於提倡希臘文與拉丁文的愛好，非常成功；柳克林（Johann Reuchlin）實際上給希伯來文處於第三種古文的地位。共同生活兄弟會的學校，尤其在地溫達的及楚黎的，公認爲智識的愛好及人文主義的中心。且由意大利浪遊而來的學者，挾新學問的壞寶，受共同生活兄弟會所熱烈延納，訓練學生，增進荷蘭與日耳曼大學及學校教師的新學問，使他們的學校便成爲新教育輻射的中心。因此，北歐文藝復興的大道，是由共同生活兄弟會善爲準備。可是，自印刷術的傳入，剝奪了共同生活兄弟會維持生活的主要方法；耶穌會的競爭與第十六世紀宗教的糾紛，遂將其逐出教育的場面了。

第五節　法蘭西的新學問

第十五世紀中葉以前，法蘭西開始握有新學問。由一四五八年起，巴黎大學設有希臘文講席，由額俄略（Gregorio of Tiferno）掌教；遲十二年後，由一斯巴達人名赫莫尼摩（Hermonymus）者繼其教職。當經院哲學時期，法蘭西爲歐洲的智識中心，唯有當人文主義的熱情瀰漫於意大利時，始遜其地位。上面曾經說過，浪遊的學者，由意大利懷抱新學問而至北歐各國，但人文主義運動在法蘭西特別受刺激的，由於法蘭西王沙里八世(Charles Ⅷ)於一四九四年及路易十二世(Louis Ⅻ)於一四九八年先後遠征意大利的結果。其征服的企圖雖然失敗，但他們及其貴族在北意大利的米蘭、佛羅稜斯、羅馬、那不勒斯與新文化接觸，其所遇之經典學術、智識活動、近代文化與個人主義，發生羨慕，而邀請學者隨其返國。其結果，新學問却立即征服法蘭西了。故法蘭西的語言生活與宗教思想，與意大利有密切關係。由第十五世紀之末起，法蘭西的學者與印刷家，竭力推進人文主義的理想，成爲歐洲的先驅。一五二六年，巴黎王家印刷廠建成，以促進學術之介紹工作，圖書館相繼設立，長官使節，亦任命人文學者充當，造成有利的情勢，人文主義更爲發展了。

格茵尼學院　在波爾多（Bordeaux）的格茵尼學院（College de Guyenne）及巴黎的法蘭西學院（College de France），為法蘭西各城市人文主義學校的典型。法蘭西學院原由法蘭西一世（Francis I，一五一五至一五四七年）得布達奧（Bude）之助所創立，設置拉丁文、希臘文、希伯來文、法蘭西文、法律、哲學、數學及醫學等講座。格茵尼學院，由人文主義教育家哥奧化（Gouver）於一五三四年所開設，曾改編為十級，乃一間改革的文法學校，學生藉土語以教授拉丁文的文學與文法，屬於中學的程度，其著名的教師包括哥地亞與威尼特等。根據哥奧化的計劃，特別注意拉丁文的學習，但在課程上，包括其他科目，全十級教授拉丁文與宗教，最後三四個年級則教授希臘文、數學、修辭與演講。並有大學文科（或稱哲學）兩年課程，此乃當威尼特（Elie Vinet，一五五六至一五七零年）任校長時所增編，也是這校最發達的時期。威尼特遺有教學課程概述的大綱，此代表法蘭西文藝復興次一階段，並可比於同時期的梅蘭克吞和史多姆的文科中學或伊頓學校的計劃。其文科的兩年課程：第一年（十六或十七歲），為亞里斯多德論理學（拉丁文譯本）、普菲里的導論、希臘文（繼續授課）、皮西洛（Michael Psellus，一零一八至一零七八年）的數學袖珍（Mathematicorum Breviarium）。第二年（十七或十八歲），亞里斯多德的物理學、宇宙論、及其通常誦讀的科學之書。自然哲學是根據古代的學術而研究，並無觀察的或獨立的思想。希臘文與數學，如上的繼續授課，並加以蒲魯古斯（Proclus）的天球論（De Sphaera）。至於文法與修辭，由第十級（最低級）至第一級講授。文法教本，包括伽圖（Dionysius Cato）的風俗論（Disticha de Moribus）、哥地亞（Matharin Cordier，一四七九至一五六四年）的演詞示範（Exampla Partium Orationis，一部文法手冊）、及達波泰亞(Johannes Despauterius)的拉丁文法。修辭有西塞祿的論演講家、書牘、家札、或對雅典人演詞(Ad Atticum Oratione)等、泰倫斯及哥地亞的會話(Colloguia)、奧維德的變態(Metamor Phoes，一冊)及離憂(Tristia)、伊拉斯莫的能力論(De Copia)、與昆體良的演講原理。

布達奧(Guillaume Budaeus 或 Bude) 或由於大學教學的狹隘與保守，巴黎大學雖設有希臘文講席，但新學問最初遇着頑强的反對。幸而在一位有影響的法蘭西一世庇護下，著名的人文學者與教育家紛紛出現了。其中對於古代經典最勇猛的衛士，首推布達奧（一四六八至一五四零年）。他廣博的誦讀、翻譯及教授希臘文與拉丁文的名家，以九年時間，研究古代羅馬文字的結構。他並撰有論王子的教導(De L Institution du Prince)，乃關於人文主義教育的論著，奉獻於這年青的法蘭西王。這部論著，志在宣傳的與激厲的，而非在啓廸智慧的，內容原屬平凡，但其成就許多經典的訓練。其著作中有一句名言：「每一個人，即使爲王之尊，應專志於語言學」。由是他意指所有自由學問或「人文」，其所以如是稱者，良以人類非此則僅爲一動物而已。他主張這種訓練，唯有靠拉丁文與希臘文始能達成，尤其後者，這是他最熱心的。自撰成此論著後未幾，一五二二年，他受任爲王家圖書館館員。布達奧然後開始熱心的搜集經典的稿本，及協助著名人文主義的伊斯天尼(Estiennes)的印刷所之設立。其後，他得王之助，以完成其一偉大人文主義學問的機關及法蘭西學院之計劃。自其歿後，法蘭西完全注重人文主義的訓練了。

哥地亞(Mathurin Cordier) 另一位熱心於經典學問者爲哥地亞。他在巴黎與波爾多各學院中，備有一成功的教學經驗並展開對人文主義教育的提倡。當其過着恬適的生活時，適舊弟子咯爾文

(Calvin)主持日內瓦的行政事務，應邀前往，在瑞士各改革的學校中，進行編制及教學。在其早期著述中，有一部關於拉丁文的字形變化及章句法的書，稱爲舛誤語言修正的小册（De Corrupti Sermonis Emendatione Libellus），是志在對法蘭西的學校改良拉丁文體裁。在瑞士，他撰有會話四册，以適時的題目對答式討論，訓練兒童純熟的講拉丁語。舛誤語言修正的小册所討論者，以法蘭西語爲媒介教授拉丁文，使同時可學習兩種語言。會話一書，對於當時學校生活，作超卓的描寫，及說明瑞士的學校課程，此可見自其涖臨瑞士後，必已改變其教學的計劃。在這裏，似乎拉丁語殆無教學的傳統方法，爲着提高學術的品格，規定拉丁語應時時講說，這是需要的。會話一書，在第十六世紀後半期爲任何教科書流通之最廣者，曾譯爲英文及其他語文。

第六節　條頓族文藝復興的特性

在條頓族各國中，文藝復興假定爲另一種性質。訴諸美感不及在意大利的注重。此新學問的評價，不僅作爲個人幸福的，及個人自我教育的泉源，而且作爲一種社會改革的工具。因此，不僅古代的異端文學，而且教會神父們的著作，在新教育中均有一地位。爲着道德的與宗教的改革目的而對舊約解釋，繼希臘文之後，尙需希伯來文的智識。在北歐，這種運動比諸南歐具有更多之十字軍性質，以反對所有社會惡魔之母的愚昧。由於教會乃各時期最擁有權力的機構，故對於流行着愚昧、貪婪與腐化，自然受人詬病。側重個別的自由以對抗機構的控制，表示北歐實行文藝復興運動的特性，乃反抗宗教的權威，故文藝復興是宗教改革之母。

早在第十五世紀中葉，巴黎大學爲新學問中心的世代，浪遊的經典學者開始訪問日耳曼各邦的高等教育機關，而留下相當的印象。一四九四年，艾福大學設置詩學與雄辯術的講席；這是包含經典文學的範圍，而在短期之內，這大學已完全改組爲人文主義的基礎。一五一九年，來比錫大學，在喬治大公爵（Great Duke George）統治下，介紹更信雅之亞里斯多德的譯本，以代替舊經院哲學家所有者，並講授西塞祿、昆體良、惠吉爾及希臘的作家的名著。許多其他大學——海德堡、托賓根（Tubingen）、恩古斯德（Ingoldstadt）及維也納，都有同樣的轉變；許多新大學，其基礎亦是人文主義的。例如威丁堡（Wittenberg）早在一五零二年開始，而馬波里（Marburg）、康尼斯堡(konigsberg)及耶拿（Jena），更近於這世紀的中葉而創立。因此，當第十六世紀初期以前，實際上人文主義已盛行於日耳曼各大學了。日耳曼的著名人文主義教育家，分述如下：

韋施爾（Johann Wessel，一四二零至一四八九年）　最初教育家將人文主義傳入共同生活兄弟會學校者爲韋施爾。他首先在楚黎受教育，其後在科倫、巴黎、佛羅稜斯及羅馬專修，並教授經學與希伯來文，然後返回其早期肄業的學校充當導師。他的興趣以教學重於學問，故其篤信謂：「學者以其教學的能力而著名」。因此，他在人文主義教育上有一顯著的影響，並栽培許多著名的弟子。

阿格里可拉(Rudolf Agricola，一四四三至一四八五年）　阿格里可拉，荷蘭人，有「日耳曼的佩脫拉克」之譽，乃一辯證家，曾攻讀於艾福（數學與哲學）、勞維仁(Louvain)、科倫(神學)、巴黎及巴維亞（Pavia）。他遊意大利七年而北歸，初回荷蘭、後遷海德堡、對於希臘與拉丁文學，造詣固然很深，而對法蘭西、德意志、意大利等語文亦精通，故勤於翻譯，所譯者包括琉坎、愛蘇格拉底、僞柏拉圖語錄（Pseudo-Platonic Dialogues）、及巴里細安等名著。亞里斯多德、普林尼、昆體良、及辛尼加的論著，亦爲其所愛好。他撰有論辯證法的選題，替代亞里斯多德的修辭，而爲巴黎大學的教本；又撰有學習法規論（De Formando Studio）一小册，是關於課程的改革，認爲教育的價值，應以古典學者的判斷爲定論，但是學識應當在行爲上結出果子來，應當有一種道德上目標。阿格里可拉對於人文主義所提出的觀念，以爲人類要有哲學，乃全部教育之終極目的。哲學分爲三部份：即品行的藝、自由藝的範圍及發表思想的藝。自由藝的範圍，如歷史、地理、科學、政治、思想、文學、醫學及美術，乃智慧的次一面，唯有在經典作家中可以發現。關於發表思想的藝，即屬於前三藝的範圍；寫作的或講話的，在全部演講中有三個因素：即演講者、選定之題旨及聽講者。因此，所有成功的演講術，必須提示的，演講者所講的易於明瞭，題旨的理由，及聽者之喜悅態度。爲着保證第一種，是文法教授的目的；第二種，事情之釐然解釋，是由論理學以求之；第三種，則由修辭而得。對於初等教育，阿格里可拉竭力主張注意道德的陶冶與土語的修習。柳克林（Johann Reuchlin，一四五五至一五二二年）是阿格里可拉的摯友，有似乎相同的影響，但更注意於希伯來文。他與韋施爾在巴黎及其他人文主義中心修習後，在海德堡、恩古斯德、托賓根等大學教授拉丁、希臘與希伯來文。他編有拉丁字典一部、希臘經典的許多部、及希伯來語文文法與字典的合編。赫格斯（Alexander Hegius，一四三三至一四九八年）任在地溫達的學校校長凡三十年，亦爲阿格里可拉的弟子，雖其年齡較長十歲，仍從他學習希臘文。赫格斯在教本與方法方面，提出許多改革，並撰一論著論希臘語言的效用（De Vtilitate Linguae Graecae）。在其任校長時期，地溫達學校的學生，曾多至二千名，而滿門桃李，育成許多著名的人文學者與教師，包括伊拉斯莫在內，故這校的教學方針，爲各地所取法。

文普菲林(Jakob Wimpfeling，一四五零至一五二八年)　在批評伊拉斯莫之前，必須先論文普菲林，以其是共同生活兄弟會教育較早的人物。他曾在亞爾薩斯(Alsace)的士列斯德 (Schlettstadt)學校受教育，這校是地溫達的支派，而爲培育幾位著名人文學者的產地。文普菲林更在巴西略(Basel)，艾福、及海德堡的人文主義大學再深造，而成爲教授、文科教務長、最後，並在海德堡充當校長兩年。他講授經典作家與聖吉羅莫的著作，並撰有許多部關於教育的論著。其最著名的爲日耳曼青年指南(Isidoneus Germanicus，一四九七年)，這是在北歐人文主義時期第一部教育論文，討論特殊的學校課程與方法，教師的資格，以及較深的教育原則與問題；第二部爲青年(Adolescentia，一五零零年)，由聖經與經典的摘要，以提倡教育之道德的基礎，並企圖分析兒童心智的進度。又有一部日耳曼歷史綱要，(Compendium of German History)，用爲學校的教本，且有相當的影響。文普菲林的人文主義是一種廣寬的而且宗教的類型。當其欲注重內容而不再經典的形式，及提議廣博的對希臘文與拉丁文作家的選擇時，他堅持在其修習中之社會的與道德的目的。他雖爲一眞正改革家，但似伊拉斯莫一樣，從未脫離教會。他對於人文主義與其弟子有很大的影響，且以其聲譽之隆，故常由教育家及統治者要求對他們的學校提供意見。因此，他有時與梅蘭克吞共享日耳曼的大師之譽。

伊拉斯莫(Erasmus，一四六七至一五三六年)　伊拉斯莫，荷蘭人，是北歐文藝復興之具體表現者，及新學問的聖經與經典原理之結合的代表。他在地溫達由共同生活兄弟會接受早期教育，十八歲便與人文主義發生很密切的關係，但其在巴黎、牛津與意大利時，增進對拉丁與希臘文學的智識。其平生許多時間，消磨於英格蘭、法蘭西、日耳曼與意大利的大學中，充當巡迴的學者，且在各地與許多名學者遇，遂享有盛名。他在當時所發生的影響，只有達爾文（Darwin）之在第十九世紀，差堪比擬。在其長時期的學者經歷中，他所施行的影響，是滌除各地的，尤其修道士的愚昧與僞善。然而他認爲改革之實現乃教育運動的結果，主張逐漸開通知識，以和平方法達其目的，而反對路德實行與教會的決裂，謂其主張暴行，則基督教徒均將變爲鹵莽滅裂之人。一五二二年，他退休而隱於巴西略，從事於編著及翻譯的工作，以迄於逝世。

伊拉斯莫乃一西賽祿派學者，及人文主義中一位有很大影響力的教師，亦爲當時最進步的學者。其影響在幾方面施行：一、在大學的教學；二、在其與各地學者廣大的通信；三、在其所撰譯許多的作品。其著作全用拉丁文寫成，可分爲宗教的與教育的兩類。爲着以聖經與神父們的正確知識來供應人們，他發表第一部希臘文的新約，其後譯爲拉丁文，並編纂聖吉羅莫及若干希臘神父的名著。又編纂許多拉丁文經學，如西賽祿、蘇頓紐斯（Suetonius）、蒲勞都斯（Plautus）、辛尼加、泰倫斯等作品，並發表亞里斯多德、歐里畢地（Euripides）、琉坎、普魯托克（Plutarch）、及李班奴（Libianus）等選集的拉丁文譯本。即使其教育的論著，是志在改革的目的，而其一部分則爲諷刺的。他的對話集（Colloquia），爲己興起的新型學校用作教本，包含問答的一部份，諷刺現存社會的惡魔。其愚行的讚美（Encomium Moriae），也是一種諷刺，直接反對流行於修道士之中的腐化習慣。西賽祿主義者的對話（Dialogus Ciceronianus）一書，是另一部諷刺狹隘的人文學者，只知摹仿拉丁文的，譏笑一個西塞祿主義者如果化了整夜工夫撰成一句像西塞祿所寫的話，那就覺得非常榮幸了。然而其全部的教育著作，並非是諷刺的。在其兒童教育論(De Pueris Statim ac Libcraliter Instituendis)、學習方法論 (De Ratione Studii)及兒童的儀容論 (De Civilitate Morum Puerilium)，對於兒童教育，提出堪佩的意見。在兒童教育論一書，認爲兒童的教育，應從很早開始，人類所以不同於低級動物者，原由人類的童年是未成熟的，有受訓練的能力，有未確定的本能。兒童是摹仿性很重的，往往很容易爲縱容或不良的榜樣所敗壞。卽算是低級動物，也需要適當的訓練來補助。教育有三個要素：本性、訓導與練習，三者缺一不可。他相信普及的教育——卽爲貧富男女的教育，並堅持教育的種類，是基於能力，而非由於財富、出生或性別的。教育應從嬰兒開始，兒童應由母親教以康健、習慣、並加以管束，直至六、七歲爲止。讀寫算的初階，及某些相同目的之智識與動物，盡可能以非正式的方法教導之。他提議採用故事、圖畫、遊戲與實物教導，而非僅靠記憶，並由於相信此種訴諸興趣。教師對於學生，應秉慈愛的態度，而不應以恐嚇或惡言來責備，並應富於同情心，「由鞭撻出來的教導，並非一種自由教育」。故政府當局，應盡量聘用適當的人才爲教師。兒童七歲，由父親接管，如不可能，則由家庭教師或日間的學校負責。他完全教以聖經與神父的著作，及經典的人文主義訓練。希臘文與拉丁文作家，應該誦習。初步的兒童訓練，卽注意其體格的、心理的及道德的。

伊拉斯莫認爲智識分爲兩部份：卽眞理的智識與言詞的智識，故眞理的研究，應與言詞的研究一齊進行。言詞的研究，首先產生，但眞理的研究更爲重要的。對於言詞的研究，文法佔着第一位，應以希臘文與拉丁文教導青年，俾養成講話的能力。對於眞理的研究，必須注意於事體的智識。倘若摹仿西塞祿的，自應揣摩其思想與其判斷，而非在其文體。他認爲文化的理想，在傾向上根本是社會的。他領會的宗教與品行的動機，與較好的政治和社會條件有密切的聯繫。欲醫治全世界之黑暗的藥石，是啓廸基督教與古代智慧的結合。唯有對古代的名家作有系統的研究，方能使人類智識精煉而進步。文明團體之有組織生活，不過爲有生存價值的生活。因此，其教育的目的，是一種虔誠、學問、道德與舉止的結果，互相聯繫，而結合以構成社會的效率，換言之，即一種社會的目的。舉凡所有教化，最後的乃喚醒個人及澄滌社會的秩序。經典的語言與文學，顯著的達成此目的。他不喜歡土語，而贊同經學之廣泛修習，以養成其智識、經驗與判斷。於青年的訓練中，他重視個人的誠敬，與基督教信仰及篤行的原理。他認爲基督是至善的榜樣，是基督教徒唯一的教師，而爲所有品性與智慧的至善模範。社會的目的，由個人藉自由訓練的發展，始能達到。伊拉斯莫於其所著新工具（Novum Instrumentum）一書，認爲拉丁希臘與希伯來三種語言之相當的智識，當然爲首要之事，在學問的分科中，他列舉辯證法、修辭、算術、音樂與占星學，僅屬次一等。根據學生對作家的閱讀及發表思想的技藝，故其工具的文法是應教授；爲着內容與體裁，對歷史亦應修習。伊拉斯莫所編迦薩（Theodorus Gaza）的希臘文法，用作一種穩當的有系統處理之模範。又根據杜納陀斯，撰有論多種事件與動詞（De Copia Rerum et Verborum，一五一二年）爲拉丁文造句法的教科書。對於修，認爲西塞祿與德摩士達尼斯最爲超卓，尤其西塞祿的書牘，要特別研究；昆體良爲此藝的大師，李維、沙盧斯特與塔息陀、德摩士達尼斯與愛蘇格拉底，及修辭詩人的琉坎，應視爲作文的模範而誦習。

伊拉斯莫於居留英格蘭五年（一五零九至一五一四年）中，從教育觀點造成其文學生涯最有建樹的部份。他曾在劍橋充當教授，並私家教希臘文，又修正李里（Lily）的基本拉丁文教科書。在意義上，伊拉斯莫完全是一位較廣泛的人文學者，以其相信經學乃自由教育的基礎；自由教育對基督教訓練是一種協助的而非妨礙的。其理想包括「一種共通的語言——拉丁，一個共同的教會，一種學術及永久和平之聯合標準」。最後，他是相信婦女應與男子享受教育均等機會者之一。其對教學的內容與方法，影響於全歐，由各國學者發表著作中，歷長期的反映。

日耳曼的文科中學（Gymnasium）　北歐的文藝復興，有這種程度與影響的一種教育運動，自不免成爲一種制度。事實上，在條頓族各國中，各種學校首先競興，然後變成標準化而爲文科中學。文科中學大多是由舊式禮拜堂學校及高級市民學校而產生，自始卽與王侯學校及共同生活兄弟會學校不同，以其乃由市所控制，而非膳宿學校的。在其他學校中最重要者爲王侯學校(Furstenschulen)，由一五四三年索克遜（Saxony）的摩里澤公爵(Duke Moritz)所創設，在其兩個城市中設立公共的膳宿學校一所，一般目的與課程，摹仿意大利的宮院學校，志在培養教會的與國家的領袖人物。摩里澤隨將此種學校的數量增設，其榜樣遂爲日耳曼其他新教的各邦首長所效法。以其來源之故，通常稱爲王侯學校，但自其基金大部份來自修道院——在新教的各邦已俗化，——故又常稱爲修院學校（Klosterschulen）。此等學校隨與文科中學制度合併，成爲條頓族各國教育組織之最强的核心，迄今依然不變。由此組織，文藝復興運動的精神，受着一大轉變。初期文藝復興，學者們醉心於經典文學，主要的因爲基於其內容的價值與優美。從拉丁與希臘的語文學習，以爲達致此目的之方法。但由於組編學校班級的及在困難中量分題材等級的需要，對於經學的語文方面，太過偏重，此遂賦予學校課程以定型，而對於教育有一種非常妨害的影響。拉丁文字與辭句表、文法、章句法及韻律學，對其錯綜複雜的細心研究，變爲學生首先的負擔。學童年約九歲，進入文科中學時，並無土語文法的智識，而立即投入對外國語的文法修習，而且文法亦用此種外國語所編撰。修習的主要方法，注重記憶，用心學習。由早期人文學者所列舉經學作家的廣泛範圍，文科中學的課程却代之以限於少數的精習。事實上，在有些地方，教育的目的，在求發展個人的能力，對於拉丁語文的讀寫及講說，以西塞祿爲模範。措辭之修正形式的一種精美文體是需要的。由第十六世紀之末起，以亞里斯多德爲宗師及以辯證法爲內容的經院哲學，讓給以西塞祿爲宗師及以語言爲內容而不遜於其狹隘的「經院哲學」。對待兒童的思想當作一個成人看，組織文法基於純邏輯的方法只適應於後者，即不理其學習的興趣而以嚴厲的方法來實施强迫的訓練。此種制度，於第十七及第十八世紀時在新教徒的文科中學與耶穌會學院中，流行於全歐，在教育史上實造成一個暗淡的時期。

史多姆(Johann Sturm，一五零七至一五八九年)　文科中學在許多地方獨立的發展，而以史多姆於一五三七年在斯特拉斯堡(Strassburg)所創之市立拉丁學校者爲代表，稱爲文科中學(Gymnasium)。史多姆在列日受共同生活兄弟會學校的人文訓練，及在勞維仁與巴黎大學研究，並任斯特拉斯堡文科中學校長四十五年(一五三六——一五八二年)。他乃狹隘的人文學者之一，致力於新型學校的課程，使其標準化，更比其他各人爲多。由於他的教科書之發展及在其文科中學對教師訓練的結果，給全日耳曼以一大影響，他的意見，常爲王公及各城市對於制度的組織所徵詢。史多姆規定其學校的理想：「一種聰明與信仰的虔誠應爲我們修習的目的。而且是完全熱心的，然後學生應有別於對科學文化與說話技能之末學者。因此，智識、虔誠及措辭的雄辯，應成爲學問的目的，爲着達致其成就，師生應勤劬的竭力以從事。」故教學所求達成之目的有三：卽虔誠、智識及雄辯。他相信藉教義問答及教條所啓廸而達致虔誠；智識，主要的由於拉丁及若干希臘的文學之精熟而得；雄辯術，卽指容易的優美的對拉丁文講寫的能力，這樣，可用爲對外應酬的媒介。爲求達到這些教育的目的，史多姆採用法蘭西學院的計劃，組編十級（其後縮編爲九級）的文科中學的制度，有修習的固定計劃，每班由一教師專負教學之責。學生六、七歲入學，由第十級（七歲，最低級）至第四級（十二至十三歲），完全授以拉丁、希臘、文學、文法、音樂、演講、文學、尤其西塞祿的。第三級（十四至十五歲）開始授修辭。第二級（十五至十六歲）修辭應由原文修習，開始授論理學及數學初階。第一級（十六至十七歲）論理學與修辭繼續修習並授幾何及天文初階。拉丁語爲教室內通用的語言。入學者幾乎特別專志於拉丁文與希臘文。這些語文的教學，與意大利的宮院學校的大致相似。土語是完全忽視，體格訓練亦然，只有些少遊戲。在課程中，數學與自然科學並無地位，亦無企圖使學校有關於當時社會之需要。直至第十六世紀之末，日耳曼的人文主義，好像在意大利的一樣，變爲形式的與狹隘的。其學校有極大的成功，深刻的影響，不只對當時的教育，而且遺留以後三個世紀之久。他初主持學校的短期間內，學生僅有六百名，至一五七八年則增至數千，包括八個國籍，其中許多爲青年的貴族及王子。史多姆似乎訓練下一代很多領導的教育家，其弟子亦成爲各著名學校的首席教師，並創設許多新學校。而且，由其常對統治者與其他的人通信，及個人的勸導，乃至由其教科書，史多姆所製訂的修習課程，不只對日耳曼，並在意義上對歐洲的其餘地方，變爲模範的。

第七節　英格蘭的文藝復興

這種新學問，北行而進入英格蘭，曾有深刻的轉變。這裏的學問，曾沉溺於經院哲學及靜止的，但由格洛斯特(Gloucester)公爵洪非里(Humphrey)的努力，於第十五世紀之初，復興即告開始。由其吸引、資助與鼓勵人文學者，翻譯經學，及介紹文藝復興的精神。由第十五世紀中葉起，牛津派遣學生訪問意大利各中心，直接受着人文主義的激厲。由於他們訪意的結果，許多稿本、翻譯及經典學者，在英格蘭便大量增加。又希臘文之傳入英格蘭，由葛勞西(William Grocyn，一四四二至一五一九年)、林奈克爾（Thomas Linacre，一四六零至一五二四年)、及拉地美(William Latimer，一四六零至一五四五年）三人，約於一四八八年，前往佛羅稜斯專修希臘語文；迨其歸國，挈回經典的學問，以發展牛津的希臘學術；又帶回其他著名的學者，例如伊拉斯莫，爲在劍橋第一位希臘文教授。亨利八世的朝廷，由摩爾(Thomas More，一四七八至一五三五年及武爾息 (Cardinal Wolsey)所强有力支持而接受此種運動，故人文主義的影響，因以推廣百通。

威化斯(Juan Luis de Vives，一四九二至一五四零年） 威化斯生於西班牙的華連西亞（Valencia)，曾在勞維仁大學教授亞里斯多德的哲學，而與伊拉斯莫結爲莫逆。後應武爾息之邀，赴英格蘭。在牛津大學講授經學，對牛津各計劃中，曾力謀使該大學在文學上之領導地位。其最著名之宗教性著作，爲對奧加斯定的天主之城傳注（一五二一至一五二二年）與僞辯證家(Pseudo-Dialecticos，一五一九年撰，乃對巴黎大學研究與方法的批評）兩書，為其主要的哲學著作。拉丁語練習談（Colloquies Linguae Latin Exercitatio，一五三八年），輯集兒童生活的正常經驗所編成，為初學拉丁文者之用。但其作為一教育家的經驗與教學智慧的寶庫，則為學問的遺傳論（De Tradendis Disciplinis，十二冊，一五三一年），這與烏高（Hugo of St. Victor）的教授法論（Didascalicon），頗相類似，仍堅持宗教與經學，為教育的主要內容。課程的編排，其次序為語言（此名詞用作關於文法）、論理學、物理學、形而上學、辯證法創造者、修辭與數學。拉丁文用土語教授，普及的語言最為需要的。威化斯根據發拉(Lorenzo Valla，一四一五至一四六五年，撰有論拉丁語的優美（De Elegantia Linguae Latinae，為將拉丁語修習置於科學基礎之上的第一人）的觀點，堅持文法應把中世紀的觀念及字彙放棄，故於論學問的遺傳首先七冊，闡論文法不應踵武經院哲學家煩瑣態度的舊套，而必須當作文學的研究。修辭，主要的為西塞祿及惠吉爾，注意其與語言相聯繫，但精通西塞祿的修辭者，並非對其作卑屈的摹仿或直接的抄襲，而在深究其精神。辯證法與修辭，寧視為藝的工具而非藝的本身，其由自然傳授者較由教師為佳。他亦常推崇亞里斯多德與昆體良。在牛津大學時，威化斯著有關於修辭的簡論，並將愛蘇格拉底的亞里奧巴吉地(Areopagitica)及尼可古（Nicocle）兩篇演詞，由希臘文譯為拉丁文。論理學方面，對其學說，並無增益，只認為此科是對青年的訓練。但批評辯證家之忽視栢拉圖、西塞祿、辛尼加、普林尼、吉羅莫、與盎博羅西（Ambrose）等作家。並嘲笑中世紀通常對新舊論理學的區分，認為最無理由，顯然以昧於歷史的事實之故，蓋中世紀人們首先僅有古論理學的類敘、範疇及解釋，而前後分析及論題，則稍後始傳入，乃所謂新論理學而已。至於算術、幾何、天文與音樂，此有限度的智識，無需增多，逾此範圍，或有危險的，且譴責巴黎大學之數學，並未照古代規例所定者而教授。至於其他科目，如歷史地理皆以現代的精神來論述。

威化斯認爲家庭教育，在人生中是最重要的。在其教育計劃中包括女子教育，訓練家政、烹飪、紡績與照料疾病。基督教的婦女應注意德性訓練，留心於古代及當世有修養婦人之高尚的榜樣。對於治學，主張歸納法的採用，比倍根預早提出五十年，因此，他求觀察與研究能力的啓發。尊重學生個別的能力及堅持其自己活動。學生不須强迫學習，凡在學校不願學習者，誠恐徒費時間，遣其回家。在其方法中，摹仿的理論是經常援引及採用。教師應商議以設計學生的作業。他鼓勵體育及注意健康，尤其要者，竭力由宗教的與道德的訓練，作堅强基督徒性質的啓發。他雖未有學校的創設，其教育著作，對現代教學有實際的貢獻，在宗教改革時期確保其享有最先教育家的地位。

艾利亞特（Thomas Elyot，一四零九至一五四六年）　艾利亞特約於一五三一年發表其著名的教育論著稱爲統治者（The Governour）一書，志在教導政治家，重述意大利人文學者的思想，較是時任何其他英人的著作爲充實。他認爲經典是對於治國之才最優良的訓練，乃提倡希臘學問，並將普魯托克及愛蘇格拉底的名著，譯爲英文；並發表「使人聰慧之智識」一種問答式小册。其後未幾，他進行一種拉丁文與英文字典之準備。他浸漬於栢拉圖、亞里斯多德、西塞祿、昆體良、與普魯托克的智識。其課程定爲希臘文、拉丁文、修辭、論理學、幾何、天文、音樂、歷史、地理、圖畫、雕刻與體育。艾利亞特認爲兒童的教養，由最早幼年期起，特別關於其品性、護士、導師、教師之選擇。故擬訂教育爲三個階段：第一、幼年的；第二、經典散文的；第三、哲學的。第一階段，兒童先教以拉丁語，於其自己語言之品詞的智識要獲得的，故文法應視爲對作家了解之一種引導。文法的教科書，包括伊索寓言、盧西安（Lucian）的精選語錄（Select Dialogues）、亞里斯托化尼（Aristophanes）的喜劇、及荷馬、惠吉爾、奧維德、西琉斯（Silius）、希西奧度（Hesiodus）與斯特拉波的論著。第二階段的教授，統歸於演講術、歷史與宇宙學的綱領之下。對於演講術的入門教本，爲西塞祿的辯證篇或阿格里可拉的論辯證法的選題（De Inventione Dialectica）。十四歲的學童，應直接向演講家與修辭作家學習，從希臘文的赫摩根尼（Hermogines）或拉丁文的昆體良的演講原理（由第三冊開始），以學習修辭的各部份，尤其關於說服的部份。此類論著，要與西塞祿、愛蘇格拉底、與德摩斯達尼的演講輯集，作爲論理的說明與精選的措辭所誦習的模範。宇宙學包括地理天文；地理的研究，以其對歷史有關係。歷史所研究的，包括李維、芝諾芬（Xenophon）、昆度斯（Quintus）、卡修斯（Curtius）凱撒（Julius Caesar）、沙盧斯特、及塔息陀等的著作。艾利亞特進而提倡遊戲，音樂亦應教授，但不能過度縱情。第三階段，大部份屬於哲學，首先爲亞里斯多德的倫理學（一與二），其次由西塞祿的職責論（De Officiis，即論道德的職責）繼之，然後進至栢拉圖，一人的鑑別力，遂成爲完全的。艾利亞特認爲理想的教師，一爲拉丁語學者，有普遍閱讀拉丁文學的能力；二爲音樂家，能教授音樂及鑑賞詩詞之美；三爲占星學家，能由詩詞及散文中瞭解對於天體的暗示；四爲哲學家，教授道德哲學及訓練良好行爲。此書對於英國教育尤其對於亞斯堪有實際的影響。

亞斯堪（Roger Ascham，一五一五至一五六八年）　亞斯堪爲劍橋的希臘文教授及伊里沙白皇后（Queen Elizabeth）的經師。其論著爲學校教師（The Scholemaster），分爲兩冊，上冊論青年的培養，下冊說明教授拉丁文與希臘文的最好方法，以經學的語文與文學，乃青年教育的工具，故對語文的學習，作最好的指導。亞斯堪的目的，與所有人文學者及所有教育作家的有價值之讀物——品性與智慧之促進的相同。其對教育主旨之分析，表示經學之廣泛智識，其提倡的，與伊拉斯莫及史多姆相似。其著名之拉丁文與英文「雙重翻譯法」，學生規定翻譯一節爲英文，遲一小時後，又將其譯為原文，教師再將其與本文比較。亞斯堪的書，對於學校的訓練或教學方法，實際上並無影響。他認為青年的培養有三特點：宗教的眞理、生活的誠實、及學習的適當。「余與所有優良的學校教師們，均愉快地同意這些特點：學童於學習上要使優良的圓滿；態度上完全誠實；所有缺點要適當的改正；每種惡習，要嚴格的滌除」。達到此種目的之方法是文學及「包含於文學中的生活之批評」。語言的修習，在其要素上是文學的修習，經過其教訓，辨別、與判斷的能力各步驟中來訓練，而判斷乃奠立高深學問的基礎。一般來說，其方法乃屬於穩當的與有理性的一種。在其論著中，訓練是非常重要的部份。他亦考慮科學，如音樂、算術與幾何之研究與應用，但這種科學，有將人類心智消磨過度之虞，而將人類的常性改變，故宜將這種學識緩和些，而注重實際。

寇里特（John Colet，一四六六至一五一九年）　英格蘭最有影響的人文學者之一為寇里特。他在牛津大學受葛勞西及林奈克爾的指導下修習。一五零九年，他基於人文主義的原理，重建聖保祿學校（Cathedral school of St. Paul's），使英格蘭中等學校開始具有新學術之精神。此校為北歐文藝復興最好結果的標準，其課程側重宗教與經學。寇里特曾希望延攬伊拉斯莫爲其首任校長，但伊拉斯莫卻薦李里（William Lily，一四六六至一五二九年）以自代；其後李里編有一部拉丁文法，流行於英格蘭，以迄於第十九世紀。英格蘭有些貴族的私立學校——稱為「公學」(Public Schools)因脫離教會與國家而獨立的——與許多經宗教改革後仍存在的文法學校，以及許多新創建的，均取法於聖保祿學校，先後遵照新古典形式而加以改組。故中等學校以聖保祿為模範。但自第十七世紀起，此等人文主義的學校，比諸日耳曼的文科中學更為狹隘的與形式的，而與實際生活的事情脫節，以迄於一八六四年皇家委員會之調查為止，九間大公學，始加以改組。其中溫徹斯打（Winchester，一三七九年）及伊頓(Eton，一四四零年)的學校，在文藝復興以前所創立。此等學校是視作「前三藝」的學校，即以文法、辯證法與修辭，為首要的教學，準備學生升入在劍橋的國王學院(King's College)，直至改組前，其課程幾完全為古文學與文法，屬於狹隘的人文主義之範圍。

第八節　人文主義對教育的貢獻

統括上面兩章來說，人文主義對教育的貢獻，略舉有如下各點：

一、教育的新理想　人文主義的顯著貢獻之一，是提供教育的一種新理想。西塞祿的理想，學童當作一個聰慧的人性而訓練，因此他在社會擔當有用的責任時變為適合的。在意大利，威托里諾的理想，教育不應限於任何一個階級的兒童，其所收任何家庭的學生。並無階級之分，只求全體同樣的用心。婦女教育與體育是當作義務的。威托里諾相信希臘、拉丁與意大利文學，以及數學、圖畫、音樂，應注意訓練及練習。他並堅持優良態度、側重於性質的訓練及宗教的陶冶。在北歐方面，教育理想有四大要點：虔誠、學問、道德責任及態度，伊拉斯莫力為傳佈，普遍的影響於教育的觀念。他認爲經學乃自由教育與言詞智識的基礎。他提出國家或團體原爲對於成員的服務，爲求此種服務，故兒童必由教育以準備之。此等新教育思想，已付諸實施，並影響於他處。

二、經典文學的翻譯與編纂　人文教育家另一最大貢獻者爲經典文學的翻譯與編纂。這些編譯是用爲教科書。佩他拉克與薄伽邱由歐洲各地搜集希臘文的稿本。克拉索羅拉斯連續翻譯希臘的作家，並編撰一部希臘文法稱爲問答者。其弟子加亞里諾翻譯希臘文學及校正經典的本文。布魯尼（Leonardo Bruni D'Arezzo）並翻譯荷馬、栢拉圖、亞里斯多德、德摩士達尼斯、及普魯托克的論著。在法蘭西，巴修里(Pierre Bersuire)翻譯李維全部著作。在沙里八世朝，許多經學已譯爲法文。布達奧亦譯希臘及拉丁的作家。在日耳曼，阿格里可拉忙於對盧西安、愛蘇格拉底、昆體良、辛尼加、與僞栢拉圖語錄的翻譯。伊拉斯莫曾翻譯及詳註經文，有些是初期基督教領袖的著作，尤其吉羅莫的；他編纂許多拉丁的經典，如西塞祿、盧西安、蘇都紐斯、蒲勞都斯、辛尼加及泰倫斯等。柳克林編成一部拉丁字典及希臘文教本。德普托夫(John Tiptoft)翻譯西塞祿的論友誼（De Amicitia）。林奈克爾翻譯希臘的作家，尤其加連的名著。劍橋的赤基(John Cheke，一五一四至一五五七年）翻譯馬太福音。牛津亦爲經典文學的翻譯中心。特別的，艾利亞特編纂一部英文與拉丁文字典。此等翻譯工作，當時對於教育有非常大的貢獻。

三、學校的組織　關於學校的組織，人文教育家曾致力於中等教育及對歐洲教育的基礎，遺留深刻的影響。在意大利，加亞里諾的教學，分爲三階級：即初等的、文法的與修辭的。但此只摹仿昆體良而採取一新步驟。可是，學校的新組織實際上由北歐人文教育家所創。在日耳曼，地溫達的學校。分爲八年級。由史多姆主持的斯他拉斯堡之著名文科中學，他於一五三八年製訂一組織的計劃，並淸楚的規定目的，完全的組織，注意的分級教授，良好教學深刻的影響於日耳曼許多後來的基礎，並且協助以造成由耶穌會所創的教育制度。在巴西略的學校，亦爲典型的文科中學。在法蘭西，格茵尼學院爲著名的人文教學。學校組織的著名專家哥地亞，曾協助日內瓦新教徒學校的組設，並擬訂格茵尼學院的組織計劃。在英格蘭，學校的一種新組織爲聖保祿學校，由寇里特所重建。這些舊規模如溫徹斯打與伊頓等公學，皆受聖保祿學校的影響；一五一零年後，即使新創設的，殆爲完全新學問的文法學校，亦摹仿聖保祿學校，特別注重文法、優良的拉丁文與希臘文、遊戲、競賽及宗教的精神。

四、教學的新方法　對兒童有興趣的注意及教學上精細的方法，爲人文教育的一種進步。威托里諾的學校，其目的是對學生的生活盡可能使其愉快與活動，故遊戲與競賽配合於學習。沙度里都樞機(Cardinal Sadoleto)對教育的理想，教師必須注意者不只對於較遠大的目的，而且對於訓練較微小的細目。因此，教學乃基於好奇心、專心的能力及對優越的本能。伊拉斯莫對於教學的理想，始於實物教導，優良的教師及適當的學校必須供應的。威化斯爲較多技能的教師，他並爲第一位人文學者對於認識的現象採取經驗上的思索方法。其方法由於觀察及實際智識進度的分析，從事一種思索。當然，他特別側重於與訓練及教學有關之心理學。哥地亞在日內瓦的新教徒學校於分級學校制度中，教學採取精細的方法。此方法根據兒童學習的能力而由各步驟構成。史多姆在文科中學中，想出教學的一種優良方法，因此，他實爲一個典型的精於訓練者。其致教師書中，對於教學會提供一良好的理想。阿斯堪的教學方法乃一種試探的及合理的。訓練在其學校教師的論著中爲最重要的部份。英格蘭人文學者艾利亞特，在兒童訓練中提供三要點：留心注意慧敏的習慣，注意教學的開首階段，及會話的方法。

五、體育　在早期人文主義，確保心思、軀體與本性之諧和發展爲教育的目的，威托里諾專心於體育作爲其學校課程中一種重要的陶冶，這種體育側重於騎術、跳舞、玩球、游泅、劍術及拳擊，以幫助及刺激智力。亞爾巴地（Leone Battista Alberti）堅持康健應與美貌及精巧的才能保持，作爲軀體的頭等部份的工具。威化斯主張早期學校的康健。可是意大利學校的體育，在史多姆的文科中學已減省了。

六、婦女教育　人文主義最有興趣之一乃在婦女的地位。布魯尼極注意於女子教育。在威托里諾的學校中，女童受與男童相同的教育。在北歐，伊拉斯莫於其所訂計劃中包括婦女的教育，婦女應培養其在社會中女兒、妻室及母親的地位。威化斯撰有基督教婦人的教育論（De Institutione Feminae Christianae，一五二三年），爲這世紀最流行的讀物之一。基督教婦人應從品性的實踐來訓練。摩爾亦極贊成婦女教育，其自己的幾位女兒，且爲當時最飽受教育的。

然而，從人文主義教育的結果而論，有些批評，必須承認其眞實。一般人認爲學校教學未能正當的適應於兒童的發展，而超過其應產生一善爲平衡的個性；太過偏重於語言；在經學的修習上，側重於文法與文體；忽略本國的語言；人文主義未能滿意洞察自然科學的效用，因此其訓練的課程只偏於一面；道德教育未能發生效用；文藝復興是表徵於一種過分的個人主義；這世紀最大弱點之一爲人文主義之對宗敎的態度；意大利人文學家在宗敎的崇拜中是傾向於審美的與拘泥形式的，而不在倫理的與精神的；對意大利人文主義的大異議爲大衆教育的缺乏；傳敎士一般的缺乏自由學術；最後，人文主義變爲完全形式化。上述的雖有這些弱點，但人文主義會復興社會，要求更好的敎師，與刺激大衆的思想。由於這種運動之社會的與倫理的目的，遂開闢宗敎改革的大道。日耳曼與英格蘭的人文學者，無論天主敎或新敎派利用學問新工具爲其實際的目的，——爲掃除威脅社會的愚昧與爲求社會的改革。雖然有些反逆的發展，但在第十六世紀之末以前，日耳曼與英格蘭充滿學校網，表達人文主義的文藝復興之理想，供應敎會與國家的領袖。日耳曼的文科中學與英格蘭的公學，爲狹隘的人文主義的類型，在敎育上處於支配的地位，保持至第十九世紀。

第十一章　宗教改革

第一節　新教徒的反叛

第十六世紀中，歐洲史上最重要的事件，爲其西北部的叛離教會而獨立。溯自第十二世紀以來，歐洲人的責難教士，未嘗或息。西歐人的叛離教會，以前曾發生過兩次。第一次爲第十三世紀之初，法國南部異端阿爾比(Albigense)派的叛亂，由北部的蒙福特(Simon de Montfort)伯爵率領十字軍所征服。神聖裁判所(Holy Inquisition)並因而創設，以消滅異端爲事。第二次，當第十五世紀之初，波希米亞(Bohemia)人因受牛津大學教師威克里夫(John Wycliff)攻擊教廷的論調所影響，胡司(Johann Huss，一三六九至一四一五年)宗其說，倡改革運動，蔓延至全國，其後胡司雖以異端之罪而被焚死，門徒亦被制息，但餘燼仍未完全撲滅。當時教會的勢力，瀰漫歐洲的社會，牢不可破。教會握有教育權，書籍類多由教士所編撰，社會的一切活動，要奉行宗教的儀式，教士常爲國君所倚重，社會生活與政治力量，受其控制。可是，歐洲的社會，由於十字軍東征的結果而產生新生活，工商業的勃興，市政府的組織，律師與商人階級的產生，新民族國家的組成，工匠與工人階級的興起，新智識的萌芽，大學組織的展開，與印刷術的發明，凡此力量結合以啓發一種對舊問題的新態度，而準備西歐立即擺脫中世紀久已支配所有行動與思想的環境。教會既未能察覺時代進步的趨向，而由第十五世紀起，粃政多端，教士每爲人詬病。又因支配政治權力與歲入問題，常與國君衝突。第

十四、十五世紀，正爲教會多事之秋，流弊叢結，爲教會本身計，亟需調整與刷新，故迭次大公會議，常有提倡改革，顧組織龐大，積習難返，又限於傳統的拘束，自不易找出實際有效的補救方法，故未成功。在此情形下，遂引起各方面的指摘，尤以深受人文主義之道德的與宗教的改革思想所影響之北歐民族，批評最爲劇烈。水流濕，火就燥，此隱伏着危機，一燃導線，便立卽爆發。

第十六世紀之初，北歐的人文主義，發展到最高峯，由於傳統的、文化的、教育的、與社會事情的反對壓抑性權威，已感覺到，但教會對於教儀與教義，堅持不變，以致阻撓改革，因此其轉變並非逐漸的與和平的，需靠强迫而產生，結果遂發生革命。而且，在意大利以外，紛興的民族情緒，亦產生一種觀感，對於教宗在各國所施行世俗的權力，表示不滿。適教宗良十世（Leo X）籌款建築聖彼得大教堂，一五一七年，遣聖多明我派教士德澤爾（John Tetzel）赴德意志募款，凡對出資助建教堂的信徒，可特別赦罪，而出售贖罪券，引起各方的謗議。教士路德，以此舉跡同買賣，實違反聖經，卽起而攻擊，聲約德澤爾辯論，並將其論贖罪券價值的九十五條，榜於威丁堡大學教堂之門，這是大學的習慣。顯然的，他原無意與教會決裂，但在半月之內，其反叛消息，已傳遍全國，或比其自己心目中認爲更重要的大事。兩年後，他與教宗的使者伊克（John Eck）辯論，否認教宗與大公會議對於決定個人信仰的權力。沙里五世（Charles V）皇帝，在伏姆斯（Worms）召開帝國議會，以解決宗教上的難題，召路德前往參加，俾予以悔過自新的機會。路德不聽，反爲文聲明，謂欲其放棄主張，非有理論上辯證及聖經上根據以證其誤不爲功，公然反抗教會領袖及大公會議，乃議決屏之於法律之外。路德以孑然一教士，其竟敢悍然反抗者，以靠索克遜（Saxony）選侯之庇助，他匿於發忒堡

（Wartburg）的城堡中，並將新約全書由希臘文譯爲德文。是時，路德知和平革命實無希望，其同志始有激烈的舉動，組織騎士同盟，攻擊他拉維（Treves）大主教，但爲諸侯所擊破，開流血之端。教宗初亦隱忍勸解，但卒無效果，而諸侯、城市、甚至各村莊，紛紛對路德支持，引致農民叛亂，路德初則對農民同情，但反對其暴動，繼而支持貴族，要求其剿平此叛逆，農民被殺者十五萬名。各邦亦發生流血的戰爭，騷動多年，學校被毀，學術廢弛，各大學的學生銳減，造成教育上的浩刼。至一五五五年，訂立奧格斯堡（Augsburg）和約，諸侯城市與騎士，得各自由選擇其信奉的宗教，才暫時恢復和平。然自是厥後，歐洲西北部各國，脫離教廷，教派紛起，對教會的體制、儀式與教義，各自取捨。同一基督教，其觀念根本相同，所爭執者唯在習慣，於是有新舊教之別。前者以對第二次斯坡耶（Speyer）大公會議（一五二九年）決議案之簽名抗議，世稱此新教徒爲抗議者(Protestants)；而後者沿用第二世紀以來由教會作家所採希臘文公教（Catholic）之名，或稱爲天主教。

第二節　宗教改革與文藝復興

第十六世紀的宗教改革，初爲一種宗教的及社會的運動，對教育有密切的及重要的影響。宗教改革有異於北歐文藝復興者，僅在其精神與結果。可是，宗教改革對於理性的重視，乃文藝復興態度之延續，而應用於宗教的信仰與篤行。第十五世紀之旨趣是文學的與審美的，及包括經典文學之恢復與評價。第十六世紀之旨趣爲倫理的與神學的，包括批評與復興，而不在評價。此種批評與復興，指示宗教趨向於兩方面：一爲抽象的與神學的；另一爲實際的與道德的。此種運動，始於在教堂內從實際上改革其許多偏差。宗教改革之主要目的，是由經典（Scriptures）個別解釋之宗教的道德主義（Moralism），作爲信仰一種規律之聖經（bible）的權威，即代替教堂的權威。新教徒認爲基督教需要一種進步的解釋。而教育應爲宗教的、公民的與普及的。教育的目的變爲形式的，後來則爲强制的。但在第十六世紀後半期及第十七世紀全期，存有一種新經院哲學——恢復亞里斯多德的學說，一種使基督教成爲再與神學相同的新形式主義。教學的方法變爲嚴格的，訓練更爲認眞的。宗教改革，當然未能確保學術的自由、文化的傳佈及科學的發展，在內容方面，是北歐的文藝復興，趨向於社會的與教會的改革，故爲一種道德的與一種智識的或神學的。文藝復興的課程是偏重於人文，即如中世紀的偏重於宗教與道德一樣。宗教改革的教育家，採取人文主義的課程，雖其用之於目的，與早期人文主義教育家有些不同的。宗教改革家不許理性自由，亦不改革國家，甚至詭稱不願爲宗教上的改革，只欲恢復基督教的原有純潔而已。爲此之故，遂反求於聖經中純正的學說，不可只讀拉丁文譯本的聖經，必須讀希臘文的聖經與希伯來文的舊約，他們返於宗教的古代，正像文藝復興學者返於世俗的古代一樣，因此人文主義的課程，爲兩方面所採用。

路德會說，他僅孵化由伊拉斯莫所產下的蛋，而伊拉斯莫反駁，謂其僅產生一個雌雞的蛋，但路德却孵化一個雄雞。此可表示文藝復興與宗教改革的密切關係。人文主義自始敵視教會的專制，到宗教改革時，便完全造成一種分裂了。文藝復興的領袖，注重生活上個人的地位。他們覺得社會的控制，藉人類制度而實行，對於任何方面個人自由的表示，機會很少。人文學家注重人類的理性，作爲個人在生活上的指導。他們對於凡屬依靠權威者，採取一種批評的態度，對於傳統，亦不甚尊重。宗教改革，對於增加個人固有的價值，完成文藝復興的工作。凡一種制度，像其指導人類生活達一千年之久的教會，而欲避免當時批評的與審究的精神，是不可能的。教會旣擁有很大的財產與權力，在其行政上不免流於濫用。因此，卽使在路德反叛之前，實際上每一人文學者曾堅求教會的改革。且由於人文學者的熱心，由於對新舊約及教會神父們歷來研究的狂熱，是以對於教會的教義與篤行，自難免有疑問了。

宗教改革的原則　因此，所有宗教改革家，皆爲人文學者，路德不過爲其中之最小的罷。在這種新教育之中，宗教是提供其目的，人文主義則爲其內容。其信仰無論有若何分歧，但宗教改革家首先所同意者有兩點：（一）信仰與篤行的準繩是在聖經而非在教會，指導其信仰與生活。（二）每個人自己必須明瞭聖經所說的內容。這種改革、其初衷未能一貫的保持，故希望並未實現。且由於宗派頻增，各立門戶，好像憎惡舊教會一樣，而互相仇視；又由於對社會發生暴行，好像農民的叛亂一樣，其所要求者乃改革講道的結果，推論以確定信仰的道理，變爲愈加否定的。教會的衝突，對於額外的宗教事情，與對於政治、科學、與哲學的問題中，依然繼續，唯有靠理性爲其指導。

產生教育的結果　第十六世紀人們，其主要追求永救的原理，基於聖經的教導，有些自然的教育結果：（一）此等結果之首要者，乃人民之能普遍誦讀聖經。此卽激增好學的大衆，主要的靠聖經以增進其學問。印刷術的發明，猶對人文學者一樣，廣大的促進宗教改革家的動機。但應注意的，在宗教改革之前，所有典籍殆以拉丁文與希臘文印行，自是以後，其大部份則以本土語文付梓。（二）第二種結果爲注意本土語文，翻譯聖經以便傳授於人民。當路德翻譯之前，曾印有其他日耳曼語的聖經譯本，但此等方言，並非普遍的流行。路德的新約譯本，對於文學上的德意志語，定其標準。喀爾文撰基督教的原理（The Institutes of the Christianity），協助法蘭西語散文的標準。唐達利（William Tyndale）的新約，則定英格蘭語的標準。（三）第三種結果爲要求初等學校的推廣，對於誦讀聖經的能力，至少應授與男女童。可是，應無疑問的，日耳曼自宗教改革後的一代，所設之初等學校，不及宗教改革前的一代之善，以其最先需要是訓練宗教的領袖，即注意於拉丁學校。但對初等學校一種新型的及强迫的基礎，自是成爲定制的。

宗教改革，自路德的反叛發難於先，喀爾文則完成教理於後，英格蘭却以政治的動機而脫離教廷，自立教會，實屬叛變性質不足以云改革。茲將事變經過，分述如下各節。

第三節　宗教改革運動的先驅——路德

路德（Martin Luther，一四八三至一五四六年）是日耳曼一個礦工的兒子，他的父親栽培其受良好的教育。年十八，又遣其入艾福大學習法律。二十二歲，他成爲修道士；二十五歲，任威丁堡大學的哲學教授。當其充任這教席的期間，創出爲信仰辯明的理論，認爲一個人不能單靠其善行如懺悔與齋期等而可救贖，唯有篤信天主，方能入道。他由於對奧加斯定的著作與初期基督教的研究，尋出此種結論，並以全力攻擊經院哲學派的神學及亞里斯多德的學說。這是無疑的，路德此種動向，初時原無意與教會決裂，只對其實施作一種抗議，但由於逐次劇烈的行動，又受日耳曼人感情衝動所慫恿，造成僵局，卒之作公開的反叛，而開創其宗教改革之局。

路德的教育工作　路德最初對教育的影響是靠其將聖經譯爲德文、教理問答摘要之發表——一爲兒童的，一爲成年人的，及對聖詩的編撰。此等資料以供應全日耳曼人民，俾其在教堂與家庭內的誦讀，虔誠皈依，而有一斷然的實效。尤其他對教育的影響，乃藉其「代表基督教學校致全日耳曼各城市的市長與市議員書」及「遣子弟入學之義務的講道」。在這兩篇宣告中，發現其明確的意見，主張造成實際進步的論旨。（一）學校是培養良好公民及奉教的人。教育之目的與範圍，不應由宗教與教會支配；學校應由國家供應與管理。世界需要受教育的男女，使男子可適當的治理其國家，女子可適當的養育其兒女，照顧其內務，及處理其家政。爲父母者應受强迫的遣其子女入學，此乃爲着國家的利益及兒童的救贖所必需的。爲着使所有無論貧富男女兒童進於此種初等學校，其編制：兒童每日入學一、二小時，其餘時間則在家，學些手藝及操其所欲做的工作，專心於其生活的實際責任。（二）學校的功課，應以土語進行，除給與綱要之外，應授以聖經及教理問答的直接智識，乃其主要的目的。（三）較聰明的學生，凡願爲教師、宣道家與工匠者，應授以拉丁文、希臘文與希伯來文的人文主義教育，並加以論理學、修辭及當時所需要的數學。他要求歷史、自然科學、音樂與體育，在課程中亦佔有地位，以改良人文學的實施，尤其音樂一科，影響日耳曼的人民很大。（四）教學的方法，事物的智識與明瞭，應當在字句之先。語文學方面，活的語文是很重要，例如教授外國語，重在實習而不在文法，以「印出」的言詞是死的，講出的言詞才是活的。對於青年訓導的方法應採溫和態度，准許兒童的自然活動，不需施以强迫，並採用具體的模型。由於認識適當方法之需要，使其注意討論教師的效用。要言之，路德所主張的教育，乃中世紀的一種，且注入人文的與自由的現代精神，但這種提議，在施行上並未有普遍的實現。

梅蘭克吞（Philip Melanchthon，一四九七至一五六零年）　路德的學旨，主要為宗教的，僅偶然爲教育的。其教育的見解，一部份爲他的弟子尤其梅蘭克吞所實現。梅蘭克吞者，是希伯來學者柳克林的外侄孫，對新學問曾受一顯著的訓練，使其成爲人文主義在日耳曼的代表。其對教育發展的影響如此之大，故一般人稱之爲日耳曼的導師（Praeceptor Germaniae），較路德為更有效的教育家。他由教師的訓練，教科書的編纂，及學校的組織，而將宗教改革的理想，付諸實施。（一）梅蘭克吞在威丁堡爲最孚衆望的教授，其最先簡明而有系統的陳述新教派之神學吸引累百的學子，負笈而至。且在威丁堡大學，設帳凡四十二年，由其影響，此大學沿着人文主義的與新教派的路線而改組，成為日耳曼許多新大學的模範。（二）其高足成爲日耳曼大部份大學與文科中學的教師，傳播其理想於全國；對於教育問題，爲國君及城市所領教者，無人能出其右。（三）其所編撰拉丁文法與希臘文法的教科書，幾爲日耳曼低級學校所普遍採用，其他科目，尤其辯證法、修辭、倫理學、歷史、物理學的教科書，亦有很大的價值。（四）自路德發表其公函後，孟斯菲特（Mansfeld）的伯爵，要求新教徒在路德的本土埃斯黎賓（Eisleben）鎮設立一間小學及中學，以實施其教育的理論。這間學校，由梅蘭克吞所創設，而成爲文科中學的藍本。遲三年，即一五二八年，他被路德的庇護者索克遜選侯（Elector）腓特烈（John Frederick）邀往其邦負責改組學校。他從方式修正，規定索克遜的學校計劃爲一種拉丁學校，在選侯領土內每一市鎮及鄉村均有設立。此種市立學校，後經史多姆及其他學者所修正，實際上展開了文科中學，成爲日耳曼教育制度的核心。索克遜的學校計劃，為歷史上最初的國家學校計劃，但由一五五九年的窩丹堡（Wurtemberg）邦的學校計劃，已大加改良。索克遜的計劃，僅應付中等學校，而窩丹堡的計劃，則供應一種宏富的教育制度，由教授讀、寫、算、聖樂與宗教的土語學校起，經教授經學之六級的拉丁學校，以迄於大學，均包括在內，故較索克遜的計劃為完備的。窩丹堡的計劃，逐漸由日耳曼其他各邦所修正採納。但應牢記的，狹隘的人文主義由史多姆在斯他拉斯堡所慘淡經營之學校，與梅蘭克呑的僅在範圍上不同。梅蘭克呑為北歐的人文主義與新教徒結合之最好的代表。其宗教改革為博學之士所接受的成就，猶如路德之使普通人所接受的一樣；對於日耳曼教育改革的貢獻，正如路德對於宗教改革的貢獻，同樣媲美。

其他著名學者　許多其他學校制度，是由路德的同事與梅蘭克呑的弟子所改組。人文學者布干哈根（Johann Bugenhagen，一四八五至一五五八年），於一五二零年由路德引薦至威丁堡，三年後，充當神學教授。他先前曾在各經典的學校教學，自是以後，在日耳曼北部各邦與各城市進行改組教會。在所有這些地方，採用其普通的「教會章程」（Church Order）以教學，他對學校並有充份的規定。例如，一五二零年，他根據章程在漢堡（Hamburg）組織一間唯一的拉丁學校，設置校長一名，教師七名，並在每一教區，組設男女的德文學校各一間。拉丁學校的課程，教授拉丁文、希臘文、希伯來文、論理學、修辭、數學、教理問答、及唱詠，皆取法於路德的模式。遲八年，布倫茲維克（Brunswick）的教會章程，設置男生的經典學校兩間，土語學校兩間，女生的土語學校四間，皆設在城內，以便學生入學。六年之內，紛設於各城市，一五三七年，這種制度由漢堡傳入丹麥。梅蘭克呑的弟子杜魯眞道夫（Valentin Trotzendorf，一四九零至一五五六年），在西里西亞（Silesia）的古爾堡（Goldberg）將學校作一番極認眞的改革。一五三一年，宗其師的理想，改組學校，而任校長二十五年，使成爲極著名一間人文主義的與宗教的學校。其修習的目的與課程，實際上爲改革家的那一套，此外，他創設學生政府的制度，自選其職員，仿效羅馬共和國的計劃。由於這種組織的產生，在教學上，他求助於級長方法的一類。因此對高級班學生的訓練，使成爲正常的教師，以教導年幼的學生。梅蘭克呑另一弟子內安德（Michael Neander，一五二五至一五九五年），依照改革家的計劃，主持一間拉丁學校，甚爲成功。他經梅蘭克呑的介紹，在哈爾茲（Harz）的伊爾菲特（Ilfeld）充當修院學校的校長二十五年，故有宏富的經驗，以發展這間拉丁學校視爲畢生的事業。他編訂學生由六歲至十八歲所修習的科目，在課程的性質上，他自己所表現者比其他北部的教師較爲自由的與豪胆的。卽使當人文主義達於高峯時，他尙敢質詰何以全部要教授希臘文與拉丁文，而在課程中且增添歷史、地理、科學、音樂，及改良教授文法、修辭與論理學的方法，以表現其眞正的人文主義的精神。他雖無任何助手，編撰教本以應自己的需要，後來印刷三十九部，並準備稿本，再將十四部付梓。這間學校，梅蘭克呑認爲在日耳曼之最傑出者，其栽培的學生，自始卽在教會與國家中佔着最重要的地位。

第四節　宗教改革的實現——喀爾文

同時，瑞士的北部及中部，在茲文利（Ulrich Zwingli，一四八四至一五三一年）倡導下，改革亦開始進行。其改革是直接受北歐人文主義影響的結果，個人的與精神的奮鬬，亦比路德爲多。他幼於路德一歲，生長於農業的小康之家，故能受最完全的教育。他充當教士十二年後，被選爲蘇黎克(Zurich)大禮拜堂的宣道師，改革事業，遂肇其端。一五一九年，開始攻擊教會的教義與習俗，乃至教宗及其特使，故逐漸將教會的傳統或教儀逐一撤消，在五年之間，連彌撒的舉行，卒之放棄，對於聖餐的問題，他比路德的態度更爲徹底，認爲這種聖事，不過爲基督贖罪而死的紀念，也不信基督的降臨。因此，路德不肯認茲文利爲基督教的同道，但因許多人信奉後者的立場，在改革家中遂另樹一幟。茲文利擴大教育的設備，爲其改革計劃的一部份，創設許多人文主義的學校，並將小學傳入瑞士。一五二三年，他以拉丁文發表青年的基督教教育簡論(Brief Treatise On the Christian Education of youth)，翌年卽譯爲瑞士文。在這部論著所提的計劃，茲文利調整關於聖經的一種有系統的課程，因此福音與使徒書的資料是逐漸開發。經學與希伯來文是同樣地提倡，以透發言詞的眞意。同時，他主張造化的研究，以啓示天主的事工及訓誨尊敬與親愛。由其氣質的實際上轉變，他遂提議算術、測量及音樂，並幾乎提出希臘的健身課程，如田徑、跳高、射擊、乃至角力等。茲文利在蘇黎克所力倡的改革，得議會的批准，遂脫離羅馬教廷而獨立，迅卽蔓延至其他城鎮，但受濱陸舍尼(Lucerne)湖的諸州教會之反對，一五三一年，瑞士境內首次發生宗教戰爭，茲文利在卡比耳(Kappel)之役陣亡，但他的後繼者仍在禮拜堂維持其地位。其著作，當改革家第二代喀爾文的較急進運動中被掩蔽與合併了。

喀爾文(Jean Calvin，一五零九至一五六四年)喀爾文是在法蘭西新教徒中於一五三五年受法蘭西一世的迫害而逃亡者。法蘭西的新教開始受北歐人文主義的影響而研究希臘文的新約。由於所得更銳敏洞察的結果，許多傳統的教儀被拒絕，而近似於由「信仰入道」的教義，卽使在路德時期以前，已在那裏傳佈。但在威丁堡的反叛，對喀爾文自然有些影響。這位改革家曾受優良之法律的與神學的教育，自然有一種論理的與法律的堅强思想。因此，他並不以單純攻擊天主教的教義爲滿足，而且亦爲第一位新教徒從事於一種神學的明確制度。當其居巴西略城時，撰著基督教的原理一書，首次出版，風行之廣，爲新教神學著作中第一，且以新教眼光說明基督教的原理，實以此書爲嚆矢。喀爾文在其他教義中，有系統的說明宿命說（Predestination），認爲人世一切皆循天主的意旨而發生，人尚未生，天主卽爲其安排命運，甚至預定其得救或受罰，而人固不能賴其行爲以改變天主之命令的。因此，人唯有尊重天主的旨意，凡受聖恩者才可以獲救。這是其基本的原理。他的信仰是根據聖經的絕對可靠性，而非在教宗與教會，故其禮拜不過讀聖經、講道、祈禱、唱歌數項而已。當他逃離法蘭西後，首先棲遲於巴西略，其後應約前往日內瓦，改革民政及宗教的行政，擬訂一種很詳細的計劃，其中有很多是關於教育的，這是授以完成其學說的絕好機會。他在日內瓦及各處創設學院，並以其方法，從事創設學校及提倡教育，以教育是達到眞理的途徑。他並由巴黎請素負盛名的人文學者而曾爲其師的哥地亞菈臨瑞士，對此等改革的學院負責組織、行政及教學的工作。在其影響下，日內瓦儼然當新教徒的羅馬，由法蘭西、英格蘭、荷蘭及蘇格蘭的流亡之士，紛集於此城市。迨他們歸國時，傳回改革以代替對路德的信仰，以及流行於日內瓦的教育理想。是以路德的影響，不及喀爾文之有關國際性的。他有異於路德者，以其是重推論的，故其組成一種神學的精密制度。其維持學校的目的，使人們適應其在教堂信奉天主或服務於國家。學校分爲兩部份：初級部份稱爲學院（College），高級部份稱爲書院（Academy）。學院共分七級，由第七級（最低級）至第四級，教授法蘭西語、拉丁語、文法、造句法及寫作。教本則採用惠吉爾、西塞祿、奧維德、凱撒及李維的名著。由第三級至第一級，課程包括希臘文、修辭及論理學。修辭則宗亞里斯多德、西塞祿、與德摩士達尼斯的。論理學則由西塞祿的演講詞而解釋。此類學院，在新教徒社會中，遍設於法國。至於書院，在公立學校課程中，每星期共有二十七講，即神學三次，希伯來文八次，在希臘文中，倫理學三次，詩人的演講五次，物理學或數學三次，辯證法或修辭五次。此等學院與日耳曼的人文主義的中等學校相同，將宗教與經學的教學結爲一體。這種制度，是由法蘭西的胡根諾派（Huguenots）及荷蘭所廣泛的摹仿。可是，日內瓦之最大的教育影響，是由諾斯（John Knox）一五零五至一五七二年所傳於蘇格蘭的。因此，喀爾文的教旨，及作爲一種人文的、宗教的與普及的教育，不只傳遍於瑞士、法蘭西的胡根諾派、與日耳曼，並傳往於荷蘭（改革的教會）、英格蘭（清教徒）與蘇格蘭（長老會）。尤其諾斯，創設由教區管理下的免費初等學校，教授讀、寫、宗教，以聖經爲教本，對於蘇格蘭人民智識與道德的水準之啓廸，甚爲成功。

第五節　英格蘭的宗教改革

英格蘭人文學者像摩爾與冠里特，雖會要求教會的改革，但英格蘭的宗教改革，其政治的運動比宗教的運動爲更多。英王亨利八世（Henry VIII，統治期一五零九至一五四七年）爲人，殘忍而專制，爲求子嗣，而棄離其王后加地連（Catherine），欲得教宗准許而離婚。當所求不許時，亨利遂遷怒教宗，謂干涉其內政。一五三三年，亨利說服國會，禁止所有訟案向國外任何當局申訴，故其離婚，王后遂無上訴於教宗的機會。翌年，國會再通過獨尊法案，承認其爲「世上英國教會之最高元首」；又授與其任命教士之權，及享前英國教士與教宗所應獻納之款項。亨利藉口教士懶惰欺詐與腐敗，一五三六年，開始沒收修院的土地與產業，乃至神座肖像，剝取金銀珠飾，刼奪無遺。十年之內，他解散修院六百間、學院九十間，自主的教堂二千三百間、醫院一百間，隨而沒收資產，每年獲得入息十五萬金鎊。此種掠奪之一半，亨利用於海岸防禦及新海軍，其餘的大部份，則賜賞於其寵臣與擁戴者，行爲完全是牟利性質，此款只有極少量用於高等或中等教育，以抵償其所造成對於學校與學院的破壞。質言之，亨利並非眞正新教徒，亦從未採納宗教改革的原理，修院的及小禮拜堂的學校之破壞，而隨之以修院的解散，此乃對英格蘭教育的災禍。其繼承者愛德華六世（Edward VI，一五四七至一五五三年），對於教育的設施，極相類似。是以英格蘭的中小學校，皆爲舊學校，亦未作宗教改革的開始。自中世紀時期已存在的，由大禮拜堂、修院、大學、醫院、同業會、小禮拜堂及獨立的機關所辦之學校，在宗教改革以前其數量比以後的爲多。在亨利八世朝以前，即使極小的市鎮與鄉村，都設有小學校，學童不需遠涉以入文法學校。因此，在宗教改革之末，此寥寥小量的學生，正表示亨利父子的朝代所立法的結果。

文法學校　自中世紀以來三百間的文法學校，基於國會法案的條文之故，有些並未遭受破壞，一般的情緒，每引致其他的重建。自聖保祿學校重建以後，許多文法學校，雖由富裕的慈善家而非靠從修院的掠奪所創設，但已大量增加。當伊里沙白朝（Elizabeth，一五五八至一六零三年），及斯條爾特（Stuart）朝詹士一世（James I，一六〇三至一六二五年）及查理一世（Charles I，一六二五至一六四九年）時期，由於撥給土地與款項，學校的創設，爲數不少。所有此等學校，大多摹仿聖保祿學校的榜樣，設置北歐人文主義經學與宗教訓練的課程。宗教的訓練，當然遵從英格蘭教會的教義。此等學校，對貧富的學生，一視同仁，其理想希望每一教區立卽設有一所，以便供應聰明學生升入大學的準備。

清教徒的教育　教會的行政，雖然有激烈的轉變，但亨利八世未肯脫離舊教義，且欲證明其原爲舊教徒的。他堅持天主教的聖餐禮、私行彌撒、懺悔及教士的獨身生活。愛德華六世與伊里沙白朝，對於新教的教義，雖有很大的推進，但由於修訂教條爲三十九條，成爲英格蘭教（Anglicanism）教義的根據，又修正祈禱書，其教儀保持介於天主教與極端新教立場之間的中庸，逐漸成爲第三者。此等教徒其後稱爲清教徒（Puritans），創立一種教育的類型及組設其自己的學校。所有文法學校由淸教徒的教士所控制，但中等學校並非由教會資助，只授權其組設，教師由主教發給教學執照，教會當局則負視導之責。英格蘭對於中等或初等教育之適當的設置，比其他新教各國，落後歷兩個世紀之久。一部份原因，由於日耳曼已傾向於一種國家教育的制度，而英格蘭則仍遲滯於教會教育的制度。其對抗宗教改革所衝擊的學校，及繼續創設以迄於內戰時始終止其運動的新型學校，仍保持舊式行政機構，採取狹隘的人文主義課程，並以英格蘭教代替天主教的信仰。此等學校，性質上完全爲宗教的，實現新教派的原理。中等學校則將宗教的與經學的訓練，合爲一體，與北歐人文主義的教育相同。

第六節　新教學校的形式主義

形式主義，始自表示人文主義學校的特性，繼而宗教改革使益形顯著。基督教變爲再與神學相同。只對教義的承諾而不在處世之道，乃一個人的宗教之證明。靑年期對信仰的諄諄教誨，是教育的首要任務。除拉丁文法外，又增授敎理問答，不啻爲對幼弱無能的學童，加上一種刑具。對教理問答以及福音與使徒書大部份的記憶，好像對經學大部份精熟一樣的需要。當時發生一種傾向，對語言與宗教的眞實宗旨忽略，而重視此等科目作爲訓練的資料，並非因其內容的價値。因此，此等學問在其本身一般的變爲一種目的，而將其生機與强度殆完全剝奪。學校的課程在性質上變爲固定的與刻版的。教育流於形式主義，比中世紀的經院哲學派稍遜一籌而已。其後人文主義的訓練，教學的方法，更嚴格的，側重於記憶與論理的活動，學習的內容，竟斷然的脫離實際的生活。因此，當新教徒徒有其名的與傳統決絕及依賴理性作爲指導，課程的與方法的秉承這種觀念，勢必傾向於側重權威的重要與個人的抑制。學校的管理與教學，雖其權力現由新教徒代替了天主教，但一般的仍握在教士之手。通常第十七世紀新教學校好像昏暗之地，兒童時期每視爲畏途的。

第十二章　反宗教改革

第一節　特稜特大公會議

路德及其他宗教家反叛以前不久，教會中人曾提出種種改良教會而不變教義與組織的計劃，而教會本身曾致力改良，亦頗著進步；路德反叛以後，風靡北歐，因局勢所迫，促成了教會內部加緊改進的冀圖，而以召開特稜特大公會議(Council of Trent，一五四五至一五六三年)，進行達至最高峯。這次會議的精神是反抗的，其目的在求研究革除流弊的方法，解決數百年來神學家持論各異的教旨、維持固有的教義、聖經以吉羅莫的拉丁語聖經譯本（Vulgate）爲標準、編訂禁書的書目、明定其他種種的教條、提高紀律，並完全排斥異端的主張，尤其堅拒所有新教徒的主義。大公會議之結果，訂編成特稜特大公會議之法律及議案（The Canons and Decrees of the Council of Trent），乃一部教義之完全正確說明書，奠定了羅馬天主教法律與原理的新基礎。自這次會議以後，天主教努力從事以摧破新教徒的異端，及規復已失的基礎。其結果遂引起新舊教徒間互相迫害，從而產生許多宗教戰爭；此等戰爭，初則發生於一國之內，繼而傾向於國際性的。凡法蘭西、荷蘭、英格蘭、蘇格蘭，以至西班牙等國，內戰與叛亂頻興。最後，釀成三十年戰爭（一六一八至一六四八年）。丹麥、瑞典、法蘭西、西班牙及德意志，都捲入漩渦，干戈相尋，攻掠屠殺，馴至德意志廬舍爲墟，文教蕩然，由是歐洲的進步，倒退了一百年！文藝復興的任務，爲一種消除流行的愚昧之重要教育運動。宗教改革的領袖靠教育爲促進其目的之主要工具。天主教在其返老還童的從事中，亦決定採取相同的方法，因而傳教會（Teaching Order）紛紛興起，其中最重要者爲耶穌會。

第二節　耶穌會的組織

耶穌會（Societas Jesu）創立者易格納細阿（Ignatius Loyola，一四九一至一五五六年），乃西班牙羅約拉（Loyola）城堡的貴族。幼年時充當騎士，一五二一年，在被法軍所圍攻旁普羅納（Pamplona）的戰役中受重傷。當他在其父親的城堡治愈休養中，讀聖人傳以消遣，遂激起其皈依於宗教的生活。他決定充當基督的一名士卒，身披乞丐之衣，赴耶路撒冷行謁聖之禮，既至其地，遭受種種貧苦與迫害；忽悟欲有成就，非受教育不爲功。乃急返西班牙，年雖已有三十三歲，消磨十一年時間肄業於文法學校與大學，厥後在巴黎大學領得碩士學位（一五三五年）。當其在巴黎進修時，盡力運動同學與其同赴聖地，相約如不得成行，則專心爲教宗服務。至一五三四年，得同志六人，行抵威尼斯，適東方有與土耳其人戰爭之事，遂改變其遠遊聖地傳道的計劃。後得教宗的允許，講道於附近諸城市中，說明聖經中的眞理，以慰藉醫院中的病人，並擬訂一種規程，組成一新的教派，從事於改宗異端及對抗新教的。一五四零年，他偕兩位同志，逕赴羅馬，獲得教宗批准其組織，在准諭上並說明這種組織應有的目標：「在善良的生活和宗教的智識中促進靈魂的進步；公開宣講以傳播基督的信仰；精神的鍛鍊；慈善的工作；特別對於教會中的青年和無知的人應施以教育」。這組織定名爲耶穌會。

當喀爾文於一五三四年撰著其基督教的原理時，易格納細阿設耶穌會士（Jesuits）的制度；及喀爾文在日內瓦組織學院及書院時，易格納細阿在羅馬亦設立相同的學校，以訓練學生，遙遙相對。耶穌會士訓練之目的，是培養一種「基督教之士與基督教的學者」。宗教改革的原則，是對個人的提高；耶穌會士的原則，乃對其抑制。宗教改革，在事實上雖非忠於原則，但至少聲明從制度的支配中解放個人；而耶穌會士則要求其完全服從制度的控制。易格納細阿曾當過騎士，故其組成之會，是根據軍事的編制。會中最高首領爲一將軍，由全會中所選舉，他是第一任將軍，駐在羅馬，任期是終身職，賦有無限的權力，常以軍法部勒其會衆，對權威服從，乃其主要的教義。在這會所推進的各國中，分爲若干省，每一省之首領爲省長，由將軍所委任。每省設一學院，其院長由將軍任命而對省長負責。其由省長任命而對院長負責者，則爲學監與訓練監，督導教學與教師的工作。耶穌會之所以如此强盛者，一則賴有嚴密的組織，再則亦靠其所施行之一種精神訓練法，即一種訓練耶穌士卒，使其信仰服從之方法。凡願充會士者，非在耶穌會教堂或學院默念兩年，曾經歷信仰上種種訓練者，不得入會。而且會士須以絕對清貧與篤信爲主，其謙恭之德，應現於詞色，以感動他人發服務於天主的宏願，此種熱誠和完全犧牲的精神，使其成爲天主教反抗新教派的主力軍。在實行上，這會的任務，是保護教會對抗教會的敵人。而且這會得歷代教宗授給許多特權，如設立學校教學與公開演講等，故經過三百年，此組織仍屹然存在，爲教育史上最有影響的機構之一。

第三節　耶穌會的學制

耶穌會的宗旨，在於提倡篤信宗教與敬愛天主，而尤重師法先哲的行誼。故其箴言：「一切都是為天主更大的光榮」（Omnia Ad Majorem Dei Gloriam），乃最適當的表示，教會既為天主精選的工具，大膽言之，此箴言亦可釋作一切都是為教會更大的光榮。這種光榮，由三種方法——宣講、教授及懺悔，方能達成之。耶穌會之組織，首要的是在異教的及天主教的各國中執行此等任務，但在實際上，此不僅在這些地方實現其工作，並且變為教會的主要工具，以恢復在新教徒反叛中所喪失的土地與人物。耶穌會的法規，共計十篇，其中最長者是應付教育的問題。此種教育計劃，是後來繼任的一位將軍名阿夸微發（Claudio Aguaviva，一五八一至一六一五年）所完成的。一五八四年，將軍任命一個由各國選派的六個神父所組成國際委員會，共同考究教學的計劃，教育的著述，以及耶穌會教師教學的實際經驗，組編一種工作的方略，草成後，送請各省的名師徵求公決。這委員會研究當時天主教的與新教徒的最優良之教育制度，且經過各教師批評、審查與實驗的結果，其計劃遂作最縝密的修正。至一五九九年，最後發表學制（Ratio Studiorum），即為這法規第四篇的擴大，此不僅包含最好的想像，並且由教育工作中經四十年採用科學方法研究及實驗而產生的。對於學院的行政、學習的內容、教學與訓練的方法，乃至與教育有關的任何事情，都很詳細的規定。此學制可算是在西洋教育史上首次由許多專家共同經長期斟酌而擬訂出來一種近代化有系統的教育制度，而為後來教育計劃中一個最好的模範。

耶穌會的學院　耶穌會士並不進行初等教育，只辦學院，志在訓練領袖的人才。學院通常為規模寵大而給養充份的機關，有宿舍、課室、食堂及遊戲場等設備。每一學院，院政由院長主持，並由學監（Prefect of Studies）及訓練監（Prefect of Discipline）襄助。前者為教學的監督，每兩星期至少巡視班級一次，常與教師接近以備詢問及指導；後者負訓育之責，爲學院的正式訓導員。其次爲教師及學生。學生分爲兩種，即內學生(Interns)與外學生(Externs)。每間學院約有學生三百名，但其中有六百、八百、乃至二千名者。學院分爲初級的與高級的。初級的等於中學性質；高級的略似現時的大學。（一）初級學院（Studia Inferiora），共分五級或六級，每年一級，學生已識拉丁文者，大概十歲入學，十六歲畢業。最低的三級，分爲初級、中級及高級，其課程集中於經學語言，輔助科目，不過是偶然教授的。初爲拉丁語講話寫作的訓練，禁用土語，注意拉丁文法的研究，採用杜納陀斯、達波泰亞（Johannes Despauterius）、西塞祿、發拉、沙盧斯德、泰倫斯、及奧維德等的名著爲教本，並有少許希臘文的初階。第四級稱爲文學，教授希臘文與拉丁文的詩人與歷史家的名著。最後一級通常爲兩年，稱爲修辭，對於經典作家之修辭的研究，其後於一五九九年修正課程後，在「博學」(Erudition)的名義下，增授少量數學、自然科、歷史及地理。初級學院完全授以人文主義的課程，與新教徒的文科中學所授者相似，側重拉丁文的修習，從狹隘的西塞祿學派觀點構成其主要的內容，在文學專修中，由文法至修辭，培養一堅實的基礎。修習完成後，爲進於哲學研究的準備。(二)高級學院(Studio Superiora)，開首三年，專攻哲學，以亞里斯多德爲師承，其後四年爲神學，以多馬士爲學宗。哲學的專攻，不只包含論理學、形而上學、心理學、倫理學及自然的神學，而且有代數、幾何、解析術、微積分學、及機械學、乃至物理學、化學、地質學、天文學、生理學等自然科學，與其他的選科。倘若學生對於所授的科目公開考試及格，則授以碩士學位。修完哲學的課程後，大多耶穌會士在初級學院教學五、六年。神學科的課程，專修聖經、希伯來文、對聖經蘊義有關的其他東方語言、教會歷史、教會法與選科，以及神學本身的學問。修畢此課程後，再訓練兩年，檢討哲學與神學的功課，及準備公開提出的論文。如畢業的候補生辯答其論文及受另一次公開考試及格，則授給神學博士學位。這種計劃的組織，實際上直至一七七三年這會被禁止時爲止，仍保持不變。當這會於一八一四年恢復時，顯示新內容的需要，故學制於一八三二年加以修正。在初級學院，經學雖仍爲其課程的要素，但條款所定者爲數學、科學、現代語及體育。自一九零六年起，學制對於課程的內容與方法，並非限於一律的規定，每省可根據特殊的需要而決定其課程。由於這種計劃的實效，故耶穌會教育的成功，殆立刻實現。耶穌會士應各地主教請求，在其教區開設學院，在一個世紀之內，他們在天主教的各國之中，對高等教育實際上完全統制，而在新教徒各國中，凡准其立足留居者，亦能展開工作，有很大的成功。教育的成功，即耶穌會的成功。在易格納細阿一生中，耶穌會學院開設者不過三十五間，其後繼續發展，數十年間，約增至一百五十間，至這會被取締時，擁有七百餘間，學生二十萬名，及會士二萬名。其畢業生自始在教會、國家及專業中佔着最高的地位，有名的學者、詩人、演講家、法律家、科學家與歷史家，蟬聯輩出，人才濟濟。故耶穌會士爲新教徒所最畏懼與憎恨，視之爲最危險的敵人，主要原因，以其再征服日耳曼南部與西部，復歸於天主教的信仰，並在法蘭西及其他各國，維持其鞏固的地位。

教學成功的原因　耶穌會士教學的大成功，有若干很明確的原因，茲分述如下：

一、耶穌會的學校，其組織比從前的是更爲統一，而方法準確，標準也固定。比如在第十七世紀一個在葡萄牙里斯本（Lisbon）教學的耶穌會士，可調往在德意志科倫的同班級繼續教學，好像其仍在里斯本教學一樣，並無窒礙。

二、他們無報酬的教學。教育是全部絕對免費的，且歡迎淸寒的學生。在宗教爭論的地區，比如一間優良的新教徒文科中學，以教師有家室之累，自應厚奉其束脩，因而徵收昂貴的學費。倘若一間耶穌會學院也設於此，相形之下，其實惠超過對方，這是顯然的。其優點如此，甚至許多新教徒，每遣其子弟入學。

三、他們有優異訓練的教師。耶穌會常選拔品性優良而特別有爲的靑年，爲會士的受戒者，施以長期而嚴格的訓練。凡願充當初級學院的教師，必在高級學院至少修完其哲學的課程；充當高級學院的教師，必須修完神學的課程。早在一五六五年，耶穌會因而在每一省設立一間研究院，爲教師的訓練之所，肄業期限兩年，當在初級學院教學時，他受學監留心的督導。而且耶穌學校成功的要因在教師，而教師不是爲個人的利益和名譽，完全爲着天主更大的光榮，故專業精神也很高的。

四、教學的方法重在透徹。耶穌會對於經典教授的方法，有很大的改進，過去對這方面的重心是在教科書，而他們則把重心移到教師身上。因此，其教書的典型方式：甲、口述教授。這是稱爲講義Praelectio)，在高級學院是講授，而在初級學院則爲解釋。比如對一個作家的名著一節，首先解釋以明瞭其一般意義；第二、解釋其每部份文法的結構；第三、博識的，更引歷史的、地理的、或其他的智識來解釋；第四、對其修辭的及詩詞的體裁與定理的解釋；第五、與其他作家對於文體的比較；最後，推論任何道德的影響。這應注意的，耶穌會士編有許多自用的教科書，及注意採用經學之刪定本。乙、記憶。判斷與了解的訓練較少，記憶的練習，與學習的訓練價值，爲耶穌會教育理論的基石。故「背誦爲學習之母」，乃其箴言之一。丙、檢討。反覆練習，不斷的檢討，以留心他們的功課。每日開始時，對其前一日功課的檢討；每星期以檢討其一週功課而終結；每月或每年的最後時期，則對全月或全年功課的檢討。

五、訓練的方法。一般人認爲體罰爲求學生良善操行及對學習作主要督促的最好方法，耶穌會士在其學院中特別廢除之。其被採用者，不過作最後的乞靈，但教師從不强施的。教師首要任務，是要得到學生的尊敬；第二、是要得到學生的好感。他們常採用獎賞與競賽，以代替體罰。他們發展競賽的範圍，每一學生有其匹敵，他與敵對者在學業上與操行上常從事於競賽。學生常分爲兩方，即在文法的、修辭的、或歷史的討論功課的某些要點時，雙方同心協力（Concertation）中進行；獲勝的一方，發給些獎品或授與些優待。每一學院中，設有自主的會社稱爲學會(Academies)，是練習演講、朗誦與辯論的，學行最優異的學生、始准加入。訓練講話與動作的戲劇，每爲最好新教徒學校的一種特色，但在耶穌會的學校中，更爲注重。爲着體育，且鼓勵其競技與體格的訓練。

耶穌會教育的批評　上述耶穌會學校工作的措施，是指陳其優點方面，簡言之，其工作是完全的、有系統的與有效率的。教師們志在使學校功課成爲有興趣的，故其教學因此成功。他們無疑爲第十七世紀最優良的教師，以迄此種學校的人文主義內容仍爲社會上有用的，繼續一樣。但其制度如此硬性的，故他們不能像新教徒的學校制度以順應新環境——此可以說是非常少。他們實際上措施，與一七七三年被取締時是採同樣的方法，他們前此進行已歷一個半世紀，其影響會盛極一時。內容的不足，即幾乎唯一的專心於拉丁文，及其方法的形式主義，他們與新教徒學校都犯着相同的錯誤。他們側重於記憶而犧牲訴諸推理，乃其西塞祿學派的特性。且他們對爭勝過份的採用，常引起苛刻的情緒；他們的協謀與好辯，流爲誇耀的愛好。

第四節　詹森學派

王家港的詹森學派　耶穌會士在第十七世紀天主教各國中，雖確保高等教育的實際上統制，但這種統制並非無人反對的。其對耶穌會教育制度——教育的觀念上及方法上最重要的反對者，爲王家港(Port Royal)的詹森學派(Jansenists)。這派的教義，於一六二一年由詹森(Cornelius Jansen，一五八五至一六三八年）所創；他曾充勞維仁大學的教授，其後爲比利時易卜勒(Ypres)的主教。詹森主教宗聖奧加斯定的學旨，曾發表與喀爾文教義相類似的宣言。其教義中有數點雖遭教會的禁止而失敗，但其門徒仍服膺不失。其中一大批最超卓的，由其友都化基亞(Duvergier de Hauranne即St. Cyran，一五八一至一六四三年）領導下，遯隱於凡賽爾(Versailles)附近的王家港（離巴黎西南約數里），在西司特安派(Cistercian)拋空的女修院，專心於祈禱與修習。除了其對宗教的皈依、手工的勞作與慈善的工作外，此等隱居的修士，並致力於教育。這種教育，由於比當時的方法有許多特別進步而顯著。其成爲重要性者，並非在其學校數量與其區區十七八年的歷史，而在其影響——只限於對法蘭西的影響。

「小學校」(Little Schools)　王家港的「小學校」，是由都化基亞所創立，包含小學與中學教育。這羣修士雖採納笛卡兒(Descartes，一五九六至一六五零年）之唯理論的哲學，但仍篤信謂人類本性在本質上是惡的。兒童如任由其自己的傾向與衝動，每流於邪惡，必須在虔誠的氣氛中教養而經常由其教師督導。唯有發展兒童之道德的與宗教的性質，邪惡才能消滅，教育之唯一目的，才能達到。爲着這套理由，一六四三年遂在王家港創設一學校，盡可能以拯救兒童，使其避免世界的誘惑，及適當的培養其能抵抗惡魔的侵襲。又爲着實行留心督導之目的起見，故其學校通常僅收容學童二十至二十五名，一個教師罕有管教六名以上的學生，此乃其最特色的。這種小型學校，雅不願與大學競爭，故自稱爲「小學校」。除男童的教育外，另設與男童相同的女童學校，由女修士教導。學生通常約十歲便可入學，個別的由教師管教，而且在教師個人管理之下，從未任其自由，直至十六、七歲爲止。此種學校自在王家港創立後，立即展開至附近乃至巴黎，但在一六六一年，由於耶穌會士欲令詹森信徒簽名宣言其所信學說確屬錯誤，不聽，全部被路易十四世所禁止，開設不過十七、八年。這派教徒即逃往荷蘭，著書以暢論其教育的抱負，俾傳於後世。

教育的原則　詹森學派並未擺脫當時流行教育上過分側重文學成份的訓練。他們忽視科學，體格訓練亦無地位。學童唯應學習其所了解的，作爲其基本原則。基於這個原則，訓練自然隨之，其中如：

一、教授須從土語開始，對於教學，他們於誦讀中採用語音法（母音與雙音的發音），即所謂王家港的方法，以代替字母與拼音法。

二、以法蘭西語並未包含有適應幼年學生的文學，經過改編後，學生可讀由拉丁文翻譯之非德拉斯（Phaedrus）的寓言，泰倫斯的喜劇，與西塞祿的書札，淺嘗文學的門徑，引起學生有渴求閱讀名著的興趣。再經法文所撰的文法，修習拉丁文後，可誦讀拉丁作家的文學。希臘文學，亦採同樣方法教授。

三、教授數學，乃對了解之良好訓練。論理學的修習繼之。

四、編纂新教科書，以實行其乞求推理以代替記憶的理想。王家港幾何，王家港論理學，自「小學校」被禁閉後，仍長期為其他學校所採用。

五、完全依靠學生的感情與教師的熱誠，為訓練的方法。都化基亞曾楬櫫有三點：「少講話，多忍耐，更多祈禱」，故以留心的、忍耐的、及溫和的為學校訓導的工具。王家港學派，不僅拒用體罰，而且對耶穌會學校的競勝方法，譴責更為嚴厲，以其對道德的及虔誠的性質之發展，實背道而馳的。

上述原則的實施，在當時算是特別進步。惟他們在過份虔誠的氣氛中採用，以這種虔誠沮喪了幼年時代許多自發的，未免是一件憾事。王家港學校自被禁止後，修士們編撰許多教育的論著，頗為流行，亦遺下有深刻的影響。其著名的學者，有尼科爾（Pierre Nicole，一六二五至一六九五年）的王侯的教育（The Education of a Prince）、巴斯噶（Jacqueline Pascal，一六二五至一六六一年）的兒童的管理（Regimen of Children，一六五七年）及王家港女子學校的規章（The Regulations for the Girl's School at Port Royal），芬泰尼（Nicolas Fontaine，一六二五至一七零九年）的教會史（Ecclescaticel History）、華列特（Varet，一六三二至一六七六年）的基督教的教育（Christian Education，一六六八年），古斯度（Pierre Coustel，一六二一至一七〇四年）的兒童教育的法則（Rules of the Education of Children，一六八七年)、盧林(Charles Rollin，一六六一至一七四一年)的學習論(Treatise on Studies)、與拉辛(Bonaventure Racine，一七零八至一七五五年)的王家港的回憶錄(Memoiro of Port Royal)等，由此可見王家港教育活動的理想之一斑。

第五節　基督教學校兄弟會

詹森學派，好像耶穌會一樣，初時志在進行中等及高等教育。此原爲宗教衝突時期中的特性。自第十七世紀之末起，日耳曼、荷蘭與蘇格蘭的新教徒，已組成初等教育的制度，至少供給其初步的智識。在天主教各國中，提供初等教育之散漫的企圖，經已進行，但其實際上進步的時期，始於拉薩爾(Jean Baptiste de La Salle)神父於一六八四年基督教學校兄弟會(Institute of the Brothers of the Christian schools)的創立。這會於一七二四年並得法蘭西王及教宗的批准。其對初等教育之服務，正如耶穌會之對中等教育一樣。至創辦人逝世時，該會共有二十七所，兄弟有二百七十四名；由法蘭西革命開始時，躍進至一百二十二所，兄弟八百名。無論新教徒與天主教的地區，殆有設立，發展甚速。這會的組織，大致類似於耶穌會的。由經選舉的總監督，在每一區任命兄弟視察員(Brother Visitors)，每一學校任命兄弟指導員(Brother Directors)。教育的觀念以及管理的實施，完全是宗教的。在這會的控制與在學校的管理中，苦行主義的精神，是非常顯著。

「學校的管理」(Conduct of Schools)　早在一六七九年，拉薩爾在萊姆(Rheims)充當大禮拜堂的教士時，對於貧苦兒童的教育，有深刻的興趣，開始設置學校一所。及一六八四年，他組織這兄弟會，以供應勞工階級貧苦兒童之免費教育，及結合俗人的教友，雖然他們被修道院的誓願所限制。爲着委諸其門徒永遠注意貧苦的教育起見，拉薩爾禁止他們教授拉丁文。拉薩爾好像裴斯泰洛齊（Pestalozzi）一樣，因對貧苦的愛護，遂鼓舞教育的改革。在萊姆的學校既有這樣的成就，雖然由於有關當局之反對，卽至拉薩爾歿後六年（一七二五年），始得教宗的批准，但此種運動迅卽展佈至巴黎與法蘭西的其他城市。這會的教學，是根據「學校的管理」而實施。「學校的管理」分爲三部份：第一、論學校的全部練習，由學生入學以至離校的期中所做的；第二、論建立與維持秩序的方法，即訓練；第三、論學校督導員的責任、教師的資格、教師本身教育應循的規定，此卽師範學校的教本。這是拉薩爾親自草訂的，於一七二零年首次發表，其作用相當於耶穌會的學制。這種詳細規定，爲當初等學校教師未有專門智識與訓練時所必需的；但其終於却變爲威脅。「學校的管理」，雖有嚴格的時效，但常常修正，良以基督教學校的兄弟，不似耶穌會士，對於教育的組織，能修改與擴大，以適應新環境及新需要。他們會擴大其教育的活動，包含工業學校、改革學校、商業學校、以至中學及學院。

學校的課程　基督教學校兄弟會的學校，其教學的內容，以法蘭西語教學，包含讀、寫、綴字法或作文、初等算術及教理問答，其中最重要者爲宗教。上教理問答課時，教師不甚講授，常直接的或間接的隨意發問，以使學生對所教者完全明瞭，學校的風氣，與詹森學派的學校，同具深刻的虔誠，每日授教理問答半小時，並舉行彌撒；十字架常釘在壁上，三兩學生輒跪下致敬，故對學生有一種强制性的影響。學校訓練是溫和的，但校規是嚴格的施行。肅靜爲學校的基本規則，講話要低聲，盡可能以少講話為宜，即使教師要講話也要用溫和的聲調，不喜歡强烈的與響亮的。採用鐵具的暗號，代替命令，放高與放低，以各種方法表示其意，或宣佈一種練習的開始或結束。不用體罰作為訓練的工具，只用其他苦行悔懺的方法，如在學校罰跪、默念教理問答數頁，以書本掩目半小時等以代之。學生亦有奬賞，如對虔誠、能力及勤勉三種，以書本、圖畫、十字架等賞之。由於兩大改革，學校的工作比其他初等學校為超卓的。這兩種改革為：

一、教師的訓練　第十七世紀時，初等學校的教師，每由衰老的兵士、禮拜堂的司事、或貧苦的工匠充當，無論多少增補其不充足的入息，都願意維持學校。他們通常智識簡陋，未有任何訓練，且對於學生每有不良道德的影響。一六八五年，拉薩爾在萊姆開設師範學校一所，以訓練教師。且在「學校的管理」第三部份，拉薩爾起草規章，為新教師訓練之用。師範學生除受當時優良教育及完全的宗教訓練外，並從有經驗的教師指導下，在實習學校學習專門的教學。凡未受過此等課程訓練者，不准充當教師。

二、教學的班級方法　是時各地初等學校所用教學的方法，是個別的教授，事實上，教師並無實際的教學，只聽學生呫嗶朗誦而已。讀書方面，學生們坐在椅上，唸熟記憶其功課，然後各自對教師背誦。寫字方面他們臨摹教師所定的樣本，直至滿意為止。算術一科，機械地應付其牢記的定理。大部份的時間與努力，徒然浪費。基督教學校兄弟會採用同時教授的方法，根據學生的程度，將學校編為三部份：即最劣級、中庸級與聰明或有能力級。同級的全部學生，由一教師同時對其教授。每級指定一二名優秀的學生，稱為督察員（Inspector），以為助教。這種大改革，雖經夸美紐斯（Comenius）所主張，但基督教學校兄弟會在實施上作大規模的採用，應享其功。

基督教學校兄弟會的成就　基於此等改革的方法，故基督教學校兄弟會在法蘭西所設的學校，立即成功。除初等學校外，他們另組設半時間的補習學校，以教導兒童從事於商業與工業的。他們雖遇教會與民政當局的屢次反對，但逐漸穩定的進展。當一七一九年拉薩爾逝世時，即這會創立後三十五年，擁有大師範學校一間，師範學校四間，實習學校三間，小學三十三間，補習學校一間。當一七九二年這會於法蘭西革命時被禁止，會員幾達一千名，學校一百二十五間，學生逾三萬六千名，而且，拉薩爾於其生前所設立供膳宿學校，工藝學校，感化院，亦逐漸增加。自一八零三年，法蘭西秩序恢復後，其學校在全世界各地增加的迅速，殊堪驚人。「學校的管理」常有平易的修正，第十九世紀時，這會根據其所居各區域的需要，供應其學校，而且，他們所舉辦者，不僅在初等學校，並且有中等學校、大學、乃至技術、商業與專門的教育。其中以在美國的最爲成功。

第六節　女子教育

上章曾經說過，新教徒的改革者，曾擴展至婦女界，要求全體應教以讀經。一五五九年所採納的窩丹堡（Wurtemburg）計劃，規定男女兒童的初等教育。魏瑪（Weimar）城於一六一九年組設强迫全體男女入學的初等教育。一六四二年，哥德（Gotha）邦的伊尼斯特公爵(Duke Ernest the Pious)訂立包羅宏富的教育計劃，預示了今日德國的教育。由是，全體男女兒童，由五歲至十二歲，强迫其每日入學，父母不遣其子女入學者，則科以罰鍰。在其初的新教徒各國中，女子亦受些初等教育，英格蘭爲最顯著的例外。但在天主教各國中，却未有規定同樣範圍的條款。女子繼續遣往修道院（Convents），女子教育由天主教會女修士爲之發展。一五三五年，聖厄秀拉修女會（Order of St. ursulines）由聖美里詩（St. Angela Merici，一四七四至一五四零年）在意大利所創立，以深感其時女子的宗教教育，極爲重要，故這會組織的最初目的，乃爲女子的教育。聖母院修女會（Sisters of Notre Dame），一五九八年由傅立葉（Blessed Peter Fourier，一五六五至一六四零年）創立，在法蘭西，尤其在北部的洛林（Lorraine），對於女子教育負擔一重要的任務。這著名的修女會，免費供給商人女兒的教育，不只在宗教方面，並且教導其現時生活與生計。女子教以讀、寫、算、縫紉、手工，對其生活作高尙的與特殊的適應。一六四零年，傅立葉對女修士訂立憲章及淸規，一六九四年修正，奠定學校的組織與管理之規程，教學的方法，及班級的編制。聖若瑟修女會（The Sisters of Saint Joseph，一六五零年），其組織法規定完全根據耶穌會的。此等修女會，發展有效的教學計劃，與貢獻於教育的方法。王家港學派雖供給些女子教育的機會，但未能與所供應於男童者相等。直至是時，關於女子教育最佳的論著，爲斐尼蘭主教（Bishop F'enelon，一六五一至一七一五年）所撰論女子教育（On the Education of Girls，一六八零年）一書。他被任爲主持天主教一所新修院，對於自一六八五年南特上諭（Edict of Nantes，准許新教徒信教自由的法令）被路易十四世撤消後由新教而改宗的女子，予以教導。當主持這種工作時，他撰這部論著，對於女子教育，其課程主張以土語教學，包括寫、算、文法、家政、古代及法國歷史、音樂、藝術與刺繡，各種提議，不只是超卓而實用的，並且創立一種穩實的兒童心理學。可是，這書對當時的教育影響不大，以那時對女子的教育，比諸男童的通常更爲狹隘的與更受抑制的。

第七節　教育興趣的衰退

上面說過，新教徒分爲許多敵對的宗派，在教義上，常因碎瑣的論點而爭執，對於抽象的與推想的問題，既無證明，只憑易感而爭論，以一新的墨守傳統之教條主義混入於高等教育，正與舊教會一樣，而成爲教育進展中的頑敵。實際上，此時整個人類的思想與精力，消耗於宗教的爭論，極少留爲對自然與社會問題之專心的研究。拉丁文的智識，天主教與新教徒皆認爲對神學修習之必需的初階，故語言結構方面的形式研究，爲構成中等學校之主要課程。在各地之土語與初等學校，天主教與新教徒都是一樣的視之爲非常低級的考慮。由於耶穌會的成功，新舊兩教信徒間之懷恨增加，最後，終歸造成三十年戰爭。此乃對教育以一最激烈的打擊。學校不僅以數百計慘遭毀壞與關閉，而其所賴以維持的資產，亦被破壞，並且對教育本身的熱心也就衰退了。故宗教戰爭的時期，本質上爲教育停頓的時期了。

第十三章　唯實主義的教育

第一節　教育上唯實主義的意義

唯實主義(Realism)一詞，是應用於一觀點，卽認爲教育應在各方面有關於生活之眞正的實在。由文藝復興所喚起一種新批判的精神，其進一步表現，要求教育的類型，使成爲眞實性而不在美感的，注意當時生活的實在，而非夢想羅馬時期生活的優美。此種新精神的產物，卽爲唯實主義，在教育上是與形式主義對立的。誠以西塞祿學派狹義的人文主義，支配教育幾達三個世紀之久，但此徒重形式主義，益增其推崇權威與傳統的傾向，而有異於眞正人文主義的精神。故唯實主義乃對人文主義的一種反動，——反對人文主義之極端的文學，以其太重形式化，不適於人類的實用。姑無論其反對者所持之意見如何，但他們皆同意於一個基本原則，卽教育當以應付現時生活的實在，而培養青年男女篤行其實際的本份。這是唯實主義教育的主旨。

當西歐文化大醒覺時，其本身是沿着三條路線來表現：第十五世紀進步思想的最顯著旨趣，是個人的與學術的，因此其本身表露於文學的與美感的形式。第十六世紀的旨趣，在求恢復道德與進行改革，因此其主要的表現變爲宗教的與社會的。然而前者之弊，却喪失其生機而流於狹義的西塞祿學派，後者則硬化爲固定的觀念及一種教條的形式主義，乞靈於信仰的權威與制度。歐洲的醒覺之士，藉唯實主義的途徑欲找尋其他表現的方法，故第十七世紀時，智識的興趣與效力，變爲與個人無關的，而直接趨向於哲學的與科學的問題，注意於全部實在的一種新客觀的決定，現代哲學的與科學的思想，由是而興。從眞實意義來說，唯實主義是側重自然現象與社會事業機構，而非溺於語言與文學的。這新運動主張對於個別的判斷之信賴，含有一種方法，實在的事物由是而了解，實在的智識乃來自推理或來自感覺，而非來自記憶或憑藉傳統的。這新運動應用於教育，可以說其本身顯示於三種不同的類別。

唯實主義者的分類　究竟需要何種改革以組織教育，作爲與生活的實在有關之實際生活的準備？對此問題的答覆，唯實主義者見仁見智不同，在教育理論上遂產生三派：有些人像賴伯雷與密爾頓，僅求復歸於早期人文學者的立場，對經典文學的研究，乃探討其內容而非其形式；側重其文學而非其語言。唯實主義者從文學的內容裏所尋求者，即爲理想，而人類心思所創出之最好理想，可由經典文學中揣摩而得。此等人稱爲人文的唯實主義者。其次，蒙旦篤信謂欲認識生活的實在之唯一方法，乃在與社會的人物作實際上思想感情之溝通。因此，教育應爲實用的，志在培養青年準備其社會的生活。現代外國語能使其便於旅行而獲得一種廣博的經驗，應該注意，以代替古代的語言；從社會的問題像歷史與政治以啓發一種更確實的判斷，而不靠文法與修辭。此等人稱爲社會的唯實主義者。第三派，重演其反對現行的教育，比上述兩派的更爲劇烈。他們對於教育，要求一種新內容與一種新方法，即事物的尤其對自然的研究，及歸納的方法。所謂實在云者，不過爲事物；由於事物，可藉感覺而與其接觸。這些人像倍根與夸美紐斯，稱爲感覺的唯實主義者，由於他們的倡導，遂爲現代科學的開端。

第二節　人文的唯實主義（Humanistic Realism）

早期文藝復興的理想，是希望重建羅馬於大地。意大利人認爲在古代羅馬歷史中自己原爲强大的民族，每引以自豪。人文的唯實主義者需要從了解人類社會及其制度，自然界及人類對自然的反應，方能使個人適應其生活的環境，但在思想與行動的範圍中，這種智識唯有靠研究經典的文學而得。一個人如果想研究文學、哲學、軍事、科學、農業、建築、地理、醫學或自然史，必須求之於此類科目的師承。換句話說，此類學問的探討，莫優於祖述其先哲。人文的唯實主義之目的，是求先哲較廣博的生活之智識，以適應其自己所面臨着自然的與社會的生活。爲着對人文學者及宗教改革者的狹義思想之一種抗議，人文的唯實主義者遂代表反動的開始，反對形式與體裁，而贊同其理想與內容，故古代經典文學與聖經所蘊含者，對於青年教育是重要的。生活的智識，唯有憑博通希臘與羅馬的文學以求之，——文學者，乃爲着其內容的價值而研究。誠以文學對於生活的指導，比直接對生活的探討，較爲穩當的與深悟的。因此，這種唯實主義的新運動，採用經典的語言與文學爲方法，以達於一種新目的，故稱爲語言的或人文的唯實主義，而爲感覺的唯實主義之先驅。此乃自由教育理想的復活，此派教育理論家中，以賴比雷與密爾頓爲代表。

賴比雷（Francois Rabelais，一四九五至一五五三年）　賴比雷乃法蘭西一位芳濟派教士、醫生、及大學的學者，撰有刺諷文學的巨人加爾岡秋的傳記（Life of Gargantua，一五三五年）及其子潘達格魯的英雄行爲（Heroic Deeds of Pantagruel，一五三三年）。特別在加爾岡秋的傳記一書裏，描寫加爾岡秋受了二十年舊式教育，不過養成一個書獃子，毫無實益，而另有歐地孟(Eudemon)者，則受新方法的訓練，思想正確，言詞敏捷，由此兩個學生比較，代表教育上兩種對照的方法，前者代表機械的記憶，使理解力薄弱而愚鈍，後者享有較大的自由，以啓發其敏銳的智慧，坦白而豁達的性質。他的教育論著，借此傳奇式描寫，表示其自己對於教育改革的理想，可為早期的代表人文的唯實主義之運動，而影響於蒙旦、陸克與盧騷的思想。賴比雷曾以刺諷的態度，抗議當時拘泥形式的、膚淺的及虛僞的生活，大膽反對在教育上所有中世紀主義、經院派哲學及形式主義，而提出從事於古代作家研究所得的智識實爲有用的理想。他主張體格的、道德的、社會的與宗教的教育，含有意大利文藝復興的最良作家與教師的精神。關於學習的目的，他認爲「一個完人的陶冶，是熟練技藝與工業」，及「整個人的體格上、道德上及智識上之發展」。他採取較有利而更實在的方法，認爲經學應給予實際而有用的對行爲指導，而非區區代表書獃子的、語言的及文學的價值。他並指出，實際生活的價值，唯有由經學的研究而得，故全部教育幾由書本而來。在潘達格魯的英雄行爲一書中，加爾岡秋致其子潘達格魯的函札，所提議應習的學科，可見賴比雷對於學校內容所表示的觀點。其全部課程，不僅包括希臘文、拉丁文，並且希伯來文、阿拉伯文、加爾底亞文(Chaldee)，以精通的學習語文最爲重要。爲着學習語文，好像昆體良的計劃一樣，首爲希臘文，取法栢拉圖；其次拉丁文，揣摩西塞祿；又其次爲着潛修聖經而學習希伯來文；最後爲迦薩底亞文及阿拉伯文。其他的科目，爲文法、算術、幾何、天文、音樂、歷史、地理、民法、哲學、自然科學、體育——如騎術、作戰與野外操練，以及聖經——首先爲希臘文新約，其次爲希伯來文舊約。學習應使人發生快感，故輔之以競技與遊戲，並爲着對兒童體格的發展，與對將來生活責任能實際的擔當之用。教學採取引誘的而不在强迫的方法。要言之，賴比雷對於教育，主張個人之多方面發展，教學採愉快的方法，溫和的訓練，而輕視記憶。

密爾頓（John Milton，一六零八至一六七四年）密爾頓擅於拉丁語，乃英國一詩人。他撰有教育論（Tractate on Education，一六四四年），反對形式的人文主義，爲人文的唯實主義的觀點中最佳的表現之一。密爾頓規定教育是適應個人的環境，爲着反對人文主義的教育每存抑制的觀念，乃代之對經學的先哲以一眞正的研究及了解，充份的表示其信心，認爲教育必須對於在一個實在世界中作實際生活的準備。他對於教育下以定義：「因此余所謂一種完全的與闊博的教育，是適應個人以正直的、精練的，與豪爽的履行其私人的與公共的，平時的與戰時的一切本份」。爲着從事於此，必須授給先哲關於人類所進行各種活動之思想的智識。因此，如果學童將其歲月消磨於形式的文法，其後進至文雅的炫耀的智識，皆爲浪費了。密爾頓主張思想重於言詞，指出現行教育的缺點，故不僅反對其內容，而且反對其組織。他提出對高尚青年的一種百科全書式修習計劃：男童由十二歲至二十一歲的全部教育，應在一書院（Academy）授給，以代替其分爲中等學校及大學。其修習的課程，第一年，授以拉丁文法、算術、幾何，誦讀簡易的拉丁文與希臘文，及道德訓練。以後三四年，精習希臘文，繼之以伽圖、哥路美拉（Columella）、發祿（Marcus Terentius Varro）的農學，亞里斯多德及地奧非拉斯特（Theophrastus）的生理學，維特魯威阿（Marcus Vitruvius Pollio）的建築術，辛尼加及普林尼的自然哲學，美拉（Pomponius Mela）及蘇林奴斯（C. Julius Solinus）的地理，克爾蘇斯（A

Cornelius Celsus）的醫學。並習自然科學、堡壘、工程及數學，應補充誦讀詩人論述有關於此等科目的散文與詩詞，此等詩人，包括希臘詩人奧爾富斯（Orpheus）、希西阿（Hesiod）、地奧克里特（Theocritus）、亞拉特（Aratus）、尼堪達（Nicander）、奧比安（Oppian）、地奧尼修斯（Dionysius）、琉克里細阿（Lucretius）、及拉丁詩人馬尼留斯（Marcus Manilius）、惠吉爾等，故希臘與拉丁語文應附帶學習，俾能精熟文學的內容。在以後的學年中，從希臘文及聖經學習，至於倫理、法律、經濟、政治、歷史、神學、教會史、論理學、修辭、作文、演講，亦由適當的作家來選讀。在此廣泛的課程中，政治的演講與論文、悲劇、歷史、希臘與羅馬的詩，亦給以地位。所有這些學科，應從典籍中鑽研，而且，應在外國語典籍尤其在古文之內而研究的。故語文僅為傳達有用智識的工具，不只應授希臘文與拉丁文，尚需希伯來文、迦薩底亞文、叙利亞文及意大利文。最注意者，為對其道德的、宗教的、以及智識的訓練；並規定每日操練及遊戲，以求其體格的康健。此種教育計劃，在其教育論一書中描寫，完全是一種理想，對於學校教師的效用很少，實際上並無影響，不過在教育上表示人文的唯實主義者所主張概念的理想而已。

第三節　社會的唯實主義（Social Realism）

社會的唯實主義是為着世間上實際的生活而教育。社會的唯實主義者，原為上層階級的貴族份子，人數很少，但因為他們有重要的社會地位及財富，故有力量的，而注意訓練其子弟於將來可能成為實際參加公共生活的人物。他們所求於教育者，要培養「熟悉世故之人物」的紳士(Gentleman)。

而不計其產生一個學者抑或專業的人。換句話說，他們相信最佳的教育，是由直接與人物及其社會活動接觸的世俗中求紳士的啓發，與培養其社會的判斷力。他們似乎不同意於現行的教育，以其自矜博學及形式主義爲特色，而每與實際的事情相脫節。他們甚至很少同情人文的唯實主義者，以其不過志在預備青年追求過去的生活。凡唯實主義者都是一樣，最重視個人主義，故他們提出社會的教育——體格的、道德的與智識的訓練，志在使個人的成就。學習採用愉快的與吸引的方法，了解與判斷力之訓練而非記憶的，實使個人在畢生運用中最爲有效的與成功的。學校與文學的訓練，評價不高；對於書本，不甚重視；教學上注意私人教師制度及預備學校；特別贊許旅行及與世間接觸爲最適當的教育方法。凡篤守這種觀點的作家中，其代表首推蒙旦。

蒙旦(Michael de Montaigne，一五三三至一五九二年）蒙旦在少年時的教育，曾由其父親嚴爲督導。當其學習法蘭西語之前，曾授以拉丁文，而在幼年被遣往格茵尼學院肄業。但他不贊成那裏所授的教育，因而對於人文主義所寄托的措施，一般都不堪忍受。其後他修習法律，充當公務官，並任波爾多的市長兩次。但他很早由公職退休，而享清閒的生活；在此優遊期間，撰成其名著。蒙旦素性是一個懷疑者與伊壁鳩魯學派，即明於世故與容忍的人；其品性在本質上雖爲實用的乃至唯物論的，但在一個執迷的、迂腐的與一般褊狹的時代中，他是一位最令人可愛的人物。

教育的論旨　蒙旦曾撰有各種問題的論著，但其對於教育的意見，主要的可見諸炫學論（On Pedantry）與兒童教育論（The Education of Children）兩書，尤其在後者之中。他的教育理想，既非志在培養一個文學家，亦非修辭家，而在一個至善的紳士。其教育的觀點，基於西塞祿之言所表示的：「凡技藝——適當生活的（技藝）之最善者，追求其生活而非其學問」。故他認爲教育是培養個人以應付眞實生活的實際事情，而嘲笑那只靠書本的修習便算滿足的信念。但其教育只注意於上層階級的訓練，在本質上是貴族的。蒙旦拒絕文藝復興的教育方法，反對形式的人文主義，謂：「僅憑記憶所知的並非了解一切」。因此反對只重記憶而不了解，對實際生活而不能作準備的。由書本所得的智識，不能應付實際的生活，故價值不大。所有訓練的實際要旨是創造我們的性質，而使我們有用的與能幹的。學習的利益，是使變爲較佳的與較聰明的。教師的本份，是鼓舞其學生愛好精神生活，使其領悟寓於練習的敏捷、效用、與愉快中眞正效能的極點與價值。自從效能來自經驗與眼界，而非來自誦讀，因此教育的方法要靠旅行而非靠學校。故蒙旦很少採用學校與學院作爲教育的機關，好像賴伯雷一樣，主張聘用私人教師，以代替學校的教育機關，學童在家與在外，皆受其密切的指導與監督。凡與人物及地方實際的接觸，比諸在書本上閱讀者，更爲有價值，世間是當作課程看。學童先在其本國內與他人相接觸，然後旅行於外國，而得實際的智識與經驗，是最好的教育方法。爲着後者之目的，他必須修習法蘭西語及現代外國語。拉丁文與希臘文，仍承認在紳士教育中之需要，其學習由會話開始。而且，他應由他人的經驗而獲益，因此，宜注意歷史的修習，此乃包含往昔他人的經驗；哲學亦作爲對人類行爲及個人職責與本份的指導而研究。故傳統的科目，如論理學、修辭、幾何與物理學，並非完全忽略，不過認爲次要的地位，以實際有用的而採納。在這種教法中，一個學童不僅增廣見聞，累積眞實的智識與智慧，且要養成思想的判斷力——對所有問題能正確的思考、清楚的注意、及靠純正思想之明晢的了解，乃其平生中最有價值與最有用的訓練，也爲教育最高的目的。學童應在愉快的情形下學習，並以適當的準備，對其身體的留意與訓練。對於功課不應太重記憶而重在實踐——在動作中反覆實踐的。蒙旦相信感覺的訓練，並相信土語應首先教授，且採用自然的教法，學旨頗似感覺的唯實主義，但其並未對自然科學或自然現象著重研究，亦未考慮任何種智識作爲教育的目的，故他實際上仍未能作爲感覺的唯實主義者。他的教育觀點，對於當時教育制度，影響很微，而對於陸克與盧騷，似乎有直接的影響。其預先提出許多教育理論，像教師就是學校，教學採嚴厲方法是有害的，人民應由做作而學習，學校生活應愉快的，兒童的判斷力應該啓發，以及康健教育等，在現時來看，是最新式的。

人文的與社會的唯實主義之事業機構的結果　由人文的與社會的唯實主義者所闡發的教育觀點，對於新教的或天主教的各國中人文主義學校之指導，影響雖小，但此種觀點連同其他的影響，卒使新制度的創立。在法蘭西，當時原爲歐洲一大國，法蘭西語言、政治理想、風俗及教師，常傳入鄰邦。一種新社會的與新政治的理想既創立，世界的文雅之士，能說法蘭西語者，便熟悉旅行，精通歷史與政治，法律與地理，紋章學（Heraldry）與宗譜學，些少數學與其應用物理學，擅於劍術及騎術，嫻於競技與跳舞，以及精於生活的實際事情。爲着授給此種訓練，法國人遂在各城市創設許多書院（Academy），約於一六四九年，僅在巴黎一地，已有十二間了。兒童在家，初由家庭教師教授，然後送入書院，教以騎術、軍事技藝、築堡壘、數學、現代語及士人許多美德。直至第十六世紀之末，法蘭西的宮院生活，始有深刻的影響於德意志的貴族，欲熟悉法蘭西語言、文學及生活方法的渴願，遂迅卽傳佈，而以海德堡爲這種理想傳播的中心。法蘭西書院的計劃也仿效的。此與訓練民事及軍事較實用的教育之意旨相結合，乃引致武俠書院（Ritterakademien），紛紛設立。體格訓練與練習、現代語尤其法蘭西語、政治的歷史與地理、數學及軍事科學，構成其課程的主要部份。拉丁文法、修辭及宗教，並非完全忽視，不過視爲次一等的考慮。自三十年戰爭後，此種書院曾有大擴展，其後雖納入文科中學的制度，但在德意志爲一最有影響的教育制度，殆經一百年之久。

英美的書院　在英格蘭，人文的與社會的唯實主義者，卒產生最超卓的學校。一六三八年，密爾頓遊意大利，在佛羅稜斯受到書院及大學的人員款待。一六四四年，他發表其名著教育論中，爲英格蘭擬具一連串的經典書院的計劃，其中許多已付諸實施。當一六六二年，國會通過劃一（Uniformity）的法案時，不從英格蘭教的清教徒教士二千餘人被驅逐，未幾，不從教者的子弟，亦被文法學校與大學開除。這些教士，許多轉而從事於教學以自給。由於不從教的密爾頓之名著倡導書院計劃的影響，爲着應付新需要而設置的學校，亦命以書院之名。因爲當時最需要者是教士的教育，以應清教徒教會之所需，在其課程中，拉丁文與希臘文，變爲主幹，現代語亦教授，其他科目包括論理學、修辭、倫理學、地理、天文、代數、幾何、三角、測量、航海、歷史、演講術、經濟、自然與道德的哲學，以及古經典的科目。全部教學，以英語爲媒介。此種學校雖熱情於宗教的氣氛，但其課程與方法，基於使學校爲眞實生活的實際準備之目的而決定的。這種書院實際上亦傳入美洲殖民地之中。清教徒首先將文法學校的名稱傳入美國的新英格蘭，其後復將書院的名稱傳入。殆由最早時期起，在許多海港的城鎮中，人文主義的文法學校，課程中已增編實用的科目。但不迨至第十八世紀之中葉，由於書院的一種制度之建立，其致力發展，幾與現行的人文主義教育，並駕齊驅。一七五一年，由於富蘭克林

(Benjamin Franklin)所提議的結果，在費城(Philadelphia)創立賓夕法尼亞書院與慈善學校(Academy and Charitable School of Pennsylvania)，此校其後發展為賓夕法尼亞大學。富蘭克林對於建校所以如此渴望者，是為着生活，尤其為着一個新興國家生活的準備，不僅為着學院的組設而已；他是欲由課程中剔除外國語的第一人。這雖然未實行的，但其教學是注重歷史、地理、圖畫、數學、自然科學及英文文法與作文。事實上，富蘭克林的書院，比諸人文的或社會的唯實主義更為近於感覺的唯實主義之產物。同樣的學校，亦跟着設立，特別的在新英格蘭；由這世紀之末起，書院立即代替拉丁文法學校而為中等學校了。

第四節　感覺的唯實主義（Sense Realism）

第十七世紀科學的發現　早期文藝復興運動，最初產物之一，是人們趨向於自然，愛好美感，欣賞此中的生活，渴望對其了解而所採的新態度。這種對自然的興趣，為自然科學興起的濫觴。且當三十年戰爭兵荒馬亂之秋，亦正有人埋首專心於科學的探討，其影響之遠大，自非戰爭所可比擬。此等科學家的研究方法，與古代迥異，擺脫古人所未證實的空言陳規，自行實驗與研究。當其伊始，由哥白尼（Nicolaus Copernicus，一四七三至一五四三年）的太陽系之太陽中心理論、克卜勒(Johannes Kepler，一五七一至一六三零年）對行星繞日旋轉的法則，及伽利略(Galileo Galilei，一五六四至一六四二年）用其所發明望遠鏡發現新天體現象，以證明哥白尼的理論，早已獲致結果。這種奇蹟，是從未有比其更速的進展；但此事實，可在第十六世紀的生活中由宗教的重要地位而尋求解釋。在宗教改革之前，教會對於新理想——關於自然而非與亞里斯多德學說相諧合的闡釋，素持疾視的態度，自是厥後，人們的時間與思想，幾完全爲着對於宗教信仰的問題，發生爭論。雖然如此，第十七世紀時，科學上顯著的連續發現，在自然現象的範圍中對於人類控制天體的意見，有重大的影響。為着了解第十七世紀自然科學有很大的進步，其著名科學家所創作的，計有吉爾伯（William Gilbert，一五四零至一六零三年）的磁學、納皮爾（John Napier，一五五零至一六一七年）的對數法（Logarithms）、笛卡兒（Rene Descartes，一五九六至一六五零年）的解析幾何、哈維（William Harvey，一五七八至一六五七年）之血液循環（Circulation）的理論、托里析利（Evangelista Torricelli，一六零八至一六四七年）的氣壓計（Barometer）、波義耳（Robert Boyle，一六二七至一六九一年）之眞空（Vattm）的與氣體（Gases）的理論、馬爾必基（Marcello Malpighi，一六二八至一六九四年）之複式顯微鏡（Compound Microscop）的應用、牛頓（Sir Issac Nawton，一六四二至一七二七年）的萬有引力（Gravitation）律、萊布尼茲（Leibnitz，一六四六至一七一六年）的微積分學（Calculus）。事實上，正像第十五世紀使文學復興與第十六世紀使宗教復興一樣，故第十七世紀使科學一大復興。實際上此乃文藝復興運動的最後階段。由於科學進步而產生改革之精神，中古時代可謂告終，而近世時代於是乎開始。此等發現，並非由書本誦讀而致，只憑人類觀察自然現象的能力而運用潛思之結果，其特徵不在古人智識之傳授，而在於新智識之發明。而且，其中有些與希臘的泰斗之學旨，完全相反。此等學問，乃人類為自己而想像，根據其自己的推理而解答，及運用其自己的判斷而決定的產物。這種早期的科學運動，對於學校的影響雖然非常少，但供應科學的教育論著，逐漸傳入學校的訓練。唯實主義之後期的形態，是第十六世紀後半期與第十七世紀前半期之間，以種種發現及發明使科學大發展之反映，遂引致於教育上新原則、內容、方法與教本結果，教育理論開始介紹科學的與實際事情的智識於課程之中，而追求有系統的學問。故感覺的唯實主義，雖含有心理的與社會的運動之成份，實爲現代教育上科學運動之開始。倍根最初清楚地確定其理論，夸美紐斯則創成實際教學的形式。

感覺的唯實主義之基本原則　正如較早的唯實主義者一樣，感覺的唯實主義者非難當時流行的訓練：教育方面太過重視文學的成份；以不易了解的教材每作囫圇吞棗的記憶；採取夏楚之刑的嚴厲訓練，使學校變爲悽慘的乃至恐怖的場所；對於個人身體的及體格康健的忽略。除了反對這些錯誤的訓練外，感覺的唯實主義者另外主張的，即促進比現行之狹義的人文主義爲更重要的與有力的反應之運動：（一）教育應根據自然律進行，發展自然的個人與自然的社會，因此，自然的條件與自然的定律，乃其教育的目標。（二）教學上手續之適當次序爲事物、意思、言詞，即意指教育原藉與客觀的實體相接觸而爲感覺——悟性的一種訓練。（三）教授必須採用土語。（四）基於自然物體之知覺的教育，必須有一新方法，即歸納的方法。（五）由於這種方法之適當運用及由於材料的正確組織，個人所吸收的智識，大爲增加。由此引起對生活上智識的地位與價值，特別重視。這些原則，是現代教育的種子。因此教育的目的，是學習自然的定律，以控制自然而有益於人類，並由於科學智識的利用，以增加人類的力量。教學的方法，應與健全的兒童心理相協調。感覺的唯實主義一詞的本身，乃溯源於基本信仰，即智識原由感覺而來，因此教育是要建立於訓練感覺悟性而不在純粹記憶的活動。

穆加斯達（Richard Mulcaster，一五三一至一六一一年）　感覺的唯實主義運動中對於其所認識的供應一種哲學的基礎者，無疑爲倍根，常被稱爲第一位感覺的唯實主義者。但在倍根之前，有許多作家稍堅持感覺的唯實體主義者的原則，並不知不覺而提倡其所定歸納的方法。其中之一爲穆加斯達，表示這樣顯著的先見。他主張基本的觀點，是破壞限制的人文主義而趨向於感覺的唯實主義。當其充當泰羅學校與聖保祿學校的校長時，設教的成功，表現更爲顯著，這兩校是英格蘭最著名的人文主義學校。而且，在其所撰位置（Positions，一五八一年）與初學書（Elementarie，一五八二年）兩書，分析心思爲才智、記憶與決斷力，而主張自然的發展，故教育應根據自然，即保證兒童傾向的表示，而不應受着强迫與抑制。教育與訓練的目的，在輔助性質以使其臻於至善。在教育上首宜考慮者爲對身體的留意與訓練，故在位置一書中，內容三分之一，對於競技如跳舞、田徑、跳距、游泅、角力、騎術、打獵等練習，較以前的作者論述更詳細，以及關於生理學與康健的保持。他特別注意初等教育，認爲此與高等教育有同等的價值。學生開始入學的年齡，根據個人而定。女童的教育應與男童的相同。首求英語的正確寫作，故英語的學習比諸拉丁文或任何其他外國語，更爲重要。初等教育爲訓練的最重要階段，需有良好的教師；教師應與律師、醫生和教士，受着同樣的大學訓練。在初等的階段，除讀寫外，尙須教以唱歌、奏樂器及圖畫，假定六歲開始受基本訓練，直至十二歲。如其於七歲開始學習拉丁文者，初等教育修完後，可入文法學校再受五年中等教育，其課程與當時文法學校所施敎的並無基本差別。其次爲大學，分設語言、數學、哲學、師資、醫生、律師、神學的學院。他雖然承認旅行的價値，但不相信外國旅行對教育有甚麽重要。這是證明穆加斯達的立場，比諸其他作家歷來所考慮者，是多麽更爲基本的。其理論對於當時的教育雖無甚麽效果，但其在教育理論上最著名的貢獻，是關於初等教育、本國語的採用、師資的培養、教學的方法、尊重兒童的能力、趨向於體育與智育之平衡發展，而影響以後的唯實主義者。

倍根（Francis Bacon，一五六一至一六二六年）倍根是英格蘭的貴族，十三歲入劍橋的三位一體學院肄業，三年後學習法律。未幾停學，隨往英國駐巴黎大使館當職。其父棄世，返回英國，繼續習法律。二十一歲（一五八二年），獲准充當律師。遲二年，被選為國會議員，以演講與著作，有名於時。其後任民事檢察長（一六零七年）、檢察總長（一六一三年），以迄於大法官（一六一八年），惟因受賂貪污，被國會褫其職。晚年乃致力於文學與科學的研究，當其試驗冰雲之防腐性質時，患傷風而卒。

穆加斯達並未注意感覺的唯實主義者最卓著的特色，即教育必須根據由於對自然實體與現象之研究而作感覺的訓練。倍根也是一樣。他對於教育不甚注意，既非一位教師，亦未特別爲着學校的教學而著作。但他的論著，却引起人們思想方法的革命，鼓勵其他有志於教育者，對於教育的觀念，遂根據他所創的原則。倍根拒絕以前所採納的目的——智識之理論的方式——而主張實際的與有用的目的，認爲智識即權力，換言之，求智所以致用，目的在征服自然，創造新世界，學習應直接趨向於自然的研究。其學旨可簡述如下。

新大西洋島（The New Atlantis）倍根當年曾受教育上注意的訓練，但當其為劍橋大學的學生時，他非議亞里斯多德的哲學及方法。他對於經院哲學及人文主義，亦以同樣的激烈態度來反對，認為前者僅應付無益的推考，後者則應付無用的冗詞，兩者對於人類的福利皆為無價值的。故近世反對師承而信賴實驗者，倍根實爲第一人。他撰有新大西洋島一書，以烏托邦的寓言，描寫一個理想的社會；在這社會裏的人民，受了很好的教化，安居樂業。新大西洋島的中心點爲所羅門之宮(Solomon's House)，創立已有一千九百年之久，是「世界上最高尚的處所，是這個國家的明燈」。新大西洋島是在我們社會中人類應如何生活的典型，而所羅門之宮，乃用以實現此種理想的實驗大學之一種，即是一間極大規模的科學學校——汎智的大學。其基礎是研究，主要工作是試驗，方法是歸納，目標是要增大人類的能力。此宮爲後來英國王家書院(Royal Academy)的模範。

倍根的方法　那時，自然的智識是唯一眞實的與有效果的智識；但此不能由經院哲學之三段論法推理或用演繹的邏輯而得，此假定乃亞里斯多德推理的唯一方法。倍根在其所撰新工具（Novum Organum）一書中，提出歸納法的新方法，以代替亞里斯多德在其工具（Organon）中所主張的演繹法。事實上，倍根以簡單而有系統地陳述的既非新方法，亦非眞的歸納法。倍根的方法：凡一個研究者，必先自己捨棄所有「偶像」，即成見；然後由搜集材料而觀察，並將其有某種效果發生與否之實例來比較，以推想其共通的原則。倍根相信，凡依照其方法者，會達致眞實的結論；特別心思的能力是不需要的。有些傾慕於倍根的方法之唯實主義者，篤信這種方法適當的使用於教育，則個人會比較容易的及比較所假定的減省許多時間，而能得汎智(Pansophia)的全套智識。實際上，倍根雖然並未發現推理之眞正歸納方法，而且誇張其自己方法之應用所得的結果，但以其在社會的與政治的超卓地位及介紹其理想的能力，給其著作發生一種影響，使人們深信不依賴傳統亦不憑藉權威的意旨，只需留心的觀察與實驗，以求對自然的與社會的世界一切眞理的了解。倍根的歸納法，對於科學有很大的貢獻，最後由其繼承者勒特開(Wolfgang Ratke，一五七一至一六三五年）直接應用於教育，而夸美紐斯則採更有效的方法，施之於教育。

汎智的運動　第十七世紀汎智的運動，其目的將全部人類智識改組，以改良人類的幸福，但此並非根據古代文學的智識，而是根據新科學的智識，即考慮自然的本身。此種運動，皆有百科全書的著作。倍根所作智識分類法甚精，在科學的進步上，有極大之影響。於其新工具一書中，附列專科史書目凡一百三十種，作科學的描述。並撰有學問的高貴與增進（The Dignity and Advancement of Learning，一六零五年）一書，進呈詹姆士一世，共計兩篇，分論學問與智識的崇重，及歷來提倡學問的方法與學問本身的缺陷。其中第二篇關於學問的分類與序次：歷史（分自然、社會、宗教、文學史等）、詩歌、哲學（廣義的，包括神聖的；自然的，包括自然科學與形而上學；個人的，包括醫學、心理學、論理學、修辭、教育學、倫理學；與社會的）、及神學。此「不只爲一個成熟的心智之表現，並且亦爲第十六世紀學問復興之一個總覽」。

夸美紐斯(John Amos Comenius，一五九二至一六七零年）倍根是注意於智識的題材，而非在如何使個人求得。他自己並非以歸納方法之心理的旨趣來考慮。倘若確實的獨靠歸納法而得智識，則似乎在論理上應採用歸納法的教授。但其方法之在教育上應用，倍根却留待於其後繼者。夸美紐斯雖非在教學上企圖實現倍根研究眞理的原則者第一人，不過爲倍根之更實際的依附者。他乃感覺的唯實主義運動中最有影響的、最成功的與最良好的代表，不僅爲第十七世紀，而且亦爲各國最偉大的教育理論家，同時亦爲一個實際的教師及行政者，一個教科書的作者。他生於摩拉維亞（Moravia，在捷克中部），專修教士之職，爲新教派摩拉維亞兄弟會會員，曾充兄弟會學校的教師，其後爲摩拉維亞教會最後的主教。當三十年戰爭時，他被迫在外流浪，先後經歷波蘭、瑞典、英格蘭、普魯士、匈牙利與荷蘭，但充滿信心，不斷企圖爲改革教育而努力，以實現其汎智的計劃。他在幼年時，父母去世，其早期教育是最荒廢的，以迄十七歲，始進拉丁學校；二十歲，才在阿爾斯特（Johann Heinrich Alsted，是世界百科全書 Universal Encyclopedia 名著的作者）之門下受教。他這樣遲學得拉丁文，故充份了解教授拉丁文所用方法的鄙劣。夸美紐斯的生平中，第一種志趣爲宗教的，其精神與力量大部份消耗於照料在三十年戰爭中被虐待的教友，他們由其家鄉被驅逐而散居於新教徒的歐洲各地。由於宗教工作，使其成爲有志於教育，而有些範圍，且影響其教育的觀點。第二種志趣爲哲學，激厲其企圖將人類智識編爲百科全書式（汎智）的全部系統。這種組編，有些大經院哲學家曾經做過，但由於夸美紐斯，這是基於倍根的原則及由將熟知的事實與現象合而爲一研究所生的結果，此乃根據一般法則而安排的。研究者由這種做法進行，從不習見的與未知的，直至他奄有智識的全部基礎爲止，其每一部份能在全部中達到其適當的地位與不免的引致於其次的部份。這種智識之獲得，是對社會效益與進展發生作用爲目的。第三種志趣是教育的改革，他並不是一個人文學者，只相信教育可以改造社會的，在這一點，他成就了多少永恒的價值。在教育史上，夸美紐斯實爲一個過渡的人物，即將教育的任何事情，使其隸屬於宗教者，轉而至如陸克與盧騷，認爲宗教在世俗化制度中不過爲一種因素。故教育並非僅屬於宗教的，爲着服務於國家與教會的理想而需要以適當的訓練，而且相信教育是人性的。

大教授學（Magna Didactica，一六五七年）　夸美紐斯曾撰有關於教育的許多書本與小册，他提倡的原理與方法，在其著述中解釋最精者，爲大教授學，此教育理論的解釋，在其壯年時所撰，後來他在學校活動，不過爲對此書所提供理想的應用。此書共分三十三章，包含教育的全部基礎：目的、宗旨、組織、學習內容、教學方法、訓練與教科書。事實上，在考慮中並無一重要論題是省略的。此乃各唯實主義者觀點之顯著的撮要，並以充滿如許的精明與聰慧，以便於今日教育的學生之研究，爲其特色。但當夸美紐斯時代之敎師，志在拉丁文的教學；而其拉丁文教科書成就了這部最流行的大教授學，乃稀有超卓的教育論文之一，實際上却未爲人所認識。故此書被人遺忘，直至第十九世紀中葉，始由德意志教育家所發現。當時由此書所發現者，第十八世紀後期及第十九世紀早期改革家所採用的教育上確當原則，早在第十七世紀已由夸美紐斯明白陳述了。從大教授學之要點以解釋其教育意見如下：

教育的意義、內容與方法　人類的終極目的，是隨天主永恒的幸福，教育的宗旨，是協助以達致此大目的。數世紀以來教育家都同意此點，但方法不同。夸美紐斯認爲教育是培養個人，由於智識、德性（道德）與貞潔（信仰）的獲得而享永恒的幸福。但此三者，必須經過祈禱、教育與動作，始能獲致。這種目的之解釋，對於人類生活中智識的價值與地位，顯然太過重視汎智的謬誤觀念。因隨天主永恒的幸福，是正當生活的酬報，循次而了解如何在自然的與社會的世界中生活的結果。因此，教育的內容，必定原爲自然的事實與現象之智識，故要對全民教以萬物的智識，而側重於土語與自然的事物，並非經典及字義。夸美紐斯是一個神學家特別賞識或適當使用歸納的方法。他說，我們由感覺、推理與神的啓示而得智識，即使有時或援引聖經之言而證明一種爭論；又認爲當事物有實際存在而可理會的，智識才是眞的。然而他强調教學應「根據自然」，教育的進行，是由易至難、由近至遠、由一般至特殊、由已知至未知。教師的任務，是傳授及指導，而非儲藏記憶。故教學注意選擇教材及以實用爲基礎，消除不需要的資料，採用具體的榜樣，常常複習以確定觀念。他的解釋很少根據實驗的方法，只有由性質類推的方法。在這書裏，夸美紐斯簡單有系統陳述及解釋其兩種基本觀念，即全部教授必須根據性質的程序，注意的分級及編排，並且爲着授給智識於兒童，教師必須經常訴諸感覺——悟性，令兒童的了解。他的心理學雖然有效的，但他是成功的使用新方法以應付課室教學實際問題的第一人。

教育的組織　在大教授學之最後篇章，夸美紐斯主張全體人民，無論男女貧富，應教導者不僅使他們可以誦讀聖經，而且可以實際上啓發以天主爲模楷所創造的理性。根據心理的觀念與訴諸兒童的興趣之教學，他將教育分爲四級，每一級修業期爲六年，授以百科全書式課程。（一）第一級幼兒的，兒童應在母親學校，即家庭中教導，直至六歲爲止。在這一級，教其正確說話、遵守及宗教，不僅應對其體格上及道德上注意，而且應使其學習自然的與地理的事實，不需書本。夸美紐斯撰有母親學校手冊(Informatorium Skoly Materske，一六二八年）一書，爲在這階段的教育對父母與教師的指導。（二）第二級兒童的，爲土語學校，對全民是免費的及强迫的入學。學校課程完全以土語教導，包含人類各種經驗的資料，此不僅爲宗教與讀寫算，並且歷史、地理、圖畫、唱歌、生活上手藝與職業，及教理問答，亦應享有地位。（三）第三級幼年的，爲拉丁學校，其課程與文科中學的相同，而且除土語、拉丁文、希臘文與希伯來文以外，尚包括科學與自由七藝的百科全書式智識，以爲進大學準備的鞏固基礎。這學校分爲六級，每一級以一主要科目稱之，即文法、物理、數學、倫理學、辯證法、及修辭。由於在土語學校既給予訓練，而教授語言的更好方法亦經採用，在文科中學所需九年教學的基礎，同樣的包含於此六年之中。（四）最後一級青年的，是專心於大學，分爲神學、醫藥、法律、音樂、詩詞或演講術等專門之學。學生須經過考試，唯有能力優異者始准入學。每一學生可專修於一科專門，但聰明的可從事於全部各科專門的研究。大學乃一教學的機關，在大學以上，另有「全智學院」（Collegium Didacticum），所有各國之士可以合作而專志於科學的研究。因此夸美紐斯是提供一種教育的編制。

拉丁文教科書　夸美紐斯在其時代中以獨創教授拉丁文的新穎而優良的方法著名，而在其拉丁文教科書中，由自然取材，及運用倍根的原則而編撰，最爲成功。他最反對者，以當時教授拉丁文的方法，由文法開始，而採用對兒童毫無興趣及所提供教材的困難又不思列爲等級的教本。爲着克服這些障礙，他撰有語學入門（Janva Linguarum Reserata，一六三一年）。此百科全書式的教本，其內容是採用共同的與熟知的事物之拉丁字八千個，編入逐漸困難的一千個句語之中，而且所編排者給予若干論題的明確智識。此書共有一百章，每章所佔篇幅不及一頁，包括廣泛種類的題目，如宇宙的起源、原素、自然界、植物、動物、人體、病傷、心思感官、機械技藝、戶宅、婚姻、家庭、國家、公民、經濟、文法、修辭、辯證法及智識的各部門、倫理、競技、死葬、天主的意旨與天使等。每一頁分爲兩邊，一邊爲拉丁文句語，另一邊爲土語的句語。這樣，學童能從比較上而得拉丁文字彙，至於文法的智識，則由教師誘導而啓迪。但此書有兩大缺點，他在共有八千個互異的拉丁字中，對每一字只用一次，實違反語言教學的基本原則，並耽溺於擠滿太多智識之汎智的謬念。雖然如此，此書對於當時所用的任何教本有一顯著的改良，因此在一短時期內翻譯爲十六種（十二種歐洲的，四種東方的）語文之多，成爲通用拉丁文初階的標準。夸美紐斯編撰幾種其他的教科書，亦受感動，其中一種在學校教科書歷史中最流行與最重要的，是世界圖繪（Orbis Pictus Sensualium，一六五七年），乃對兒童第一部揷圖的教科書。這是由語學入門一書的改編，共有四十八章，但在每一頁之端有一幅圖以代表正文，其每一部份標着號數，以符合於正文的文字。這是企圖介紹以圖畫指事的，在題材中引起興趣的、及應用歸納法最基本的比較與推論的原則。此書甚至比語學入門更爲流行的，而僅用作拉丁文初學的教本，且爲學習誦讀土語的方法。夸美紐斯堅持着，如使用此種教科書及教學上的歸納法，則學校由暗淡的而變爲愉快的場所，對功課發生興趣以代替夏楚作爲訓練的方法。

夸美紐斯的影響　夸美紐斯歿後，其拉丁文教科書繼續爲歐洲兒童所誦習，但除此之外，當時其對學校影響很少，而其名亦幾爲人所淡忘了。人文主義是太頑强的固步自封，而被唯實主義所驅逐。唯實主義的原則，在施行上雖未實現，但其著作，在教育上表示由宗教的控制轉而至世俗意味的趨潮。夸美紐斯介紹教育進行之全套現代觀念，提出許多教育方法改革的現代運動。自文藝復興時期以降，學者們顯著的貢獻，像佩他拉克是學術復興，威克里夫是宗教思想，哥白尼是現代科學，倍根與笛卡兒是現代哲學，而夸美紐斯則爲教育實施與意見，第十八、十九世紀教育理論的種子，幾完全由其著作中所播下。在其前後至少有兩個世紀期間，夸美紐斯介紹新科學的學問於學校之中，比任何人爲努力。由於他，對於脫離權威而趨向自由的運動，成爲一大進步。其教育理論是現代教育的基礎。

感覺的唯實主義之傳佈　感覺的唯實主義進展雖慢，但是穩定的，當第十七世紀後期，初等學校對於土語的採用，與若干實用的科目增編於課程中，保持迅速進行。這種運動，在中等教育中造成更大的進步。主要的是由於佛朗凱(Herman Francke，一六六三至一七二七年)的工作與虔敬教派信徒之故。自三十年戰爭後，德意志的宗教派別中形式主義與容忍已增加了，智識皈依於教條比宗教生活的證明之前爲更多的。爲着反對這點，虔敬主義的運動乃一種反響，以其並且反對流行於貴族學校的當局之理性主義。這派包含唯實主義的精神，謂眞正的信仰，應憑模仿基督生活之事業以判定，眞正的宗教，最重要的地方乃是在「心」，故一舉一動，皆應尊天主而恨現世。佛朗凱於一六九二年被任爲索克遜新創哈列(Halle)大學之希臘語與東方語的教授。他對於這城鎮貧民之愚昧與蔽塞，深爲震驚，遂立即創設一所慈善學校，以教導貧苦的兒童。繼又設立收費的學校一所，另設立貴族的學校一所，以教導富裕的學生，而慈善學校的聰明兒童，亦准入學。慈善學校發展爲土語的或平民的學校；收費的學校，發展爲拉丁學校或文科中學；貴族的學校，發展爲教育所(Padagogium)。他又設有師資訓練所，圖書印刷所，以及許多慈善機關如孤兒院、藥劑店及大學清寒學生之免費膳堂等。在土語學校，除基本的學習外，歷史、地理及自然史並教授的；中等學校，除經學外，並授法蘭西語、歷史、地理、數學、圖畫、理論的與實用的科學。統言之，在哈列，此虔敬派的學校(Pietists Schools)，是在路德派宗教影響下爲着實際生活的而注重科學的實在科目中一種訓練，乃實現夸美紐斯的理想。可是，照佛朗凱的教育所中實際的學習來看，在性質上乃經學的一種折衷，由其弟子赫克(Julius

Hecker，一七零七至一七六八年）於一七四七年首在柏林創立。這是實科中學(Realschule)之母，逐漸遍設於德意志各商業城市中，自此以後，並編入德意志中等學校制度之中。在其培養學生升進大學的特權中，此校與文科中學的程度相同。至於哈列大學，乃第一間現代的大學，且繼續爲德意志大學中最進步者之一。這是第一間歐洲大學採用土語代替拉丁語爲講授的語言。它拒絕當時流行於各大學之狹義的經學——神學的經院哲學，而介紹新科學與一種自由哲學，建立「教學自由與學習自由」(Lehr-und Lernfreiheit) 的基礎，此乃德意志高等教育其後所引以自豪者。提高生活中人類推理的地位，此給予個人自由以有力的鼓舞，而對過份的側重於權威與傳統以相當打擊。在英格蘭，感覺的唯實主義對於新設立的書院，有相當影響；在美利堅，則開始萌芽。此對大學的影響，似乎不大，可是，由一六七五年起，牛津與劍橋兩大學，教授倍根的新工具；一七零零年起，牛頓的物理學，在牛津開始代替亞里斯多德的，而劍橋變爲數學研究的中心，牛頓的哲學普遍性漸興，故數學的科學亦取中世紀的論理學之地位而代之。在法蘭西與天主教的各國中，因耶穌會控制中等及高等教育，感覺的唯實主義進展是很微的。

第十四章　理性主義的教育

第一節　第十八世紀初期的特性

第十七世紀末期及第十八世紀初期，人類生活，在宗教、社會與政治各方面，是受傳統與權威的支配。宗教改革原來的色彩，自經宗教戰爭的仇視而變爲晦暗無光之後，新舊兩派的宗教，沉溺於信條與教義之嚴厲的一致，不容許有分歧的存在，而眞正宗教的感情與行爲却被破壞的。各大學的高等智識生活，既缺乏獨立的思考，並專心以拉丁語講授神學——經學的經院派哲學，這是代替了中世紀的那一種。政治生活，主要的是由君主所控制，厲行其神權的政治。社會生活，發現各種迷信與邪說，巫術是其一例。社會的機構，像國家、教會與學校，會聯合以破壞文藝復興最初產物的個人主義。社會迷惘於這種情形之下，亟需一種巨力，由靡惰的僅服從於臆說與傳統中而喚醒人們，刺激其精神，使運用其自己心智以應付眞正的事實，而非區區僅限於言詞，因此，從過去的重壓下而解放其本身以達致一種理性的自由。這種工作，是由哲學上經驗論學派創立者的陸克所推動。

第二節　陸克的理性運動

陸克（John Locke，一六三二至一七零四年）出自英格蘭清教徒的名門，是一位著名陪審官的兒子，除受當時英國的良好家庭教育外，並在威斯敏斯特（Westminster）公學受過經院學派的教育。二十歲，入牛津大學肄業，捨棄經院學派轉而有興趣於笛卡兒的哲學，並有志於自然科學與醫學，故其成爲英國的哲學家、醫生與政論家。一六六七年，他在沙佛茲伯的伯爵（Earl of Shaftesbury）的家庭中充當秘書、醫生與家庭教師，因而與這位大政治家的政治命運，休戚與共；於一六八三年被迫隨其流亡於荷蘭，以迄於一六八八年革命爲止。迨其歸國，撰有政治論以辯明革命，而酬以幾個政治的閒職，使其自己得以專心研究與著作。

陸克撰有屬於政治（政治論 Treatises on Government）、宗教（基督教的合理性 The reasonableness of Christianity 論文一篇，討論信仰自由的書札 Letter on Toleration 三封）、哲學（人間悟性論，Essay on Human Understanding，悟性的作用論 On the Conduct of the Understanding）、及教育（教育論考 Thoughts on Education）等名著，表示他是自由與理性的提倡者，及傳統的教義，政治的邪說，與離却事實的空言之堅決反對者。他愛眞理幾等於一種嗜好，其對達致眞理的唯一指導是理性。他的哲學，本質上是把常識的信仰解釋清楚及使其系統化，並將理性常積極的訴諸通常聰明的俗人。

陸克究竟歸於那一類　陸克是很適當的撰寫關於教育的論著。他好研究醫學，加以其先天的荏弱體格，使其對兒童體健的重要性，深印於心。他是著名的心理學家，深明心理發展的現象。他是熟悉世故之人，曾漫遊西歐，享有重要的政治地位。因此，對於人類活動的評價及教育適應需求的討論，使其勝任愉快。最後，他曾充私人教師多年，在教學進行中，有研究兒童反應的機會。其教育傑作的教育論考，應與其短篇之悟性的作用論連同誦讀，方能完全明瞭其見解，以後者是論推理適當方法之啓廸。但此兩書之編撰，原未有意使其銜接，由於這些事實。加以陸克的善變多端，每使教育作家，對其見解推出互異的結論。

陸克是一位折衷的唯實主義者，他相信經典而不在狹義的人文主義；相信感覺的表示而不在汎智；相信社會的唯實主義，但認爲教育乃一種鍛鍊的程序。其所提出課程中之百科全書式內容，似屬於人文的唯實主義者。有些人將陸克與蒙旦列爲社會的唯實主義者，考其故，由於他自定靑年紳士的教育，相信私人教師的訓練，堅持一種實用的教育，乃對社會有用的爲目的，因此以旅行與此類科學如歷史等，並以代替拉丁文希臘文的現代語，構成學習的主要內容，凡此似可定爲這一分類。其他教育的作家，將陸克列爲感覺的唯實主義者，以其篤信所有智識的資料是由感覺與事物接觸而來。他採用倍根所創對自然現象研究的方法，作爲對智力程序的研究，在教育上以及哲學上，有許多觀點與倍根相同。他嫌惡記憶，而信仰學習的愉快方法與溫和的訓練，學童必須注意其體格與道德的培養，教導首重實物，故作此種分類，實有多少理由。又有其他作家，且視陸克爲自然主義的學派，誠以此學派最大代表的盧騷，曾自承認對陸克的感激，兩者造成首要的體格教育，在智力的啓發中注意兒童天然的好奇心，及在訓練中篤信自然結果的理論，其所作此種分類，亦持之有故，言之成理的。他們將陸克列爲上述各分類之任何一種者，主要的乃從其教育論考一書研究所得之結論。最後，又有根據悟性的作用論一書，而將陸克比諸那堅持教育的訓練觀念者，雖然沒有人將其這樣分類而堅謂他與是時之嚴肅的學究有幾分相同；此等學究使教育脫離實際生活而將其僅作語言訓練之事。統括來說，姑無論列陸克之屬於何一分類，但其對教育思想最有效的貢獻，是訓練主義與理性主義。

教育的要旨　陸克的教育宗旨，是養成一個人爲理性的動物。其主張的教育，就是一種訓練；教育者，乃身心訓練的一種程序。其所撰教育論考，是一六八四年爲其友人克拉開(Edward Clarke of Chipley) 從書札上討論教導其子之意見的輯集，其表示的特點，乃注重這個青年紳士的訓練，而非爲着貴族的兒童，亦非爲着一般青年的。這書的內容，包括體格的教育——鍛鍊的程序、道德的教育——高尚的原則，及智識的教育——實際的效用。每一紳士所希望其子的培養，在德性、智慧、態度與學識，以德性爲首，而學識則列於最後的地位。訓練教育之終極目的，是性質的陶冶，包含全人——道德的、體格的與心智的發展。教育的全部計劃，是使學生熟習於思想與行爲有效的及所欲的方法。教育的工作，是培養特別的習慣，及由練習而啓發智識的能力。教育的進行，是爲着增加個人的能力，而非在擴充其所學得的。此書側重於習慣的陶冶、思考、體格活動與遊戲、兒童的個性、教學上改良方法，完全爲現代的性質。

體格的教育　陸克宗羅馬詩人猶維納(Juvenal，約六零至一四零年)所說：「在健全的體格中健全的心智是祈求之事」，故主張有健全的體格，然後有健全的心智；智識的訓練是次於體格的訓練。在教育論考中開首三十段，是討論體育。體格的訓練，亦爲形式訓練之一種，即鍛鍊的方法，認爲「我們的身體，只要從最初習慣於什麼，就能忍受什麼」。故陸克不僅創造體育的原理，而且他在基本上規定鍛鍊的方法，其法規縮至少數，以便遵行。其攝生之道：衣服不要太緊束及太溫暖。飲食簡單，每日只食肉一次，不可吃得太多，亦不可多用香料或鹽。不飲葡萄酒或醇酒，可略飲啤酒。在吃飯之後略吃一點成熟的水果。早起早睡，充份的睡眠，但要逐漸的減至八小時，用各種硬牀而睡。露天生活，有充足空氣，日光浴，甚至不戴帽子，保持頭與足凍冷，以冷水濯足及沐浴，游泳。吃藥愈少愈好，要靠有規矩的習慣，達到良好的消化和康健，而不可依賴藥品。

道德的教育　陸克說：「要養成德性，比獲得智識要更難，如果一個青年失去了德性，就很難有救藥了」。一個兒童在家庭，父母應把道德的原理和實踐，以及良好的敎化，都要貫注於其心目中。兒童以宗敎來敎導，早晚謹守敎儀，要虔敬天主。他覺得受家庭敎師的敎導比入學還要好些。學校養成兒童堅强的行爲和自信心，而家庭敎育則使兒童將來在社會上與人易於相處。敎學在敎育上只佔最小的部份，而敎育的主旨，是範疇良好道德的習慣，以培養高尚的情操，最後養成良善的性格，故高尙乃道德訓練的原則。對於訓練問題，他說：「培養身體的能力，主要的基於其能忍受艱苦，培養心智亦是一樣。全部效能及價值的大原理與基礎，是定於這點：一個人是能犧牲其自己的欲望，摒除其自己的嗜好，純粹的依隨理性最好的指導，雖然嗜慾傾向於另一方面。」自我犧牲與自我節制，必須從早學習。良好習慣的陶冶，爲初期訓練之主要目的。師親的權威，兒童必須承認，在其心目中，首宜存着畏懼之心，但較年長的，師親則表示親切之愛。

智識的教育　在敎育論考中，評論智識的敎育時，主要的是注意於學習的內容，而在敎育上所需要的學識是實用的，在許多點是贊同感覺的唯實主義者與編纂百科全書者。但陸克對智識的敎育之眞正見解，却在悟性的作用論一書尋出，討論所需各種練習與操練，以訓練及啓發心思，表示智育實靠訓練，尤其由數學及其他科目學習而對思想習慣的陶冶之中，並在這裏，他顯然相信習慣與能力的轉移之說。敎育的作用並非使青年對任何種科學能夠精通，只啓廸與排布其心思，使其能應用於任何種的能力。心思好像體格一樣，可由練習而長進，故智力較由研究所得的智識，更爲重要。他並相信，凡智能是實習的結果，無論學好了那一項東西，就養成一種基本的能力，可以運用到其他許多方面。根據形式訓練的理論，每一個人應學習所有重要的學科，不管其興趣、能力或生活的目的怎樣，凡不適宜於這些特殊的學科者，是不適應於高尚的責任與負責，在教育的關係是不適當的。這些科目，通常列爲語言，以改良「記憶的能力」；數學，以銳敏「推理的能力」。陸克不贊成狹義的課程，在其教育論考中，提出非常廣泛的科目；其要旨並非在所得實際的智識，只在智識的訓練。這些科目，包括讀寫、英文、法文、拉丁文、希臘文、文法、作文、韻文、地理、算術、天文、幾何、年代學、解剖學、歷史、倫理、民法、法律、修辭、論理學、自然哲學、跳舞、音樂、劍術、速記、工藝、圖畫、園藝、娛樂與旅行。關於語言，以經常會話中用講話教導兒童而不在文法的定例，以法文乃一種生活的語言而常應用的，故宜首先學習。

陸克的心理學　基於以現代科學研究的方法，對心思的研究，陸克是第一個奠下現代科學的心理學之基礎，以代替栢拉圖及亞里斯多德之哲學的心理學，故他實質上是現代心理學之鼻祖。他拒絕笛卡兒之天賦的觀念，或公理的法則，認爲這種教義是教師用以蒙混其學生，剝奪其理性與判斷力，而使其信仰，並無試驗以爲佐證。在人間悟性論一書中，陸克簡明而有系統的陳述倍根的哲學，或更特別的智識理論，即經驗論的理論。根據其理論，全部智識是由於感覺的悟性及理智的悟性 (Perception of the intellect) 而來，即由經驗而來，我們的心思一定要與外界接觸然後有智識。而心思開始時，好比一張空白紙(Tabula Rasa)，後由種種感官接受經驗方有許多意像(Idea)。智識的單位是意像，由於感覺或藉感官之助對外面現象的知覺，及由於反省或內部現象即對本身活動的自覺而所得之經驗，是全部意像的來源。兩者比較起來，仍以感覺的意像爲基本。另外，由感覺所得來的資料而構成「複雜意像」，即由許多單純意像之併合、比較或抽繹出來的。陸克更覺得，當意像一旦存於心，需要決定其對我們所說何爲眞實的方面。智識有兩種：一爲準確的智識，一爲實在的智識，前者等於意像的融貫，像數學之必然的智識；後者即等於意像與事物實在的符合，像物理學與心理學之或然的智識。如我們不能常常對這種符合證實，則我們智識的大部份是或然的及不可靠的了。因此，我們必須在一般情形要注意考慮或然的基本——任何事物與我們自己的智識、觀察及其他證據之符合。此並非靠感覺自經驗的單純質素藉感覺供給後，我們的意像與判斷力等，是由理智的悟性所養成。——悟性之訓練，乃靠智力，主要的理智之訓練而啓發。理智的悟性，在複雜意像中亦佔着很重要的地位。教育的過程，主要的就是要訓練理智的悟性。在這書裏，尤其在悟性的作用論一書裏，他表示心思之啓發，即靠此種訓練以增强其全部能力，但此並非僅靠研究與誦讀，而且大部份靠反省與沉思。這種形式訓練的理論，側重於學習程序的價值，而非在所得智識之價值。故陸克堅持其信仰，至少像栢拉圖一樣，心智能力比由學習所得的智識，更爲重要。基於這種觀點，對於身體、感情，社會活動等，也都要有訓練，最大的目標，是要養成良好習慣、犧牲慾望、而發展理性。這是陸克在教育上心理學的基本概念。

訓練不僅志在以訓練爲目的，而且其本身是以有理性的爲特性。因此，根據兒童自然活動，尤其遊玩的兒童基本方法之重要性，故學習必須變爲一種遊戲和娛樂，以代替重負。好奇心是追求智識的慾望，應當加以鼓勵，兒童所詢的問題，應當誠懇的答覆，不可欺騙。其對學習的刺激，用獎勵與推薦，以代替鞭笞；因此反對在早期兒童時代過份的宗教之教導，故側重於世俗方面的教育。做父母的本人，應當尊重兒子，在自己行爲上做一個好榜樣。一切自然的需要都讓兒童滿足，但不可任其喜歡怎樣便怎樣，除非是遊戲的性質，因爲遊戲對於兒童和工作食物一樣的不可少。他認爲嬰兒的心智是可以隨意轉向這方或那方的，正如水一樣。對兒童不可忽然恐嚇，以免造成胆怯之心。由不良的天性而做出的惡作劇，應當細心觀察，趕早糾正。對於兒童說謊，第一次表示爲極可怕之事，第二次則表示不高興，如常常發生蓄意的說謊，應當鞭打懲戒，使其知恥，並鼓勵其悔過。稱贊與揄揚是較好的，嚴厲的責罰在教育上沒有什麼好處，甚至可以說還有害處；威嚴的用處，不過得到當時的服從，但是不可挫折兒童的精神，「一種奴隸式的訓練，只能造成一種奴隸式的性格」，故除在特殊的事件外，體罰以少用爲宜。賞罰比較好的方法，是採用稱贊和恥辱，稱贊在公開地方揄揚，恥辱則應在秘密地方責備。

陸克的影響　陸克論教育的思想，在歐陸經盧騷的祖述及由德意志的試驗家如巴斯道(Basedow)等採納後，對於教育有決定性的影響。形式訓練的理論，雖不爲現代心理學家所信任，但自其歿後，影響於英國的文法學校、公學及大學，德國的文科中學，美國的中學、學院、與大學，歷兩個世紀之久。其教育論考一書，似爲英國中等及高等社會人物所愛讀，對英國高等社會階級教育其子女的態度，有一最重要的影響。英國中等學校側重體育的特性，亦常歸功於他的。其影響於西歐之思想生活，以其理性運動即啓蒙運動(Enlightenment)之開端，是更爲深刻的。

第三節　啓蒙運動

教會雖因反對其權威而形成決裂，但仍控制思想與生活，以迄於第十八世紀。在這個世紀，是代表個人擺脫宗教上、政治上及社會上桎梏人類思想與權力的制度之枷鎖，爲自大學興起以降爭取較大智識自由及人類進步之長期運動中，作最後掙扎的時期。故在人類思想與進步方面，第十八世紀乃一轉捩點，在大多西方各國中表示中世紀主義的終結，及智識自由之現代方式的引進。在這個世紀之前半期，是專心於爭取本身思想的自由，並以其自己理智測驗人神一切事情，而表明其自由。這是理性主義，即啓蒙運動的時期。

這種運動，由陸克在英格蘭開其端，雖此在法蘭西與德意志曾有其極大的影響。其主要的特性，是決意以從事凡事要經過推理的試驗，其不能受此試驗者，無論何事，立卽拒絕的。良以太重精神生活之一面，似乎是終使忽略其他，啓蒙運動不僅忽略生活上全部感情方面，並且輕蔑熱誠與含糊的直覺，視之爲清楚思想與定義的敵人。由於當日大部份制度的基本原理，不堪抵受由理智精確分析的試驗，啓蒙運動在性質上是破壞的，及故意這樣做的。理性主義者由超自然的威壓及宗教的傳統信仰之控制中，決意解放人類的思想，並從國家之法律上不公平與政治上專制中而解放個人。在英格蘭，這種運動不過終歸對宗教的懷疑而使自然神教(Deism)的產生。自然神教，拒絕所有啓示，視爲無理性的，而斷定一種自然的宗教，其主宰根據對人類並無特別關係之不變的法則而行動。

法蘭西的啓蒙運動　在法蘭西，理智的崇拜曾升至頂點，由於陸克的經驗論及笛卡兒的理性哲學之影響，當啓蒙運動由福祿特耳（Voltaire，一六九四至一七七八年）傳至法蘭西時，有其特異的歷史背景。在英格蘭，一六八八年的革命，曾破壞神權的政治理論而令宗教的信仰自由。但在法蘭西，教會對人類思想的專斷，與國家之對於人類身體控制的一樣强烈。爲着反對蒙昧主義尤其教會之偏執的，福祿特耳進行其畢生的奮鬪。在這點，他是藉百科全書派的襄助而行；此等百科全書派進行編纂新百科全書，以普及英文的科學與哲學，及包含人類歷來所得的智識，故他們被稱爲聰慧思想家的集團。陸克的經驗論與理性主義，由孟德斯鳩（Montesquieu，一六八九至一七五五年）、福祿特耳、狄德羅（Diderot，一七一三至一七八四年）、艾爾維許（Helvetius，一七一五至一七七一年）、君狄勒（Condillac，一七一五至一七八零年）、堵哥 Turgot，一七二七至一七八一年），及其他法蘭西編纂百科全書者，以峭厲的推理，尖刻的諷刺，與科學的智識，努力奮鬪，力爲發展。此等作家中最敏銳與最聰慧者福祿特耳，是整個運動的表率。在著作的卓著範圍中，由於超倫的才能與文學的才藝，福祿特耳堅持理智以反對國家及教會的傳統機構，並最尖銳的反對古代的制度。其攻擊的主要目標，是强有力的天主教會，以是時對於自由、個人主義與進步的大道，似有嚴重的妨礙；新教徒的信仰，以缺乏理性的，亦被擯棄之列。其他理性的作家，倡導同樣理論，撰有關於教育的名著，在這些著作中，他們隨意批評傳統的學制，提出組織、內容及方法的新論調。理性主義欲摧毀專制、迷信與虛僞，代之以確立行動的自由、社會的公道與宗教的寬容。但在其拋棄舊有的，轉而至相反的極端，乃流於無政府的與不信基督教的，甚至變爲唯物論與放肆的。當理性主義進行反對存在於教會與國家裏狂暴的虐待之運動，不要以爲其專心於人權的證明。理性主義者本質上是貴族的，僅適用於上等階級，志在培養青年紳士的教育，與訓練主義者相同。這直接趨向於教導青年爲着自己而思維，由理智控制其情緒，避免粗鄙感情的露現，在高度虛僞社會中，過着「合理的」生活。此乃志在求少數人之智士的教育，對於淪爲貧愚而受普遍壓迫之下層大衆的環境，很少留心改善。他們欲由貴冑中無能的貴族政治，代之以智士一種能幹的貴族政治。他們對法蘭西寧願採納一種開明的專制君主，猶如普魯士之有腓特烈大帝(Frederick the Great)、奧大利之有若瑟二世(Joseph II)、或俄羅斯之有加德琳二世(Catharine II.)一樣。然而他們也像舊政權的貴族一樣，其所致力者，不過對於傳統與對於教士及君主的專制，代之以智士的少數人苛酷與獨斷。當其顯赫時，這種運動亦爲虛僞的與浮誇的，故終歸失敗了。

啓蒙運動的影響　在其訴諸理性，反對傳統與權威之束縛的限制言，哲蒙運動是可嘉的；但對大衆的需要與普通人權的忽略，這種運動是不適當的。理性主義者極端個人主義之社會的旨趣，實很易認識。人類在其向上進行中發展社會機構，視爲其自己天性之必然的表現。他是一個唯一眞實的人，因而他參與那些社會機構的生活，乃至他是一個父親、鄰居者與公民。設使他本身完全作爲自我中心的本位而不受社會的約束與複雜的關係，則不難想到野蠻的無政府的社會。社會機構本身爲着不抑制人類精神起見，需要適應新條件，這種調整必須起於一般理性的行動而非單靠個人的理性。理性主義者重蹈希臘哲人的覆轍。他們破壞了根據宗教與習俗之舊道德的制度，只毫無根基的提出理性的自由。其結果是不免益使社會受着解體的影響。

對於個人，由一種峭刻的精密理智並壓抑感情的所有自發以控制其生活，意指確立一種純正的持重德性之標準，而使成爲正式的生活。這是在英格蘭及在歐陸高等階級的社會獨受生活上理性主義哲學的影響，實際上所發生者。青年紳士教以謹愼的表示其意見，實行緩和其情緒，及依照人爲社會之宗教的與社會的需要，無論對其如何懷疑的；尤其要者，以避免粗俗的與非理性的一切本性的顯露。當啓蒙運動從武斷與傳統主義的束縛而解放理智中，幹出一種驚人的人類服務時，對於第十八世紀各地控制生活的形式主義，稍爲破壞。在中上的社會階級中，尤其在歐陸，一種不自然的假詐之行，到處流行。兒童打扮當作小成人，兒童期的正常活動被抑制，兒童的自然興趣與情緒，很少有表現的機會。男女兒童盛裝扮作成人，訓練爲最不自然的儀容。跳舞教師，訓練他們的舉止與斯文，宗教的教師，啓發他們誦讀的能力及練習許多毫無意義的儀式，爲是時兒童期主要的指導。這是第十八世紀貴族社會的特性。當一個人記得，由英國淸教徒，法蘭西的詹森教派，及德意志的虔敬教派所發動中等階級之初期反抗以反對宗教的形式主義，業已退化變爲一種形式的虔誠，大多爲僞善的或宗教狂熱的之時，則其自能易於了解盧騷使復歸於自然的、簡單的與感情的眞實，而爲歐洲各地所熱誠接受的了。

第十五章　自然主義的教育

第一節　盧騷的傳略

盧騷(Jean Jacques Rousseau，一七一二至一七七八年）是瑞士日內瓦一個鐘錶匠的兒子；他的父親是放蕩的，母親是有神經病的。他出生後，母親因發熱而死，僅靠其愚笨而多情的伯母撫養；她以歌謠教他，啓發其自然的活潑想像。在童年期，沾染許多惡習。其早期教育是非常參差的，根據其自己所言，當其爲雕刻匠的四年學徒中，他學得懶惰、欺騙與規避，並借書秘密閱讀，不注意於手藝。十六歲時，他由日內瓦逃往鄰邦薩白耶，過着流浪的生活多年，有時在富厚之家充當無定期的僕役。當這些飄泊的年頭，涵煦其自然的智識與愛好，及對大衆苦況的認識與憎恨，前者爲其後在愛彌兒一書所表示，後者大有助於激厲其民約論的撰著。其後，盧騷受華倫夫人（Madame de Worens）所鍾愛，同住六年，實爲其一生最快樂的歲月，也是極用功的讀點書；及他們的關係中斷，謀教職又不成，他快快到巴黎去。他和狄德羅、達林伯（Da' lembert）及其他百科全書編纂者交好，引起文學界注意。未幾，他和一個微賤階級中愚蠢而文盲的女子魯拔西路（Thérèse Levasseur）同居，生有五子，艱苦謀生，迄二十年然後結婚。在這時期，他對於音樂表示一種實際的興趣與相當的努力。最後，一七五零年，其心頭抱負許多年的見解，發表的機會來臨了。第戎(Dijon)書院，懸賞徵文，題爲「科學與美術的進展，是破壞道德抑精煉道德」？盧騷撰一篇優異的文章而獲獎，或以其熱情奔放與文學格調優於其論理的緣故。他堅持其理論，斷定科學與美術不只不會使道德增高起來，却有害於道德的。這篇文章享譽後，始爲文士的生活，此乃盧騷平生中一個大轉變的時期。越三年，這書院第二次徵文，他撰「論人間不平等的起源」一文，闡發「歸於自然」之旨，雖不幸落選，但爲人所愛讀，於是文名鵲起。一七五九年，他撰一部著名的艷事小說新希羅伊茲(The New Heloise)，在這書裏，除攻擊當時的教士外，側重自然風景之美、應付自然的人類，想像浪漫的愛情，及討論結婚與簡單的家庭生活。這部小說的故事，是根據或一部份相似於阿栢拉爾與希羅伊茲熱戀的艷史，使巴黎風湧一時，感動貴族婦女，自己哺乳嬰孩而住在鄉村；正如洛陽紙貴，一八零零年，此書已印七十餘版。此外，一七六二年，他撰有民約論(Social Contract)與愛彌兒(Emile)兩書，前者攻擊舊政治的基礎，是反君主的，後者亦以同樣的發揮强烈攻擊宗教的、社會的理論。自一七五零年起十餘年間，爲盧騷的創造時期，其全部學問殆已成熟的。但其愛彌兒一書，對於教育最感動的與最有影響的，風靡上下，天主教視之爲當時無神的與邪惡的著作，焚燬於巴黎，國會亦發逮捕狀。盧騷不得已逃往瑞士，但亦不容於新教徒，其書被焚，遭受放逐，再逃遁於普魯士與英格蘭。迨至一七七零年，他返回法蘭西，完成其懺悔錄(Confessions)，供述其過去的經驗，揭露自己的心靈，性情變爲半瘋狂狀態，斷絕一切交情，孑然自處，以著述度活，以迄一七七八年逝世。

盧騷與理性主義者　人文主義與經院派哲學，主要的研討是關於智識。自然主義乃文藝復興的否定。文藝復興所發展的觀念，包括書本與形式的精熟，自然主義欲一舉而推翻之，並反對第十八世紀宗教上及德上所流行之形式主義。盧騷是自然主義的代表，以其側重於個人主義、人權、並反對國家的絕對權力及教會之教義的權威，表面上頗似理性主義。實際上兩者原大相逕庭的。像上章說過，福祿特耳與百科全書派所反抗是貴族的，志在栽培理性的貴族政治以代替門第的與權勢的貴族政治。另一方面，自然主義的運動，不只反對血緣的貴族政治，並且反對智識上冷淡的、無情的與計較自私的貴族政治。自然主義並同等反對專制的與智識的託辭。故其有異於理性主義者，盧騷不只反對權威的中世紀之傳統制度，並且反對基於理智的文明社會所有慣例與人為之事。他欲復歸於由自然的感情所規定之簡單的與自然的狀態。理性主義者贊美理智，自然主義者則崇拜感情。自從感情為全人類一種基本的共有，故自然主義的理論，本質上是民主主義的。在現代生活中，側重於文學、藝術與宗教上感情的立場，應追溯於盧騷。

第二節　盧騷的哲學

盧騷的社會哲學　盧騷在應徵的兩篇論文中，曾宣佈其理想的社會乃一種自然的狀態，即原始人類的狀態，其中人類的體格與智力是不相侔，他們的本性既然這樣，而且在滿足與康樂的情形中，社會的及生活的是不平等的。由於私有財產的興起，社會的不均遂展開，厥後全部歷史，不過是人類由相當平等的狀態進而至絕對不平等的發展之故事。盧騷的民約論一書，採納霍布斯（Thomas Hobbes，一五八八至一六七九年）與陸克所倡的理論，認為最初只有個人——至多為家庭，沒有社會；文明社會是基於一契約而結合，所有公民都是平等的。所謂社會契約，是「我們每個人都把自身和一切權力交給公共，受公意之最高的指揮，我們對於每個份子，都作爲全體之不可分的部份看待」。國家是由公共意志而產生，政府是受人民的委託，遵從公共意志，奉行這意志的力，其地位是介於人民和主權體間的中介體，使二者互相溝通，負着實施法律及維持自由的責任。社會結合的行爲，是含着公共和個人間的相互關係，故每個契約的份子，一方面是主權體的一份子，另一方面是國家的一份子，受主權體的約束。政府既由委託而組成，乃依主權體而存在，如人民不同意時，自然可以解散。但是，事實上，現有的政府保護不平等與社會業已長大的特權。因此，這種社會契約一旦破壞，每個份子應復歸於自然狀態。但社會契約的自然狀態，並非在應徵論文所說的那一種，只爲在人民統治下所組成的社會，其中個人雖受公共意志所控制，但以社會的全力保護每個份子的生命財產，同時每個份子一方面與全體相結合，一方面仍然可以只服從其自己，並仍然和從前一樣自由。此種社會本身註定於一種理想生活的發展，其中「自然的人」不受束縛，自由不會喪失，文明社會的藝術與科學由是而進步。共同人類的自由之偉大理論，顯露於盧騷的學旨。故其社會哲學的民約論，激厲法國的人權宣言和革命，從而孕育美國的獨立宣言和憲法。

盧騷的教育哲學　第十八世紀最有影響的教育運動，是自然主義學說的發展。自然主義是感覺的唯實主義可信方面的延續，同時亦爲第十九世紀心理的發展主義之先驅。盧騷的教育哲學是在愛彌兒中闡釋。如謂其民約論是人權的宣佈，則愛爾兒乃兒童權的宣佈。其教育的基本理論，認爲教育並非矯飾的而爲一種自然的進行；並非由外面的添增，是由內部的發展；並非由對外面之反應而由自然的本能與興趣之動作而得；並非在學識的求得，而在天然能力的擴大。兒童必須由壓抑的習慣及對其故騙的訓練而解放，故兒童的教導應「順其自然」。所謂順其自然而教：第一、意指自然律的發現、化成公式說明、及應用於教育的進行；第二、教育根據人類發展的自然律，欲知怎樣以教導一個人，必須了解其生長的性質；第三、回復於自然的以反對所有人爲的，此乃自然主義者對教育思想之最大貢獻，亦卽我們所用自然主義一詞的意義。愛彌兒實際上是對兒童研究第一部重要的名著，乃新教育的開端。

人類性質尤其兒童性質的普遍觀念，藉教育與宗教的教導而增進，是適與盧騷的意想相反。他們認爲人類性質在本質上是有缺點的。宗教訓練以及教育的宗旨，大體上是汨滅原始的性質，而代之以在人類的陶鑄下所形成的一種。盧騷反對這種意思，其堅持的原則，謂：「因此最初的教育應純爲消極的。而此所謂應消極者，不在教導德性與眞理的原則，而在指導反抗邪惡的精神與避免謬誤的思想」。他並反對流行的教育以產生工人、公民與社會的份子爲目的，如果我們培養一個人，當然不能同時培養一個國民。根據他的觀點，兒童的全部教育，是由其自己的性質、自己的能力與自己的天然傾向而來，其啓發起於經驗，而非起於積極的教導。兒童的意志是不應阻撓的。故這種消極的教育(Negative education)是與現行的教育，大異其趣。他認爲現行一種積極的教育，志在太早的陶冶心思，把屬於成人的本份來教導兒童。而消極的教育，在直接傳授智識之前，使熟練其器官，以爲這種智識的工具；由適當的感覺之練習，力求培養其了解與認識的能力。教育並非爲生活的準備，其本身就是生活。消極的教育並非謂無所作爲，不過採消極的方法教導兒童，即任其隨意而行及放手的政策。盧騷的基本理論，在其一名言而透露：「無論何物，凡由自然造物主之手而來者是良善的；但到人類手中，便成爲墮落的東西了」。因此，人類禀良善的本性而生，並無原始的罪，亦無像神學家所教性全惡之說。倘若兒童天生是良善的，則其所表現之本能、衝動、傾向與感情當爲良善的，爲什麽對其自由發展要加以限制？消極的教育，並無通常混騙兒童的科目之積極教導，只在其自己個人的性質，自己天然的能力，自己天然的傾向，享有自由的動作，何以並非最好的教育？總括來說，盧騷的消極的教育，體格方面，從限制兒童天然活動而獲得解放，即讓其自由遊戲，以使兒童的天賦才能之發展；並遵守所有良好規矩，如睡眠、飲食、舉止與穿衣等，此乃陸克簡單有系統的陳述而由盧騷採用的。智識方面，憑兒童的天然好奇心及訴諸其興趣，因此，當十二歲兒童已有充份能力以追求智識時，其感覺將變爲銳敏的，其判斷力從適當的練習於使用。道德方面，意指結果的訓練或「自然的懲罰」。任何違犯其律例之自然的懲罰是從不獨斷的，但由違犯本身常發生無可避免的結果。故兒童之胡鬧的，不必責駡亦不必體罰，只應讓其遭受自己行動之自然結果。從教育的推論，兒童最好是帶往鄉間，受一私人教師的指導。上面列舉消極的教育之原則，唯有與自然相接觸，始能達到。

第三節　愛彌兒的教育

兒童發展的階段　盧騷對現行教育以成年的縮影來教導兒童，激烈反對。他堅持兒童生活，在其成長的過程中，約可分爲四個階段——由誕生至五歲，五歲至十二歲，十二歲至十五歲，十五歲至二十歲。每一階段有其適當的活動。其愛彌兒一書，述施於男兒的教育，假託於愛彌兒，第　篇論述一階段，第五篇並貢獻於女子教育，以蘇菲(Sophie)爲特徵，其後她與愛彌兒結婚。

第一階段(由誕生至五歲——嬰兒期) 愛彌兒第一篇主要的是對教育一般原則的解釋，並特別論及嬰兒期的訓練；對於體格活動、吃藥、洗浴、穿衣、睡眠、啼哭、感覺、語言等問題，逐一討論。這切勿假定盧騷的消極教育，就以爲嬰兒沒有管理。母親是看護其自己的嬰兒，父親於訓練開始時則主持其訓練工作。嬰兒在簡易、自由與康健的條件下，作體格的活動。其目的使其成爲一健全的小動物，凡劣性的嬰兒，因爲其體格薄弱的緣故，如培養其强壯，則變爲良善的。但對嬰兒訓練，不應强迫性進行，唯有聽其自然而完成，比如嬰兒欲學行步，實無需任何教導。這必需除去對其身體自由的所有限制，任其在空地僅以自然的物體作爲玩具的遊戲，但不要以是非的觀念來教導，因此時嬰兒只知道語言、飲食和行步，既無感情，也無觀念，惟有感覺而已。

第二階段(由五歲至十二歲) 這是體育、經驗、官感的教育，以練習身體、器官、感覺與能力。由於奔跑、跳躍、攀登與遊泳而使體格的發展；由於兒童好奇心的驅使，引起其感覺的與肌肉的活動，而令智識的發展；及由於在這階段中構成兒童生活之結果的訓練，而使道德的發展。當兒童的能力和智識增長的時候，便應當把他看作一種有道德行爲的動物，對於兒童有許多事情是無須服從，也無須約束；不可太嚴，也不可太縱。其教育是極端反對當時所流行的。課程的內容，基於自然的現象而組成，表現於自然的秩序，對兒童表明的，其學習並非靠書本，而應由經驗所教導。課程的計劃，是兒童的能力之自然展開，以應其自然的需要，既非教以讀、寫、歷史、地理，亦不教以文學，以其不過應付人爲的符號而已，應嚴格的避免。但其所學者，由於不斷與物體及自然現象相接觸之結果，以自己意見量度距離，較量輕重，計算多少，繪畫形象，及作其自己的推想，練習耳目，養成其判斷力、先見與推理。感覺的悟性，肌肉的活動，及智力的發展，相隨於愛彌兒在其教師的監督下接受之經驗，其教師是指導的，而非教導的。

第三階段（由十二歲至十五歲） 根據盧騷的意見，由十二歲至十五歲時，兒童具有比其需要更多的能力；因此，這是專心求智最好的階段，即是智的教育時代。但智識的求得仍基於自然的欲望，即由好奇心與興趣而決定。換句話說，先由感覺，而後智識才出來。兒童當教他去觀察自然現象，立即喚起其好奇心。但不可使他容易滿足這種好奇心。在其能够理解的範圍內而質問他，使他自爲解決。不要使兒童由教授而得智識，當讓其由自己思想而得理解，兒童不教他以科學，而讓其自己去發現，因此所謂教學，不在教兒童以種種學問，而在給他以學問的興趣與方法。學問必定是由自然所授給，而非在書本理論的教程，換句話說，書本上智識並非重要，由動作而得學問才是重要的。所謂世界以外無書籍，事業以外無教材，比如愛彌兒學習地理是關於其家鄉的風土誌，而非靠天文圖與地球儀，這把實物來教授，以免誤入歧途的想像。又比如教授天文學，以世界講世界，以太陽講太陽，只此就能够明白天體了。凡不能理解的成年人觀念，絕對不可教給兒童。盧騷所反對書籍中唯一之例外，是魯濱遜飄流記（Robinson Crusoe），乃愛彌兒所讀的第一部書，以其是一種「順應自然而生活」的研究。這部書敘述各種自然需要如何一項一項的得到滿足。在這階段，爲着愛彌兒可非正式的學習人們互相依賴，而自己或可成爲經濟的獨立，盧騷添加工業的經驗及對兒童訓練傢具製造之手藝的學識——對其經濟的價值，倘若必要的，在供應一種生計；對其社會的價值，在增高工人的品格；對其教育的價值，在發展技能與保持身體充份的練習。起初兒童練習身體和感覺，次則練習心意和判斷力，最後則結合四肢的勞動和能力。在這階段之末，愛彌兒是勤勞的、節制的、忍耐的、堅定的與元氣充沛的，養成一些很好的習慣。他的智識雖然微薄，但所有是其自己的。

第四階段（由十五歲至二十歲）　直至十五歲，愛彌兒的體格、感覺及腦力，經已養成，現時其心應賦以定型。迄今他已獨自的為着自己及靠自己而教育，自愛已控制其動機，自善、自發乃最後的極致。在教育上，盧騷首先喚起注意少年期的特別重要。當十五歲時，春機發動和性慾表現，乃一轉變時期；由於性慾便形成道德與社會生活的基礎，故這階段的教育是教以社會關係的，即學習與他人相處之道，實為道德和宗教教育的時期。敬愛他人變為支配的動機，感情的發展，與道德的至善，為其目標。然而，即使這樣，首要的是一種經驗的教育，而非教導的教育。愛彌兒承教師指導，與各種人物及事業機構的自然接觸，由是學得動作善良而避免邪惡的，他有理智的實感，要用比喻來教訓，不要用責罵，要使他對於良好行為發生興趣，而不要專教他一些關於道德抽象的理論。如果這種經驗會太危險的，也有弊害，然後可由歷史而領受教訓。在這階段，他亦接受宗教的訓練。直至十五歲，他原未知有天主，到了十八歲，由其本性的表明，始知有天主的存在。當兒童漸進於成熟時，然後教以宗教——自然神的宗教。為着教導兒童的宗教，如果把形式、儀式與教條蒙混他們，或可使他們成為可靠的教徒，但不會使他們尊崇天主或親睦其鄰人。宗教乃一種靈明，自己認為正當而去信奉的，並非智力之事；這是感覺的，而非喻之以理的。

女子的教育　愛彌兒的第五篇，即最後一篇，是專論蘇非的教育。自從男女類相等而性則各異，故其教育必定有相當的差別。但以盧騷所言這種差別而與其教育哲學之基本原則相矛盾者，認爲每個人的教育是根據其自己個性的需要與權利而決定。實在，他發現婦道的低級觀點。女子並無個性，其生活完全附屬於男子，服從男子，尊敬男子。男子是自動的而强固，女子是被動的而微弱。女子須溫順，而男子必須有體力和意志。根據這原理，女子爲使男子喜悅的東西，不承認女子的人格，和前四篇所言尊重人類的相矛盾。女子像一個女性是好的，如像一個男性就不好，所以女子如養成她做女人的特性那是正當的事情，若奪男子的威權，無論在什麼場合，都將落後於男子。因此，她作體格的訓練者，志在產生强壯的嬰孩；教其唱歌、跳舞、刺繡、美術設計者，志在取悅於男子；在道德上與宗教上接受一種早期教育者，志在確保其家庭之良好的生活。這篇描寫蘇非的姿質、生活、天才、德性、愛好、智慧，作爲理想的、標準的女子而教育她，使成爲愛彌兒的眞正佳耦。盧騷是提早一個世紀以討論兒童教育時，對於考慮女子的教育，在當時不過稍爲改變。由其第五篇所言的要旨，對後來的教育家，並沒有多大影響。

盧騷的新教育　個人的教育原含有兩種基本的作用：本性與教養，兩者是同樣重要，無分軒輊。自文藝復興退化爲狹義的人文主義後，教育只注重教養。學校功課的目的，志在養成博學之士，兒童不過視作學習的動物。如他一旦靠教養而成人，則教育便算完成其任務了。這是竭力使其轉變爲人類智識活動尤其文學的累積之產物，因此注重記憶，需要嚴格的訓練，乃欲達成此種艱難任務所必需的。愛彌兒却站在另一極端，完全反對這種觀念，認為教育實乃一種本性的事，這是不需教養、不需教練、不需訓練、不需教導，僅為對於稟賦的能力作無限制的發展。換句話說，在愛彌兒一書中，兒童代替教材作爲教育之中心的事實。愛彌兒的撰著，原爲破壞性的，對澄清教育上許多毫無價值的準備而奠立一新基礎的立場，做過一番大努力。愛彌兒對於教育個人的社會生活，雖然供應一種不能實行的計劃，但其關於教育之目的、內容與方法，有這樣充份的示意，可作爲新教育的開端。

第十九世紀的教育，是以三種傾向——心理學的、科學的與社會學的爲特性，其影響是仍普遍的。第一、教育認爲在本質上是由內而發展，並非外鑠之事。這種發展是基於兒童的天然本能與衝動，這是不要視爲低級的事情。這類天然本能與衝動以及兒童所有其他自然力與活動，是必需研究；因此盧騷對於教育的第一種影響是將其心理學化，指示對兒童的研究。他本人所知心理學雖然很少，但其對兒童有深刻的同情，主張了解兒童的本性，注意兒童要怎樣對所教的才能領會。這種觀點，變爲對裴斯泰洛齊、赫爾巴特及福祿培爾之理論的啓示。第二、盧騷注重自然的性質作爲供應其適當的文化資料，他反對書本及過去的經驗，並堅持事物作爲唯一的供給兒童好奇心、興趣與活動的使用之機會，指示注意對自然的研究及觀察的工作，故自然的研究是科學的初階。第十九世紀時，這種傾向在教育的內容享有較大的地位，無疑由盧騷開其端。一部份由其影響，故學校與學院的課程，包含物力、自然現象、植物、動物的研究，其中盧騷不只預想裴斯泰洛齊、巴斯道、沙爾斯曼及列達（Karl Ritter）的自然研究及地理，而且預示斯賓塞、赫胥黎及教育上現代科學運動的論證。第三、盧騷的學旨雖然大多是破壞傳統主義的，其自然主義特色的大部份後來被變更或拒絕，但在現代教育許多重要的進步，似應由其濫觴。他的批評每令人們對現存制度積極的護衞，但當他們恢復此種制度的企圖失敗，乃進行較好的建設。首先，盧騷對於是時虛僞的、膚淺的與無情的社會而所秉持態度，使其反對武斷的權威，並對根據一種假裝的與傳統的編制之教育，給予指導。他提倡原始人類的德性及社會組織之較簡單的基礎，並堅持社會的全體份子應受工業的訓練，由是以貢獻於他們自己的贍養及對其同群尤其對窮人同情的與助益的。由於盧騷的倡導，教育更密切的有關於人類的福利。斐斯泰洛齊與斐連堡(Fellenberg)的工業教育，赫爾巴特所堅持教育上道德的目的、福祿培爾實際上社會的參加，以至現在側重職業教育，道德的教導，身心不健全的訓練，皆可在愛彌兒一書中尋出其根源。

愛彌兒對於學校的影響　盧騷對於歐洲各文明民族有一深刻的影響，但並非常在同一的方法。他在文學上，以其注重英雄式的及情操的，對天然風景的欣賞，與熱心於普通人民的而反對宮院的生活，遂發起浪漫的(Romantic)運動。這種浪漫的運動，對於法蘭西、英格蘭及德意志的文學，有一大影響。其政治的與社會的理論，對於法蘭西大革命，無疑爲一有力的動機；並且對德意志有相當影響，但對英格蘭的影響則微。其在愛彌兒所描寫教育的見解，咒詛着教會及國家，故對法蘭西現行的教育，並無影響；以其對於英格蘭人未能訴諸實際的共同意識，因此亦未博得廣泛的支持。在學校實施上首次企圖實現盧騷的教學者，是在德意志藉巴斯道的名著與汎愛學校的創設而施行。

第四節　巴斯道與汎愛學校

巴斯道(Johan Bernard Basedow，一七二三至一七九零年)　唯實主義者與虔敬教派雖經一番的努力，第十八世紀時，德意志的教育仍由宗教的形式主義所支配。基督教的教理問答及拉丁文法仍佔最高優勢，迫使在學習上記憶所不理解的；嚴格訓練是普遍施行。兒童的活動與好奇心，仍被視爲邪惡的傾向，因此學校乃一種寡歡的與不愉快的生活。愛彌兒的發表，對學教育的德意志學生，不啻注入一種新生命。愛彌兒中理想的教師，直接的繼承者乃是汎愛家，其中最有影響者爲巴斯道。

巴斯道生於德意志北部，初在漢堡的文科中學受教育，後在來比錫大學神學科肄業，爲德意志啓蒙運動的代表。其性情頗類似盧騷，不負責任的、淫蕩的與素性不羈的；他憎惡當時控制德意志人生活與教育之狹隘思想的門戶之見，遂開創一種運動，終致發生顯著的轉變。在其生平的初期，常與正統派的團體作神學的爭論，卒被否認其在任何公共學校教學的地位。他拋棄路德派牧師之職，而在荷爾斯坦(Holstein)一貴族家庭充當私人的教師，欲根據陸克與夸美紐斯的原則，採較新的方法來教導此貴族的兒童，使其在天然的戶外從事戶內之工作與其智識的活動，表現顯著的能力。他讀盧騷的愛彌兒，引起大興趣，遂蓄志於教育的改革。一七六八年，他發表「對慈善家與資產家關於學校與學問及其影響於公益進一言」(An Address to Philanthropists and men of Property on schools and studies and Their Influence on the Public Welfare)，乞求根據其理想，資助創設一學校及出版適用的教科書。這一呼籲包含改革的初等教育全部制度的計劃，提出兩種驚人的主張，即學校應非教派的，並應組設全國教育委員會以主持全部公共的教育。結果，獲得反應是很强烈的，由各階級及各國而來的捐助，極爲踴躍。這使巴斯道於一七七四年發表名著兩部：一爲對家庭與國民的父母之方法書(Book of Method for Fathers and Mothers of Families and Nations，簡稱爲方法書 The Book of Method)，乃一部爲成人閱讀的書，開列男女兒童教育的計劃，其要旨包括有順應自然公正的宗教訓導，兒童應當作兒童看待，由感覺而學習，語言教學採自然的方法，及自然物體的研究等。另一為初等教本（The Elementary Work），共有四冊，附有揷圖一百幅，為夸美紐斯、倍根與盧騷的理想之集成，亦為自夸美紐斯發表其世界圖繪以來第一部改良的教科書。事實上，這是摹仿世界圖繪的，用以教其私授的學生。他藉適用教科書的準備及學校教材之根本修正，以作改良學校教學的性質之初步。其最主要的，志在授以事物與言詞的智識，頗似第十七世紀改革家之百科全書的計劃。這種智識，首為自然的現象與力量的智識，次為道德的與心理現象的智識，最後為社會本份的、商業的與經濟業務的智識。盧騷的自然方法表現於此書之第二大特色。因此，由於「經驗的方法」，兒童教以土語的與拉丁語的誦讀，而無疲倦與浪費時間。同一方法，宗教的與道德的眞理是授給，而無現行宗教的教學之附帶偏見、褊狹與形式主義。此書迅卽流行於德意志中上級社會，幾家置一篇，正像前十年盧騷的愛彌兒與新希羅伊茲一樣的傾動。由於巴斯道蓄意改革公私的教育，這種宣傳的效果是深刻的。巴斯道與其門徒，其中以沙爾斯曼與堪伯最為重要的，卽編有完全新穎的兒童讀物。這是首次完全規定為兒童的教育，並非由成人的需要、性質與興趣所控制，因此這亦為首次規定兒童的讀物。

汎愛學校（The Philanthropinum）巴斯道並非以著述發表其見解為滿足，而志在從學校實施上以求其理想的實現。由於德騷侯（Prince of Dessau）之慷慨贊助，他於一七七四年在德騷創設一學校，定名為汎愛學校。其名稱所表示者，以人類之愛高於一切，而貧富兒童的教學，一視同仁。其目的是供給一種世界性的教育，以適應任何國家的兒童。這校的主旨是「凡事順應自然」。卽兒童應作兒童來看待，而非作成人來看待。盧騷的見解，得忠實的證明。他們的目標爲實用，學習的方法是用實際的物體，而不是用語文。兒童是簡單的生活，寬鬆的衣著，爲著體格訓練，設置體育與遊戲。自然的學習，主要的由於鄰近的漫遊，及從事物與圖畫的作業以訓練其感覺，構成課程的重要部份。自然宗教代替了教理問答，戶外作業減少許多訓育管教學生，並採很複雜記分的方法，使兒童得着許多特殊權利，以作獎勵。全部課程，是用土語教授，雖然爲着便利起見，拉丁語好像法蘭西語一樣，仍保留由自然的方法——會話的方法來教授。全體學生教授手工，但富家的學生，在八小時教學中，只教以二小時；貧家的學生，則授以六小時。對於算術、地理、物理與幾何的教授，每一科是儘量求其實用，及使其盡可能密切的顧及學生的興趣與了解，這是盧騷所倡導與贊同的。

汎愛運動的影響　巴斯道曾與若干超卓的教師相聯絡，並在最有利條件之下，創設其學校。但以其脾氣與性質有種種弱點，缺乏行政的能力，故優良的教師們，覺得與其合作是不可能的。而且，他是一個誇張者，由於其奢望不易實踐，使對其支持者大感失望。他與教師發生爭執，無法籌款，一七七六年被迫辭職。後由另一人主持，這校遂復興，但僅至一七九三年爲止。然而無論在任何意義言，這校並非爲汎愛運動最好的代表。堪伯（Joachim Heinrich Campe，一七四六至一八一八年）在漢堡亦創設相同的學校，由是同樣的學校，遍設各地，其中有些對於教育有很大影響。沙爾斯曼（Christian Salzmann，一七四四至一八一一年）者，或爲巴斯道在德騷的同志中之最優秀的，在士尼反達（Schnepfenthal）開設一所汎愛學校，此爲傳播於全德的摹倣巴斯道學校之最成功的。這校對預期許多的改革，無疑獲致成功，繼續存在，以迄於今日。汎愛運動，尤其當我們考慮是時的教育條件與教學法時，並非無良好結果。關於教學方法與工業訓練許多新理想，傳播於法蘭西與瑞士，以及德意志的各地，而由改革家如裴斯泰洛齊、赫爾巴特、福祿培爾等注意的進行。

汎愛運動另一結果，是巴斯道的同志編撰兒童的讀物。有些兒童的讀物是超卓的，在一種吸引的形式中包含新教育的資料，但許多在幼稚的形式中却充滿冗長乏味的勸善與訓誡，及科學的學識之蒐集。其中最著名者爲堪伯於一七七九年所發表小魯濱遜(Robinson Crusoe Junior)，這是摹仿盧騷提出教科書的魯濱遜飄流記而作，遲十年韋斯(Wyss)又倣撰瑞士家庭魯濱遜(Swiss Family Robinson)，在各地極爲流行，是對兒童最佳文學作品的鼻祖。

第十六章　心理學傾向的教育

第一節　心理學運動的性質

現代教育的轉捩點，起自心理學運動。盧騷的自然主義，實際上影響於心理學運動。故在教育方面，心理學的傾向，是將自然主義運動變爲科學的原則，並實際上實施於課室的進行。盧騷認爲教育在本質上乃韞藏於個人的天賦能力之自由的與無限制的發展之事。這種見解，對於流行的訓練觀念，以爲個人是性惡的，必須靠人類的教養，才能適應其差異的本性，是持着反對的態度。因此，在教育上發生兩種不同的觀點：一則認爲教育乃人類教養之事，一則是本性發展之事，每一種含有眞理的成份，故心理學的傾向，欲將其調和。但以流行的觀念，認爲心雖或寄托於身之中，並非其所有，心是幾分與身有別，故這種調和是不可能的。基於此一觀點，勢必使心理現象之全部討論乃形而上學的與推考的。然而由盧騷所首倡與肇端之結果，深信身心有密切的關係，逐漸被人採納。此說認爲心理現象所能了解者，並非靠形而上學的推考，而主要的實由於注意觀察與經驗；故教育必須根據這種研究的結果而組成的。可是教育的舊觀念，仍完全牢結着學校，第十九世紀的教育史，不啻爲本性的立場與教養的立場衝突之故事，若以特殊方式來表達，即「興趣的」教育與「勉力的」教育衝突的故事。由於新教育家幾乎獨有的側重於新方法與興趣，雖有調和的企圖，但其衝突終未能消解。

心理學運動本身原來有關於心智的性質及其作用。因此，它對教育的教材，並非有重要的變更，對於隨着這種運動而產生的組織及行政，亦無很大的改變，但其却引致教學的良好方法、教師的優良訓練與教育進行的性質得深切的了解。這種運動，根據發育中兒童的本能、器量與才力之自然的與順序的發展，竭力將教育的程序，使成爲完善組織的常規。教師的任務，是協助兒童所有天賦，確保一種自然的、勻稱的與諧和的發展。這種運動的特性，是相信教育乃自內發展的控制，以代替由外面成人標準的利用，故採取啓發主義（Developmentalism）一詞，卽指明在現代教育中是非常重要與有影響的運動。但此種運動，以兒童爲教育過程的中心，對兒童的同情與了解，注意兒童的發育，尤其重視早期的發展，因而注意於初等教育，在教育的理論上或實際上首次取中等教育而代之，作爲主要的考慮。教育最注重者是個性的發展，故內部能力未發展，不能稱爲一個人。從新注意於教育的性質與方法，使教育有普及的可能。可是，心理學運動，可分爲兩方面：一爲在性質上是實際的與具體的，另一種在性質上爲形而上學的，志在化爲公式的說明教育的原理。實際的心理學運動之代表，爲裴斯泰洛齊、赫爾巴特及福祿培爾。裴斯泰洛齊純靠經驗的方法摸索進行，探求其一般的傾向；其原則由赫爾巴特從科學的簡單而有系統的研究與說明；福祿培爾則運用於兒童的早期訓練。茲分述如下各節。

第二節　裴斯泰洛齊的運動

裴斯泰洛齊（Johann Heinrich Pestalozzi，一七四六至一八二七年）傳略　裴斯泰洛齊是由盧騷所激厲而企圖將教育作心理學化的第一人，奠立現代小學的基礎，及協助改革小學的實施。誠以其所創的原則乃由其經驗直接的自然產物，對其傳略研究的需要，比諸最著名教育家尤爲重要的。裴斯泰洛齊生於瑞士的蘇黎克（Zurich）鎮，其父爲眼科醫生，但五歲便喪父，由其母親及一位忠誠的女僕所撫養。家境雖然蕭條，賴其母親的節儉與智能，故能遣其肄業於土語學校與拉丁學校，而至受大學的教育。他受着這種善於管敎的家庭生活，表示其兒童時代的特性，有一深刻印象，並激厲其養成管理敎室的精神。十歲時，其祖父在鄰近鄉村爲牧師，他受其影響，學習牧師，未克成功，却學得對自然的愛好與對農人的同情。由於對不幸的農人之悲慘處境，深受感動，其後乃專修法律，欲成爲他們的愛護者。及盧騷的民約論與愛彌兒兩書出版，他好像許多瑞士愛國的青年一樣，受着鼓動，參加赫爾維提亞人協會（Helvetian Society）爲活動的會員，撰論於紀念的刋物，批評政府，作革命的宣傳。這會被取締，他因而一度被捕。一七六九年，他與當地一商人之美慧女兒蘇爾提斯氏（Ann Schulthess）結婚，由是時起以迄於逝世，這位賢內助對其煩惱與沮喪的時期中，常作強有力的支持。自其結婚以至一八二七年逝世時爲止，裴斯泰洛齊的生平，略可分爲三個階段：（一）對頑童工業教育的實驗（一七七四至一七八零年）；（二）對社會與教育提倡改革的著述活動（一七八零至一七九八年）；（三）對小學教學的改良（一七九八至一八二七年）。茲分述如下：

一、新莊的實驗　當裴斯泰洛齊結婚後，購一農場，命名新莊（Neuhof）、一七七四年，他決定用以實驗自然主義者重要的原則，認爲個人的性質由環境所形成，環境旣是自然的，那麼，這種性質自應良善的了。裴斯泰洛齊欲取法盧騷的學旨以從事教養其幼子的實驗，而撰有父親的日記（Journal of a Father），表現逐漸發展的原理，其後他用爲教育方法的要素。但他發覺盧騷的原則，在實行上尙需經許多修正，並加以適當地推想，認爲兒童最自然的環境，寄托在由嚴格而親愛地訓練之精神所支配的家庭之中。因此，他決定選取貧苦的男女兒童二十五名，組編其日常生活，他們可藉工藝而供養自己，同時授以讀寫算的初等教育，並在一良好家庭之最好道德與宗教的薰陶下生活。男童學習實際的農場工作，女童則學習家庭工作，兩者並教以紡織。其工藝雖與正式教學未有直接的關係，但他表示這兩者至少應同時進行，這種實驗，對適當組成的手工作爲正式教學的一種補充，表示激厲性影響，算一大成功。對兒童之智力的、道德的與體格的條件之改善，頗爲顯著。由是鼓勵裴斯泰洛齊招收兒童的數量，增至八十名。但對其行政與資財的能力言，即使得友人之助，但以經理、農人、製造家、商人、教師之職，萃於一身，實難於應付。這種實驗，經歷五年，至一七八零年，因遭破產遂告放棄。

二、從事著述的活動　斯裴泰洛齊生平厥後十八年，爲着提倡社會與教育的改革，及偶爾爲贍養家庭之故，乃專心從事著述。他對於法蘭西的革命最初雖懼其影響於瑞士，但深感興趣，於實際上他對於革命的理論變爲一個有力的宣傳者，常以其教育的改革，即社會改革必需的前驅之理想，撰著許多小冊子。無論關於社會的或教育的問題，其所有著作的基本思想是相同的。一七八零年，他發表其第一部著作隱士的夕暮（The Evening Hours of A Hermit），即一部一百八十種箴言集，主張教育應依自然所定下的次第程序而行事。這著作包含後來使其成名的教育原則之大部份，但這書只能由少數人所了解，因此他受人規勸將其思想以較普通的文體發表。翌年，撰有廖納德與葛特魯地（Leonard and Gertrude）一書，好像愛彌兒一樣，以小說的體裁撰成，爲指導社會的與教育的改革中一部名著。其本事描寫蓬納爾（Bonnal，虛構的一條瑞士鄉村）的農民退化情形，但由於一個愚昧的農婦葛特魯地的影響而逐漸變化了。她以勤勞、忍耐與技巧，而教導子女，並感化其懶惰而嗜酒的丈夫廖納德。以其榜樣，勸化鄰里，影響於全鄉的改革，引起當局注意其效績，乃至深信如果採用此道，全國便可以補救了。這部雖稱爲人民的書，因大多民衆不易閱讀，算告失敗；但當準備對社會改革提出任何意見時，却被歐洲的智識界所熱誠採納。然而，裴斯泰洛齊深信，大衆對此書如僅作一部小說來讀，則失去其教育的意義了。於是，他對此書續撰幾次，欲給與更詳細的教育觀念，但其續撰的，亦採最初的相同方法，故未引起大衆的興趣。

三、小學方法的實驗　甲、士坦茲（Stanz）　一七九八年，裴斯泰洛齊的生涯完全改變，對於教育的改革，由理論化的轉而至實行的。在那個年頭，法蘭西軍隊入境，屠殺士坦茲的居民，政府遂邀請裴斯泰洛齊，在一間已被充公的聖厄秀拉（St. Ursuline）舊修院裏，設立一所學校，照料被殺害貧民所遺下一百六十九名的孤兒。初時收容孤兒四十名，只在一房間教授，他既爲護士，又當教師。其後學生增至八十名，乃擇一年紀較大的學生爲助教。當裴斯泰洛齊開始施教時，採用其在新莊企圖實現的理想，側重手工，並加以正常教學的時數，即將教育活動與手工合而爲一，但在各方面都發生困難。冬季是沍寒，無以取煖，其手藝的實習工作，又缺乏設備。他乃轉而側重於教授的工作，但既無書籍、用具，亦無助手。因此，裴斯泰洛齊的注意力，大部份專心於口述的教學，由實物之助以教導計算及語言，並由會話之助以研究地理及自然。這種種新實施，即對於兒童心智的發展，是直接來自兒童深感興趣的各種活動之經驗，因而其所受託管教的八十名兒童，發生良好的變化。但這種實驗，在六個月內，不幸法軍復回，要求這修院爲軍事醫院之用，遂被迫結束。此對裴斯泰洛齊本人來說，却是不幸中之幸的，由於他不懈的劬勞，其康健殆告衰弱了，他乃在山嶺中息肩休養，希望重回而恢復其學校。在士坦茲時期，使其興趣，由工業教育轉而至對小學通常學科教授法的改良工作。

乙、波格道夫（Burgdorf，一七九九至一八四零年）　當裴斯泰洛齊恢復康健後，既不能返回士坦茲，乃消磨五年光陰於波格道夫，充當教師，進行最新穎的方法，以改良初等教育。最初，他接受在鄉村學校充當一位鞋匠的助手，這位鞋匠是主任教師，但因爲他採用新教學法之故，遂喪失其微職。可幸，裴斯泰洛齊的友人，助其得到舊波格道夫的城堡一部份及其花園，以爲教學之用。他在那裏，與其五六名忠實的門徒而又最好的教師合作，招收相當數量的供膳宿學生，以及日間的學生，並增設師資訓練的學校一所。其全部學校的經費，除了藉自動捐款之外，並得政府的多少津貼。他分別設置教師，教授圖畫與唱歌、地理、歷史、語言、算術與科學、及體育，並採用實物教學的旨趣。一八零一年，他發表其最重要的教授法之名著葛特魯地怎樣教其子女（How Gertrude Teaches Her Children）。此書並非繼續描寫葛特魯地的生活，不過企圖表示爲母親者教導其子女的方法，包括致一友人的許多信札，闡述其教育的原則，如手、頭腦與心智的訓練。這是代表其理想，即使在未經訓練的父母，尤其在母親之手中，教學應採簡單的與有效的方法。這書是最接近其教學計劃之一種規定的解釋，乃一部最有價值、最有興趣與最有條理的教育名著，出版後風行一時。波格道夫的學校，曾引起慈善家與教育家的密切注意；但在一八零四年，此校舍收改爲市政府的公用，裴斯泰洛齊又被迫搬遷了。

丙、伊佛登（Yverdon，一八零五至一八二五年）　裴斯泰洛齊初在蒙善博西（Munchenbuchsee）的一修院中覓得校址，應其敎師們的要求，將學校管理權委諸其友人斐連堡主持，斐氏是時在附近一間農業學校充當校長。這種調整，進行並不成功，且對裴斯泰洛齊含有屈辱之意，一八零五年，他遂往伊佛登創設另一間學校。一年之間，其以前的助手及學生，紛紛投歸。在最初五年中，表現最高的成績，師生的人數，亦比在波格道夫時代爲多。他當時實際上擁有一批能幹的敎職員，其中許多是門生，故能推行其教學方法，並補救其行政能力所不逮的。故伊佛登的教學變爲一個團體性，而非單靠一個人。當威廉帝（Frederick William）決定改革普魯士的初等教育時，派遣青年十七名前往伊佛登修習三年以準備改革的實施。丹麥與荷蘭等國，亦遣員生到伊佛登留學。裴斯泰洛齊根據直觀法，在全部初等學科中簡化其教學法的基礎，並編纂教科書及訓練師資，以方法新奇，驚動遐邇，盛極一時。裴斯泰洛齊雖爲一位實際的教育家，但缺乏學校管理之才。自是厥後，因算術教師士密特（Joseph Schmidt）之去留問題，內部意見不合，助手中發生爭論，一八一七年，大部份紛紛離開伊佛登，學校因而廢弛，效力減少，資助亦逐漸取消，學校卒於一八二五年關閉。裴斯泰洛齊返回新莊，居其孫之家，越二年，撰回憶錄的鴻鵠歌以自況，心情惘惘而歿。

裴斯泰洛齊對教育的影響　裴斯泰洛齊爲第一位著名教育家，將盧騷消極的及似矛盾的自然主義，變爲積極的企圖，欲以適當的教育及教學的方法，改造腐敗的社會。盧騷所創發之社會的與心理的傾向，由裴斯泰洛齊爲之擴展，因此，通常每以第十九世紀早期所有改革運動，歸功於裴斯泰洛齊一人，但在教育發展史中，實過分估計其重要性了。裴斯泰洛齊自己的工作，常有謬誤，如在語文教學上，以爲語文是自然的而非習慣的產生，學生應熟讀冗長名詞表的練習，此與其全部教學所根據感覺——悟性的基本原則，發生矛盾。而且，通常歸功於他的許多最好理想與方法，實乃由其能幹與忠實的助手共同工作之結果。他雖有種種缺點，如缺乏行政的能力，疏忽的與矛盾的依賴其自己的經驗、及昧於前輩的教育理論，但他是現代教授法的啓軔，在課室施教中以實驗法而替代了傳統。

裴斯泰洛齊是一個學校改革者、一個幻想者、與一個不易實行的熱心者，但其對於兒童的本性，賦有超卓的直覺的智識，故對教育改革的原則，有如下的貢獻：一、對普通學校給以社會的意義；二、教師是應受適當的培養然後教學，作爲一種高尚的與有技能的職業；三、學校根據其能力與成就而編級；四、傳授初等科學、鄉土地理、口講的語言及心算而擴充課程；五、介紹教學的優良方法；六、學校經驗的特性之實質上改進，即以觀察與研究代替僅憑記憶、班級討論與思考代替書本文字的誦讀，思維何者應做代替例行的學習；七、訓育方面，以溫和親愛的管教代替嚴格而畏懼的管教。他是比任何現代教育家具有最大的影響。其教育的理論可分述如下：

一、教育的目的　裴斯泰洛齊深信教育會改善人類，尤其提高大衆人民的生活水準。這種運動，在盧騷的激厲下而由其肇端，代表對社會與敎育改革的努力——即將盧騷的自然主義擴充而引用到社會去。他認爲教育的目的，是改造一個進步的社會，以個人的美德及國家的正義爲特性的。但欲改革社會，必須由構成社會的份子，無論富貧貴賤，要經過適當的教育改造，方能達成。他對於普遍教育（Universal education）的主張，並無秘密的動機，好像宗教改革者之例，只認爲此乃每一個兒童的權利。然而民衆欲改進其苦況，唯有當每個人的教育臻於「其一切能力與才性之自然的、進步的與諧和一致的發展」，才能達到。現行的教育制度，其主要目的是重形式的機械記憶法，而非對內容的了解，是不能達到上述的目的。反過來說，其於兒童的本能、器量、興趣與活動之自然的發展，即自內而發展，要求利用兒童直接的環境或經驗爲教學之最可靠的新方法與新資料，在這種實施上，爲裴斯泰洛齊對於教育改革提供最大的貢獻。

然而裴斯泰洛齊對於教育的基本目的，還是爲着個人的——智力的、道德的與體格的器官之發展，因此在其氣質、能力、需要與關係之整個範圍中，人類本性不只爲教育的起點與中心點，而且亦爲最終的目的，其作業之獨有的目標。由此出發點，爲着生活、爲着其生活狀況的幸福及爲着成爲社會有用的份子，是人類命運所注定與兒童教育的目的。故裴斯泰洛齊極注意於初等教育，在其早期進行中，要求手的訓練、頭腦的訓練與心思的訓練，其後，他教導兒童智識的與道德的方面，特別在對於兒童的宗教。對於兒童的各種關係，在教育與教導的各階段中，必須視爲一體。

教學的內容與方法　裴斯泰洛齊教學法及其理論，有如下的特色：一、教育是一種繼續的發展；二、發展是自內而發生，兒童訓練其自我活動，對其能力的練習與應用；三、感覺訓練變爲其適當發展的必需條件；四、訓練必須循各步驟進行，即它是整個的——道德的、智識的與體格的訓練；五、學校乃變相的家庭，課室盡可能近似於家庭的狀態，充滿家庭的精神，教師使學生發生信心者在親愛。基於這些特色，其教學法在本質上可分爲如下兩點：

甲、實物教學與口授　裴斯泰洛齊何以這樣劇烈反對當時流行的教育，考其故，以他認爲感覺——悟性乃智識的眞實基礎，而直觀或經驗，則爲全部教學的根本。因此，他側重實物教學與口授，企圖用此方法實現盧騷的原則。教學法的核心：一、實物的教學；二、訴諸各種感覺而學習；三、思想的個別表現。他認爲現行的誦習書本及對其孜孜揣摩的方法，不過以模糊的觀念或僅以文字灌入於兒童之心，故應基於兒童的經驗，由實體材料的觀察而教學，使培養其清楚的思想及訓練其口頭的表示；並非像夸美紐斯以獲得實物研究的智識，只以訓練心智的、表情的及意想的能力爲目的。

乙、直觀教學的ABC　裴斯泰洛齊的教學最基本原則，由於觀察與經驗的指導，將所有教材分析爲最簡單的成份，在性質上是具體的，使讓兒童對此種成份的觀察，爲教學方法的基礎。此種原理，裴斯泰洛齊稱之爲「直觀教學的ABC」，因此，他規定對實物的觀察，並對文字與表象的觀察，爲教學的基礎，他認爲所有智識是產自感覺——悟性，故强有力影響於教育上科學的運動；這些根源，已在夸美紐斯的著作中清楚地說明，其基本的手續如下：一、將教材化爲最簡單的成份，在性質上是實物的與具體的；二、基於心理學或根據學生個別的困難，將成份編爲有等級的序列——由簡單的逐漸而至複雜的；三、對成份的觀察；四、學生表示關於觀察成份的印象。這些原則，企圖施用於初等課程，尤其在讀、寫、算及地理的教學。例如教授誦讀，其初步爲音節表，先以母音及子音全部可能聯合的訓練，然後進行以學習文字及字句。繪圖，先注意學習圖形之簡單的成份，卽線條、角度與曲線等，然後經過許多配合練習以繪成各種幾何的圖形及創作的圖案。寫字作爲繪圖的一種形式而教授，字母分析爲各種成份，像直線、曲線與斜線等，這些成份經過許多訓練，然後兒童着手寫字母或文字與字句。計算的成份，以物體作爲單位或至少以寫在板上的字劃之助而教授。口頭計算爲最大的使用。心算所基於觀察者不在文字與表象，而在具體的實物，由於對其善用，兒童便可精通算術的配合，故由實物得到關於數字的準確觀念。一個小畫板，劃爲各方形，以點爲代表，用作教授加減乘除。地理一科，由鄉土地理開始，俾得以表示自然學的條件之影響於人類活動與發展。學校的後院、鄉村、附近河谷，供應對個人經觀察後所繪地圖的了解所必需的智識。由這些簡單的開始，至少在理論上，兒童可導致於對整個地球與其關於人類關係的智識。裴斯泰洛齊方法的總則，是將每一種學科編成一種初階，然後由細心規定等級的練習而進行，每一練習必須完全精熟然後至其他，一直對全學科完全了解爲止。這種穩當的總則，在實習上雖常有過份之嫌，但其在方法上乃一大進步。裴斯泰洛齊最有能力的高足並爲其作傳的摩爾夫（Morf），根據葛特魯地怎樣教其子女一書所說明的理論與實施，綜合裴斯泰洛齊教學法的總則如下：（一）觀察或感覺——悟性(直覺)爲一切施教的基礎；（二）語言文字必常與觀察(直覺)，卽與實物或內容相連；（三）學習之時，並非判斷與批評之時；（四）每一學科的教授必從其最簡單處入手，而由這些開始，必須根據兒童的發展，卽是這必須依心理學的原則聯爲一系，而逐漸進行；（五）教授程序中每進一級，必須有充份時間，俾兒童融會新得之物，至完全精熟爲止。（六）教授應志在啓發而非在獨斷的說明；（七）教師應尊重學生的個性；（八）初等教育的主旨，不在傳授兒童以智識及才幹，而在發揮及增長其心靈所賦與之能力；（九）能力必聯以智識，技能必聯以學習；（十）師生之間，必以愛情立其關係而駕馭之，尤以關於訓育之時爲甚；（十一）教授必本於最高之教育鵠的。

裴連堡與霍夫威爾的學校　裴斯泰洛齊的瑞士人助手與門徒中，最有影響者爲其友人裴連堡(Emanual Von Fellenberg，一七七一至一八四四年)。他是瑞士伯爾尼（Berne）一貴族的子弟，家境富裕，曾遊歷各地，有志獻身於教育，完全深印裴斯泰洛齊的思想，認爲瑞士農民的苦況，唯有靠新教育方能改善。後與裴斯泰洛齊合作，未幾因意見不合但保持友誼態度而分離，裴連堡乃在伯爾尼附近之霍夫威爾（Hofwyl）自己的產業中創設一學校，由一八零六至一八四四年間，以發展裴斯泰洛齊工藝教育的理想，這是第十九世紀最顯著的教育實驗之一。裴連堡所設之學校，志在進行三端：（一）實行裴斯泰洛齊的理想，同時授給貧苦兒童者，一爲工藝教育，另一爲智識教育的基礎；（二）實現汎愛的理想，無論貧富的兒童，一起受教育，以養成一種互相同情與諒解；（三）訓練公共學校尤其在鄉村區的師資。裴連堡是一位最有效能的組織家，逐漸建立其計劃的各部份，一八二九年，已設立的機構，計有一、約有六百英畝的農場；二、製造衣服與工具的工場；三、印刷與石印廠一間；四、文學的學校，以供應富庶子弟的教育；五、低級的或實科學校，訓練手藝與中等階級的職業；六、農業學校，對貧苦兒童初步的教以敏捷耕作及其實際應用的原理。所有這些學校的教師，是受過訓練；有一時期，伯爾尼的全體教師，都在霍夫威爾接受其師資訓練的。

自一八一零年起，霍夫威爾的學校已開始引起社會注意，各方學子與賓客，肄業及參觀者，紛至沓來；農業學校特別引起興趣。在歐美發表的報告書，約有百餘種。裴連堡歿後，一八四八年，其家庭遂放棄這學校，但在教育上智識與手工的合一，實驗極爲成功，對於西歐與美國農業的與工業的教育給與一種動力。瑞士每一縣（Canton）即設有農場學校，而大部份正常學校亦傳授些工藝教育的形式。在德意志、法蘭西及英格蘭，工藝教育傳入許多遷善學校（Reform school），爲對頑童最好的訓練，並傳入孤兒院，爲其畢生職業之實際的準備。在美國，由於許多關於裴連堡設施的報告之結果，約在一八二五至一八五零年間，全美設有「手工學校」。此等學校是沿着文學的路線而組設以供給一種高等教育，工藝的特色傳入以供應貧苦學生自給的機會，同時以使其受到體格練習爲智識工作必需的基礎。當國家財富增加及正式的社會交際發展時，這種工藝的成份，始逐漸放棄了。

裴斯泰洛齊主義的傳播　廖納德與葛特魯地一書的發表，在波格道夫與伊佛登研究的許多教師所受訓練之報告，及大批參觀此等學校之官方委員會與私人的訪客之觀察，故歐洲各國與美國，對於裴斯泰洛齊的工作，引起很大的興趣。由於這種興趣，更引致在許多地方採用其方法，對於教育的發展，有深刻影響。

瑞士　最奇特者，裴斯泰洛齊的誕生與活動地方的瑞士，獲得其實驗家之實惠却很慢的。此乃由於宗教的不同，其個人弱點較爲衆所週知，及以其被許多人認爲是一個政治的革命者之故。可是，自一八三零年革命後，瑞士政府採取較爲開明的態度，裴泰斯洛齊的方法，遂傳入許多學校之中。但其對瑞士教育的影響，主要的是藉斐連堡的工作。在法蘭西的栢格勒(Bergerac)，西班牙的馬德里，及丹麥的哥平哈根，雖設有裴斯泰洛齊的學校，但維持不久，影響亦微。

德意志　裴斯泰洛齊主義的影響，未有如德意志所受如是深刻的。不僅大教育家像赫爾巴特、福祿培爾及其他的，曾負笈於伊佛登而親炙於裴斯泰洛齊，而且裴斯泰洛齊主義，在德意志的各邦中，尤其普魯士，成爲社會的與政治的革新的主要因素之一。一八零五年，德意志從事於法蘭克福一間裴斯泰洛齊學校的經營，由福祿培爾首先掌教，保留於一八一零年，自這時起，法蘭克福成爲裴斯泰洛齊運動最重要中心之一。同時，穆拉（Muller）在曼茲（Mainz）開設一所裴斯泰洛齊學校。在全德各邦之中，普魯士最有興趣的推廣的裴斯泰洛齊的工作。自從裴斯泰洛齊弟子中兩位最熱誠者尼科盧維（Nicolovius）及蘇威連（Suvern），進內政部主持公共教育處後，裴斯泰洛齊的方法更未遇反對，在普魯士的學校中佔着最優勢。一八零九年內閣法令，宣佈以裴斯泰洛齊的理想，爲小學改組的基本原則。自從青年教師遣往伊佛登進修，及其歸國，自然在普魯士爲裴斯泰洛齊方法，最積極的宣傳者。在德意志傳播裴斯泰洛齊主義，其最大影響者爲哲學家斐希特（Fichte），他是裴斯泰洛齊的摯友，四處演講裴斯泰洛齊的工作，作爲喚醒德意志人愛國精神與對社會改革熱情的方法。由於這些影響的結果，在德意志的教師之中流行着最大的興趣，而對於學校組織、設備與方法，遂產生顯著的改良。最後，對裴斯泰洛齊學說最積極宣傳者，還歸功於赫爾巴特。

法蘭西　在法蘭西，拿破崙實施軍事專制主義，對於裴斯泰洛齊藉改革教育以促進大衆的學說，不肯支持，及一八一五年復辟後，法蘭西教育復歸於教會的影響之下。自一八三零年革命後，始略有進步，尤其師資的訓練，此乃由於公共教育部部長庫仁（Victor Cousin）努力振刷的結果。一八三五年。他發表「普魯士公共教育的報告」，敘述普魯士有顯著的進步，乃因採用裴斯泰洛齊方法的緣故。

英格蘭　在英格蘭，裴斯泰洛齊主義並不像在德意志享受這麼愉快的歷史，其傳入於英格蘭者，主要的是由教士馬約（Reverend Charles Mayo）及其妹伊里沙白（Elizabeth）的進行之故。馬約在伊佛登消磨時光凡三年，於一八二二年返回英格蘭，開設一間私立學校，收容富家的兒童，教學採用裴斯泰洛齊的方法。伊里沙白在一本稱爲實物的教學（Lessons on Objects）的教師手冊中，敘述此方法，這書爲編排於教課中的學藝與科學一種百科全書，其內容逾越年幼兒童攻讀的理解力很遠，但流行是極普遍的，使裴斯泰洛齊主義在英格蘭成爲正式的效力，大部份教師强迫兒童記憶關於實物的事實，而不在其了解。馬約氏兄妹於一八三六年並協助以組設「本國及殖民地幼兒學校會」（Home and Colonial Infant School Society），專心以推廣幼兒學校的制度，這種學校於拿破崙戰爭後已在英格蘭長大了。這會設有示範的幼兒學校及師資訓練學院各一所；裴斯泰洛齊方法傳播於英國，有很大的影響，但對這位大改革家的眞精神，保存却較少。

美利堅　在英國成爲正式效力的裴斯泰洛齊主義，最後影響於美國的教育。這種運動，最初由裴斯泰洛齊的助手尼伊夫（Joseph Neef，一七七零至一八五四年）傳入；這位助手，曾由費城（Philadelphia）一個慈善家邀其在那裏開設一間學校，但居留僅數年，影響是比較輕微的。其次，這種運動所以得到美國之注意者，是由於官方與非官方對此類報告的發表。其最大的影響，是庫仁報告書的翻譯，尤其「一八四三年賀拉西曼第七年報告」(Seventh Annual Report of Horace Mann in 1843)。這是敘述其考察外國的尤其德國的學校，備極贊揚在普魯士制度中裴斯泰洛齊的教學，不需教本，有熱誠的教師，無虛僞的競勝，及採溫和的訓練。康乃狄格（Connecticut)州教育廳廳長巴納德(Henry Barnard，一八一一至一九零零年），藉發表報告及學校雜誌而進行改革學校，他並爲美國第一任教育長官，對於刺激美國之裴斯泰洛齊主義，亦有很大貢獻。由於這些影響的結果，普魯士式的裴斯泰洛齊主義，遂傳入於新英格蘭的許多小學及些少師範學校之中，但其效果仍受相當限制。裴斯泰洛齊主義在美國實施之決定性影響爲歐斯威古運動，這種運動是由紐約州歐斯威古（Oswego）的學校總監

(Superintendent)謝爾登（Edward Sheldon）於一八六零年所發軔。謝爾登在加拿大的杜朗度（Toronto）覓得一大批裴斯泰洛齊方法的資料及閱讀「本國與殖民地幼兒學校會」的出版物之結果，遂熟悉裴斯泰洛齊的理想。他決意介紹裴斯泰洛齊方法於其學校，並由英格蘭輸入必需的書籍與設備，然後組設師資訓練班及由馬約學校延聘一位受過訓練的教師，推廣進行。這種運動，側重「實物教學」作為教授的主要方法，但被形式主義的教育家嚴厲批評。然而一八六五年得全國教育總會的一個委員會所批准，故對於美國學校的發展中是最重要的影響。不過，現時的方法論與教育心理學的運動，却脫離歐斯威古的方法了。

第三節　赫爾巴特的運動

赫爾巴特與裴斯泰洛齊的關係　裴斯泰洛齊與赫爾巴特兩人，類型各異，沿着不同的路線進行，但其關係是密切的。他們兩人，從完全不同的角度而研討教育的問題，裴斯泰洛齊幾乎畢生從事教學及替人類服務，而赫爾巴特曾充短期的私人教師，僅有些少教學經驗。裴斯泰洛齊爲一社會改革者，一個幻想的而未能實行的熱心者，但具有一顯著直覺的洞察兒童的本性；赫爾巴特是一位飽受訓練的學術思想家，終身在德國大學充當恬靜生活的哲學教授。裴斯泰洛齊欲由教育的改革作爲社會增進的方法，而其教育的進行，一部份應該爲一種自內的天然發展，他方面又必須建立於由外界經驗所生的觀念之上。赫爾巴特深受裴斯泰洛齊基本原理的影響，傾其全力於發展裴斯泰洛齊第二方面的見解，即將全副精神放在教育方法及教師作業方面。兩者是由根據其自己的觀察與經驗，不顧傳統與權威的力量，欲以簡單而有系統說明各原則所激動。裴斯泰洛齊的進行限於心智發展的開端，從觀察的練習以啓發「清楚的意象」，以作感覺——悟性的訓練。赫爾巴特藉裴斯泰洛齊之助，從簡單的觀念以至熟練的動作，以解釋智力的全部發展，及在發展程序中教學的適當地位。這兩人實互爲補充的。裴斯泰洛齊欲求心理學化的教育，但既拋棄舊式心理學，而並未亦未能創出自己的任何方法。赫爾巴特在構成教育思想方面對於此門表現十分顯著的工作，故常譽爲現代心理學的鼻祖。裴斯泰洛齊的悟性導致一種自然世界的智識，爲學校的主要活動，而注意於算術、地理、繪圖及自然的學科。赫爾巴特的道德訓練，志在培養一種普遍的道德表現，爲教學的主要目的，而側重於古典語言、歷史及文學。赫爾巴特坦率承認受裴斯泰洛齊之澤的。其著述的一部份常在學理上支持裴斯泰洛齊的理論，對心理學的與科學的研究教育所奠下之基礎，其影響較裴斯泰洛齊爲大。

赫爾巴特（Johann Friedrick Herbert，一七七六至一八四一年）的傳略　赫爾巴特的父親是一位博學之士並爲一個律師，其母親是一位剛毅果斷而有特殊才能的婦人，親自督導其子之早期教育，巽常嚴格。他最初表示愛好希臘文、數學與形而上學，這種選擇對其教學法的觀點，有一顯著的效果。十一歲，開始學習論理學。在其家鄉奧登堡（Oldenburg）鎮的文科中學，尤其在耶拿大學肄業時，深受斐希特（Johann Gottlieb Fottlieb Fichte，一七六二至一八一四年）唯心哲學的影響，但其常撰超卓的論文，批評斐希特與謝林（Friedrich Wilhelm Joseph Von Schelling，一七七五至一八五四年）的唯心論。一七九六年，當其在這大學肄業三年後，充私人家庭教師，教導瑞士因脫拉根（Interlaken）總督的三個兒子，其年齡爲八歲、十歲、及十四歲，他以方法與系統對於這些兒童的觀察，隨時向其父親作書面的報告。他與這些兒童相處的三年經驗，供應其教學理論的理想與資料，其後他常堅持，謂對於少數兒童的心智發展之精細的與長期的觀察，乃師資訓練之必需的基礎。而且，這種經驗導其注重研究每個兒童的需要與能力之必需，以定適合於他們的教育。

一七九九年，當其在瑞士時，赫爾巴特曾參觀裴斯泰洛齊在波格道夫的學校，深佩其教育法的完善。那時他懷着兩種興趣，卽哲學和教育。究竟他要作哲學家呢？或教育家呢。他不能不猶豫；結果他乃成爲教育的哲學家。一八零零年，他辭去家庭教師之職，重返德國，轉赴布勒門（Breman），完成其中斷的大學功課，恢復哲學的研究。他在那裏逗留兩年，撰著論文，一爲論裴斯泰洛齊最後著作的葛特魯地怎樣敎其子女（On Peslatozzi's Latest Work "How Gertrude Teaches Her Children"）、對波格道夫教學的同情與有些方法的辯護；一爲裴斯泰洛齊直觀教授法的ABC（Pestalozzi's Idea of an A.B.C of Observation），卽對其教學理想的解釋。他並屢次公開演講，熱烈提倡裴斯泰洛齊的理想。由一八零二至一八零八年，他在哥丁根（Göttingen）大學任講師，講授教育學、倫理學、論理學、心理學與哲學，並發表許多著作，其中包括普通教育學（The Science of Education）一書，對教育之道德的目的作更明白的倡論。一八零九年，他接受崇高的榮譽，聘其在孔尼斯堡（Königsberg）大學繼任康德（Immanuel Kant，一七二四至一八零四年）的哲學講座，對於哲學與教育，曾表現最優的工作，一八一零年藉其努力，組設教育學研究所（Pedagogical Seminar），爲高級學生研究教育問題之需，與另設一間限定二十名學童的實習學校相聯絡，對這些學生供給其經驗及對於教學法供應實驗之機會。他努力教學，直至一八三三年，當其立心企圖繼承黑格爾（George Wilhelm

Friedrich Hegel，一七七零至一八三一年）在栢林大學的哲學講座，遭受政府官員的不悅，而喪失其在孔尼斯堡教授之職，哥丁根歡迎其重掌教席。在孔尼斯堡時期，他撰有心理學教本（Text Book of Psychology）；在哥丁根時期，一八三五年，他發表其最重要著作的教育學講義綱要（The Outline of Educational Doctrine），此書不像普通教育學，亦非一部形而上學的論著，只對其教育學一種清楚的與實際的解釋。他於一八四一年在哥丁根逝世，於恬靜反省空氣中度過其純粹學者的生活。

赫爾巴特的教育法　赫爾巴特的教育，是根據倫理學與心理學的原理，前者是指出其目的，後者是表示其方法。這樣，他以倫理學及心理學爲其教育法的基礎。茲分述如下：

（一）教育的目的　關於教育的目的，赫爾巴特的論旨，既非盧騷從自然的發展兒童的天生智能，亦非像裴斯泰洛齊從諧和的發展全部能力。事實上，赫爾巴特摒棄心智的「能力心理學」及其教學法的推論，即形式訓練的學說。他認爲個人既與其同羣參與社會的生活，教育的宗旨，是準備人們以適應的生活於有組織的社會，因此教育之主要目的，既非習慣的適合，天性的發展，僅有的智識，亦非個人的智力，而只爲着個人的性格與社會的道德。故美德（Virtue）一詞，實爲表明教育之全部目的。所謂美德，「就是內部自由（Inner freedom）的意思，因爲會產生一種悠久常住之實在於個體之中的緣故。」從美德的分析，變爲五個道德關係的理念，即一爲內部自由、二爲圓滿（Perfection）、三爲善意（Benevolence）、四爲正義（Justice）、五爲公道（Equity），其最基本一種是內部自由——即一方面意志與另一方面識力間的諧和。他以爲此等道德觀念的養成，就是教育之目的。換句話說，教育就是嚴密的平衡的養成此等道德觀念而已。然而即使達到道德的生活，似覺未夠，爲着配合道德教育的本身，仍需有宗教的訓練。

乙、教育的內容　為求對教育目的之實現，第一步是啓發個人多方面的興趣。人類多方面的興趣，是由其對事物的經驗與其對人的交接而來。前者是供應自然的智識，後者則產生對同羣的感情。因此，興趣應列為屬於智識及參與(Participation)的兩組。每組的興趣，再分為三類。智識的興趣，分為：(一)經驗的，直接訴諸感覺；(二)推想的，求理解因果的關係；(三)審美的，藉賴於賞覽之樂。參與的興趣，亦分為三類：(一)同情的，應付其他各個人的關係；(二)社會的，包括公衆的全體；(三)宗教的，論述一個人對於神的關係。為着配合於這兩大興趣起見，赫爾巴特將教育的內容列為兩個主要部門，即科學的，包含數學與自然科學；社會的或歷史的，包含人類的社會進化之產物，即語言、文學與歷史。歷史及文學，乃道德的觀念與情緒的來源，故兩部門中以後者較為重要的。人文的極端應基於歷史學科的研究。由歷史學科而作道德的訓練，是以新人文的專心於希臘的文學，尤其荷馬的奧德賽，為其最好的入門與資料。誠如上文說過，智識是有兩個來源——自然的與社會的而來。為着傳授這種智識，必須提起興趣；為着提起在智識所需多方面的興趣，必須實行多方面的發展。由全部智識，及教師的適當教授，養成清楚的觀念或概念；由清楚的觀念，產生正當的行為；由正當的行為引致於個人的性格，——始於智識而終於行為，這是赫爾巴特之「思想的循環」(Cycle of thought)。赫爾巴特的論旨，主要的是志在中等學校的教學，但其原則，由其門徒特別施用於初等教育。

丙、教學的方法　(一)興趣　赫爾巴特教學方法所根據的基本原則是興趣的理論。他認為在良好教學上以引起興趣爲首要。興趣是愉快的態度，乃教學上刺激心理活動之一種。自動的發生，當然是好的；否則在必要時，强制的興趣，亦必須恢復。論教學的技能，一部份是基於教師確保興趣的能力無需一面訴諸强迫或另一面採用糖衣而決定。赫爾巴特並非限制興趣對於一定的學校工作之施行時作暫時的刺激物，而以興趣視爲一種極端或目的——視爲教育的永久產物，尤其最重要的，興趣的直接結果作爲一種手段，藉興趣之助，注意遂自由的用之功課，不需藉外施的方法而得到的。

（二）類化作用（Apperception）　赫爾巴特認爲心靈雖沒有任何材力，但是也像其他的實體一樣，能够反抗外界的刺激而保存自己，這種保存自己的活動，就有一種現象，叫做觀念(Idea)或表象(Presentation)。這種心理學上最簡單意識因素之觀念，是沒有實在的，人們所曉得的心智，是屬於現象世界的，所不知的心靈，則認爲永久的存在。心智雖只是一種現象而不是永久的存在，但是非常活動的。觀念是心靈材料的微點，生動的與不滅的，是由心靈與外界環境接觸所生出來的結果。所以心靈的主要作用，在於爲諸觀念(表象)之父，而這個心，不過是諸觀念的聯合體而已。他定出觀念的聯合之法有三：一、接近法，卽同時或接近的兩觀念中，一觀念起時，則他觀念繼續現出；二、類似法，卽相類似的兩觀念中，一觀念起時，則他觀念亦因而現出；三、反對法，卽一觀念起時，則與其相反對的觀念因之現出。此等法則，赫爾巴特總稱之爲類化作用，乃其全部學說的中心教義。所謂類化作用是兩個類似觀念的關係，卽一觀念改造他觀念，而終與融會的意思。欲完成此種類化作用，則不可不集注其意識於新觀念與舊觀念有關係而可以同化之點，一面拒付其無用的觀念，僅留其與新觀念有關係者於意識之中。一個觀念若得進入意識內的一團觀念裏而佔一相當的位置，這便叫做類化或統覺。意識內那團觀念叫做類化團（Apperceiving mass）。如果觀念不能佔一相當的位置，便不能現出於意識之內。所以一個觀念能否引起類化，便看意識內有無相當的類化團而定。五段教法即以此說爲根據。但觀念欲佔據有限範圍的意識中，不能不互相競爭，勝利的佔據意識，完全自由；失敗的退出意識，完全被抑，——被抑的觀念，並不是消滅於無形，只算是待時而動，叫做無意識。無意識的類化，在教育上很重要，因爲新觀念往往因之容易類化的緣故。這種類化的程序，即學習的程序。教師的作業就是指導這種程序。教學就是爲心智的構造家與建築家的教師，將此類觀念的選擇與有系統的提示。根據赫爾巴特的意見，觀念或表象是所有心智現象的原因，而非結果。他與其門徒，不信原始的心智能力或狀態、感情、意志與欲望，乃由經驗，由觀念而得來的。赫爾巴特對於心智的活動，以很精確的——差不多用數學和物理學公式來研究或推想的，故其心理學乃一種形而上學的。

（三）總方法　赫爾巴特的方法，主要的是重於教導，把眞實正當的觀念，貫注兒童心裏，則會產生正當的行爲。教育是一種教導的過程。類化教學在一定方法中，心智可接受與吸收各種觀念，因此任何學科，必須有一種科學化的教授法。這種教授法的要點是明晰、聯想、系統、方法。赫爾巴特在此種總方法開列四個步驟，但後來由其門徒將它改變與增訂，成爲五段教法：一、準備（Preparation），根據類化的原則，兒童的心志，應回憶過去的經驗與事實，認淸本課的目的，而作對新材料同化的準備。二、提示（Presentation），給與新材料，使兒童能有深切的了解。三、聯想（Association）或比較（Comparison），舊經驗與實際同化於新經驗，或比較各種現象。四、系統化（Systenalization）或總括（Generalization），聯結新舊經驗的基礎而構成一種總觀念、概念或定義。

五、應用（Application），在解決有關的問題及表示應用的範圍中，對已得智識的採用。首先四段是歸納的，第五段則爲演繹的。赫爾巴特並未苦心經營於總方法，究竟這些步驟是否用於每一功課單位抑或對於學科的全部，亦未表示清楚，只其門徒常用於個人的誦讀。但有一種危險，是使其或變爲一種教學法的拘狹性，而破壞誦讀的自發。

（四）相互關係（Correlation）　赫爾巴特主張，在編入課程中的各學科，應有相互關係的，比如一種學科放在集中注意的中心，便需這種學科受所有其他有關學科的供應，這樣對兒童意識提示一個統一的概念。他並提出另一種教學的原則，即集中的理論。當注意完全專注於思想的一方面，及意志完全偏於一種興趣而捨棄所有其他興趣時，集中便發現。集中的理論雖有異於相互關係的理論，但可作爲相互關係的一種方法，使一種學科成爲課程的核心。相互關係是增强及保持多方面的興趣。凡學科的教授，如觀念的產生形成孤立的一類時，則爲教學法上的失敗。赫爾巴特本人僅提出相互關係的觀念，但其門徒則苦心經營之。他主張奧德賽應爲最先的讀本，以它代表其青年時歷程的活動與興趣，因此應訴諸每一個兒童。奧德賽應由其他希臘文與拉丁文的經學繼之，並與各時代的歷史之研究相聯合，這種歷史乃敘述人類興趣中綜合的產物。赫爾巴特的弟子集爾拉，將此觀念闡發爲文化時期（Culture-epoch）的理論，即每一個人當其發展中所經過各階段，相當於人類於其發展中所歷的文化各階段。

赫爾巴特的影響　一般來說，赫爾巴特對於教育有如下的貢獻：一、開創一種新教育心理學；二、在教學上側重道德的目的；三、介紹歷史與文學的教學以充實課程；四、許多現代教科書，根據赫爾巴特的原則——興趣的理論、類化的理論、及相互關係的理論而編撰；五、師範學校是根據赫爾巴特的方法而經營；六、五段教法是用於課室的教學。尤其赫爾巴特側重於來自外面的教育的發展之部份——即對兒童發生作用的環境，以與裴斯泰洛齊側重於由內部及根據器官的定則之智力發展相對照。赫爾巴特與其門徒對於德意志與美國的教育實施，發生大影響，使其在第十九世紀後期的教育，造成一極大的進展。他的教育原則，已爲各處所普遍的採納，其側重的有三點：一、在發展道德的性質中學校教導的重要，及爲達致此目的藉賴人類的教養而不在兒童的天然能力的必需；二、基於心智起作用與展開方面的智識，教學正確方法之需要；三、在教育進行中教師地位的提高，並對教學職業作注意訓練的必要。

德意志之赫爾巴特的運動　赫爾巴特的原則，經過若干年，不甚爲人注意，但在一八六零年最初十年之間，其影響發展爲兩個顯著的中心，一爲來比錫（Leipzig）大學，另一則在耶拿大學。在這兩大學中，設立教育學研究所與實習學校，對於赫爾巴特的原則不僅作爲學理的研究，並且作實際的應用。每一間大學中，且由一個大領袖決定其運動進行的方向。

集爾拉（Tuiskon Ziller，一八一七至一八八三年）　來比錫大學的教授集爾拉，於一八六五年發表其著作教育的教授理論的基礎（Basis of the Doctrine of Educative Instruction），爲引起對赫爾巴特一般興趣的第一人。由於這名著所引起的興趣，遂產生「教育科學的研究協會」（Association for the Scientific Study of Education），集爾拉充當首任會長。未幾，全德各地便組設分會。集爾拉所企圖實現赫爾巴特的原則是完全獨立的，對於原則的發展，比其師更爲急進的。當赫爾巴特斷定歷史學科對道德訓練具有最高的價值，意欲施行於中學，集爾拉決定以德意志小學的課程為實施赫爾巴特教育學的基礎。首先證明的是其將赫爾巴特相互關係的原則發展為集中的原則，即全部學校教學的統一乃基於一個中心的研究，這對於兒童心中啓示道德的一般觀念，會有最大的實際價值。集爾拉認為歷史與文學是供給完成這種目的最適宜之資料。他將小學歷史科編為八個年級，此可見其主旨的。集爾拉所致力的「文化時期」理論，對其集中的原則，是一種附帶的推論。這是一種撮要的生物學理論之教授法的應用，即個人於其由胚胎以至成年的身體發育中，約述物種進化中所發生變化之相同的階段。因此，為着依照兒童心理發展中正當的次序，教材應該根據人類文化發展各階段而選編，俾與兒童心理發展的階段平行並進。「文化時期」理論雖有英國的斯賓塞（Herbert Spencer）及美國的賀爾（G. Stanley Hall）等支持，但實際上僅屬於學術的興趣，很少用作學習的課程之基礎。赫爾巴特之相互關係的原則，由於集爾拉祖述其師承，作急進的與誇張的發展，特別表現獨立的作風。他並苦心闡發赫爾巴特的教學法，分為五段，雖似誇張，但對赫爾巴特的原則，在理論上作最完全的解釋。

來因（Wilhelm Rein，一八四七年生）　耶拿大學首先對赫爾巴特的原則，作極穩健的祖述。由於斯托伊（Karl Volkmar Stoy，一八一五至一八八五年）及來因的努力，使耶拿成為教師訓練及這學派觀點傳播的大中心。耶拿的教授斯托伊於一八七四年根據赫爾巴特的學旨，創設教育學研究所及實習學校。集爾拉與斯托伊的弟子來因，遲十一年，繼任主持，根據集爾拉的集中原則、「文化時期」理論等，發展為實際的實行。他的工作是特別實際的，對於理論解釋與實際表現的配合，並無別處有像其這樣超卓的。來因很精細製訂小學八年修習的課程，師生們在實習學校進行實驗，並在研究所討論其見解。在來因主持之下，赫爾巴特的原則播及全德，引起德意志學校的內容與方法之改變，使教學的性質表現特別的優越。同時並傳佈於外國，最顯著者則爲美國。

美國之赫爾巴特的運動　赫爾巴特的影響傳到美國，是在第十九世紀第九十年代早期，由在第八十年代曾修業於來比錫與耶拿者所傳入。此等人之中，最有影響者爲戴加爾摩(Charles De Garmo)，他於一八八六年在耶拿肄業，一八八九年發表方法菁華（The Essentials of Method）一書，其後在康乃爾（Cornell）大學當教育學教授；查里麥慕里（Charles A McMurry），一八八七年在耶拿肄業，一八九二年發表總方法(General Method）一書，並在田尼西（Tennessee）州的披鮑蒂師範學院（George Peabody College for Teachers）任教育學教授，及其兄弟富蘭克、麥慕里（Frank M. McMurry），他於一八八九年肄業耶拿，一八九七年與查里發表誦讀的方法（The Method of Recitation）一書，並任哥倫比亞大學師範學院初等教育的教授。這些人與其他學者，於一八九二年組設「全國赫爾巴特會」(National Herbert Society)，以戴加爾摩爲首任會長。這會本身初時只嚴限於研考赫爾巴特的論題，如興趣、相互關係、類化、誦讀的方法及道德教育等。但在一九零二年，其名稱改為「全國教育研究會」(National Society for the Study of Education)；這會並沒有主張任何特別的綱領，只注意於目的、精神與方法之科學化而已。可是，自那時起，赫爾巴特的原則，已爲大部份師範學校所採用，且藉教師的傳播，對於小學課程更有很大的影響。

影響於課程　由於赫爾巴特學說發展的結果，在美國小學中大部份課程內容的改革，亦變爲普遍的，尤其，顯著的在歷史科的教學。當內戰之前，公立學校中，對於歷史不甚注意。自內戰之後，美國史僅在高年級教授，實際上其唯一目的在啓發愛國心。在第十九世紀最後十年，大部份由於赫爾巴特的影響，歷史教學的作用與範圍較廣。古代、歐洲、尤其英國的歷史，受到注意，其目的是求社會生活的了解，而非僅在戰爭與政治轉變的論列。在低年級，則教授傳記與歷史的故事。文學的教學，亦有同樣的轉變。在內戰以前，志在以宗教的與道德的影響，及演講術的訓練爲目的。自內戰後，通俗材料雖然享受較大的地位，但其常包含各名家的精華錄，而誦讀教學之目的，通常是訓練口頭的表情。即使最低的年級，亦企圖授以兒童的經典文學。許多委員會與教育家，協助這種推動，而赫爾巴特派的學者，自然爲這種運動之最顯著的。

影響於方法　赫爾巴特相互關係的原則，對於美國學校課程的組編，亦有深刻的影響。一八九五年，「全國教育總會第十五委員會」(Committee of Fifteen of the National Education Association，關於小學教育)的報告，對於相互關係一詞雖作一種較廣泛的解釋，但在相互關係的討論中表示大受赫爾巴特的影響。一般來說，在美國相互關係已採取一中庸型，像算術與手工訓練，歷史與文學，地理與歷史之間的互相關係，已由許多教育家啓發。但在一八九四年，伊里奈州柯克 (Cook) 縣師範學校校長栢卡 (Francis W. Parker)，採用集爾拉的集中原則，以科學尤其地理爲修習的中心學科。栢卡的助手傑克曼 (Wilbur S. Jackman) 企圖以科學及歷史採用相互關係的原則。小學課程，由於赫爾巴特的運動，已作重大的改革。自一九零零年後，側重於人類作爲生物的有機體之觀點的達爾文主義(Darwinism)，協助以摧破赫爾巴特的心理學及其牽涉於教育之基礎，只重教養與社會遺傳的赫爾巴特學說，遂逐漸衰退了。

第四節　福祿培爾的運動

福祿培爾(Friedrich Wilhelm August Froebel，一七八二至一八五二年)的傳略　福祿培爾生於德國杜林吉亞(Thuringia)貼近森林的奧伯威斯博(Oberweissbach)小鄉。他的幼年生活，歷盡許多磨折。當其九個月齡的嬰兒時，慈母去世，其父親爲路德派一大教區的牧師，忙於職務，對此稚子，不甚留意教養；自四歲起，任由其殘酷的繼母看管。他受盡種種磨折，童年時代的印象，永不忘懷，故後來特別注重親愛與同情，作爲存於師生間唯一的關係。十歲時，他到舅父家居住，舅父亦爲牧師，對其最憐愛，才得進市鎮小學肄業，他雖喜歡宗教算術等功課，但表現平庸。十五歲，應父命回家，在附近一林場裏當學徒。這時候，他肯勤奮與愛好自然，大部份由自修而學習植物學與數學，師傅對其却不甚注意。果然，有志竟成，因其愛好學問，蒙受場主的賞識，資助進耶拿大學肄業。他在那裏稍得有系統的教育，受着斐希特及謝林的哲學之影響，加深其氣質一部份帶有神秘主義；他對科學界對進化所採良好的態度，並有深刻印象。可惜不到三年，因欠了約二十五元的學費，坐了大學九個星期的監，遂被迫退學了。他歸家賦閒，翌年(一八零二年)又遭父喪，窮極無聊，幸而在大學裏學過一些技術的本領，二十三歲，他決定充當建築師，前往法蘭克福(Frankfort)學習這種行業，但被那處的裴斯泰洛齊學派一位模範學校的校長格魯納(Anton Gruner)，見其有教育的天才，勸其改業教師，並在自己的學校裏授給他一個職位(一八零五年)。越三年，他偕學生三名前往伊佛登，從裴斯泰洛齊學習凡兩年，變為一個熱心的門徒。他除研究裴斯泰洛齊的學說外，更致力修習地理、博物、兒童遊戲、音樂及母親教育等科。又轉而任教師者兩年。一八一二年，再入栢林大學，肄業雖僅一年，但是受到一位研究礦學而帶有神秘宇宙論的教授威斯（Weiss）的影響不少，對後來福祿培爾的宇宙與人生一貫的神秘說很有影響。一八一三年，他投筆從戎，服役於普魯士陸軍以抗拿破崙；及拿翁戰敗於滑鐵盧，戰事結束，乃在栢林大學礦物陳列館充當助理管理員。同時，他對盧騷、巴斯道及裴斯泰洛齊的著作，亦注意研究。

三十四歲時（一八一六年），其兄去世，他返回家鄉格雷新（Griesheim），在一教堂開設學校，僅有其姪五名爲學生。翌年，因學生人數增加，遷往基爾荷（Keilhau），採取裴斯泰洛齊的方法來教學。這所學校可以說是世界上第一所幼稚園。其兩位戰場同營的袍澤郎格太耳（Langethal）與密登道夫（Middendorf）亦參加工作，合力改良教學。第三年（一八一八年），他與霍夫美爾斯達（H. W. Hoffmelster）女士結婚，四人協力同心的幹，學校便一天一天的充實起來。一八二五年，一個敵意的政府視察員，對於此校運用兒童自我活動的原則，表現成功，勉強嘉獎。一八二六年，他發表人間教育（Education of Man），爲其最重要的教授法著作，這書雖然以許多神秘主義與象徵主義爲特性，但包含其理想最好的釋義。這校教學既然成功，但因財政發生困難，一八二九年，迫使福祿培爾離開。一八三一年，在瑞士的波格道夫學校教學，教授四歲至六歲的孤兒，並主持教師的訓練。

一八三三年，福祿培爾因其妻病重，復返回栢林。一八三七年，在布蘭建堡（Blankenburg）創設小孩學校（School for Little Children）一所，專收三歲至七歲的兒童，教以競賽、遊戲、唱歌、及作業（Occupation）：教學極爲成功，訪客常到校參觀，教師們亦來學習其教學方法。不幸，一八三八年，其妻去世，但這兩位男同志依然熱烈的輔助他，不只辦學校，並且辦刊物，陸續發表歷年搜集的詩歌遊戲，編成母遊戲一書，及訓練女子充當兒童的教師。這校原沒有命名，一八四零年春，他與友人散步河邊，欣賞花園勝景，忽有所悟，想到德文「兒童的花園」(Kindergarten)一字，五月一日，就用爲校名。但因財政上失敗，這校開設八年後，福祿培爾被迫放棄。其後，他訓練婦女教師凡五年，博得她們同情與擁護，此幼稚園又在各大城市開設了。一八四四年，全德已設有幼稚園十所。一八四九年，還辦幼稚園保姆養成所。不幸，普魯士政府對於福祿培爾的教學，與其一位講社會主義的姪之觀點相同，有社會主義的與非宗教的傾向，遂於一八五一年，禁止幼稚園設立，——此一禁止，執行至一八六零年。福祿培爾的氣力，經不起這一次打擊，時年已七十歲了。一八五二年，德國舉行全國兒童教師大會，特邀其演講，曾受熱烈歡迎，但於這年六月去世。

教育的目的　福祿培爾的教育理論，基於宗教的觀念。這是受斐希特與謝林的唯心論，與盧騷的自然主義之深刻影響，但其主張，在理論與實際，是求達到基督教理想的實現。他是裴斯泰洛齊的高足，但實際工作却有異於師承者，以其闡發教育的理論，並非基於經驗，乃由其早年化成公式的神秘哲學所蛻出。他又與其同時的赫爾巴特的教育理論不同，赫爾巴特是一個實在論者，認爲心智完全是經驗的產物，教師可因而對學生陶鑄，其教育乃一種教導的過程。福祿培爾認爲心智原來是創造的、活動的，而能力是天賦的；心智不是可型性，而是有彈性的；對於經驗有貢獻，而不是受惠於經驗。因此教師應尊重兒童的心智，任其有充份的自由，故其教育是一種發展的過程。在其所撰人間教育一書，他用唯心論的說法，對於宇宙萬物，都以一貫律（Law of Unity）來解釋，此一貫（Unity）即神，乃萬物的基礎，是普遍的、永存的，萬物出於神的一貫（Divine Unity），其源亦起於天主的一貫，天主有一種基本的力量，是萬物的唯一來源。萬物寄托及靠藉神，即寄托及靠藉天主而存在。對於人類的生活，也就以一貫律來解釋，每一新生的小孩，不只是天主的精神藉人的形式來表現，並且是人類基本的份子，故作為監護人的父母，是對天主、兒童與人類負責，這新生的小孩，又與人類之現在的、過去的、未來的發展有顯明的關係，這樣，以使兒童的教育而與人類及種族之過去的、現在的及未來的發展相調和。他常借助於象徵主義，以宇宙象徵人類，以人類象徵個人，又以小孩的一切象徵人類的一切及宇宙的一切，故自然的與世間的一切，都是在小孩身上很調和很一貫的表現出來。他認為整個宇宙是一個大機體，人類、自然與天主是一貫的，其全部教育的原則，是由此直接的或間接的推演出來。在人類的及兒童的發展中之統一性（Unity），與連續性（Continuity），及兒童從事學習的相關性（Connectedness），乃其一貫的基本原則之副產物，每一種有其教育的含義。在心理學上，每一個人，根據韞藏於其中之自然律，視為好像植物發育一樣的一貫。其本性之智力的、體格的與道德的方面，實為一貫而不可分。意識、體格與性靈合為一體。像上文說過，他以為人既由神而產生，故其本性是善的；性既善，則教育須以依循自然為主。但其論旨是與盧騷純自然不同的，福祿培爾是注重教育的，並且注意到教育可以使人向上長進，更可因此培養個別的發展——即兒童天賦才能與力量的發展。但他讓兒童自由比諸盧騷的承認兒童天生是好的見解，總算有進步了。因此，教育的目的，是供給每個兒童的自由個性之發展，所以對於兒童只需以適當的指導，千萬不可加以限制，也不可給他過份的幫助。換言之，教育是要設法想出一些方法和工具，幫助心智依照其自己的法則而發展。

自我活動：發展的方法　福祿培爾認爲教育是有創造力的自己發展之一種程序。教育的目的是發展，故教育的程序也是發展。這種發展是緩慢的、繼續的、逐漸的由「內部展開」而來，且靠學生方面天然的自我活動而致。其全部方法論是基於這種自我活動的原則。自我活動是由一個人自己的動機所決定、自己的興趣所引起，及自己的能力所支持之活動，以得到自我的表現。福祿培爾的觀點，是與盧騷一致，認爲兒童是一個動作的而非學習的動物。自我活動是兒童的主要特性，教育應依賴這種最初的本能，故爲教學的第一個法則。福祿培爾又似裴斯泰洛齊一樣，同意兒童必須由做作而學習，他不相信這些活動乃外面刺激或由一種本能以競爭的結果，但應由自然的展開，好像一棵樹之葉的展開一樣而來。他堅强的注重運動的表示（Motor expression），即行的教育，視爲有最大的發展力量，因此在學校課程中定其爲本質的以代替附帶的成份。故教學的目的，是使人更多的表現而不在更多的貫注。福祿培爾認爲當時的教育是不健全的，以其發展想像的能力，比做作中了解思想的能力爲快。運動的表示，同時並發展得來的與成就的能力，故思想與行動之間，並無破裂。

社會的參加：發展的手段　如謂福祿培爾在教育的目的與方法是依隨盧騷的，但並非在手段。福祿培爾像亞里斯多德一樣，認爲人類乃社會的動物，唯有與其同羣之人合作，才能了解其人性。而且，他堅信兒童有一種本能的機械作用，推動其與他人合作的行爲，由注意其競賽，或幼稚園的晨早遊戲圈，便易見到的。因此，由幼兒之社會的合作，應栽培爲體格上、道德上與智識上，由其所產生的效益。教室是社會的縮影。故福祿培爾是第一位教育思想家理解社會化的重要性爲教學的基本原則。

幼稚園　福祿培爾的教育三大原則，即以個人的發展為目的，活動的表現為方法，社會的合作為手段，而以創設幼稚園的使成為具體化。這幼稚園並非在正式學齡之下為着兒童組成之第一間教育機構，因英格蘭的幼兒學校（Infant School），設立時期，比其尚早數年。但在重要意義上言，幼兒學校實不能與幼稚園相比，以其僅權宜的應付惡劣的工業社會環境，而又無科學的教育之基礎。反過來說，幼稚園是根據兒童的本能、衝動及感情而組成。照最初的方式，其自我活動說明本身是遊戲，幼稚園是根據遊戲的本能——事實上，是遊戲為着教育的目的而組織。幼稚園主要的目的，是由協助兒童自己的表現以確保其發展。他偶然的得到智識，但智識的獲得，並非目的。

福祿培爾在幼稚園大部份使用的表現方式，是（一）手勢，（二）歌曲，（三）建造，以語言為此三種的附帶物。而且，無論何時，這些表現的方式可能是調和的，比如當教師講過一個故事而由兒童覆述時，不僅以口頭的演講，而且以戲劇性的手勢，音樂的唱歌，建造的紙泥及木塊來表示。幼稚園的作業所用之材料，包含（一）母親遊戲與兒歌（Mother Play and Nursery Songs），（二）恩物，（三）作業。母親遊戲與兒歌，為五十首歌的小型書本，每首歌附有一副圖畫及注解。這些歌曲，詠述簡單的幼兒競賽（像捉迷藏），或對些少工藝（像本匠）的模仿。幼稚園的教學，先審察兒童遊戲的方法及其嗜好之所在，然後本此意旨，縮小宇宙間萬物之性質、形狀及其法則作為玩具，再系統地整理而成為一種教材。事實上，母親遊戲與兒歌，在幼稚園訓練中已列為主要工具之一。恩物與作業，為刺激兒童活動的表現之材料，恩物包含可用而不能改變其形式的材料，如圓體、立方體、圓柱體、棒狀及塊狀；作業包含在用時可再賦形及使變化的材料，如沙、泥、紙與紙版。幼稚園之較近的組織，已由其注重恩物轉而至於作業，以傾向於發展其表現的更大自由。幼稚園的工作，當作一個縮影的社會而進行，小公民是學習其義務與權利，以及互助的需要。

福祿培爾的影響　由裴斯泰洛齊、赫爾巴特及福祿培爾所致力的影響，在今日教育的實施中，雖每混爲一談，而極難辨別，但在現時初等教育思想之最重要的趨勢，實由福祿培爾所啓迪，這是無疑的。如幼稚園、遊戲的觀念、手工的活動及由女教師教導幼兒，乃福祿培爾對教育的顯著貢獻。其理論具有如下的價值：一、兒童天生能力的重要性之承認；二、父母與教師方面對於這些能力同情的需要；三、教育就是生長，即從天生能力之內而生長，及必與兒童活動之天然發育相調和；四、遊戲、自我活動、運動的活動、創造的工作、社會的參加及做作的學習之承認；五、智識並非教育的目的，只爲趨向於這目的之方法，其目的是求內部能力的生長。這些脫離其神秘主義的理論，已覺得在心理學上、社會上及實用上爲正確的，並由幼兒學校以迄大學的教育實施中，作具體表現。幼稚園雖然是福祿培爾主要的遺產，但其制度是正可適用於教育的高等階段，及其對於許多其他的實施，曾有令人注意的深刻影響。其中以遊戲與手工訓練爲最著。

遊戲　由於兒童最特性的自發活動，遊戲成爲在幼年中教育進行的基本。這是起因於新心理學，意指感情與動作爲心智的主要因素，而智識乃其交互作用的產物。因此，福祿培爾堅持遊戲對教育的價值之正當，並非爲着通常所辯護的體育，只爲着智識的與道德的訓練，福祿培爾認其有最高的價值：「遊戲是兒童最純潔最精采的活動，同時又是人類生活的表徵」。由於遊戲，兒童能最好的置身於實際社會關係的世間，授給其獨立的與互助的意識，供應其發端與動機，發展其爲整個社會之個別的構成一單位。福祿培爾認爲其對遊戲價值的理想僅在幼稚園，但學校所學習的，在遊戲中個人自己顯示與發現社會的世間對其啓迪者，比任何其他活動更爲良好。因此，各種方式的遊戲，在今日各級教育的小學、中學與大學中，都有其地位的。

手工訓練　福祿培爾注重建造的工作，不僅在兒童生活的早期，並且亦在其後期作爲表現與發展的一種方法即自我活動的一種方式，由其建議在德意志的希爾巴（Helba）設立一種手工訓練之設計，爲之證明。其他人們雖然同時各自提倡同類的教育，但福祿培爾設計的三方面，應該注意：（一）他的計劃，實際上包含所有曾經發展手工訓練的設計之要素；（二）幼稚園的成功，傾向於注重其他兒童手工訓練之價值；（三）福祿培爾是根據教育的理由而主張手工的第一人。盧騷相信手工，但爲着社會的與經濟的理由需要每一個人學習一種工藝。裴斯泰洛齊的手工，主要的是訓練感覺——悟性，欲使兒童獲得較大的智識。福祿培爾注重手工則異是，視爲想像表現的方式，視爲發展創造力的方法。因此，他所提倡的手工訓練自不同於工業教育，——兩者在學校中競爭其地位。前者使建造的活動施於一般教育的目的，而對兒童所供給者，不論其將來的職業，正如學習地理或算術者相同。後者注意在工藝某種特別部門中工業的效率，並有一種特殊教育的目的。

福祿培爾學說的傳播　幼稚園制度在德國雖被禁止，但福祿培爾的忠實弟子，尤其培勞男爵夫人（Baroness Von Bülow），繼續不斷的提倡，傳播於歐洲各國。一八五一年，普魯士政府禁止幼稚園，培勞男爵夫人即往倫敦，演講福祿培爾的學說，其後又往巴黎、意大利、瑞士、荷蘭及比利時宣傳，獲致相當成功。一八五四年，英國設立第一所幼稚園，其他各國也舉行福祿培爾學說演講會。在英法兩國，幼兒學校（Infant-School）運動的進行較早，曾阻止幼稚園任何顯著的生長，但英國幼兒學校受着幼稚園精神的傳入而完全改變，法國的幼兒教育，只略採其方法而不在其基本觀念。一八六一年，普魯士政府取消了禁令，而藉培勞男爵夫人的努力，一八六七年，組設福祿培爾聯合會（Froebel Union），靠新聞紙與訓練學校以傳播福祿培爾的學說，有很大影響。雖然如此，德意志的幼稚園，從未組成爲正常學校制度的一部份，通常是藉自願的基礎。

手工訓練運動，始於芬蘭，一位著名教育家西格納阿斯（Uno Cygnaeus，一八一零至一八八八年），於一八五八年決定使幼稚園活動的作業提高至小學級，以傳授手工的技巧於學生。芬蘭的制度循次影響於瑞典的刻木手工制度，此乃獨立的發展。瑞典的刻木手工視作經濟的手段曾開始復興國內的工業，其目的是在小學級教授。但自受芬蘭的影響後，瑞典的刻木手工採納普通教育的目的，即以發展其手工的精巧及應用工具的能力。

至於福祿培爾學說對於美國教育的影響，可從三方面來說：第一、幼稚園。自一八四八年革命後，移入美國之博學的德國人，開設私立學校，以爲其子女的教育，這些學校通常附設有幼稚園。一八五五年，薩斯夫人（Mrs. Karl Schurz）在威斯康辛（Wisconsin）的水鎮（Watertown）開設爲德語兒童第一間幼稚園。波士頓（Boston）的披鮑蒂女士（Miss Elizabeth Peabody）受此影響，於一八六零年開設爲英語兒童第一間幼稚園，並於一八六八年設立第一間訓練學校，爲幼稚園最主要的工具。這種運動極迅速的展開，當第七十與八十年代，維持幼稚園的許多團體，遍設於全國。可是，此等俱屬於私立，故幼稚園運動，直至其編入公立學校制度之前，未有適當的教育影響。當一八七三年，哈里斯（William T. Harris）任聖路易（St. Louis）的教育總監時，使幼稚園爲這城公立學校制度之一部份，共有十二間，才算實現。自茲以後，幼稚園在美國大部份城市中變爲公立學校制度之一部。當其努力對幼稚園實施推廣時，赫里斯是藉布魯女士(Miss Susan Blow)有能幹的協助，她是對幼稚園運動最有影響的提倡者之一。布魯不僅廣泛的撰寫與講述對幼稚園的贊助，並且在聖路易設立一所免費的訓練學校，以訓練幼稚園的師資。在十年之間，這城共有公立幼稚園五十間，兒童幾達八萬人。這校注重幼稚園材料的象徵主義，布魯變爲保守的學校之領袖，但自一九零零年以後，這種象徵主義已被美國教育界所擯棄，而對福祿培爾的原則，採取較開明的解釋。第二、手工訓練運動。美國手工訓練運動，爲一八七六年在費城百年紀念展覽會(Centennial Exposition)的結果之一。在展覽會中，俄羅斯帝國技術學校學生木鐵工的陳列品，刺激了美國教育家提倡圖畫、圖案工作與建造工作，列入美國教育課程的一部份。最初手工訓練僅傳授於中學，一八八零年第一間手工訓練學校在聖路易設立後，這種運動遂迅速傳佈，今日幾乎所有城市均有手工訓練中學或採用手工訓練作爲普通中學課程一部份。在小學教育中，手工訓練最初是在私立學校試行，因其有顯著的成效，故迅速的爲公立學校所採用。自一八八二年，當新澤西（New Jersey）的蒙地卡亞（Montclair）首次將其傳授於小學的初級及文法級時，實際上全市學校制度已採取多少形式了。第三、小學的實施。美國小學教育改造的理論與實際，在過去一代，並未有其他影響像福祿培爾學派藉活動的表現與社會的合作，而側重於教育之這樣有效的。這是靠柯克縣師範學校校長栢卡的努力，比任何他人爲多。他雖然始終提倡在裴斯泰洛齊的與赫爾巴特的運動中一切是最好的，但他是主要的代表信仰福祿培爾原則之採納，將會改革小學教育。他的篤信，在表現的所有方式中訓練，作爲發展思想的程序並實現性質的最高可能性之最好方法，幾爲在美國現代教育思想中各領袖已在理論上採納，雖然在實際上施行僅暗淡的實現。另一位側重活動的表現與教育的社會方面之教育家爲杜威（John Dewey）教授，其進行實驗教育的理想，對於福祿培爾的自我活動及社會合作的原則，完全採納，惟對於象徵主義，則表示拒絕的態度而已。

第十七章　科學傾向的教育

第一節　第十九世紀科學的發展

自第十九世紀中期起，科學的與工業的革命，在當時世界上重要各國的生活狀態中，發生一重大的轉變。特別的像德意志各邦、法蘭西、英格蘭及美國，在製造及生活方面，已感受這種革命的效果。西方文明之精神，再經一度的解放。因此，在較舊的經學訓練與較新的科學研究的派別間，對其相對的價值及重要性，兩者爲着才智的訓練及作爲智識生活的準備，早已發生爭論，且由第十九世紀中期起，愈趨劇烈。經學教育的心能訓練，其大部份所根據的能力心理學，遭受抨擊，而爭論進至認爲在教育上學問的內容，比諸方法與教練更爲重要。新學問的提倡者，力辯經學的專攻對於智識生活不能供應一種適當的準備，於是新舊學問的相對價值之問題，隨世紀的推移而出現更多的辯論。

第十七世紀倍根的感覺的唯實主義，實代表現代科學的開端。這種科學思想的發展，並無中斷，而且由第十九世紀開始，在教育中對於科學的傾向，顯現空前重要的。故第十九世紀教育上科學的傾向，不過爲第十七、八世紀感覺的唯實主義所討論的運動之續。這種科學的發展，激厲教育改革者，要求由介紹對自然現象的研究而改革內容，及由提倡歸納的推理而改善方法。此種感覺的唯實主義運動，曾受支配着學校教育之經學家堅決反對，故在第十八世紀中，僅有輕微的進步。但科學的智識變爲更發展的，大部份由於法蘭西百科全書派的影響，故其感動於文學與哲學界很大。盧騷或可以說爲將自然科學編入教育內容的現代趨勢之起源，由提高對自然的研究，加深了這種印象；這種運動又受着裴斯泰洛齊另一次大推進，科學的學問與科學的方法逐漸引入於學校，因而注重實物教學與感覺——悟性的訓練。但自第十八世紀開始，科學的全部範圍已發展，如天文學、地質學、古生物學、生物學、解剖學、動植物纖維組織學、胚胎學、化學及物理學等。可是，此等科學的研究，對於實際生活，未有什麽影響。

第十九世紀時，科學的發現，是補充發明及技藝之發展。人類思想的方法，由於進化的生物學理論受普遍的採納而大加改變了。當這世紀的早期，由拉馬克（Jean Lamarck, 一七四四至一八二九年）開始，這種理論，繼續由思想家達爾文（Charles Robert Darwin，一八零九至一八八二年）、華萊士（Alfreel Russel Wallace，一八二三至一九一三年）及田達魯（John Tyndall 一八二零至一八九三年）等苦心闡揚而使其明晢的。循次，生物學的特別部門，像解剖學、生理學與胚胎學，亦有極大進步。來伊爾（Charles Lyell，一七九七至一八七五年）及屈費兒（George Cuvier，一七六九至一八三二年）的地質學研究，大有助於古生物學。在這世紀初期，對化學中原子理論及物理學中光波理論的採納，使自然科學立卽展開一個紀元。但這是純科學的進步，而實用科學的發展，更爲驚人，陸續發明與發現，終使生活的情形改變，像軋棉機（一七九二年），收穫機（一八四三年），與縫紉機（一八四六年）的發明，使大量生產與減低消費；汽船（一八零二年）；與機車（一八三零年），立卽改良交通的方法；電報（一八三七年）、海底電線（一八四二年）、電話（一八七六年）、與無線電報（一八九七年），使全世界可直接交通；蒙藥（一八四七年）與防腐劑（一八六七年）之發明，使藥品與外科爲一改良的實用。所有這些理論、發明與發現，大多在斯賓塞於一八六一年發表其教育論之前，已貢獻於世界。實際上，所有這些科學，初與學制上的教育機關無涉，而那些學校繼續其學術的教學，對於人類社會的與智識的生活應該如何改變，似乎茫然。但這種意識的態度，在教育機關外並非普遍的。

文化的新觀念　因此，文化的新觀念，已由許多著名的思想家從簡單而有系統的來解釋，側重於直接準備個人賴以生存的現代生活之道，並拒絕所研究者乃學術的而與生活無直接關係的學科。人類思想的方法，由於科學的發明已完全改變，他們的生活方式，由其對工業的應用需有改革，他們政治的與社會的關係，由於新階級、利益與活動的產生，亦需有變化，然而，應付此等轉變的學科，並無出現於學校與大學的課程之中，好像與過去時期更相矛盾的。因此，顯而易見的，這些進步將根據範圍來決定一種學科的重要性，其內容是供給對生活有用的與愉快的所需之智識，而有異於保守的經學家之形式訓練，他們堅持凡一學科的價値是基於求取而授給智力的訓練。自從科學更成爲有系統化，許多進步人物開始主張必需編入於課程中，要求在教育上應側重於教材。自然科學大部份貢獻於第十九世紀的文化，即使社會科學，許多感悟、宗旨與方法，亦藉自然科學而發展。對科學運動努力奮鬪，而主張科學在課程中爭取一個地位最典型的代表爲斯賓塞。

第二節　斯賓塞的科學運動

斯賓塞（Herbert Spencer，一八二零至一九零三年），是英國的哲學家及不可思議論的使徒，雖生長於書香之家，或因其體弱之故，未曾受滿大學教育。他多靠自修，精習數學與自然科學，研究建築與工程，最後從事於報紙編輯的工作。在這工作裏，他增進許多智識，使其編撰不朽的哲學、心理學、社會學、生物學、倫理學、教育學等名著。斯賓塞似乎不會廣博的誦讀教育的學科，在現代改革家之中，其所表現者僅熟識裴斯泰洛齊的學旨。他好像盧騷一樣，僅爲一思想家與理論家，表現精研覃思之才，考驗自然的與道德的世界中各問題，但缺乏供給專門的經驗。他撰有教育論（On Education）一書，攻擊英格蘭流行的經學教育，認爲乃裝飾品的教育。這書包含論文四篇，最初由一八五四至一八五九年間，當作論文分別在一雜誌中發表，用最引人入勝的文體撰成，是其教育的中心著作。

教育的內容——科學　估定智識價值爲教育上首要問題，智識價值之標準在人類生活，即完美生活，爲教育的目的。故「論何者爲最有價值的智識」，是此書第一篇的題目。斯賓塞答覆其自己的問題，謂這是準備一個人完美生活的智識。「如何生活」乃全部教育之基本問題，教育規定爲完美生活的一種準備。「教育所應完成的任務，就是要準備我們有完美的生活。要判定一種教育課程是否有價值，唯一合理的標準，就是要看對於這方面能夠做到什麼程度」。最有價值的智識，就是科學。科學的修習，作爲對兒童活動的一種準備，是基本的與最有價值的，因此，應將其編入於學校課程之中。可是，怎樣能達到完美的生活？斯賓塞依其重要性次序，簡明而有系統地陳述人生活動，很自然的可分爲五類：（一）那些直接求自存的活動，爲此生理學與衞生學的科學智識是重要的。（二）那些追求以生活的需要，於自存上有間接關係之活動，算術、幾何、機械學、化學、物理學、天文學、地質學與生物學的智識是必需的。（三）那些爲着教養子孫的家庭活動，如沒有社會學、生理學、心理學與倫理學的智識，則不能適當的完成。（四）那些爲保持社會和政治適當關係的活動，要求歷史、經濟學與政治學的智識，對其發生適當的作用。（五）那些在休閒時期爲求滿足興趣和感情的活動——卽雕刻、繪畫、音樂、詩歌與文學。卽使這些對其實際的享受，亦藉賴心理學、聲學及機械學的智識。而且，自從他們享有生活的餘閒，自應享有教育的餘閒。此五類的次序，首爲自存，次保家，次社會意義，次美術娛樂，因此教育上的合理次序：一、直接的自存之準備；二、間接的自存之準備；三、教養子孫的準備；四、市民的準備；五、各種高尚生活的準備。這是個人活動由重而輕的次序；各項活動都要注重的，不過各異程度而已。照其看法，上述各種活動是依其重要的次序而排列的，所以在人生中，生理的需要比心理的標準重要些；心理的標準比文學和藝術的價值又重要些。大概而論，他以爲重要的目標是爲個人的好處而不是爲社會的好處。因此，斯賓塞提出教育的價值，比諸現行教育的有極大的轉變。組成教育的主要基柱之「文化」學科，排在最後，每爲教育所弗顧的自然科學，却放在第一。故最重要者，是對於求生存有關係的科學智識，這是本質上有價值的，其次，便是那些外表有價值的學識，如拉丁文和希臘文，最不重要的是歷史上那些名字日期以及種種無意義的事實，這不過爲一種習俗的智識。他既側重於科學的訓練，科學可分爲如下三類：一、抽象的科學——論理學與數學；二、抽象與具體的科學——機械學、物理學與化學；三、具體的科學——天文學、地質學、生物學、心理學及社會學。每一種科學，具有兩種價值：作爲智識的價值及作爲訓練的價值。由於這種立場，以其犧牲生活中之高級的，卽文化的成份，而側重低級的，卽其實際的效益，故斯賓塞受人指摘爲愚笨的實用主義。

根據斯賓塞的想像，證明科學之最高價值作爲教育的內容，以準備一種有效益的與愉快的生活。智識有兩個目標：一爲指導的，一爲訓練的，無論指導或訓練，事物的智識比語文的智識爲佳。他反對經學家認爲在一般智力的發展中經學是高於其他任何的學科，並攻擊形式訓練主義之傳統的理論。他簡單的斷言科學高出於語文一籌的，以前者之目的是練習理解，發展判斷力，鍛鍊個人的理智，培養誠心和忍耐力，激厲眞實的宗教和德性，而後者僅爲訓練記憶的。

教育的原則　斯賓塞對教育進步的主要貢獻，是在其第一篇論文，舉出教育價值的全部問題。第二篇論智育，斯賓塞不外對裴斯泰洛齊以公式所表之原則的覆述，卽教育的進行須依官能進化的次序，教育的學程，應由簡單的至複雜的，含混的至明確的，具體的至抽象的，由經驗的而至推理的，個人的創生同於種族的創生，注重自啓之法，尤應根據興趣的快感，並論及實物教學的意義。教育應根據種族的發展，供應課程組織的原則。第三篇論德育，道德原爲一種訓練之事，旣非與宗教結合，亦非與倫理的原則相結合。道德訓練的目的，是產生一種自治性，此爲民治社會最需要的。斯賓塞重述盧騷的天然處罰而反對人爲處罰，作爲全部道德訓練之基本的理論。唯有這種方法，使個人的生活，應由自我控制而非盲從權威的爲特性。第四篇論體育，斯賓塞提出精神生活的生理學基礎之最好解釋，反駁主張「刻苦進行」的理論，並注重於適度節食、衣著、運動與遊戲的需要。

第三節　斯賓塞對教育的影響

斯賓塞的教育論，曾深刻的影響於英格蘭，且大影響於美國。此書流行頗廣，譯爲十三種語文，英國的科學家、教育思想家與作家的赫胥黎（Thomas Huxley，一八二五至一八九五年），在其所著科學與教育（Science and Education，一八六八年）一書，對斯賓塞的教育觀點，竭力支持。在英格蘭，斯賓塞的名著，喚醒英人重新愛好研究的，作爲教育的目的及達到此目的之最好方法。在其最後三篇，比諸教育名家的理論，雖不見高奇，誠以此等名家企圖發展心理學化的教育，但其理想對大部份英人言仍視爲新穎的。斯賓塞的多少見解，並不像其他對科學的提倡者如赫胥黎之急進，但他是較有影響的。如果說，一種「現代方面」（Modern side）之傳入英國的中等教育，原由其熱烈的行動所致，似非過論。在美國，斯賓塞運動的代表中，最著名者爲伊利渥（Charles W. Eliot，一八三四至一九二六年），當其任哈佛大學校長之前，曾爲這校的化學教授。他要求在修習的課程中各科學的價值相等及對研究上有選擇之權，爲各地共同採納的。斯賓塞的最大影響，爲學校課程中科學的擴展，茲分述各國情形如下：

甲、德意志　等於經學的將科學編入課程中，爲第十九世紀後期普遍的成就。但科學較平庸的形態，更早的出現於各國的教育制度之中。德意志的中等教育，由於在哈列虔敬派教徒的工作，首先受這種方針的影響，終致一七四七年由赫克在栢林設立實科學校。當第十八世紀時，德意志的實科學校，數量經已增加；但科學並未影響其教育堡壘的文科中學，直至一八一二至一八一六年在普魯士所發表的第一次中等教育的課程綱要，由於魏瑪（Weimar）當局所發軔而由法蘭西革命所增強的新精神與影響的結果，當時對文科中學全部課程，每星期分配於物理學與自然史兩小時。這種分配，在德意志復古運動時期（一八二零至一八六零年），依然保存。當一八五九與一八八二年各種改革施行之結果，乃創立兩種新型學校，即實文科中學（Realgymnasium）及高等實科中學（Oberrealschule），承認與文科中學地位相等，而爲中等教育制度的一部份。此等學校，授自然史、物理學、化學及礦物學，更注重數學、地理與圖畫，比在文科中學所授的科學，增多一倍半至兩倍。中等程度的技藝學校，以實用科學爲職業課程的基礎，早在一七四五年經已出現，及至一八一五與一八七零年間，在德意志所有重要城市中設立。自普法戰爭（一八七零年）後，其數量與重要性大爲增加了。在初等教育中，雖然夸美紐斯較早的努力，科學受到首次廣泛的承認，由於自然主義運動的結果，這種運動於一七七四年寄托於巴斯道的汎愛學校之中。但一八一零年後，它靠在普魯士學校中對裴斯泰洛齊主義的傳佈而頗有擴展。初等科學，如自然史、生理學及物理學，已出現於各學級。圖畫與地理，在全部課程中教授，初等科學與幾何，則在中級及高級教授。在各大學中，科學的正式教授，於一八二五年利比喜（Baron Justus Von Liebig，一八零三至一八七三年）在基森大學（University of Giessen）設立其化學實驗室之前已有的，然而各大學現代科學的教授根據實驗的方法者，則自那時開始。

乙、法蘭西　當耶穌會士人文主義支配法蘭西教育被驅逐以前，除了二、三所高等學術機關之外，科學僅受輕微的注意。自此事發生後，耶穌的小禮拜堂(Oratory of Jesus)之教士(Oratorians)，控制法國的中等教育，對於科學的態度，是較爲親善的。共和政體成立，教育發生轉變，科學更大的傳入於高等及中等的教學。一七九四年，巴黎設立師範學校，由著名的科學家如拉披勒斯（Laplace）及拉格蘭治（Lagrange）擔任教授；自然史、物理學、天文學、化學與礦物學，也傳入於國立中學

(Lycee，一八零二年）。這時候，科學爭取更大的承認。在理論上科學與經學是相等的。然而，科學的許多科目及科學的時間總數，在中學雖已大量增加，但科學的課程，在尊嚴上並未與經學的可比。自普法戰爭以後，科學傳入小學的數量，不斷的增加。低年級科學之非正式教授，是配給圖畫，構造的工作及地理；高年級則教授自然科學之正常的科目。而且，訓練小學師資的師範學校，對於各種自然科學給與極完全的教授，並注重其對實際生活的應用。

丙、英格蘭　牛頓在劍橋當大學教授之職，卒使在第十八世紀設置數學與自然科學的幾個講座。雖然如此，牛津與劍橋，直至一八六九年當實驗的方法傳入以前，對科學不甚注意；過去數十年間，雖有相當的發展，但此類保守的學校，對於這方面仍非常落後。事實上，英國高等學術機關之科學的教學，無論有何種進步，其來源有二：（一）由於市立大學，如設於倫敦、利物浦、曼徹斯打、與伯明罕(Birmingham）的；（二）由於王家的礦物、海軍建造與航海工程等專科學校，在一八五一至一八六八年間由政府創設，一九零七年則合併為帝國科學與技術學院（Imperial College of Science and Technology)。關於中等教育，唯實主義的學問曾傳入於各書院的多少範圍。但當第十八世紀時，此等書院却大為衰退，而科學亦從未有任何形式傳入於公學的，故第十九世紀時，英國中等學校，開始對科學以極少量的教授。在這世紀的初期，反對現行經學教育的一種强烈運動，是由孔白（George Combe，一七八八至一八五八年）及其友人所發軔，卒使一八四八年第一間世俗學校(Secular School)設於愛丁堡(Edinburgh)，其後許多城市亦有此類學校的設立，教學的課程，包含地理、圖畫、數學、自然史、化學、自然哲學、生理學、骨相學（Phrenology)，技藝與製造所用的材料、以及文學的、美感的、道德的與宗教的學科。此類學校，雖然不能長久存在，但其設置却引起了中學課程內容的整個問題，並無疑的助之以斯賓塞爲代言人的在課程中對科學力倡同等之運動。當一八六八年，政府的調查，發覺在那些學校中幾完全缺乏科學之結果，遂在公學對「現代方面」的設置，其課程通常包含物理學、自然史，以及外國語與歷史，這種同等地位，由是而取得。可是，各學校不過非常勉強施行，教師們亦公開的蔑視此新學科。即使在今日，由於英人的精神大部份注重社會的聲望，此「現代方面」從未躋於經學課程同等的地位。由於政府近年來設立許多獨立性科學的中等學校，及補助各種科學與包含其應用的學科之各級學校，其結果，在中等教育中科學的教學，得到很大的鼓勵。中等教育接受此種津貼的補助，計有一萬班及七十五間中等學校。在初等教育中，地理與初等科學的班級亦受補助，自此以後，僅讀寫算指定爲必修科；但一九零零年後，修正課程，訂有規定的學科。

丁、美利堅　在教育上，科學獲得承認，實以美國爲最早。事實上，由哈佛爲首的所有學院，皆在第十七及十八世紀時創立，幾乎由最初時期開始，天文學、自然哲學或自然史等學科，已編入課程之中。教授通常是採演講式或不用書本；不待至第十九世紀，化學與物理學的講授，大部份已有實驗示教的配置，不待至這世紀中期後，學生已供給實驗室的設備。一八五九年達爾文發表物種原始(Origin of Species)及其進化理論，由此等學者如哈佛的自然史教授格里(Asa Gray)而傳佈，在此時協助造成需要課程中科學的同等，及選科制度的採用。這是由哈佛校長伊利渥於一八六九年實施，逐漸爲其他學院與大學所採納。同時，一八二五年在推來（Troy）的連西拉工藝學校(Rensselaer

Polytechnic Institute)之設立，開始了一種運動，以創設應用科學與工藝學之高等專門學校；有時與現存的學校相合併，有時獨立的。一八六二年，由國會通過摩里法案（Morrill Act），撥劃公地一千三百萬英畝，每一州維持一間學院，以提倡農業、機械工藝與自然科學的教育。由於撥款與私人的捐助，每州科學的學校開始創設，或原有學校注意加强，而由一八六五年起，對於高等教育中純理與應用的科學之設備，大爲進展。至於中等教育，美國教育之側重科學原肇自書院。早在一七零零年，拉丁文法學校開始制訂條款，爲實際的或應用的科學，尤其爲測量術及航海術之準備。一七五一年，富蘭克林在費城創立第一間書院，設有三種「學校」或課程，其中兩種，在這新大陸對於經濟生活是直接有用的。自那時起，這種書院是等於一間中學，密切的適應人民的需要。不僅數學的科學受實際的注意，而且其他純理科學的形式，自始亦教授。這些學科，雖然天文學與地理在課程中殆常有其地位，普通定其名爲「自然哲學」。當現代公立中學開始其教學時，對於原爲私立書院特色的科學，保持親善的態度。最早的公立中學，於一八二一年在波市頓創立，其課程第一年包含有地理，第二年爲幾何、三角、航海術及測量術，第三年爲自然哲學與天文學。像學院一樣，其教學通常採用教科書，有時由教師使用實驗室實習以教授一部份學生，卽使有之，仍屬少數。但內戰之後，這種缺點，已開始補救；中學之科學的課程，且擴展至包括物理學、化學、植物學及動物學。當第十九世紀上半期，所有中等教育，無論書院、中學、聯合學校或市立學院，均同樣的重視科學。最初編入課程的科學是注重其實用，但這世紀中期以後，對於科學價值的效力却增加其要求，自是時起，由於新原理的發現，這些學科變爲更科學化，而脫離僅屬分類的階段，直至這世紀之末，中學課程，充滿科學的科目。可是，自第二十世紀開始以來，中學限制學生由實驗室方法所教授的些少完備的功課，尤其規定全體學生要受一種「普通科學」的課程。關於初等教育，直至一八四零年，當賀拉西曼（Horace Mann）的運動開始有些影響時，小學通常所授的學科爲三R——卽誦讀、寫字與算術——並加以拼音與文法。地理爲科學性質稍受注意的唯一學科，但僅在最好的學校始有之。第一部英文的生理學教科書，於一八三七年出現，逐漸的傳入小學課程之中，一八五零年，麻州議會並通過強迫小學教授這一科目。內戰後奧斯威古的運動之結果，使實物教學的實行，這是初等科學的教學之過渡時期，直至這世紀之末，這種學科之更形式上的表現，稱爲「自然學科」（Nature study）。「自然學科」的運動，迅卽展佈全國，最近大部份在農業教學的形態中出現，並傳入於最進步的小學中。

第十八章　社會學傾向的教育

第一節　社會學運動的意義

當第十九世紀時，心理學盛行，教育是由堅決要求對兒童作心理學的研究，根據其發展的能力以教學，從而終使教學方法的大加改良爲特性。可是，由於世紀的轉變，社會學的貢獻，使教育的理論與實際，亦受社會學家的强大影響，故在性質上，並以反對盧騷極端個人主義之一種社會化進行爲特性。現代科學的社會學鼻祖孔德（August Comte，一七九八至一八五七年），對教育雖不甚注意，但其許多門徒，常論到教育在社會組織與社會進展中的地位。而在今日，教育家從本身考慮教育的社會含義與社會結果；他們每基於社會的、政治的與經濟的重要性之觀點，對教育問題進行研究。

教育之社會學的觀點，雖與心理學家和科學家有不同的特性，但並不需要是對立的。在教育上，心理學的運動與社會學的運動是互為補充的，兩者的傾向，其唯一差異，不過在所側重的不同。心理學家由個人發展的觀點而考慮教育，社會學家則超過個人而注意於社會的結構、社會的活動、與社會的需要，及在教育上求其對社會保存與進步，有可能的貢獻。可是，必須認識，每一種仍互相依賴的。個人的發展，是由其社會環境為條件，而社會的成全與社會的進展，則又賴構成社會之各個份子所發展的習慣、技能、態度與推理力。至於社會學的傾向與科學的傾向之間，在教育上亦無任何衝突。社會學家對其社會科學的，常渴望採取自然科學的技術，正像心理學家對心理學的科學發展中，願意採取科學的方法一樣。不過科學的方法，除非其直接趨向於心理學的與社會學的目標之達成，否則實沒有結果。此三者在教育思想上最近發展的傾向——心理學的、科學的與社會學的——對於一種完全的與適當的教育哲學之構成，必須綜合的。輓近大部份教育家，認爲教育的終極目的是社會的，而非個人的。教育的觀念，其最後目標，幾完全爲社會的。學校本身，爲一小社會羣；學習的程序，是一種社會的程序。故現代教育，在其含義上與宗旨上，已變爲社會化，希望使個人成功地參加經濟的、政治的與社會的活動之準備。

基於社會學的觀點，教育變爲一種最重要的社會效能。這必須由國家控制，而非在私人團體。第十八世紀中期，教育仍由宗教的理想所支配，並由教會的組織作全面的控制。但由於社會的轉變，此後所發生的問題，教會是不能與其抗衡。教會既乏觀察力、奮發力、亦無財力，但社會化進行的每一步驟，常遭其激烈的反對。因此，教育由完全社會控制的勝利，西歐各國中，實現有先後。最初爲德意志，其次爲美國，又其次爲法國，而保守的英國，仍未成功。這種運動，會經過三個階段：（一）慈善事業的階段，由私人的組織——通常爲慈善的性質——負擔教會所不能做到者。（二）過渡的階段，當這階段中，好像法國政治革命之結果，美國一個新興國家的產生，及英國的工業革命，這種趨向於社會控制的運動，是大爲加速進行。（三）政治的階段，是時世俗的力量，已確保控制及建立教育的國家制度。當考慮這整個運動的結果之前，簡述社會化進行中各階段如下。

第二節　教育中慈善事業的階段

國家活動的擴展，實爲社會進化的特徵。在第十八世紀時，國家所負擔的唯一責任，是藉其立法、行政與司法三權，保護人民的生命財產。而社會的效能，像街燈、自來水、防火及貧民救濟，則由私人的主持與管理。志願的努力與嘗試，曾首先對國家表示，謂當其觀點被普遍的採納之前，這種活動可能及應該由國家來負擔。這在教育方面特別眞確。在組織上及實施上幾乎每種改革，已首先證明，當其被國家接納之前，由私人經營是可行的與有效的。因此，凡教會不能應付變動中文化教育的需要之時，社會先賴志願的團體之努力。但其眞確的程度，各國不同，不甚眞確的在德意志，教育的控制，最早已由國家所接納；最眞確的在英格蘭，教育需要由教會監督的觀念，維持最久。即使以德意志而論，在哈列的佛朗凱慈善學校，在德騷(Dessau)的巴斯道汎愛學校，及在瑞士荷夫威爾(Hofwyl)的斐連堡工業運動，終使教育的現行制度，作有價值的改革。但教育上慈善的運動，對於英格蘭與美國，最有影響，試就對其最重要者，作簡單的敘述。

英格蘭的慈善學校(Charity School)　當復辟時期之末，英格蘭尙未有小學供應，而國教的教會，對於補救之道，所做的亦非常少。有些慈善學校已在第十七世紀設立；但人民大多卑陋而貧窮、芸芸衆生之絕對的無知、對貧童之需要每淡然漠視，在第十八世紀之初，觸動了一羣慈善家有基督教智識促進會(Society for Promoting Christian Knowledge)之組織。這會在全國開設慈善學校，致力甚多，兒童不僅免費享受教學與書籍，並且常常免費供給衣服與膳食。其所設學校之宗旨，是「培養他們爲教會的忠實信徒，使他們適應在天主所安排的身份而工作」。換言之，這些學校似爲職業學校的性質，以準備女童操家庭工作及男童充當勞苦的工藝學徒。初等程度的讀寫算教學及宗教與道德的要義，也偶有供應的。由第十八世紀中期起，這會已設立學校二千餘間，收容學生凡五萬餘人。教師、組織者與主持者的人員以累千計，並聘用巡察的督導員。師資訓練的初步形式，亦開始實施。其溫和的目的與其工作，雖具有社會的價值，但上層階級的許多人物，誠恐教育受着邪惡而影響於下層階級，表示劇烈的反對。這會的一個支派是國外福音宣傳會(Society for the Propagation of the Gospel in Foreign Parts，一七零一年)，志在對殖民地展開工作，即如母會對祖國的進行一樣。此會設立慈善學校，尤其在美國中部殖民地，十分成功，但由其在意外的受着派別的反對，而刺激起對擴展貧民教育的一種興趣。

主日學校(Sunday School)運動　主日學校運動，最初於一七三七年由韋斯利(John Wesley)在沙溫納(Savannah)施行，但直至一七六三年始傳入英國。一七八零年，古勞西斯達(Gloucester)一個印刷家賴克斯(Robert Raikes)，希望創些工作，使其市鎮中的貧民，減少愚陋，遂開設一間收容成年人及兒童的學校，只在星期日上課。賴克斯雖非為主日學校運動的始創，但變為其第一個宣傳者。他付給其教師的薪脩，每一個星期日為一個先令(Shilling)。其學校既如此成功，故在英國其他的許多城市與市鎮，先後紛紛設立。一個主日學校會，且於一七八五年組成，負責供應及鼓勵，以推廣此種工作。一七八七年，在英格蘭及威爾斯參加此種學校的兒童，已有二十三萬四千人，由一七九二年起，增至五十萬人。這種運動，結合於正在從事之宗教的、社會的與經濟的力量，喚起一種興趣，不僅在貧窮的工人階級之兒童教育，並令致中上層社會感覺到有對社會與教育改革負責的新意識。一七八六年，這種運動帶往美國而極迅速的傳佈，組織許多團體以宣傳其理想。主日學校最初是和宗教性學校一樣的一間通俗學校，並且教師是受工作的薪給；其後通俗教學逐漸放棄，而教學也變爲志願的，其效能因而減少；但這種主日學校運動，爲民衆教育推廣中的另一步驟。

比耳與蘭加斯達的級長制度　一七九七年，英國國教會教士的比耳（Andrew Bell，一七五三至一八三二年），發表其在印度充一孤兒院的院長時採用級長制度實驗的結果，將以年長兒童教導年幼兒童的制度，傳入英格蘭。一七九八年，英國教友派的教師蘭加斯達（Joseph Lancaster，一七七八至一八三八年）在倫敦最貧愚的人民所住區域之一，創設第一間級長學校。爲着推廣其教學的實惠盡量給與許多兒童起見，他偶然想起一計劃，利用年長的學生作爲助理的教師，以教導較年幼的兒童，也叫做助教法（Monitorial System）。他首先將功課教授於級長，然後他們每一個又將功課授與其所管教的兒童之一羣。照此方法，單獨一個教師，可主持一非常大批學生的教授。蘭加斯達本人，在其學校中管教學生一千名。他撰有教學的教本（The Manuals of Instruction），對於級長學校的組織與管理，給以詳細的指示；任何聰慧的人，如注意的研究與依照這種指示者，就可成爲一個成功的教師了。蘭加斯達堅持，謂其計劃的目的，是建立一種非教派的教育制度。一八零八年，以蘭加斯達經濟情形很惡劣，淪於負債了，於是不從國教者乃組成一個聯合會，根據一種有效的原理以組織其學校。一八一四年，這聯合會擬定其名稱爲英國內外學校協會（British and Foreign School Society），對於創設蘭加斯達學校之教育運動，曾表現顯著的服務。他們既獲如此成功，國教的教會誠恐受他們的非教派之影響，於一八一一年亦創設全國貧教促進協會（National Society for Promoting the Education of Poor in the Principles of the Established Church），並吸收而合併了基督教智識促進會。這協會的學校，是在比耳監督之下，除了把英國國教的教義問答與祈禱文作爲授給教理的教學之外，與英國內外學校協會之制度，相差很少的。

此等級長學校會，在許多方面對英國教育的服務，表現顯著的成績。他們不只供給以千計貧童接受任何種教育的唯一機會，並且他們的學校是有效的組織與訓練，工作是完全系統化，兒童是善爲編級及接受初等學科的一些相當的智識。可是，這級長制曾受劇烈的批評：訓練是太過嚴格而不容有自發的；教學是完全形式的與呆板的，不過根據紀錄者工作；此軍事化組織，照其操練與嚴謹，徽章旗幟、任務、賞罰的制度，對在大陸已發展的教育之較新顯的與較確實的觀念，是完全相反的。然而這種級長學校，對於當時的正常學校是實施一大改良，因在這些正常學校裏，兒童的時間三分二是浪費的，流於膚淺散漫是普遍的。而且，這兩個協會之間的對立，在英國人民之前保持普通教育的主題，而逐漸使其對於教育乃國家的效能之原則，準備接納。蘭加斯達式級長制，一八零五年傳入美國紐約市，數年之間，迅速傳佈於全國。蘭加斯達本人亦曾涖臨美國，協助紐約、布魯克倫、及費城的學校之進行。事實上，此種級長制，變爲許多慈善會意外獲得之愛物；此等慈善會於第十九世紀最初二十年間組成，其目的在擴展貧民的初等敎育。凡用費少而收效大的教育方法，不只引起此類慈善會，並且引起立法機關的興趣。故這種級長制，在內戰前三十年間，不只為初等教育並且為中等學校所普遍採納的。迨至全國物質財富的增進，及人民變爲開通的知道教育之需要而更願貢獻其支持時，這種形式的與呆版的方法遂被擯棄，而贊成裴斯泰洛齊主義之心理學的觀念了。

幼兒學校運動　幼兒學校的制度，始於法蘭西的東部，該區遭受戰爭蹂躪，其教士奥柏林（Jean

Frederic Oberlin)，企圖在其管理下對每一個兒童以些少訓練。第十九世紀之初，傳入巴黎，但未爲法蘭西普遍的採納，直至其效能表現於英格蘭爲止。其後於一八三三年，爲法蘭西全國的學校制度之一部份，至一八八一年，定其名爲「母親學校」(Maternal School)。這校在法蘭西制度中是代替了幼稚園；體育、唱歌、圖畫與其他幼稚園的活動，雖然提供，但啓發並非目的，傳授智識是最著重的。在英國，幼兒學校有其最大的發展。這種學校，最初於一七九九年在蘇格蘭的新蘭拉克(New Lanark)由奧文(Robert Owen)所創立，但他並未聞有法蘭西的運動。奧文是一位仁慈的棉織廠廠主，其所以採取幼兒學校的理想者，是用爲對抗工廠制度待遇兒童惡劣結果之方法。他認爲人完全是環境的產物，而貧窮與罪惡，不過由於教育與政府的種種制度錯誤之結果。兒童本性是可塑型，世界上任何一階級的兒童，很易養成爲任何其他階級之人，這是其創立幼兒學校的基本信念。當時棄嬰與孤兒院，每將五歲、六歲或七歲的兒童，訂約送與各製造家，爲期九年，每日替其工作十二、三小時，學徒期滿，使其改變愚昧而成爲人民的大衆。奧文爲醫治此種弊病，在其學校將三歲至七歲的兒童，組成一種教育，其中授以唱歌、跳舞及戶外遊戲，並加以關於自然的與普通的事情之教導，皆在兒童的理解之內。這是一種超卓的設計，非常成功，一八一四年，其工作與學校，甚爲著名。這種新理想，由奧文的學校教師伯查南(James Buchanan)於一八一八年傳入倫敦。不幸當被其幼兒學校理想的大代表威達斯賓(Samuel Wilderspin)採納之時，盡量仿效其法以教導較年長的學生，但未有像在新蘭拉克那樣令人注意的自發之成份。可是，威達斯賓對於傳佈幼兒學校的理想，是非常積極的。其自己在倫敦所設的學校，吸引許多人參觀。爲着闡揚這種運動，故其著述宏富，演講旅行遍於全國，一八二四年組設作為工具的一個幼兒學校會(Infant School Society)，創立許多此類的學校。一八三四年，馬約創設國內與殖民地學校會(Home and Colonial School Society)，以訓練幼兒學校教師。這會在其工作上採取裴斯泰洛齊的理想，結果引致方法的改良，這是使確定裴斯泰洛齊主義的形式，但揣摩其精神很少。在七十年代另有一種進步，當時有些採用幼稚園的訓練。可是，不要認為幼兒學校、級長學校及其他慈善學校的增加，就算適當地供應英國的教育需要。當一八三二年第三改革案通過時，顯然的教育供應英國兒童不及三分之一。其實際進展，僅由一八七零年福司達初等教育法案(Forster Elementary Education Act)而開始；這法案是建立一種由國家供應與國家控制的學校制度。

在美國，第二十世紀之初，幼兒學校崛興，迅即傳佈於全國大部份的城市。最初，幼兒學校是分別而設的，與初等學校不相聯繫，後者於一八一八年在波市頓創立，招收四歲左右的兒童，由女教師負責教以讀寫的能力。在紐約，幼兒學校發展為小學之初級部，常聘用婦女為教師，採用蘭加斯達式的方法。這幼兒學校，好像級長學校一樣，通常為慈善人士的團體所扶助，像紐約公立學校會(Public School Society of New York)，在這世紀之初創立，便是一例。

第三節　國家控制教育的過渡階段

社會傾向的教育過程，從慈善教育的運動肇端，但此種僅屬於私人的義舉，未足擔當改進教育的內容，或維持教育於永久，且對於普及教育的冀圖，仍感不足。由於第十八世紀後期的政治革命及第十九世紀的產業革命之總結果，使教育的社會傾向，又從慈善教育的運動，進而爲國家教育的運動，卽過渡的階段。但這種運動之進行，其完成的經過，各國不盡相同，而其完成的目的與方式，亦復有別。茲分爲三個類型來說。

教育用以發展一强大國家：德意志　卽使在政治與產業革命之前，教育的重要性，視爲國家用以增强其政治的組織與令致社會的改革之一種工具，是由開明的君主所承認，而以普魯士的腓特烈大帝(Frederick the Great，統治期一七四零至一七八六年)爲特徵。腓特烈決意消除普魯士學校受教會的支配而保留宗教的訓導，自是以後，德意志根據這一原則而解決國家控制的問題。故一七六三年其著名的學校法，使初等學校奠立良好的基礎。腓特烈雖有志於教育改革，但受教士團的長期反對，以迄一八零六年普魯士被拿破崙所擊破爲止，阻撓教育的政治目的有任何實際進展的實現。隨着在爭取全國自由的奮鬪中，德意志的領袖認爲，由愛國心的政治動機以控制教育的新制度是亟需的。於是實施一種改組，教會控制之最後遺跡被除去，採取裴斯泰洛齊的教學方法，而利用學校之目的，在求普魯士成爲一個强國。第十八世紀德意志政治動機的採納與第十九世紀時的實現，致在其教育中慈善運動，不過爲偶然的與補充的，而非像英國那樣重要的。

教育是爲着公民資格：美利堅、法蘭西　美國殖民地與法國的政治革命，是著重另一觀點的政治動機。由於革命的結果，美國至少在理論上成爲一種民主政治，教育之普及視爲對於民主政治理想的實現乃絕對重要的，已爲早期政治家如哲弗遜(Thomas Jefferson)所承認了。不待至在西方新民主政治的發展及在東方限制選舉權的消失，教育爲着培養公民資格已成爲眞正的目的。如欲聰明的參加全部政府的事務，須藉全部教育始能對其了解。爲求自己的安全與保障起見，國家本身必須負責其公民的教育。因此，教育爲著公民資格來代替宗教的政治動機，而由國家供應與國家控制學校的原則，在內戰之前，早已為美國人民所接受了。法國的革命進行，對其教育的目的與主張，超過美國的很遠。由國家供應與國家控制之普及的、强迫的及免費的教育，爲其領袖們所要求。許多次法案通過以求這種理想的實現，但因爲這時期的混亂，故成就很少。一八零八年，拿破崙創立法蘭西大學(University of France)，實際上爲全國政府的一部門，以管理中等及高等教育，但不注意於初等教育。公立初等教育雖於一八三三年立法而實施，實際上仍受教會控制，以迄於第三共和的建立。由一八八一年初等教育免費的開始一連串的法律，直至一九零四年停閉宗教的學校爲止，法國的教育已成爲世俗化，並使其受國家的控制，較其他西歐國家爲進步。

教育爲階級利益衝突的結果：英格蘭　在英國，教育的國家制度之發展，並非像法國、德國及美國的例由一確定的動機所決定，但始於階級利益的衝突而在偶然的姿態中產生。公共敎育的進展，由於國教的教會決意維持其控制教育，及由於上層階級的意向主張保持人民大衆於渾渾噩噩，以致受着阻礙。當第十九世紀時，英國並未有任何政治革命，而只有大工業革命。紡織機械的發明，工廠制度勃興，使小工業的家庭制度，發生動搖。大量人民，湧入於生長中的城市，尤其在東北煤鐵礦區的鄰近地區。各工廠充滿男子婦孺，工作時間既長，房舍與衞生的設備又劣，擁有土地的紳士階級之人，雅不願製造家的力量增長而思施以限制，乃由一八零二年起，通過一連串的工廠法案，至一八三五年立法的大制度，達於頂點，注意在工廠及礦區工作的婦孺之保護。而從事製造業的團體，以規定國會代表名額公平分配的一八三二年所通過第三改革案，及取消關於農產與減低麵包價格之保護稅則的穀類法律的廢除，還以顏色，作為報復。由於此等利益間鬪爭的結果，工人階級遂爭得一部份的權利，即屬於教育的。一八零二年的工廠法案規定，學徒每日工作，不得超過十二小時，並應享受讀寫算與宗教的教育。這法案雖未能有效的執行，但對於政府是否有任何干涉教育之權一問題，引起熱烈的辯論。一八三三年法案，由政府撥給補助金二萬鎊，為建築校舍的費用。這批補款，統交由代表不從國教者的英國內外學校協會及代表國教的教會之全國貧教促進協會全權分配。自是以後，補款逐年增加，至一八六零年，則增至八十萬鎊。撥給補款於私人會社的實施，終致授權團體對教育的創建，此等團體其後反對公立學校制度的設立，但最大的重要性，為國家補助初等教育的原則之採用。主張由國家供應與國家控制學校制度者，咸認一八三三年法案，為其計劃完成之唯一的起點，經過長期爭論之後，一八七零年通過福司達初等教育法案，乃奠定國家初等教育的組織。這法案規定，無論在任何地方如欠缺初等教育的設備者，可命令組選一個地方的學校董事會，國家准予徵稅之權，使能設備學校，由會維持。因此這董事會的學校與私立學校，可同樣享受政府的補助金，此私立學校，即一部份由志願的捐助所供給的學校，其後主要的包括全國貧教促進協會及英國內外學校協會的學校。學校雖未施行免費，但窮人子女所需的費用，則由董事會供給。同時董事會也有權强迫五歲至十二歲的兒童，必須入學。至於宗教的教育，則由董事會依據學童父母的意旨而定。這法案是一種折衷的性質，自是以後，對於規定教育的許多法案，並未令致教育的世俗制度有如法國與美國的確實，不過使國家的權力增强對所有學校的控制而已。

第四節　社會化教育的階段

社會的動機　當地十九世紀時，國家逐漸代替教會而對教育的控制，切勿擅自假定，就以為教育已立即變為社會化了。傳統的目的、傳統的學科、傳統的教學方法與傳統的組織及行政方式，仍舊維持其掌握力。然而國家者，乃代表社會各階級與利益，及代表社會當作一整個有組織的團體，已逐漸變成教育大目的之意識的，即利用為達致其意識的目標與理想之社會的工具。理想以時而變化，社會的制度亦隨之。因此教育是一種常變的程序，以準備個人適應其在常變的環境與社會制度中而生活。這種社會的動機，首先著重社會生活之政治方面，其後為經濟方面；在這著重的差別中終使實施不同的題材與不同的訓練。社會動機，可分兩方面來說：

甲、政治方面　為著公民資格的教育，即是，個人準備經過聰明的選舉以參預其本國的政府，如在必要時，亦可滿意的退職，此有多少深刻的影響於教育。茲將其含義，綜數如下。

第一、普及的、免費的、強迫的初等教育之建立。即使在英國，選舉權逐漸推廣至全部男性，使上層階級有需要「教育我們的新主人」之感。在美國，其信心不只在於聰明的所有選民，並且在於全體選民有教育其自己領袖之權，遂使由公衆供應中等的與高等的教育。

第二、行政與監督的集中而犧牲地方及私人團體之權。倘若強迫教育的法律是執行的，那麼，國家之較大目的，實不能被父母的愚昧或地方團體的散漫所阻撓。國家的控制既然增強，則公衆對教育的供應，隨而更大的增加了。

第三、著重於教授學科的再調整。倘若普遍參加政治生活，在求社會的福利計，則對於社會的需要、社會的活動與社會的制度之研究，以作良好公民資格的準備，是很重要的。基此信念，在初等教育中乃著重歷史與公民，以針對形式的學習，像拼音、文法與讀寫算；在高等教育中，漸趨於貶抑文學而贊成社會科學像政治學與經濟學等。

第四、社會的著重於教授學科的方法。歷史不復追求帝王或武士的事蹟，而只注重人民生活與思想之發展，及其政治的與社會的法制之故事。地理的研究，不復強記地方與物產的方誌，而只在學習對於人類活動與社會發展有影響的地文學。公民不復限於全國的或地方的政府組織之研究，而只在實際活動表現政府效能的方法。

第五、教師身份的大變更。社會視教師最重要的作用，是管理教育的特別主動人。因此遂使其職業升至專門的地位，而要求設立師範學校，以訓練其專門職業中，作一種注意的準備。教師們由此善爲應付社會對其利用的需要。任何職業沒有組成這麽多團體，以促進其職業的目的，並且任何職業，也沒有像這樣文學上的與實驗的活動。

乙、經濟方面　工業革命產生其工業上工廠制度的訓練，實際上破壞了對工業生活準備之學徒身份。師傅不復以其個人私利計，直接教授學徒。事實上，學徒不過爲一種學習，學得少許技藝或智能而已。因爲人民開始湧聚各城市而使工人易於變動，師傅們在教授本身或無利益可獲，故沒有激勵其授徒。而且由於工廠制度中資本的需要，學徒如像在舊時工業的家庭制度之下，有時可成爲主人之希望，實微乎其微。因此，若求工藝之獲得與發展，在其維持中有些直接利益之外面媒介，必須擔負此任務。在其他方面之社會的發展，表示學校可作這種媒介。從國家的經濟方面來說，當第十九世紀首先六十年間，西方文明各國面臨之主要問題是政治的，即力謀國家的復興或團結。德意志、意大利及美國是從事於解決全國統一的問題。法蘭西是冀圖滌除君主政治的殘餘。即使在英格蘭，政治家的精力，大部份耗擲於選舉權的擴大與教會的廢止等此類政治問題。但一旦全國既臻團結，對各國的政治家表示最明顯的，凡一個國家的力量、影響、以至存在，胥賴其經濟的地位。在此等國家中，其大規模控制工業生產的大公司與托辣斯的生長，即為對於供應國際及國內市場作尖銳的競爭。凡工業最有效組織的國家，其所以獲得成功者，不復僅靠人們實際的經驗，而且在意想中唯有詳慮的教育。

工業的教育　主張工業上特別教育的運動，英格蘭與美國進行，實後於德意志與法蘭西的。英格蘭殆有一個世紀從事工業的發展及相當控制外國的市場，並覺得其地位頗為穩固的。美國顯然有無限量的資源與能支持經營生產的奢侈方式。但德意志在工業方面是較為後起者，既無英格蘭的設備，亦乏美國的資源，唯有決定依靠工業的、技術的、商業的與農業的教育各種方式之專業化，為造成其國家的進步。德意志常力謀使其社會生活的合理化，沒有一個國家堪與比擬。在工業、教育、民政與戰爭，會使有效的達致目的，並在其意想中組織公民的訓練。製造方面，不只有技術學校以培養經理與監督的高等教育，並且有職業與中間學校以訓練工人，而在各地次第設立。商業教育，德意志是超過任何其他國家，常從商業各方式供應其初等與高等的教育。農業未曾忽視，並設置這種職業的初級訓練。由於這種高度專業化的教育，德意志在製造、商業、礦冶及管理的工業上，每一方式，都有迅速的進展，其誠實無欺的標價，以確保在亞洲、南美洲、及其他未開發地區之市場的基礎。英格蘭、法蘭西與美國，曾激發同樣的專業化教導的需要，但在工業的教育些少方式，略遜於德意志。這種工業的教育運動，使公民資格訓練的觀念，爲之一變。對聰明的參預政治的權利義務之準備，當作培養一個優良公民之最好方法，不得不讓與直接訓練些少工業的方式，以培養個人爲生產的經濟單位。換言之，教育上社會動機之政治方面，其重要性逐漸讓與經濟方面；但兩者配合以對個人的準備，使其成功地參預其同群人之政治、工業與社會的活動，此乃教育之眞正目的。

第十九章　教育之國家制度的發展（一）

第一節　德意志教育

近代西歐各國中，最早由教會收回控制教育的實權，使教育成爲增進國家利益的工具，自應首推德意志了。可是當時各邦所謂國立學校，仍未能明顯的擺脫教會的束縛。直至第十九世紀初期，普魯士的學校，都由國家控制，以國家的旨趣爲教育上主要的特徵，才算實現國家教育的組織。一九一九年，魏瑪通過共和的憲法，此舉在「政府或關於立法規定教育制度的指導原則」之下，奠立教育之國家制度的可能基礎。然而，政府首先囘復於地方的邦自治較舊的原則。但以各邦情形互殊，教育沒有統一的制度，故對其研究，主要的應舉普魯士爲例，可看出大部份的面貌。後由於國社黨實行極權主義，教育受嚴格的集中，變爲絕對國家化了。德意志教育完成國家制度的過程，茲分述如下。

腓特烈大帝的改革　當第十八世紀大部份的時期，普魯士教育雖仍在教會的控制之下，但教育作爲對社會福利與政治力量的必需基礎之觀念，首先受到接納。早在一七一七年，威廉一世(Frederick William I，一六八八至一七四零年）通諭，無論何處學校，兒童應規定冬季每日入學，夏季如得家庭的容許，每星期至少入學一次。他並且以國家公款，自由的撥助於鄉村學校的創設；爲着缺乏有能力的教師而感到困難，乃在斯提丁(Stettin)創設第一間師範學校。他認淸教育和國家的重要關係，故小學教育應由國家供應，而非在地方的與教會的權力。威廉一世之子腓特烈大帝，奠下普魯士小學教育的國家制度之實際基礎。腓特烈於一七四一年入承大統，掌握全普魯士的命運，凡四十六年，爲人英明仁愛，寬容大度，在歐洲享有開明君主之譽。他實施許多經濟的與社會的改革，注意促進全民福利，並對教育的改革表示一種特別興趣。他將中等教育集中管理與改良，鼓勵學術自由，促進其研究，及在柏林建立一間科學的書院。但其對公共教育的運動作最大貢獻者，是在一七六三年所頒佈普通鄉村學校法規中表現。其最重要的規條如下：（一）凡由五歲至十四或十五歲的兒童，限須入學；（二）如兒童於十三歲以前，在地方學校當局（宗教會議或法庭）所設置的初級部門中能通過國家的考試者，可以離校，——但必須領有由當地教師、宣教師、或視導官所簽發之退學證書，始准離校；（三）凡欲在學校教學者，必須經當地視導官及宣教師的考試，發給執照，方能准許；（四）星期日中間學校，由校長主持，以便超齡而未結婚的青年進修。這些法規，由於農民誠恐影響其兒子曠廢工作，教師慮其不能應付此新資格的規定，及傳教士對於著重國家控制的法律，並不熱心奉行，故遭遇强烈的反對。因此，腓特烈雖竭力以支持此法規，但在各地未能實行。然而一七六三年的普通鄉村學校法規，爲現時普魯士制度的實際基礎。一七七四年，腓特烈公佈教育法典，規定所轄各省都須設置學務委員會，負責主理教育，各鄉村都須立初等學校，各縣的主要城市，則設高級小學，各省設師範學校，以及關於教師的資格和待遇，課程的科目，經費的支助，兒童就學的强迫等，對於組織普魯士的國家教育，更進一步，初等學校逐漸由教會的轉爲國家的。

一七八六年，腓特烈大帝崩逝，其姪威廉二世（Frederick William II，統治期一七八六至一七九七年）繼位，尙守先澤，推行開明政策。學校制度，乃由腓特烈的教育顧問策德力澤（Baron Von

Zedlitz，一七三一至一七九三年）主持，並採納其建議，設置高等學務委員會（Oberschul Kollegium），企圖管轄普魯士境內舊立的中等學校和高等學校。這是一個學校行政的中央局，以代替地方教會之管轄機關。策德力澤主張長期任用俗人的教育專家，主持其事，但威廉二世不聽，却委任傳教人員充當，重視教會主權，並拒絕將這委員會的權限擴展至高等學校。策德力澤遂辭職，情形爲之一變。然而高等學務委員會是代表一過渡時期，即由在國家指導下學校的教會管理而至於專家，由一中央局的國家管理。一七九四年，又有一項更重要的措施。腓特烈大帝曾諭派一批著名學者與法學家，編修普魯士的法律，一七九四年，遂通過大法典（General Code）。此法典的第十二章，是關於教育方面，其中國家的最高權，曾作明白的宣佈：「所有學校與大學，都是國家的機構，唯有基於國家的認定與同意而設置；它們是在國家監督之下並常受其考驗與視察」。條款並規定强迫兒童入學及國家對教師的委任。學校雖是世俗化但未消除宗教的訓導，以法典承認路德派與天主教的教會，在學校中授給其信徒的兒童有平等教導之權。

耶拿之役（一八零六年）後改革的實施　當腓特烈的崩逝與毀滅普魯士實力的耶拿戰役間的二十年，由於政府的腐敗，貴族的自私，與平民的受壓抑，在勢力上與力量上是衰退的年頭。普魯士既遭耶拿戰役的慘敗，突然猛醒，其統治者乃改編陸軍，澄清民政腐敗的人物，汲汲以謀國家的復興。但在威廉三世（統治期一七九七至一八四零年）左右的大臣，認爲國家復興之道，唯有藉賴新教育，以栽培聰明而愛國的德意志人，方克有濟。於是撤消高等學務委員會，以解除教士的支配，在內政部之下，另設宗教與公共教育司。一八零九年，洪波德（Wihelm Von Humboldt，一七六七至一八三五年）以第一流政治家而兼哲學家，出主全國教育任務，提出遠大的改革計劃，使國家制度，名副其實。而且，此等改組，影響小學、中學與大學教育各部門。同時，柏林大學創立，聘請名學者任教授，作爲一大研究機關。一八一二年，所有經典的學校，無論沿用何種名稱，一律奉命改稱爲文科中學（Gymnasien），教學篤守政府所定統一程度的標準；此類學校，在國家委員監督下舉行「離校考試」（Leaving Examination），爲決定其學生准許升進大學的基本學力。一八一六年，公佈中等學校的學則，其中規定新課程的學科，約可分爲兩類：一類爲語文學，包含希臘語、拉丁語、希伯來語及德語。另一類爲科學，包含數學、自然科學、歷史、地理及宗教等。欲求文科中學獲得優良的教師，在普魯士各大學中設立講習班（Seminars），並實行檢定學識的考試，提高中等學校教學成爲一種職業。在小學教育，由於裴斯泰洛齊派教師的引進及師範學校的設立，對於方法、內容與精神，大加改良。一八一七年，教育司改組，擴建爲一部，部長爲內閣之一員。一八二五年，教育的國家制度之組織，由於省教育局的設立而完成，此等局是對教育部負責，最後的代替教會的宗教會議以控制地方教育。因此，學校最後遂與教會的控制分離，完全的由國家控制了。至於低級行政區，即省是劃分爲縣，縣設縣教育局，監督縣內公私立的初等學校。局設委員七人或八人，許多是傳教士，並且他們是小學的地方視導員。在新聯邦憲法之下，許多保守的德人雖作强力的反對，但這種教育之教會監督，實際上業已廢除。

反動（一八一八至一八七二年）的階段　自一八一七年教育部創設以來，由普魯士政府所定的各種學校法規，已一貫的根據教育受國家控制的原則。可是，自一八一五年拿破崙既敗，維也納會議後，全歐各國君主，注重强權，力圖回復專制君主的尊榮和權利，以箝制人民的思想，束縛人民的自由，和防止人民的反抗，爲當務之急。威廉三世及威廉四世（統治期一八四零至一八六一年），都是具有反動心理的人物；尤其威廉四世的時代，反動情勢，益形顯著，故普魯士敎育，也減退了活潑的氣象和創造的精神。中等敎育委員會主席（一八一八至一八四零年）斯古魯耶(Johannes Schulze)所定文科中學的課程與訓練，非常嚴格；他認爲最好的造詣，乃一切的準繩。這種傾向——基於政治的動機——將趨於敎育上自由與個人自動的，好像起於裴斯泰洛齊對小學敎育的理想主義，完全撲滅；卽使對課外的學生活動，不予注意，學生私自閱讀，亦嚴爲取締。由主張陶冶訓練者，控制中等學校。拉丁文在另增的時間教授，但其敎學，注重文法練習的形式。歷史、地理與科學，在授課時間上縮至第五位。對德意志人民實際的需要，並不留意。最黑暗的時期，是一八四八年革命後，是時幼稚園視爲革命的機關而被禁止；大學研究學術的自由已受限制，大學教授常被偵查的。

强烈的民族主義（一八六一年起迄今）的階段　卽使在先前的階段，實科中學(Realschulen)對於承認與文科中學相等的地位及較好的應付德意志現代生活需要的要求，不能放棄。一八五九年，實科中學是分爲兩級：一級爲九年制，課程包含有拉丁語，是給與中等學校完全的地位，由一八七零年起，其畢業是准入大學以研究科學及現代學科；另一級爲六年制，拉丁語是隨意科，准許參加「志願」的軍事服役一年（乃對於規定在小學肄業者兩年義務的一種代替）。但自一八七一年後，德意志越加工業化，科學的與技術的敎育，變爲更需要的。而且，自一八六一年威廉一世（統治期一八六一至一八八八年）卽位，任用鐵血主義的俾斯麥爲相，銳意求進；一八七零年普法戰爭勝利，統一全德而稱成很大的帝國。於是引起民族主義的强烈精神，使固執的要求著重德意志文化及中等教育的放寬，以適應新國民生活的需要。在一八九零年著名的柏林學校會議中，威廉二世發表新觀點的諭詞：「最要緊的，國家的基礎是欠缺文科中學。其基礎必須爲德意志的。我們的責任，要教導他們青年爲德意志人而非希臘人及羅馬人。因此我們必須造就德意志的基礎，集中於包含萬有的基礎」。此可見當時對於中等教育改造的趨勢了。依照改革家的要求，上述的實科中學的第一級，一八八二年，命名爲文實中學（Realgymnasien）；有些在商務部直轄下發展的學校，像職業學校（Trade Schools），擴大其課程爲九年，轉移至教育部直轄，而變爲高等實科中學（Oberrealschulen）。自一九零一年以來，所有此三種中學——文科中學、文實中學及高等實科中學——的畢業生，准其以同等學力升進大學，除了神學科的學生必須修完文科中學的課程而熟習希臘語之外，醫科的學生，亦必須修完文科中學或文實中學的課程而熟習拉丁語的。由於這世紀在普魯士及其他德國各邦所發展演進的結果，一種民族化的學校制度，由各邦主要提供的意見而組成。支持政府，保存國家的文化，及適應新工業生活的需要，爲其所趨的目的。教育的制度是精神的理想及業已發生的社會變化之自然的長成。可是，自第一次世界大戰以後，已實行許多改組了。

德意志的中小學制度　一九一九年以前，德意志並未見有像美國的那種教育的階梯。公立小學教育，免費的、普及的與强迫的，是在國民學校（Volkschulen）授給。其學程是八年，至十四歲爲止，但不能升入任何的中等學校。一個中等學校的學生，由九歲開始其課程，繼續修業凡九年。入學之後，開始學習一種外國語：在文科中學及文實中學學習拉丁語，在實科中學則學習法蘭西語。而且，當一個學童十四歲在國民學校修完其課程之時，而在中等學校的學童却開始學習第二種語言及進而至高等數學了。由於外國語及算術以外的數學並無在國民學校教授，故其畢業生，即使能繳納所需之學費，亦不適合於進入任何中等學校。許多學童進國民學校三年然後轉往文科中學或實科中學，此外凡欲進中學者，通常由私人教師或預備學校（Vorschulen）作初步的準備。國民學校畢業生所做唯一的事情，是進行就業或入補習學校(Fortbildungschulen)以精習其所就之藝業或職業。換言之，國民學校者，志在爲教育大衆的兒童而設，預備將來從事普通的職業。中學則爲資產階級的兒童而設，他們希望操專門職業及充當高級公務人員。可是，另有一部份是智識的貴族，可免費入學；又有些學校設置特別奬學金以資助貧苦學生，使許多家境清寒而有特殊天賦的兒童，可享受與富厚子弟相等的一種中等教育之利益。對於中等階級，凡不能遣其子弟入中學但爲着社會的理由而不願其子弟入國民學校者，另組設一種中間學校（Mittelschulen），是收費的，設有九年或十年的課程，在最後三年，教授一種外國語。德意志國民學校所以表現有很大的效力，一部份靠其經過專門訓練的教師，他們由邦發給教學執照而保持永久的職位。兒童上學者很勤力，及學年的長度——約二百二十日——合而作良好進行，遂產生一種優異的成績。

中等學校可分爲三種，主要的在課程上分別，而其組織、行政、訓練與教學方法，原來相同的。經典學校的文科中學，以拉丁語及希臘語爲其基本的學問，乃陶冶訓練的信徒之堡壘。這學校主要的是由貴族的與專門職業的階級之子弟所修習，從這校畢業者，其社會的地位，聲價十倍。拉丁語——科學的學校之文實中學，每年都授拉丁語，但沒有希臘語，而以法語及英語代之，對於教授科學與數學，却特別注意。科學的學校之高等實科中學，完全廢除經學，代之以法語及英語，比其他兩校却以較多時間專授數學的科學。凡在文實中學與高等實科中學肄業者的社會地位，每認爲不及在文科中學肄業者之高。其學生通常爲商業與製造業階級的子弟。顯然的，這三種學校課程之差異，迫使一個德人的家長，當其兒子九歲時，表現特別性格的徵象之前，每替其畢生的事業來打算。凡學生一旦進入高等實科中學、其後不能轉入文科中學，因爲拉丁語在文科中學第一年已開始教授。他亦不能由文實中學第三年級轉入文科中學，因其未曾學習希臘語之故。爲着解決這種困難，故首先一八七八年在阿爾都納(Altona)及一八九二年後在法蘭克福(Frankfort)以至其他各處，冀圖試行一種計劃，將三種課程集中於一間學校，使其開首三年的課程相同。由於計劃是這麽成功的，故改革學校(Reform Schulen)的數量，立卽增加。這種改革學校，以及三種舊式中學，基本上是仍相同的。所有這些改革學校的課程雖然並非同一的，代替拉丁語的法蘭西語，通常爲首先三年所授的唯一外國語。第四年開始時，外國語是劃分，一組選讀拉丁語，另一組則爲英語。在另兩年之末，拉丁組再分爲二：一組選讀希臘語，另一組則爲英語。這計劃的贊同者，認爲其實際結果，在拉丁語與希臘語以及其他學科，完全表示與舊式學校的相等。至於男女同校的制度，除小學外，是不存在的。高等女子學校(Hohere Madchenschulen)，志在對女子授給中等教育，在第十九世紀後半期首次露現。一九零八年，此等學校經過改組，使普魯士女子可能得到與授給男子的同等之中等教育。女子的中等學校，可分爲五種。文科中學、文實中學及高等實科中學，與男子的中學同名，修業十年，爲升進大學的準備。淑女學校(Frauenschulen)，修業二年，通常十八歲畢業，準備家庭的生活，其課程除正常的中等學校學科之外，另有家庭藝術、家庭科學、家政等。師範學校（Seminar），修業四年，通常二十歲畢業，培養小學及中等女學低級的教師。德意志的大學，並不是全部開放收容女生，有些大學雖已開放，但其准許收容者，原基於放寬的態度，而非作爲一種權利。

新共和國時期的教育　德意志共和國的憲法，於一九一九年八月十一日在魏瑪通過。關於教育的與宗教的許多規條，未幾流於具文，變爲無效力的。公立學校的全體教師，享有邦的官吏之權利與義務。承認宗教自由，並無國家的教會。根據家長的要求，教派的或世俗的學校，可在每一個居民衆多的區域中設立。根據憲法第一四四條，監督學校之權，是應在受過專門訓練的人員及邦的控制之下。由這條憲法來看，鄉村區的傳教士已無視察之責；但其後所見，這一條規每多違犯的。强迫入學，至少有八年的時期，並且另設中間學校，以供應兒童對教育的補習，直至十八歲爲止。此等學校，是免費供給教學與文具。可是，在德意志的許多區域，每因經濟困難而阻止中間學校的建立。又據憲法規定：「公立學校制度，是作爲有系統的整體而建立。中等與高等學校，乃一種基礎學校（Grundschule）的延續」。一九二零年基於這條憲法而制訂基礎學校法，組成公立小學之開首四年作爲全民教育的基礎學校。一九二四年，公立預備學校是撤消，私立預備學校，亦於一九二九年被廢除。一九二五年，基礎學校法修正，聰異的學生，自以三年代替四年肄業於基礎學校後，可准其入中等學校。然而基礎學校法，在聯邦政府控制教育的方面來說，實不能維持長久。宗教的問題及政府的貧困，遂使德意志教育復歸於以地方邦自主的爲原則。天主教的巴維里亞（Bavaria）邦堅持着，聯邦政府應考慮本身對小學强迫入學，免費教學，免費供應文具，及信仰自由的實行。巴維里亞的邦議會，竟違反聯邦憲法的精神，於一九二五年正月，批准與教廷所訂的契約（Concordat）。不僅對宗教的教學，並且對所有學科，其監督委諸傳教士與教會。議會此舉，因其亦以同樣的權利給與新教徒，故可能的實行，但聯邦政府對這個問題並無採取行動。中間的（Intermediat）中學（Mittelschulen），收容第五年級的學生來訓練，以迄於第九年或第十年級。但許多德人認爲這種中間的學校，是阻礙普通學校運動（Einheitsschule）的發展；其他則堅持着，謂這種學校對於中等階級的兒童，預定進入商業的、農業的及工藝的學校之教育上所必需。德語高等學校（Deutsche Oberschule）及建立中學（Aufbauschule），乃一種新式的中等學校，而與舊式的並存。第一種側重德意志文化，但包含外國語，以備升進大學，第二種設於鄉村區，以便培養天才的學生，於受過七年小學教育後，再訓練六年，俾可進入大學。然而，巴維里亞對這種學校畢業生之進入大學，不肯承認。在普魯士（一九二五年），對於男女童的全部中等學校，設置統一的原則。中等學校仍徵收學費，但對於獎給天才兒童之獎學金，是十分充裕的。

德意志的大學，是邦立或須經邦的批准而設立的。大學雖徵收學費，但主要的還是由邦供應並且大部份由教育部長的命令所控制。他注意教職員會的提薦而任命教授；教授視爲公務員而有一定的特權。大學的內部行政，是在大學評議會（Senate）的手中，這會包括各教職員會的代表及校長在內，而校長每年由全級教授所選出並經教育部長的批准。傳統維持教學人員的組織，分爲法律、醫學、神學與哲學四個教職員會，而文學則隸屬於哲學教職員會之內。「學習自由，即選擇自由」（Lernfreiheit），此種精神，完全保存於德意志大學之中。「教學自由，即學術自由」（Lehrfreiheit），除在神學科之外，極好的表示其特性。當過去一代，除正常的大學外，另產生一種學校，雖稱爲高等技術學校

(Technische Hockschulen)，但實際上為大學的程度，主持高深的與優良的技術教育，如工程、礦冶、商業、農業及其最著名的森林等科。

國家社會主義（一九三三至一九四五年）的教育　在共和國之下的教育是分權的，准許較寬大的地方自主與個別差異，以前集中的規定課程是撤消了。學校與團體棄師親會而得更密切的合作。兒童容許較大的自由。學校努力擺脫政治的控制。由於基礎學校與建立中學的設立，努力發展一種梯形制度，以供應統合社會為一體的學校制度，而代替舊式雙軌制。全部是根據德意志國民性質的與國際修好的精神而實施。早在一九三三年，希特拉(Hitler)就任總理，在其統治下，德意志變為一個極權主義的國家，控制身心，抑制言論、意見與良心的自由，而使文化、科學、宗教與學校，對於國家處在次要的地位。意見的妥協或差異，皆不容許。視以前共和國的教育，是認為太過自由，對於訓練與服從權威，有損壞的傾向。在國家社會主義之下，學校是以保證個人的行為乃至其思想，應與國家的意志(Gleichschaltung)相協調。因此，德意志教育的精神與目的，完全改變。教育新精神，是促進教育以發展一種社會團結的新意識和對德意志政府的忠心。其新的目的，是提倡日耳曼主義、日耳曼民族主義、日耳曼文化、——一切構成德意志文化和繼續給與德意志文化以意義的東西。故教育新目的，全國團結的需要一致，注重日耳曼主義的培植。其文化的含義，是活動、目的、創造，和一個適當地均衡與和諧的人格。教育的旨趣，不在智識的獲得，而在個人一切力量——體格、意志與情緒——的發展。教育的效驗，在求應付新情境的能力。根據其本身理論來說，表示教育的價值，業已改變。故學校注重訓練，體格與意志，是受着首要注意。經過非常堅强軍事化的體育，男子變為强壯與學習服從。意志的教育，更著重忠實、犧牲與服從。智識的教育不及以前的重要，但歷史是非常重視，作爲啓發愛國心與無疑的獻身於國家的目的之方法。在歷史的教學中，公平的眞理，每難達到，但在納粹的德意志，認爲公平乃自由主義的謬誤之一，故不要視公平爲滿意的。每一兒童，必須教其認識純種的價值。理想中德意志的青年型，包括純德意志血統而盡忠於國家社會主義及其領袖者。爲着保證奉行此等目的，一九三四年五月十一日法令，規定所有學校，所有青年組織，及科學與教育的各方面，統歸於全國科學與教育部的掌管之中。德意志的小學教師，政治上站在自由陣線者，凡七十五年之久，第一次世界大戰後，他們繼續爭得其所奮鬭的多少要求。但當國社黨份子執政，這種奮鬭的紀錄，却對他們不利。一九三三年七月十一日法令，迫使他們要熟習國家社會主義的思想與目的；遲兩星期後，他們又被嚴限要與社會民主黨完全斷絕關係；同時，秘密的委員會研討各教師行爲的紀錄。凡有舉報其公開的或秘密的反對新政權者，均被開除教席。教師聯合會，由於一九三三年八月五日的法令而宣佈無效。教師們只要服從其上級的，對學校的行政與管理，不必計及。教師的新訓練，比諸過去較重鄉村的與較重國家主義的及政治的。在其訓練中，從新側重於軍事地理與邊疆的及種族問題的智識。凡欲投入教師訓練的機關，在其獲准以前，對於候選人之個人的、教育的、宗教的與公民的資格，經過一番嚴格的審查。根據一九三四年正月五日法令，他們必須呈驗雅里安(Aryan)種詳細證明的文件，及其在鬭爭的政治團體服務的紀錄。

德意志的青年運動，始於一八九八年，作爲一種自由的與道德的增進。這種運動，現由國社黨人所接收而使其隸屬於全德意志青年聯盟之下，並由希特拉委派一領袖人物主持，雖然有些宗教的青年會社並未完全編入，或在此時作合併的進行。這特別以天主教的會社，可作一例。猶太人的兒童，禁止參加國社黨的訓導。最堪注意者，爲一九三四年春季在普魯士舉行的「鄉野年」(Landjahr)。凡修完小學的所有男女童，規定於畢業後，要參加鄉村露營九個月。每星期授課十五小時，其餘時間則在農場，在家庭內操作，及受體格訓練。最後，曾經進行一種努力的，將投入中學及大學的青年人數，盡量減少。設立勞動營，尋求實際的教育以代替專門的一種，特別向男女青年呼籲：「每一個德意志人，應該爲其人民而充當一個工作者與一個戰士」。這勞動營亦爲一個全國性的教育機構，而爲强迫教育與强迫軍役一種邏輯的延續。

由於國家社會主義擴張之結果，發動侵略，引起第二次世界大戰，德意志崩潰，無條件投降後，被盟軍佔領。一九四九年公佈基本法，組織西德政府，一九五四年，恢復主權。西德聯邦共和國從各方面盡量掃除國社黨執政時代所遺下的殘餘，在政治上採取地方分權制度；在教育方面，把教育權還給於各邦，聯邦政府不再管理教育事務。即使在內政與外交兩部設有文教司，亦不過負責獎勵，補助科學研究，與獎學金的分配而已，並無行政的權力。至於學制，多仍舊貫，變動很少。

第二節　法蘭西教育

第十九世紀早期　唯理主義者與自然主義者，雖在第十八世紀後期的鼓動，極力主張世俗的與國家控制的教育，闡發理論對全國思想界發生很深的影響。可是，法蘭西教育有一宗教的目的及實際上由教士主持行政，以迄於一七八九年革命的前夕。當一七九二與一七九五年間的國民會議，對敎會學校，極力排斥，將學校封閉，校產沒收，並提出許多報告與法案，以求一種教育的全國性與世俗制度之建立。但此等會議，不過討論與通過各種法案，聊勝於空想，除了一七九三年在巴黎創設師範學校及專門學校之外，比較上是很少成就的。至拿破崙執政時代（一七九九至一八一五年）起，才逐漸將革命前夕及革命期的思想家所倡議、所提出之改革計劃，力求推廣與實行，終至完成國家教育的組織。拿破崙特有興趣於改組中等及高等教育。一八零二年法令，組設兩種中學，一爲私人或地方所立的中學(College)，另一爲國立中學(Lycee)，乃標準的中學。自有此兩種中學後，便代替一七九五年所創立的中央學校了。他撤消舊式大學的自治，設立專門學校及高等師範。一八零六年，又將所有中等及高等學校，統歸於「法蘭西大學」的管轄之下。大學由國家所控制及支配，設總長一人，評議員二十六人，由皇帝任命。爲着這大學便於行政計，將全國劃分爲許多行政性的大學區；每區設一校長及一教育審議會，監督這區教育的工作。這種集權制度，實際上保留至一八七五年而未有變更。

基佐的法案　然而，拿破崙對於小學教育，並未注意改組。教會是再准其負擔控制之責，並對基督教兄弟會，特別表示贊同，這會的學校於一七九二年已被禁閉了。而且，這種政策，於復辟時期（一八一五至一八三零年）仍繼續施行。一八三零年革命時所創立小學教育，幾全在教學會衆控制之下。國立中學及里區立中學之地位，依然不變。幸而在七月統治者路易菲力主政，留心於公立教育，頗多興革；又派高等師範校長庫仁(M. Victor Cousin，一七九二至一八六七年）赴德意志，考察初等教育制度、教師的訓練及教育行政和組織，而提出一有名的報告書。於是一八三三年，對第一任公共教育部長基佐(M. Guizot)授與教育運動一種偉大的任務。基佐立即企圖造成建立普及教育一種實際制度的公意，一八三三年的法案，遂獲通過，爲法蘭西初等教育制度的基礎。這法案建立兩級的小學制，即初級的與高級的，前者設於每一市區，後者則設於大的市區。此等小學，一部份雖算學費來維持，但其由地方自治之市區及國家亦得到撥款，而准許貧窮兒童的免費。而且，教師的證明與委任之權，是交給於國家；宗教教學的自由，並有明文規定。初小課程，包含讀寫算、法語、道德宗教以及度量衡的智識。高小課程，基於初小程度之上，應授幾何、圖畫、測量、物理、化學、博物、歷史、地理及音樂，其中尤側重法國史地，以及處於田野、工場或公務機關，日常生活中所應用的基本科學。庫仁對於學制的建議，藉基佐的努力而告實現了。在這法案之下，小學的數量，學生的註册，及消耗於小學教育的款項，曾有顯著的增加。並且，爲求師資的供應，師範學校設立三十間。故一八三三年法案，所收宏效不少。不幸，當一八五二年路易拿破崙的第二帝國時期，欲爭取教會的支持，結果使對國家小學的擴張，採取冷淡態度，而贊同教會的小學之設立。因此，當一八七零年帝國崩潰時，公立小學雖有相當進步，但對於由國家供應與控制的一種全國性教育制度之理想的實現，却告倒退了。

第三共和的教育　一八七一年，由甘必大(Leon Michel Gambetta，一八三八至一八八二年)所領導的共和政府領袖們，決定基於一種普及教育的根本，以奠立共和政治的基礎，國家教育的組織，由是而發展。當一八七一至一八八一年的十年間，許多以百萬計的法郎，消耗於學校建築與設備，及建立里區的與技術的學校。一八八一年，實際上每一里區設有學校，初級的教學是免費的。一八八二年，六歲與十三歲之間的兒童，是强迫入學的。由於學校的數量激增，爲着供應其所需要的師資起見，規定每一府(Department)應設置男女師範各一所。一八八一年，全體教師要領受國家的證書，方准教學。一八八六年，禁止公立學校聘用傳教士爲教師。最後，由於一九零二年與一九零四年的立法，所有教會的學校被關閉了。因此，法國的初等教育，幾完全由國家所控制。有些自由的學校，即非國立的學校，必須由俗人充當教師。自第三共和開始，由於全部教育地位認可之結果，法國爲在西歐中由國家控制與供應的學校最集權的制度。

法國兒童，年屆三歲者可入母親學校(Ecole Maternelle)，此學校與幼稚園相同，留在那裏直至其六歲入小學(Ecole Primaire)爲止。小學學程由法律規定强迫至十三歲，但此法律並非各人誠心遵守，許多兒童，有些十二歲甚至十一歲離校。在小學之上，爲高等小學 (Ecole Primaire Superieure) 其課程通常爲三年，致力於較實際的學習，多爲職業的性質。並有補習學校(Continuation Schools) 乃農業的與工業的教育，由各里區所供應及由國家所津貼。大部份小學爲男女分校，至於男女同校者，通常僅爲不能避免時始有之。法國的中學有兩種：一爲國立中學(Lycees)，一爲市立中學 (Colleges Communaux)。國立中學爲國立的學校，其經費所賴以維持者，一部份靠徵收學費，而主要的則由國家的撥款。市立中學爲地方的學校，其經費來源，一部份靠學費，但主要的靠里區撥款，並由國家有些資助。市立中學雖然設置相同的課程，但其社會地位，却與國立中學不同，故教師的聘任，不需要求那麼高的資格。這兩種中學，與小學缺乏眞正的聯絡，當國立中學及市立中學的課程通當開始時，男童可於十歲時從小學轉入。一九二四年以前，男童之進入國立中學或市立中學者，通常分為兩階段。十歲時，立即選定其要消磨四年的第一期，或稱定向期(Cycle de Orientation)，除共同必修之科目外，從事於古典的或科學的修習。十五歲時，他進至第二期，或稱為決定期 (Cycle de Determination)，在以前年頭，無論其學過何種課程，他在兩年中，除共同科目外，從第二期所由分的四種學科：甲、希臘語——拉丁語；乙、拉丁語——現代語；丙、拉丁語——科學；丁、科學——現代語，可選修其中任何一種。倘若他由希臘語轉而選修現代語學科，或反之亦然；給他以造就其所欠缺的語言之機會，而不致浪費時間。最後一年，是修習哲學的或數學的學科，即為對人文學與對科學使其成為專門化。這種選擇，得就其性之所近而進修，並無限制。其修完課程者，要經過一種困難的國家考試，始得畢業，領受學士的學位(Baccalaureate degree)，這是高貴的獎格，而為進入大學或從事職業所必備的。至於女子的中等教育，始於一八八零年，創設女子的國立中學及市立中學的立法是通過的。在這年以前，女子受教育者，主要是在女修道院及私立學校，但自是以後，公立女子中學的數量，已逐漸增加。女子中學的課程，只為五年，科目中並無古典科，僅有初等的數學與科學。此等科目的地位，一部份是由衛生、圖畫、音樂及家政來代替。教師幾完全由婦女充當。好像男生之例，並設置特別的高等師範學校，以培養女子中學的教師。

由中世紀所創的舊式大學，當一八零六年拿破崙創立法蘭西大學時而破壞其自治權的存在，已淪為氣息奄奄的狀態了。他將全國大學區 (Academy) 劃分，每一大學區設在大型的中學附近或其中設置文科與理科的大學學院，其主要任務是考驗高等執照。這種措施的結果，在第十九世紀大部份時期，將法蘭西高等教育裁減至較低的地位，直至一八八五年，實際上學院的地位，並無發生變更。其後通過一項法律，准其組織一個管理委員會，使各種課程同格，及作爲一個維持校產的公司。可是，不待至一八九六年，高等教育完全改組。在這年，大學的名稱保留，而十七個大學區之中，除一個之外，每區附設有大學一所。但其中僅有八所是一完全大學，即設有法律、醫學、理科與文科四科，其餘只設文理兩科。教授是由教職員會所提薦而經教育部長委任者，由省支給其薪俸。每一學院設有學長，大學的校長與學長，及其他每一學院選出之代表，組成一大學審議會，即爲管理的機構。所有大學均平等的招收男女學生，並准收外國的學生。除大學之外，尚有許多技術的與專門職業的學校，供應高等教育。法國教育制度之首腦，是全國教育部的部長，他是由三個司長協助，每一司分別主持高等、中等及初等的教育。全國所劃分的大學區，主管各區三級教育，每一區的首長稱爲大學區校長（Reeteur），並兼大學的校長，由一大學區審議會爲其勷助，他亦充任主席。大學區另設有視學員，每府派駐一名，負有執行教育部所定各項政策之責。

第一次世界大戰後的教育　自第一次世界大戰後，法國教育深具階級觀念的雙軌制，頗受批評，因此，好像德意志一樣，曾發生單軌式學制運動，以建立全民的統一學校（Ecole Unigue）。根據這種計劃，由六歲至十二歲全體兒童，不論貧富，不分階級，授以同樣的基本訓練；由十四歲至十七歲，較爲聰明的兒童，將接受一種中等教育；最後，資質最優異的少數而年在十八歲者，可准其進入高等學問的學校深造。包含此種理想的法案，曾提出於法國的國會，雖不獲通過，但其至少引起公衆對這問題的討論。一九二四年，教育部長委出一個委員會，謀劃一種組織，對凡有能力的學生，不論其社會階級，供應以各種教育的機會。一九三零年，國會通過中學免費案，但由於在中等學校並無充份的地方可容納所有申請入學者，故確定採取選擇的制度。一九三二年六月二十一日，部令規定每一學校組設一委員會，對於申請入學者，負選拔之責。由於一九二四年委員會提議之故，教育部長的法令，對中學內小學級教師之特別班，停止委任，並規定此等班所修習的小學課程。凡此修習課程與教學人員的統一，以及中學學費之豁免，皆爲統一學校運動中所採實際的步驟，以求其實現的。

其次，關於中學的新課程，上面所述一九零二年製訂的課程，是由分期的安排，盡力調和修習之人文的與科學的課程之結果。可是，早已感覺到，在第一期科學的課程（乙種）與在第二期科學的現代語課程的結果，比諸古典的語文所要求的課程，較爲相當低的。一般人認爲這種選科容許太早的與過份專門化的，而課程亦太過百科全書式的。於是改革的提議，不知凡幾。古典的提倡者，認爲既有高等小學的與技術的教育之存在，國立中學與市立中學，自無需授與同樣的訓練。一九二三年，公共教育部部長貝拉爾（M. Leon Berard）提出改革，於五月三日部令及十二月三日法規所規定新課程，定在一九二四年十月始業的班級，付諸實施。此提議的課程，冀圖使古典的及現代的人文與科學之學問，達到平衡。根據這新法規，所有中等學校的學生，規定要受一種共同的課程，包括四年拉丁語，兩年希臘語、法蘭西語、歷史、地理，一年現代語、數學、自然科學與圖畫。選科僅在第四年級修完後，方有可能。這些選科，分爲古典組與現代組，任擇其一。古典組以拉丁語爲必修科，希臘語爲選修科；現代組，以第二種語言爲必修科，並加以法蘭西語之專修。在全七年學程的首先六年，科學的學科，對於全體學生是絕對相同的。最後一年的學科，並無變更。貝拉爾這種改革，陷於古典教育的色彩，不消說，是受各方面的非議，尤其使拉丁語與希臘語强迫全體學習，最爲不滿。一九二五年六月三日又公佈中學的新課程，於隨後十月間付諸實施。在七年課程中首先六年，約有三分二之時間表，是授給法蘭西語言與文學、地理、歷史、一種現代語、數學、物理科學及自然科學。這些學科是共通的適用於古典組（甲）及現代組(乙)。甲組的學生，修習拉丁語，首先兩年每星期有六小時，第三年有五小時，以後三年有四小時。這組於第三年級開始授希臘語，但在第五年級時可以停止而代之以一種外國語及一種人文的學科。乙組的學生，是添授法蘭西語、歷史、地理、一種外國語及自然科學。第四年級開始授第二種外國語，第五年級開始授外國文學與文化。兩組於共通的學科可在同班教授。當學生通過第一試時，他們可以選擇哲學班或數學班。但在此等班，學生平均從事於歷史、地理、現代語、自然科學、圖畫、論理學與倫理學的修習。此乃共同的科目。但在哲學班，每星期幾乎八小時半是授與心理學、論理學、倫理學與形而上學；兩小時為文學研究，與三小時物理化學，兩點時自然科學，兩小時數學的隨意科。數學組學生，每星期九小時半為數學與幾何畫，四小時半為物子、化學，兩小時為自然科學。至於女子教育，家長與教師早已要求女子的中等教育，其授課應與男小的相同，一九二八年，遂告成功。現時女子亦准授與學士的學位。

第二次世界大戰後的教育　第二次世界大戰後，法人收拾殘缺，復建國家，對於過去，重新估價，認為法國傳統的教育方針，未能維持法國於強國的地位，引起廣泛的批評，故教育改革的倡議，因時而興。其最著者，為郎之萬(Paul Langevin)委員會的改革計劃，於一九四七年七月發表，認為當前法國教育之最大缺點，在乎公民訓練之欠缺，與對於職業教育之輕視，主張將現行學制，作適當的改革，建議一長期計劃，但經各方面反對，未能全盤實現。一九四九年戴布法案(Delbos Bill)，曾將其所提一部份建議，付諸實施，對於法國學制，改變不少。戰後法國教育的趨向，約言之，注意於單軌型學制及教學的現代化。初等教育方面，仍不忘統一學校的倡議，冀圖破除小學、中學及職業教育的傳統隔離性，而增加個人在小學教育階段的受教機會。對於義務教育，有主張擴展至十六歲甚至十八歲的。中等教育，最重要的改革之一，即將以往之高等小學，升格爲中等學校，改稱爲現代中學(Colleges Modernes)，特別注重現代語及實用學科。又有新型的技藝中學(College Technique)，實施工業及科學教育。至於高等教育，雖戴布法案曾提出若干改革計劃，惟罕有付諸實施，一般傳統的大學，仍繼續沿用舊式的教學方法。

第三節　英格蘭教育

第十九世紀早期　英格蘭在西歐任何大國中，對公立學校制度之組織，最爲遲慢，而在教育上依靠慈善團體以代替國家的工作。主要的原因，是由於相信教育並非國家的作用，而且應歸教會監督，以及由於統治階級對於開放大衆教育，猶豫不定。有此特殊情形，需要改革家方面鼓吹了三十年，政府才採取第一次步驟，使小學獲得國家的供應。這種步驟，是一八三二年改革法案的效果之一。至一八三三年，國會通過每年撥款二萬鎊，歸兩個宗教性的教育會，即全國貧敎促進協會與英國內外學校協會之分配，以補助初等學校校舍的建築。自那時起直至一八七零年的福司達初等教育法案時，這兩個會仍爲國家補助金分配的機關，因是取得一種既定的權益，却束縛國家制度的發展很大；全國貧敎促進協會代表國教的教會，是特別反對此事。但改革家堅持不懈的策動，在全國組設公立學校會，催促政府對於學校的國家制度方面，採取更堅定性的步驟。一八三九年，遞年撥款增至三萬鎊，樞密院組設一個教育委員會，監督此補助金，對於兩大協會所屬以外的學校，亦許領受此款，惟須依照管理條件，適合設備標準，承受政府視學官的督察。其結果使趨向於國家的控制，更進一步。厥後三十年，國會委出許多委員會，調查公立教育的情形，幾乎在每一案經調查之後，增加政府的注意與控制。一八六一年通過羅威（Lowe）法案，實施補助金的辦法即「憑成績而給款」。根據這原則，凡補助金之撥給於一間學校者，是基於其學生參加政府考試的成績而定。這種最近始撤消的條文，自使學校幾乎完全趨向於爲着考試而進行，成爲正式教學的目的。

一八七零年初等教育法案　最後，一八七零年，大部份由於一八六八年選舉權大擴展的結果，國會通過一案，小學制度，遂告確立，由國家組織、供應與控制了。這案規定，是採公私兼營的教育制度，無論何處，如缺乏學校設備，其團體的選民，可選出一學校董事會，以設立一間小學。此等董事會所管轄的學校，由地方財產稅供應經費，但其數額，必與政府的撥款相等。至於私立學校，即教派的學校，可享受政府的補助金，但不能享受地方財產稅；而政府對各學校的撥款，乃基於政府視學官的報告而定。這些董事會的學校，僅准授給非宗派的宗教訓導。這是英國教育的國家制度，最後奠定一種實際基礎的最好法案，然而尚有一極大的缺點，即准許教派的私立學校可領受政府補助金的妥協。這是不能免的，兩種學校的競爭，自然流於刻薄。當在下一代，由於國會通過各種法案，這兩種學校，遂大加改善。一八七六年與一八八零年的法案，强迫兒童就學。一八九一年法案通過初等教育免費。一八九九年，國會通過政府設立教育部，置大臣爲之首，接收對小學教育控制的權力，國家制度再邁進一步了。董事會學校既享有地方財產稅的權利，故發展甚速。由一九零二年起，其學生人數，與在私立學校者一樣多，教師充份，資格優良，每一個學生津貼更大的款額。這種進展，自爲私立學校所不及，引起國教教會苛刻的妒忌。一八九六年，保守黨得勢，爲著國會選擧中酬答其支持，遂對私立學校允許供應較好的補助。

一九零二年教育法案　一九零一年，保守黨在國會通過巴爾福(G. Belfour)教育法案，准許私立學校與董事會學校同樣享受地方學校財產稅。根據這法案，學校行政上，鄉村區設縣參事會，城市則設市自治區參事會，負籌劃經濟之責，但各學校之行政，則歸於地方的教育委員會，代替舊日的學校董事會，此以私立學校爲例，其委員兩名是由參事會所委任，四名則由教派所推選。這種新制度，實有利於國教的教會。地方一切學校，不論其程度之爲初等、中等，亦不論其性質之爲董事會的或私立的學校，統歸新立教育委員會管理。自是英國教育行政，分爲兩級制：一爲中央的教育部，一爲地方的縣市所組織教育委員會。然而，一九零二年的法案，在不從國教的英人中，引起深切的怨恨，爲在一九零五年政治運動中大題目之一。當自由黨復掌其政權時，在衆議院立卽通過一法案，將所有學校歸公衆當局完全控制之下，以醫治此缺點，但此法案旋被參議院否決。故英國的小學教育，迄今仍基於一九零二年法案的條文而組織。但私立學校受國家與教會二重的統制，總是一個尚待解決的問題。

一九一八年前的小學教育　一九一八年前，兒童的小學教育，由五歲入幼兒學校開始，直至八歲，從事於與幼稚園相同的活動，並學習讀寫算的初階。義務教育强迫入學是規定至十二歲，至一九一八年，提高至十四歲。兒童於十一歲後要從事於農業及十二歲後從事於工業者，可得一部份的例外。半時上學者，被一九一八年的法案而撤消了。當一九零二年的法案以前，許多大城市中設立董事會高級小學，與捐助的公學（Public School）及文法中學以及其他私立中等學校相競爭。但在一九零零年，上訴法院頒發「柯克頓判案」(Cockerton Judgment)，取締地方財產稅使用於小學以外的其他教學，學校董事會旋卽通過一規程，提高高級小學學生年齡的限制爲十五歲。這種學校，以三年課程，敎導十二歲與十五歲間的學生，除授給普通學科外，並著重職業的教育。但因十二歲以上的兒童入學者很難得百分之二，故這種高級小學，從未視爲重要的。又有許多兒童，當其強迫入學的年齡既滿而離校者，每進晚間的補習學校，但學生的數量亦微。這兩種學校，在小學與特殊化的理科學校及工藝學校之間，構成一連繫。此等理科與工藝學校，是由全國政府特別撥款，以資維持的。

一九一八年前的中等教育　直至第二十世紀之初，對於中等與勞工階級的中等教育，實際上並無制訂法規。中等教育是在公學、文法中學與「私人投機」學校的控制之中。英國的公學，是七間私人捐立的、貴族的、供膳宿的學校，卽溫徹斯打（Winchester，一三八二年）、伊頓（Eton，一四四零年）、梭斯巴利(Shrewsbury，一五五二年)、威斯敏斯打（Westminster，一五六零年）、魯拜(Rugby，一五六七年)、哈魯（Harrow，一五七一年）及查打侯斯（Charterhouse，一六一一年），並有兩間捐立走讀的日校，爲在倫敦的聖保祿與商人泰羅(Merchant Taylor's)的學校，合稱爲九大公學。此等公學，由校董會管理，特別重視品性陶冶，歷史悠久，極享盛名，由英格蘭的社會優秀者所肄業，而直接準備進入牛津大學及劍橋大學。文法中學，原爲捐立的拉丁文法學校，散佈於全國，其歷史與教學，許多與公學相同，課程亦側重升學的準備。「私人投機」的學校，於一八三二年改革法案通過後大量突起，通常是由股份公司所創設，爲實施「現代方面」教學的第一間中學，而與「古典方面」相擷抗。此三種學校是私立性質，招收較早學齡的兒童，由七歲至十歲，保持他們以至十四歲，十六歲，或在公學之例及有些文法中學，直至其達到十八歲為止。一九零二年的法案，規定地方當局創設公立中學，使清貧而優秀的學生，獲得拾級而升的機會。為著鼓勵中等教育，國家津貼與公私立的任何學校，只求其課程、學期長度、上課時間能符合教育當局的規程，學校並無要求宗教的考試，但須開放以便視學官之隨時視察。每年准許入受政府津貼的任何中學之學生，百分之二十五是來自公立小學者。一九三三年，接受政府津貼的中學，共有一千三百七十八間，並且有六百六十七間獨立學校是招收男生，四百二十二間獨立學校是招收女生。另有些學校，不在津貼之列。一九三三年，在英格蘭與威爾斯中學註冊的人數，幾達六十萬名。經濟不景氣的趨勢既有令人失業的威脅，却加速學生之入學。年逾十六歲仍留校及准許入大學的學生人數，兩者亦增加的。

一九一八年費奢教育法案　費奢(Fisher)教育法案並非變更由一九零二年法案所創立教育的一般組織，其目的是「公共教育國家制度的建立，因是使全民堪受其益」。這法案使對學生的醫療治療乃命令的而非像一向放任的。免費的補習學校是要建立。五歲與十四歲之間所有兒童，是强迫入學。如團體能供應適當托兒所者，可減省强迫入學的第一年。地方團體可提高其義務教育至十五歲。當學年之中，凡十四歲的學生，不准半途離校，必須修完學年爲止。私立學校必須開放，以備視學官視察。否則其入學者不能承認。學生可准其留在小學，受高級的教授，直至及超過十六歲爲止。補習學校，每星期强迫上課八小時；以迄一九二五年，每星期上課僅爲七小時。凡學生十六歲（一九二五年後爲十八歲）如未入學者，應在補習學校註册。這法案很注意規定學童的雇傭，凡非假日，晨早六時前及晚間八時後，禁止兒童的雇工，星期日亦不得雇傭兩小時以上，以保護兒童的勞動。又規定設立半時間的日間補習學校，收容十四歲至十六歲的兒童，不過條文並未實行。地方教育當局，呈准於教育部，可協助或維持假期野營，爲年長兒童活動的場所，另有對兩歲至五歲間兒童的遊戲中心與設備，亦由地方教育當局設立。私立中學可自動的請求政府派員視察。無論公私立的學校，規定要供給教育部所欲得之教育消息。

自第一次世界大戰後的經濟運動，未幾變爲反對教育的運動，因此費奢法案的大部份，尤其要求增加經費及實施强迫的補習教育，實際上已被撤消或擱置了。以其藉口經濟困難以作反對這法案的主要爭論，故阻撓這法案實施，究竟由經濟問題所導演的，抑或由民主教育之眞正敵人所導演的，很難判定。事實上，費奢法案建議革命性調整，施行感覺困難，毋乃爲其失敗的另一因素罷。擴展强迫入學的年齡提高至十五歲之一項立法，曾由衆議院通過，但於一九三一年二月，被參議院否決。一九三四年，由教育部正式承認的托兒所，約有六十間，便利於嬰兒凡五千人。小學的大班級，亦因經濟的困難，逐漸減少。費奢法案並且規定，在小學課程的高年級(Upper Years)之中，另設高程度的教學及實用的學科，以求適應年長而優秀的兒童之不進高小者。適應此種目的之學校，稱爲中央學校，自一九零五年以來早已在倫敦及其他城市設立。此中央學校雖被列爲初級的，實際上爲中等教育的交替方式。這種學校三年或四年的教學，準備培養學生以便於工藝、事務所或商業的雇用。其課程包含一種外國語、記賬、速記、經濟、科學、數學、手藝、家政，以及有些低級學科的續修，因成爲合法的規定，故學校數量大為增加。一九三四年十月，中學約有三分一的學生是不需納費。在某些地區，有些中學是完全免費的。費者法案所建議的日間補習學校，是極少進行的，惟私立的補習學校，數量却逐漸增多。

哈道報告(Hadow Report)　一九二四年教育部組設一個諮詢顧問委員會，由哈道（Sir Henry Hadow）任主席，主持「適應於以全時間治學直至十五歲而非在中學的學童，對其修習學科的組織、目的與課程，作研討及報告。」這委員會爲改進全國兒童青年的教育，一九二六年，出版少年教育(The Education of Adolescent)的報告書。一九三一與一九三三年，繼續出版。這報告書贊成超過十一歲小學課程的高年級之充實與擴展，及比通常中學較少學術性之高級小學(Senior Schools)的發展，其課程並包含商業的、工業的、家務的與農業的教學，加以數學、科學與一種現代語言的學科，以及低年級有些學科的繼續。此等學校，通常教導其學生至十五歲——這並使其有別於中學——但實際上他們招收有些十一歲以下的學生及相當數量的十六歲或更高年齡的。這種高級小學與中央學校的發展，乃最近英國教育進展中最特色之一。這些學校招收學生逾五十萬人以上。但應注意的，這高級小學並非作對中等教育的準備。兒童雖可由此等學校經過考試而進入中學，但不過爲小學階段中末端的學校。實際上，每年約有七萬五千名學生由小學進入中學，而其數量，近年更急速的增長。學生大部份，經過競爭考試獲得「自由的身份」。自一九三二年以後，有稱爲「特別的身份」，競勝的學生，如其父母是無力繳納者，則可以免費。

高等教育　殆直至第十九世紀之末，英國大學的教學，只在古典學術中心之牛津與劍橋兩大學實施。此等大學，會取消當領取學位時對神學淹通的規定而使其逐漸現代化，設立女子學院，及冀圖藉大學課程而推廣高等教育。牛津最近准許以學位授給婦女，但劍橋僅准其修習大學課程而無領取學位的權利。除舊有的學位外，牛津新增哲學博士的學位。自從第一次世界大戰以來，牛津與劍橋，首次接受國家財政部之經費補助，多少引起一般人認為大學將受外面控制的杞憂。可是，古老的大學，仍保留為社會的與教育的保守主義之堡壘。在過去一代，產生市立的大學，較為適合於現代的需要，在精神上與旨趣上是進步的，對頒發學位男女是平等的，並與市立公共學校有密切的聯繫。此等大學經已設置的，主要的是由伯明罕（Birmingham）、明徹斯打（Manchester）、李茲（Leeds）、利物浦（Liverpool）、布列斯都(Bristol)等市政府所供應，但其可接受國會撥款及私人資財的捐助。倫敦大學，一八三六年創立，初時僅作為一個考試的團體，及至一九零一年，始成為一教學的黌府。這間規模最大的大學，包括有學院與學校的一個聯合體，由八個分科所組成，與市立學校亦有良好的聯絡。

柏特拉教育法案　一九四四年，英國在大戰疲敝之餘，通過柏特拉教育法案(Butler Act)，以奠立公共教育的合理制度。其後於一九四六、一九四八、一九五三年幾次的補充法案，為英國教育現行政策的實施。根據柏特拉法案，義教年限提高至十五歲，必要時亦可提高至十六歲。在義務教育實施中，分為兩個階段。第一階段，從五歲至十一歲，通稱小學，內分幼兒部(Infant department)，由五歲至七歲）和初級部(Junior department)，由七歲至十一歲）。第二階段為中學，把過去屬於初等教育系統中的高級小學和中央學校，改組為現代中學（Secondary Modern School），原有初級技術學校改組為技術中學（Secondary Technical School），而與文法中學成鼎足為三的地位。文法中學側重升學準備，技術中學側重職業準備，現代中學側重生活教育，但均以公民品性的培養和普通教育的實施爲重心。學生於入學二年後，約十三歲左右，還可以有互相轉學的機會。這三類型的中學，可以分設，也可以二種或三種合設而成綜合中學。另有獨立的公學，和文法中學同屬一種類型，大都爲升學準備的。英國中等教育，由此新教育法案起，廢除傳統的雙軌學制，普通教育與實用教育同時並重，較以前的學制進步得多了。

第二十章　教育之國家制度的發展（二）

第四節　意大利教育

意大利的國家教育，並非法西斯（Fascist）黨的一種創造，或近時代的一種發展。其國家的教育，雖僅從第十九世紀中葉肇端，但其所奠下基礎，應遠溯於文藝復興，此乃首在意大利產生的。當時商業及學術的復活，便引起一個有力量的和有教化的中產階級。因是恢復世俗的個人主義和公民的自尊，在古代雅典時期曾表現此相同階級的特性。是時，在教育方面，從事於一種愛好研究與前進的精神。威托里諾與其他思想進步的學者，作積極的建設的努力，以求淨化社會的氛圍，開拓人間的文化，不僅爲着學究與文體而已。但其逐漸發展的人文主義，以偏重於文體與仿古，遂變爲形式的與枯燥的。這種傾向，由耶穌會士再爲推進；耶穌會士在反宗教改革時原爲意大利的教育家。耶穌會注意於中等教育，作爲陶鑄治術人才的方法。文學與一種摹仿的拉丁文體，形式的論理學與修辭，教義的哲學與宗教，構成其課程之基本的內容。其學校是有效率的。但他們剝奪了人文主義教育的現代精神，並基於宗教目的之旨趣而使其成爲推理的支配工具，以代替爲世俗進行的解放智識。意大利對教育的管理，甚至比歐洲其他各國，更爲强有力的，這延展至幾乎通過第十八世紀。然而，即使在以前世紀，笛卡兒與伽利略的著作，對意大利的思想，亦給予深刻的印象。伽利略的門徒，且說服雷奧普爾德（Leopold of Tuscany）設立書院（Accademia del Cimento），更擴展其影響於意大利的邊界以外。此新科學與開始考慮科學的新哲學，雖其本身不能創造學校一種新系統，但開始肢解耶穌會教育的原則。

國家的傾向與法蘭西的影響　創造新教育所需要者，不僅爲對舊的有一種溶解力，且爲一種新力量新目的。意大利像其他各國一樣，亦有向民族主義進行的；但意大利由於貧窮、分裂與爲外國侵略的犧牲者，直至第十九世紀的後半期爲止，雖早有此新目的之表示，尚不能採取一建設的步驟。在教育上世俗與公民精神本身，由於一位法國作家在意大利備受讚揚而表現。這位作家夏洛泰(La Chalotais)，不僅反對其平素特別攻擊的耶穌會士，而且反對所有教士的教師之團體；他的著作，主張教育是國治的國有的。他提議一間學校，由俗人與公民所主持，培養人們盡其公務的責任。教學的課程，除古代語言與文學外，他主張增加現代的。法蘭西語是與拉丁語配合而教授。除文學外，另有數學、機械學、自然及物理的科學、體育與運動、經濟原理、倫理（應脫離宗教）、哲學與「或然的論理學」等科目。他採取這種理想，認爲如編有良好的教科書來教，則所聘的教師也許不需太多的。夏洛泰的職業，原非一教育家，而其撰著國家教育論 (Essay on National Education，一七六三年)，有一大缺點，良以其要旨並非對普通人民的小學教育之建議，在這方面不過蒐述其更偉大的同時人福祿特耳及盧騷的態度而已。但其對意大利公眾所發表公民教育的見解，在這個適宜的客觀環境之下，也是可取的。

法蘭西思想之影響於意大利，大部份於一八零八年直接由拿破崙而來的。這位對意大利的征服者，曾粉碎其舊教育計劃；一七九七年的憲法，規定一種俗人的與公民的小學。一八零二年的法律，建立一新中學制度，以訓練國家軍事與民政的公務員。波納巴地政權（Bonaparte regime）的擁護者，將中學變爲世俗化，減低對文學的注意，鼓勵職業的與技藝的教育，建立國立高級中學（Licei）八間，而於一八一三年在比薩(Pisa)開設高等師範學校，仿自法國制度，亦採用同名。意大利襄助此類改革之重要領袖人物相信，憑藉教育與一種醒覺的民族意識，意大利之統一與自由，始能達到。其後，由於拿破崙的崩潰，二十年工作的大部份，再被擱置。維也納會議，冀圖消滅一切自由的渴望。一八三二年，耶穌會士獲准重返意大利，但多斯加納（Tuscany）及倫巴地(Lombardy)則例外。他們的學制，立有些關於科學的條文；但對於自由主義與民族主義，並無容許的訂定。中學暫時再受其控制。但國家的權力，已趨於强大，由一八四八年新革命時期，逐漸進展於一種國家教育的開端。終至一八五九年，遂有加撒第法案（Casati Law）的制訂。

加撒第法案　基於這項法案，實際上學校是解除教會的控制，雖然宗教是應該教授，即使迄今亦然。小學教育，學校分爲兩種：準備的，學生是爲着將來升入中學；普遍的，對工人階級的與農人的子弟授以基本的智識。小學的强迫入學也規定的。這法案並承認兩種具有歷史性的中學：一爲初級文科中學（Ginnasio），由地方市自治區所供應，設五年的古典課程；一爲國家供應的高級文科中學(Liceo)，於再習三年課程完成，準備升進大學。前者是意大利式仿自德國的文科中學，而後者則仿自法國的國立中學。加富爾（Camillo Benso di Cavour，一八一零至一八六一年）及其他人士早已要求職業的學校。這些學校基於這項法案而設立，再分爲兩級：初級技藝學校（Scuolo tecnico），爲三年制；高級技藝學校(Istituto tecnico)，亦爲三年制。對此等學校之最大革新，這法案經過長期的鬪爭。這種鬪爭，乃對於古典的與現代的教育間的關係，對於古代教育價值之保存與新價值的尋求，及對於修完現代課程的學生准許進入大學的問題。這些問題，許多國家會引起熱烈的爭論者，歷一世紀之久。在意大利，這六年課程表之低級部份，立即失去其實用的性質而變為一種文化的及相當膚淺的學校。凡欲進高級技藝學校者，並無規定考試，此學校並且變為側重於純科學的，因此失去其原來實用的目的。此等學校不啻為書本上機構，而為進大學的準備。但其在數量上已增加，尤其在一九零零年之後，由於教育的「改革派」之助而受低等與中等階段的壓力之故。此等階級堅持中等教育之傳統的特權而非在實用的價值。加撒第法案並規定師範學校之組織。國家支付教職員的薪俸及對貧苦學生的補助。行政上及在普通方面認為師範學校屬於小學的制度。通常自小學畢業後進師範學校，受三年課程的訓練，故程度很低劣。由全國教師聯合會(National Teachers Union)所負責主持之較長期與較完全課程的計劃，會由政府定為特別研究的要案，但自第一次世界大戰及以後局勢的混亂，遂告中斷。

法西斯的教育　法西斯冀圖實現一個有組織的與極權的國家，控制其人民的生活、志願與意識的觀念。意大利早在一八六一年已努力於全國的統一，以迄於第一次世界大戰時，至少已告達成。然由於外患既祛除，國家復趨於黨派的分裂，而威脅到無政府的狀態。此造成法西斯黨於一九二二年以設立在文藝復興方式的「王侯」(Prince)統治下一個「強國」的機會。由於追溯文藝復興，凡人自能明瞭，如欲發揚其民族與國家的文化，應訴諸羅馬及其後意大利之歷史的與英雄的事蹟。如非受實際的限制，此一國家似乎是自認有一顯赫的命運。在此種國家，無論在意大利或任何地方的教育，必須鍛鍊其公民的意志與智識，並必須側重社會的研討、意見與行動，以鞏固國家的權力。墨沙里尼(Benito Mussolini)曾宣佈法西斯政策，主張對教育施行一新法規，教導意大利人民認識在歷史上曾經及希望所成就者，與意大利及意大利人在整個世界對於文明曾經及將來所貢獻者。在意大利，好像其他極權國家一樣，這種思想訓練，不只在學校，而且在受國家控制與指揮的青年運動中實施。

自簡特爾改革後的教育　意大利教育的制度，雖然是根據加撒第法案而施行，而其後發展，且由一連串的法案，尤其一九二三年及一九三零年，根據克洛西(Benedetto Croce，一八六六至一九五二年)及簡特爾(Giovanni Gentile)的理想，而加以改組的。理想主義的哲學家，常認爲教育是自我表現與原始創作的一種進行。個人創造世界，但在法西斯國家內，凡思想與個性，必須根據國家所定的模型而作自我的表現。簡特爾甚至稱國家乃「人民之最高意識」。故學校不僅教授技藝與智識，並且陶冶思想與意志。簡特爾於一九二二年十月被任爲教育部長，授以極大的權力。他對意大利學校制度發表一新方針，改革其目的與課程，對於已有的組織，亦需加以干涉的。然而，行政區是基於語言、習慣與人口基本差異的地區而劃分，以代替政治單位的省。全國總監督機關由七十五個減至十九個，遂獲致較高的中央集權。中央設一教育部，分爲七個司，主管公私立學校、大學、藝術陳列館及全國少年團(Opera Nazionale Balilla)。後者於一九二九年併入教育部，管理體育及青年特別課程的活動。教育的當局，並非由人民選出。教育經費，由中央、省及市自治區依照中央政府所決定的分配額來負擔。全國視察員與地方督導員，是依考試而取錄的名單中遴選委出的。教師必須證明合格與對法西斯政權忠實的。在這種政治的計劃之中，對於教育的實驗及地方的修正，是應有自由的，但絕對國家的原則，必須遵守。學校的效用，像其在德意志與蘇俄一樣，是確保此等原則的奉行。凡其能自由的與詳盡的奉行法西斯主義者，自我表現及個人主義的哲學，與國家作爲人民之意識的觀念間，覺得並無衝突。教師是獨立的；小學是主持活動方法。教科書是經國家審定；宗教的訓導是由教會監督。國家考試及督導，實抑制教學的自由。教師常受監視，倘有不充份忠實或服從者，則被免職。

學校制度　對於公私立保姆或預備學校，曾制訂條文，收容由三歲至六歲的幼兒。此類機關，似學裴斯泰洛齊的模範，於第十九世紀之初設立。福祿培爾的幼稚園，於一八七一年傳入。兒童期之蒙台梭利（Maria Montessori）的兒童院，在一九零四年始創設的。這三種在體格上及教育上照料幼兒的學校，於一九二三年統歸於保姆學校一個單獨的編制之下。小學教育，固有的由六歲開始，繼續至第五級。其課程是敎授宗敎，通常語言活動與練習，包括園藝、家庭藝術、圖畫與圖案的手工，科學的、政治與經濟的原理、算術、歷史、地理等學科。職業的預備功課，是增加於補充的學年之中。鄉村學校每不分級的，只敎授這課程的低級部份。根據一九三零年的改組，職業的預備學校，編列爲中等的，故中等教育包含職業預備的、技術的、工藝的與補充的學校，以及準備進大學之古典的與科學的學校。强迫入學，由法律規定，從六歲開始，繼續至十四歲，但此法律在其後的年份是等於具文。在有些區域，四個人中有三個爲文盲，許多人是無入學的權利。這是顯而易見的，由六歲至十四歲的强迫入學，學校與建校的基金，兩者俱缺，實不能立卽辦到。因此，兒童於十二歲作全時間的雇傭，仍算合法。而且，所有小學畢業後的學生，其入學要經過一種考試。修完小學與補充學校的課程，並非使學生有准入中學的資格。實際上僅有一小部份兒童於十歲以上繼續在校。私立小學准許設立，甚至可得國家的補助，對於減少文盲，大有作用。根據由天主教傳統所定的形式，所有中小學是有宗教的訓導。凡完成小學課程而欲繼續其學業者，可入高等小學，這名稱雖不用，而在小學後的機關，其幾種形式亦不統一。這舊的「全套課程」及「補充的學校」，是仍然進行。其中有半時間的補充學校或低級技藝學校，在那裏是有用的。爲着代替「全套課程」及「補充的學校」增設一種新式職業預備學校（Scuola di Avviamento al Lavaro），供給農業、工業與商業的課程。修完此等課程之一，學生可入高級技藝學校、師範學校、或初級文科中學的第四年級。此等學校是免費，但實習費及離校的證書費，必須繳納。在小學修習五年之後，學生亦可入師範學校（Teachers' Institute）。這裏的男女青年，是準備將來擔任小學的教學工作。這種學校，比舊制的師範學校，目標相差極大。這已變為一種現代人文主義的學校，乃簡特爾對師範教育作大刀濶斧的徹底改革。除了在其課程中哲學與教育一科之外，這師範學校是等於一間普通中學，設有七年課程，側重基本學術的學科。每一間師範學校附設有供學生參觀的幼稚園一所，但非爲教學實習之用的。

至於中學教育，分爲古典的文科中學（Licei-Ginnasi）及科學的理科中學（Licei-Scientifici），每種設有八年的課程而準備升進大學。高級技藝學校的最後四年，供應商業、測量及其他技術部門的學科。凡中學設立，必須得教育部的批准。在每一行政區，由總監及中等教育局主持督導。每一學校有一校長及三人的會議。私立中學必須呈請政府的視導。凡欲進入、轉入或升入較高級的學校，須經國家之考試。中學並非免費。入學費、學費、半途及最後考試費是徵收的。有幾種學校，且徵收文憑費。古典的文科中學的時間表，包含意大利語與拉丁語，每一種讀足八年，希臘語五年，及現代外國語四年。每一種學校，數學規定八年。歷史、藝術史、地理、科學、經濟及哲學，是包含在內。這種課程準備入大學，但大學入學，須再經考試。技藝學校，志在使冀求職業的學生，準備其從事商業的與半技術的操業，尤其測量與小工程的職業。這種學校之初級部，亦準備學生升讀科學的理科中學，此繼技藝學校之後續授意大利語、拉丁語與一種現代外國語、數學、物理學、化學、自然科學與圖畫。凡欲研究科學、醫學與工程者，須經過這種學校，方准入大學。在簡特爾的改革中，並設有女子的特別文科中學。學生在中學受過低級四年課程後，方准入學，供應三年課程，除意大利語、拉丁語、一種現代外國語、及些少現代文學外，並授家政、音樂、唱歌、跳舞與圖畫。女子如欲由大學轉學，是不易批准的。

全國少年團　志願組織的團體，久已在意大利學校中表現一大部份，在最近數十年間，其數量與活動，更大爲增加。自從法西斯之涖臨，政府採取一項政策，將此類團體，如育嬰、學校的備辦膳食、提倡節約、設立夜學、供應學校午餐、掃除文盲及許多其他的活動，合併爲公共機關。此類機關之最重要者爲全國少年團，或稱爲全國巴里拉團，此名稱是紀念一個意大利青年英雄的巴里拉(Balilla)。這團於一九二六年創立，作爲一個志願的組織，根據法西斯的主義，注意青年之體格上與道德上發展。其招收之男童——對於女子亦有相同的組織——是由八歲至十八歲，並爲一個國民宣傳機關而由法西斯黨供應，遍及於意大利各地。全國少年團是特別主持體育及注意意大利靑年的健康，但其道德的宣傳，亦有很大的影響。這是具有很大的教育意義。

第二次世界大戰後教育的改革　第二次世界大戰後，意大利教育，淸除法西斯的精神與形式，而以一九四八年一月三十一日由國民代表制定的新共和國憲法爲基礎，其中第九、三十、三十三、三十四、三十五及三十八諸條，對於社會、家庭與教育問題的關係，闡述頗詳。尤以第三十四條關於教育，最爲重要，其中規定各級學校是爲着每一國民而設，國民至少應受八年的免費初等教育，國民不因財力大小而有要求達到最高教育階段之權，政府應採取獎學、助學、家庭補助或其他辦法，以保障國民享受教育的權利。學校制度，畧有改革，初等教育，初等學校分爲初級班(Grado Inferiore，三年)與高級班(Grado Superiore，兩年)。一九四七年公共教育規程，規定初等教育的目的：「當前意大利的教育，應以消除此種(未成年公民)愚昧狀態，和培養兒童、成人及公民的創造精神爲最高目的」。初等學校的課程，根據一九五一年通過「新學校改革法案」的規定，有宗教、道德、公民及體育、意大利語、歷史及地理、算術及幾何、自然及衞生、圖畫及寫字、音樂、勞作等科目。中等教育，仍分爲文科中學與理科中學，皆五年制。文科中學分前段兩年，後段三年，尤其後段，偏重於嚴格的人文與語言研究，爲當今最特殊最專門的古典中學。一九四九年，全國學校改革調查委員會(National Investigation Commission for School Reform)建議中學前期改革的計劃，主張凡十一至十四歲的青年，應受中等教育的前期教育，即高級初等學校，與正規的初級中學。前者使其學生轉入正式中學，盡量給予轉學的便利；後者的設施與編制，應以使學生升入正式中學爲標準。又將現行補充學校，分爲古典組與科學組。至於中等教育後期的改革，建議注意於保留文科中學的後段，課程應重質而不重量，中學須要加强升大學的準備，故考試力求嚴格而艱深。職業教育，一九四九年教育改革計劃，增設男女各種職業學校，並予優待的鼓勵，以培養學生的生產技能，使其獲得適當的職業生活。師資訓練，除稍有變革外，仍為傳統的訓練方法。

第五節　美利堅教育

殖民地時期的教育　當第十七世紀時，美國人初居於新大陸，宗教派別的敵對，甚為劇烈；而其定居者，大部份為由歐洲成群逃來的人民，因為他們受着宗教的迫害，及因為他們篤守其固有的儀式而獻祭之故，每結為一體。此種建立於新大陸任何部份的教育制度，主要的由其聚居那處人民所信仰的宗教意見之一種而決定。當時殖民地中教育的發展，發現其互異的方式有三：

（一）選擇式一般的流行於南方殖民地，其中以威震尼亞（Virginia）為恰好的代表。在各殖民地中，威震尼亞最保持其祖國的社會習慣，階級觀念猶存，英國國教的教會是建立的。紳士聘請家庭教師，教導其兒女，或遣他們往英格蘭就學。紳士們視大衆乃契約的僕人或罪犯，對其教育沒有興趣，而唯一相信者是學徒的制度，即對工藝的訓練；此等工藝是這些低等階級所操的生涯。各處中等學校原由個人或私人團體所設立，並非教會與殖民地政府直接有興趣於任何教育制度的組織。一六九二年，韋廉與瑪利書院創立，為當時具有充份的基金與設備者；當第十八世紀時，表現對殖民地堪佩的服務，而培養高等職業的領袖。以迄於革命時期，此種於第十七世紀時在威震尼亞創立的韋廉與瑪利書院，拉丁學校之自動的與偶然的組設，及在學徒制度以外的小學教導，似為各級教育的準備。有些小學是設立了，但其為普通人民入學者則稱為「窮人學校」(Poor Schools)。其適應於威震尼亞者，通常是適應於其他南部殖民地。無論何處，都有設置公立學校的冀圖，這與蘇格蘭——愛爾蘭長老會的教徒，或像在北卡羅連納(Carolina)的其他不從英國國教者之居留地有關係。

（二）教區的學校式流行於中部殖民地。這些殖民地所聚居者，主要的為喀爾文的各教派——像在紐約之荷蘭的改革派及在紐澤西（New Jersey）的長老會，或其他進步的新教徒各教派——像在賓夕法尼亞(Pennsylvania)的教友派與孟諾派（Mennonites)。他們皆相信每個人需要讀經，因此，一般贊同小學的教育。但以各教派互相對立，故這種小學教育，往往採取附屬於教堂之教區學校的形式。荷蘭人將其流行於祖國之優良的教區學校制度移植於新低陸（New Netherland），並對中等教育，頗為注意。賓夕法尼亞歷殖民地時期保持其教區學校的制度，但因教派的妒忌，阻止有任何願意一致的發展。教友派、基督教聯合兄弟派(Moravians)、及長老會派，在其殖民地亦維持中等教育的文法學校。在紐澤西與德拉瓦（Delaware），雖然教區學校尚存，但其設立仍比在紐約與賓夕法尼亞的採取更放任的態度。由於國王學院（今為哥倫比亞大學）、賓夕法尼亞書院（今為賓夕法尼亞大學）、及普林斯頓的創立，在革命時中部殖民地供應初等、中等與高等教育，比在南部殖民地者為更佳。

（三）市鎮學校流行於新英格蘭；在痲薩諸塞(Massachusetts)者或可為表率。開闢痲州殖民地之人民，原為清教徒的一羣。他們一羣之中，並不像在南部殖民地所流行階級的區別，也不像在中部殖民地所流行教派的區別。他們大部份為社會的中等階級，一般受過良好教育而又有大學畢業生為領袖，完全為民主政治的信徒，及喀爾文在日內瓦實施政教合一的成規之強烈支持者。篤信每個人應該能讀聖經，故議會於一六四七年通過一項著名的法律，「麻州清教徒的政府，也許對將來表現其最大的服務」。當一六四七年以前，有些市鎮已創設學校，但只靠私人的努力。一六四七年的法律規定，凡有五十戶的市鎮，應維持小學一間，其教師的薪脩，一半出自學費，一半由納稅而得。若市鎮有一百戶者，更須增設拉丁文法學校一間，預備青年升大學之需。有違這項法律的規條，則罰款五鎊——第十八世紀起罰款增至二十鎊。這樣强迫實施教育的法律，使小市鎮設有小學，大市鎮並有中學，而且表明國家有權責令地方維持學校，否則受罰，此爲普及義務教育的先聲。教會藉其州的力量以推行此法律，但自學校已完全世俗化之後，此項法律仍爲這州的理想。麻州式的學校，除了魯德島(Rhode island)之外，已爲新英格蘭境內其他殖民地所採用。獨魯德島狂熱的傾向於思想與言論之自由，使學校像南部殖民地的特性一樣而放任的發展。

綜合上述三類來說，第一類，教育具有慈善的性質，社會有階級性，中等階級以上子弟，可享受私人的教育，少數孤兒和貧苦兒童，則由教會作慈善性的課以適當教育。此種思想，直至第十九世紀仍存在。第二類，以教育爲教會的一種活動，學校應由教會管理，國家從不過問，故教育成了教會的附屬物，對於後來各州收回教育權的運動，却發生阻力。第三類，以教育乃人人所必需，主張有一種學校系統，爲訓練公民和教徒而設立，此種思想，傳播很遠，對於後來公立學校制度的發達，影響很大。這三類型的教育，皆與美國教育的發展，極有關係，但以第三類最爲普遍採用，由是演成州政府本位的教育。然而，不幸隨後的發展，終使新英格蘭教育的衰落及市鎮學校的退化，揆其原因有三：

(甲)由於英格蘭清教徒移民新英格蘭協會(Commonwealth in England Migration of Puritans to New England) 的設立，實際上已停止了；早期博學之士的領袖，次第凋謝，對於學術愛好者，有後繼無人之感。(乙)在殖民地與祖國之自由主義的產生，例如一六九零年信仰自由法案(Toleration Act)，由英國國會通過。在第十八世紀開始之前，麻州與新英格蘭特性之宗教信仰的統一，已對其他教派讓步，採取容忍態度。由於强烈的宗教精神之衰落，其所激勵的教育，亦因而式微。(丙)市鎮學校式微的要因，還由於居民擴展至新闢的區域，並在市鎮內由各區組成地方政府。早期的居民是環教堂而居，一方面為防備印第安人而求安全保護，一方面由於宗教信仰，擇鄰而處。迨這兩種誘因逐漸消逝，居民遷入市鎮的各區，市鎮學校是不能接近的，或他們遷往新闢的區域，又無市鎮中心。在當時興起的新小村，要求其兒童有平等入學的機會，首先遂產生流動性的學校，全市鎮聘請一教師，每數月便遷移至另一地方，輪流施教。其後市鎮內每一區域設立一間區學校時，公立學校更趨於最後的廢弛。誠以這種流動的學校，至少有一相當薪酬的優良教師，全年教學；而區學校僅聘請一個劣等教師，每年在每一區維持學校只得數個月。因此，新英格蘭對於初等教育供應的設備，比一個世紀以前之原有的，相差很遠。對於供應中等教育的拉丁文法學校，也逐漸衰落，可是在哈佛、耶魯、德特茅斯(Dartmouth)、與布朗(Brown)，却供應專門職業人員所需的高等教育。

過渡階段：由革命至公立學校復活　從物質的觀點來看，革命對於美國公立教育的發展，誠有一惡劣的影響；從精神的觀點來看，却有一實惠的賜與。美國獨立戰爭（一七七六至一七八三年），不僅使中央政府而且使許多州政府破產。英國軍隊蹂躪美國由新英格蘭以至佐治亞(Georgia)的地區，而英國艦隊破壞了殖民地的商業。工業是在停頓狀態中，人民陷於貧困之境。戰爭本為毀滅的性質，在此大變動時期，美國初期慘淡經營的教育，首蒙災禍。但戰爭所欲求自由平等的主義，配合於一種政治的與社會的新秩序，發生一種信念，即對其主義及秩序欲有所成就者，需要普遍的教育。在這種主張公立教育的運動中，有許多困難的障礙，尙需克服，且藉許多輔助的運動以促其成。茲先討論障礙的問題。

甲、對於公立教育發展的障礙。此種障礙，可分爲五點來說：（一）撥給公欵以補助私立學校的實施。這種撥欵實施雖然是普遍的，其效果是最近表現，而與新英格蘭書院（Academy）運動及紐約市免費學校運動相關。新英格蘭區學校制度發展的結果之一，是供應中等教育的文法學校之消失。由於一市鎭增加負擔幾間區小學的經費，維持任何中學的財力，自然減低。在革命以前既存有困難，由於革命而益感棘手。但小康的階級不願其子弟之缺乏中等教育，故創設稱爲「書院」的私立中學，雖爲私人開辦，但由其支持者勢力的影響，常得到州政府或市鎭的公欵之補助。這種書院，會表現一種優良的成績，以其通常是善於組織與管理，開放男女平等的教育，採用現代的學科如英文文學與科學，頗能適應實際的需要，凡修完學業者，便可從事職業，又能培養低級學校的優良教師，爲師範學校的先驅。但這是繳費的學校，並非爲大衆的子弟而設。由一八四零年起，單獨痲州已有此類私立而由公款補助的書院五十間，而這種運動且傳佈至全國，此可見其對公立中學發展的障礙程度了。紐約市免費學校會，於一八零五年是由市長克林敦（De Witt Clinton，一七六九至一八二八年）爲首的慈善家一羣所組成，以設立學校，供給不進教會或私立學校的兒童之需。這會最初頗有成績，享受當時所設置的州學款及市政府的撥款。一八二六年，由州領得一新執照，更其名稱爲紐約公立學校會，並獲准如家長能夠供給兒童的學費，則可以收費。但其產生副作用，許多家長以認窮爲得意，學校的入學人數，立即下降。這種制度僅試行數年而罷止，學校迫不得已再對全體學生免費，但仍保留公立學校會之名。爲着供給學校的地方稅，一八二八年已由州議會授權，將其所得撥給這會，繼續設立學校，漸形諸對小學教育的控制。由是引起各教派的懷疑與憎恨，屢次要求市議會准其學校亦享有公立學校款之權。市議會拒絕其要求，一八四二年，天主教對州議會力爭，認爲這會所補助各學校，名義上爲非教派，其實乃新教徒的。迨議會公聽的結果，認爲如繼續撥給學校款於一個私人的團體或在對立的教派中來劃分，對公衆福利言，益證其未妥當的。因此，州議會於一八四二年設立紐約市教育局，由人民選舉，管理學校款之用途，不能撥給於教派的學校。此舉遂建立紐約市公立小學的制度。

（二）宗教上教派的妒忌　紐約公立學校會的工作，是由其他像費列達菲亞(Philadelphia)等城市相同的會所摹仿，雖其未有同樣的成就。他們的努力，並非如紐約市的對於公立教育的發展，常有實惠的影響。更典型的爲在賓夕法尼亞的經驗。在賓夕法尼亞有些最進步的領袖，革命後會致力於公立小學教育之建立，僅屬徒然。一般人的意見，認爲小學教育應由教會供應。當時有阻止教派的教學甚至要求其放棄校產的運動，教友派、路德派、孟諾派及改良教派(Reformed)，羣起反對。其結果，改革家於一八零二年通過窮人學校的立法，由地方抽稅所得的公款，供給私立學校，爲對窮苦兒童教學之需。這項法律雖經修正，准許某些地方像費列達菲亞州立窮人學校，收容窮苦兒童，以代替收費的私立學校，但保留以迄一八三四年爲止。是年，賓夕法尼亞公立學校促進會(Pennsylvania Society for the Promotion of Public Schools)，經過七年爭論後，乃通過一項法律，准許市鎮與自治市區（Boroughs）組設學校區，徵收學校稅，及可享受已設置的州款。但在賓夕法尼亞東部日耳曼系的教派，是强烈的反對，即全州有超過一半的學校區投票反對徵稅。翌年，爲反對此項法律發生一次强力的爭論，舉行義務教育法律的投票，大部份由於北部與西部各縣住滿新英格蘭人與蘇格蘭——愛爾蘭長老會殖民，投票贊成，故此反對的冀圖，才告失敗。教派的反對，在紐澤西與德拉瓦阻撓公立學校制度的創建，其情形亦復相同。

（三）公立教育視作窮人教育的觀念　賓夕法尼亞普通學校設立的阻遲，主要的雖歸咎於教派的反對，但由於貧窮的家長，每不願遣其子弟作爲窮人的進私立學校或公立窮人學校，亦爲一原因。公立教育視作窮人教育的觀念，普遍流行於新英格蘭整個南部。當革命以前，南部有勢力的階級，對於普通小學，不感興越。哲弗遜（Thomas Jefferson，一七四三至一八二六年）爲公立學校的熱心提倡者；即使當戰爭時，他向議會提出一項法案，設立由小學擴展至學院的一種公立教育制度。此舉在當時似嫌太早，但引起充份的注意，一七九六年通過一項法律，准許每一區域的法官，可向地方徵稅以設置公立學校。然而直至一八一零年議會設置一種「文學基金」（Literary fund），以供應公立教育，始有成效。這種基金累積鉅額的款，雖於一八一八年撥出四萬五千元補助貧苦兒童教育的學校，而主要的則於一八二零年供給威震尼亞大學的創立。這些措施，可說明一部份有勢力的階級對於教育問題一般的態度。哲弗遜提倡公立學校作爲訓練公民資格的機關，與窮人救濟式的教育，旨趣不同。這種窮人學校的制度雖藉「文學基金」的收入而產生，但欲使人民明白以小學公款來供應的觀念尚未適宜。反對公立學校作爲窮人的學校，在其他南部各州中，亦流行同樣的歧視。但自賀拉西曼（Horace

Mann，一七九六至一八五九年）的時期起，經過補助窮人學校之「文學基金」的設置及准予創設普通學校之法律的通過，已有些少進步了。事實上，在南部幾乎各大城市，公立學校之正常制度，經已成立了。

（四）學區制的存在。由革命的時期起，新英格蘭的市鎮學校，逐漸讓與區學校，後者最初是有幾分由地方需要所發展的權宜性質，但逐漸的取得合法的存在。學區是授予徵收地方稅及履行規約的權力。最後於一八二七年選出一學區委員，負責管理校產及聘請教師，但由於各事皆與學校相關，如校址的選擇、委員的挑選、教師的任用，變爲政治鬬爭的問題，教派的對立與個人的自私，益形滋熾。窮人學校，聘用不勝任的教師，每年僅開課數月，乃其自然的結果。此種學區制度，根深蒂固，其弊害並非無人領會的，於提倡改良運動，會騰諸報章，而形諸講壇。其中對提倡改良最有影響者爲卡德（Games G Carter，一七九五至一八四九年），乃麻州議會的議員，提出幾項公立學校復活之實際開端的法案，獲得通過。一八二六年，規定每一市鎮遴選一個學務委員會，監督市鎮的學校，採選教科書，及檢定教師，雖然學區委員仍能委任教師，而對此法律，表示反對的。一八三四年，設立州學校基金，每一市鎮可享受每一學齡兒童增加徵稅一元。卡德的努力，一八三七年於設置州教育董事會的法案通過時，達到最高峯。這會設董事數人，並選任一秘書，執行全州教育事務之責。賀拉西曼被選爲第一任秘書。麻州教育行政，自是得有統一的途徑，不能不說是卡德最大的勳績。

（五）主張公立學校乃根據一種非民主主義的原則。美國的各區域，主張由公共機關供應與管理所有免費學校者，此等第一流改革家之中發現有許多富厚的人物。但各處自私的資產階級，反對教育由公共供應的頑固態度，大不乏人。他們相信民主主義，以爲各行其是，不受强制。若强迫無兒女者納費於對其本身無利益的服務，乃非民主主義的與不公道的。在東部的舊州，此種觀念，頗爲流行，而在阿勒根尼嶺（Alleghanies）以西的新州亦有的，因此阻遲其公立學校的發展。

抑尤有進者，當時美國大多數人民，除新英格蘭及紐約外，多未發展眞正深切的教育意識。尤其西遷的移民，其產生新社會的風氣，個人的價值重於社會的影響，尋求「一個自由而公道的境地」，是最普遍的格言。人民的注意，幾乎特別的專心在曠野與漫無人煙的鄉土，成家立業，那裏農業生活的簡單，並無運輸與交通之便。成功者並非「書本學問」的人，此等人物不受重視；但明敏果決而有能力的人，却取捷徑而可躋於最高的地位。處理日常事務，自無需多大學識，不甚感覺教育的需要。他們並常常覺得何以爲着贊成區區效果的造就而被課稅。這種觀點，加以其他不利的影響像由居民傳於其新鄉土之教派的妒忌而增强，終使對與補助貧童教育的私校學校有關之公立教育，及對創設公立學校的立法，阻止其進展。一八二四年，印第安拿（Indiana）州通過一法案，准許各市鎮選舉學校的受託人，以管理所應設立的學校。但因學校設立，寥寥無幾，故法案等同具文。一八三一年，另一法案准許將市鎮劃定學校區的選民，以決定其教育徵稅的總數。但這法案却有一附款，「凡不能或不願享受學校款的利益者，則無須負納稅之責」。一八三七年，有位議員，劇烈反對徵稅，甚至寧願死後在墓碑上，永遠刻着「此地長眠義教的敵人」，故在一八四零年以前，印第安拿雖有附加的學校立法，但並非使公立學校制度的創設。伊里奈(Illinois)州也是一樣；但俄亥俄（Ohio）與密歇根（Michigan）兩州，約於一八三六與一八三七年間，由在州學校總監的監督之下，完全制度的創設，才告成功。

乙、刺激公立教育發展的運動。這些運動在性質上幾全爲慈善的，但其刺激美國公立學校的發展，頗有影響。（一）主日學運動。主日學之原來組織，並非一教會的學校，只爲教育貧、愚、頑者而創設，略教授世俗的與宗教的學科而已。然而世俗的主日學却刺激教會的動機，未幾，主日學幾乎唯一的變爲在教會控制之下，而放棄其世俗的教學。這種運動於一七八六年傳入美國後，曾極一時之盛，雖教學時間短少，內容淺薄，本身亦無多大價值，但正如其他慈善學校一樣，於後來公費的普及制度之設立，具有多少倡導之功。（二）級長的制度。當蘭加斯達的級長教學制於一八零六年在紐約開始實施時，美國大部份地區對於免費教育的供應是很少，故公立教育任何制度的實行，廉價教學是絕對重要的。級長制度恰恰適應其需要。遲至一八二四年，在費列達菲亞，有一個教師可教二百一十八名學生，每個學生用費每年不逾五元。這種制度的廉價，對於由州議會撥款以爲公立學校的設置，有一極大的影響。而且，其提倡者的熱心，對於各方面教育問題，喚醒想像與引起討論。爲着培養師資而設之模範學校，鋪上師範學校的大道；這種師範學校對於美國公立教育的改良，致力很多。（三）幼兒學校運動。這種運動於一八一六年傳入美國，是補助美國小學教育的不足，逐漸形成美國的初級小學。幼兒學校亦有助於將裴斯泰洛齊的方法，傳授於小學教育，及發展喜歡女教師以教導較幼的學生。幼兒學校與小學，原來不同，但當兩者由公共當局從慈善機關接管時，幼兒學校遂變為小學的初級部。（四）外國的影響有利於公立教育的傳佈。法國革命議會(French Revolutonary Assembiy)贊成公立小學教育的討論與決議，曾直接影響於美國有些思想的領袖，其著者爲哲弗遜。更有影響的，是普魯士及其他德國之國家教育制度許多正式的與非正式的報告，約於一八二零至一八四零年間在美國出版。此等報告的一部份，由數州為之翻印分發。而且，自一八四八年革命後移入美國之大批聰明的德國人，是習染由國家供應與管理的學校制度之理想，而變爲主張在其所居留的團體中設置公立制度之有影響的中心人物。（五）反對影響之交互作用的結果。當革命既成過去，殖民地時期由歐洲傳來的教育理想與機構，仍流行於新英格蘭之外。直至約一八四零年過渡時期之末，除有些州之外，在上面所討論的障礙，已有充份强力以阻止公立教育一種普及制度的建立。可是，由於各地民主政治精神的生長，加之以應付一新環境的需要，乃造成理想的大轉變，及機構的相當改革。各地教育稍減貴族的與教派的，而增多民主的與世俗的。雖然有那種事實及雖然剛才討論的運動之影響，但這樣强有力協助一種公立學校制度的發展，其所希望目的之達成不過爲教育意識一大醒覺的結果，現時必須對其特別注意的。

公立學校復活（一八三七至一八七六年）　這種運動所以稱爲公立學校復活者，蓋肇自企圖將現有普通學校改良而引起興趣，最後於各州公立教育制度中產生公費的小學及中學教育，——許多州其高等教育亦然。這種復活是由一八四零年開始，除南部各州外，至一八七六年復興時期之末止，一般已達到其目的。其所根據的原則，雖已採納，但由內戰（一八六一至一八六五年）造成可悲的情況，是以實現仍被阻遲的。這種運動，試就其幾個大領袖的經歷來研究，更易明白的，其中第一位應注意者爲賀拉西曼。

賀拉西曼生於麻州西部的貧苦家庭，幼時，其父母僅能供給他在鄰近的區學校受教育；及長，幾乎全靠其自己的努力，畢業於布朗大學（Brown University）；其後操律師業，成爲波士頓一著名的人物。實際上，他對於當代社會福利的各種運動，都深感興趣，素性不自私，稟抱與廣博經驗相結合的正確判斷，這些特性，適符一八三七年新設州教育董事會首任秘書的資格。這董事會無實際的權力，但其能維持恒久、發生影響與有成績者，幾全靠這位秘書的人格、聰明與能力而達致。在其任期內（一八三七至一八四九年）十二年中所成就的工作，證明賀拉西曼是超倫的才智。賀拉西曼自己了解的，其首要任務是引起一種新公衆精神，以改變人民對公立學校的冷淡與漠不關心，而爲自動的熱誠。爲着做到這點，他盡力搜集美國區學校的惡劣情形及在別處改革堪爲模範的方法與制度之消息。他赴各地舉行許多次公開會議，解釋改革與方法的需要，認爲或可實現的；發表其著名的年報，論述當時所注意的各種教育問題，其讀者不只在麻州，而且擴展至其他許多州；並印行普通學校雜誌（Common School Journal），定期報導消息，關於教育董事會的工作、惡劣情形的發現，及考慮其解決的最良方法。

良以竭其體力與財力繼續進行這種教育運動的結果，賀拉西曼對於麻州的公立教育制度，實施如下的改革：（一）在各區創設州立師範學校三間，爲師資的訓練。這些學校，自始已有高度的成功，對於公衆所重視提高教學的職業，有一大影響。（二）將學年平均增加一個月，小學學生的入學，較爲踴躍。（三）逐漸以公立中學代替私立書院。在其秘書職期之末以前，已建立新師範學校五十間。（四）公立教育撥款之增加，幾達一倍以上。私立學校對公立學校經費之比率，由百分之七十五減至三十六。（五）　教師的待遇，以男性爲例，增百分之六十二，女性增百分之五十一，女教師的數量雖多一倍以上。(六)、組設爲增進教師效能的新機關，如教師會與學校圖書館等。(七)採取教學的新方法，尤其裴斯泰洛齊的實物教學及口頭教授，最爲力倡，並基於對兒童本性的了解而實施較溫和的訓練。然而，這些改良並非不經過劇烈反對而就獲得的，尤其與保守的教師及教派的宗教利益相衝突。賀拉西曼的第七次年報(Seventh Annual Report，一八四三年)，對不進步的教師，施以特別的攻擊，而引起很大的爭論。此年報發表其早年參觀外國學校的記述，其在普魯士學校所見者，像教師以實物教授代替僅靠書本朗誦的聽受，藉興趣而引起注意代替懲罰之施行，及教師充滿熱心的精神代替呆板的例行工作，備極贊揚。這年報並未提及波士頓的學校，而且波士頓的保守性教師，自己覺得被抨擊，遂反顏相向。可是對賀拉西曼所提倡改革的爭論而引起之注意，却加速其接納。至於教派的攻擊，認爲賀拉西曼乃唯一神教派信徒(Unitarian)，使學校消失宗教與宗教的精神。雖然這種訴諸宗教的偏見是未成功及廢除州教育董事會的企圖是失敗，但與他有關的爭論，將賀拉西曼磨折，卒使其於一八四九年毅然辭職。可是這些爭論却將其改革的見解，傳佈於全國，而增高其令名。其後，他任俄亥俄州安提阿(Antioch)學院的院長，直至一八五九年去世。

又有一位爲這運動之文學的與哲學的代表，及在新英格蘭以外美國各地比賀拉西曼有更大的影響者，就是巴納德(Henry Barnard，一八一一至一九零零年)。巴納德產自康涅狄格(Connecticut)州一書香之家，性聰慧，畢業於耶魯大學，也習法律。一八三五至三七年，赴歐洲研究教育，尤其特別注意裴斯泰洛齊弟子的工作。賀拉西曼在麻州所完成教育改革的大工作，巴納德亦在康涅狄格完成，爲州教育董事會首任秘書，其後在魯德島充當首任教育長官。而且，由於大部份鼓動的結果，他經許多年進行以設立一個聯邦機構，搜集及出版有價值的消息與統計，故在華盛頓的中央教育局於一八六七年設置時，巴納德爲其首任局長。在任職第三年之末雖由於政治的關係被迫掛冠而去，但其對於學校立法、組織、教學與訓練，幾乎每一方面，都已致力研究過了。巴納德所完成之組織與行政的顯赫工作，並非在其主張公立制度與改良的實施中對這種運動的傳佈，有主要的貢獻。誠以基於盧騷、裴斯泰洛齊、赫爾巴特與福錄培爾的工作之結果，在歐洲既造成大進步；有些報告雖在美國印行，不過爲散漫的與片斷的資料而已。爲求影響於美國教師的大衆，因此對其原則與方法之詳盡的與有系統的解釋，極感需要。尤其需要的，現時美國人已醒覺需要一種由州所管理及供應公立學校的制度，故應熟悉歐洲各國尤其德國所創設的制度。這種消息，是由巴納德的美國教育雜誌（American Journal of Education）所供給。此雜誌爲「在任何語言中對於教育是包含各種問題最完備的著作」。爲著刊行這種垂久的名著，巴納德在其生平（一八五五至一八八一年）中消磨其時間與罄盡其私材，獨立經營，成書三十一巨册，專刊五十二種，構成一個教育的寶庫。自是以後，幾乎每一個美國的教育作家，曾向其發掘珍寶。這雜誌殆包含各種可以想像的教育理論之徹底討論。至於各國教育的制度，師資訓練的組織，各種學校的課程，犯過的與殘廢的教育，學校建築的方法，體育與衛生的設備，由古迄今各教育名家之理論與實際，也網羅論列，非常詳盡。這雜誌鼓舞裴斯泰洛齊方法的實施，而首在美國對幼稚園（一八五六年）給與充份的及有影響力的介紹。事實上，直至一八八零年，凡傳入美國的教育之種種修正而運用，其成功許多是歸功於這雜誌的支持，而各州教育的理想與制度之發展，供給其消息的來源，無出其右，對於教育的貢獻，眞是不少。

復活的影響　由於新英格蘭教育意識醒覺的結果，對於公立學校態度之漠不關心者，立即改觀，人民平昔所最重視的機構而其影響無關於國家大計者，因而消沉。賀拉西曼與巴納德，在麻州、康湼狄格及魯德島之教育董事會，其傑出的繼承者，每運用其精力及智慧，作蕭規的曹隨。各州的教育董事會，不斷的增長權力，並利用權力以鼓勵一部份區域的動作，藉巡視、監督與分配州款，以改良校舍、設備及教師的地位。自這階段之末（一八七六年）起，許多地方的學區制，被迫不能存在，極大部份的私立書院，因不能與公立中學競爭，亦告消失。各大城市殆皆設有學校的總監。緬因(Maine)、新罕木什爾(New Hampshire)、及威爾滿(Vermont)，因爲人口稀少，資源貧乏，實施同樣的改革，稍爲緩慢，但各州自階段之末起，採用其學校的集中管理。當賀拉西曼於一八三七年在麻州大運動伊始，紐約已爲全國在教育上最進步的州。早在一七八四年，州董事(Regents)會已設立，稱爲紐約州大學(The University of th State of New York)，着手組織在小學之上的一種公立教育的制度。州議會常優先撥款分配於那些供應小學的各縣，其後則分配於各市鎮。一八一二年，一個州總監是委出了，此爲美國最先之有總監的；一八二零年雖以政治的關係將其官署與州務廳(Secretary of State)合併，但自那時起，全州已竭力進行集中管理及建立一種公立學校制度。然而反對地方徵稅以供應公立學校者，尚流行於許多地區。私立書院由州撥款以作師資的訓練；紐約市雖於一八四二年組設公立學校制度，但公立學校會與公立學校會所設之學校，互相競爭，以迄一八五三年這會將其資產移交市教育董事會時始罷。一八四四年，第一間州立師範學校是在阿爾巴尼(Albany)開設。最後於一八六七年，由於學費的廢止，全州小學教育是完全公費的。在紐約所成就者，是爲其他中部各州實施的典型，不過後者的進步較爲緩慢而已。一八四九年，賓夕法尼亞州法律「信仰自由」條，一區能決定是否要徵收學校稅及享受州款的補助，皆已廢除而制訂强迫的法律。一八五七年，州學校總監是使脫離州務廳而存在，並制定規條以設立師範學校。自這階段之末（一八七六年）起，賓夕法尼亞有一種完全的公立學校制度。紐澤西州亦是一樣。德拉瓦直至內戰後始組成一完全州制，及至一八七五年，並設置州教育董事會及學校總監。在西部，俄亥俄、印第安拿及伊里奈，公立學校制度設置的歷史，大致相同。這種運動，集中於有些熱心家的個人——如俄亥俄的加盧維(Samuel Galloway，一八一一至一八七二年）、印第安拿的彌爾斯(Caleb Mills，一八零六至一八七九年）、及伊里奈的愛華德(Ninain W. Edwards)，皆爲教育之州的組織與管理而努力。三州之中，其計劃是相同的，卽舉行公立學校大會以引起公衆對其贊同的感情；分發小冊子備述人民的文盲及學校可憐情形的事實；運動州議員以通過優良的法律。此舉雖然受地方教派及既定利益者的影響，但其最後達到成功的。反對公衆供應免費學校的原則，其實力可由印第安拿於一八四七年舉行表決的票數來表明，當時投贊成票者七萬八千人，反對票者亦有六萬一千人。卽使其後一八四九年通過法律之「信仰自由」的規條以實施這原則，竟使三分一之縣份忽略組織學校；而私立學校，在市鎮受託人的裁奪之下，居然享受公款。但自內戰開始，私立學校受公款的津貼及州學校法律之「信仰自由」的規條，經已消失了。這三州公立學校的完全制度，遂告建立了。在密歇根州，其居民主要的爲來自新英格蘭，由一八三七年第一憲章的通過，規定設置一種永久性學校基金及每一區徵收地方稅，其進步是繼續的。最早的議會創立密歇根大學，一八四一年開始取錄學生。上述的三州，集中監督的組織、州立師範學校的創設、及州立大學的發展，當這階級終結以前，已完成公立教育的一種完全的州制。風靡於東部及一八四零年擴展於西部的設立公立學校制度的興趣，也有影響於南部。許多名流，對於這種運動，變為有興趣，在各州並舉行幾次大會，以促其實現。「信仰自由的法律」及「文學的基金」達致相當的進步，以趨向於發展一種學校的州制之信念，雖然只有北卡羅林納州於內戰前爲一實際的創建。不幸自一八五零年後，公衆意見越注意於奴隸的問題。當內戰時生命財產的毀滅，遭逢深創鉅痛，迨其復興，因恐男女合校(Mixed Schools)而又發生另一種大障礙。因此南部教育雖因得北部慈善家捐輸與國會的撥款而更爲發展，及對於社會復興而需要學校的州制之信念，雖變爲普遍的展開，但所願望之事，直至於完全踏進下一階段以前，尚未一般實現。

中學的生長　美國第一間中學，是一八二一年在波士頓創立，初名英語古典學校，繼又改爲英語高等學校，培養公立學校畢業不欲升入大學的青年，俾受一種完備優良的英語教育，以適應實際的生活。這是有別於拉丁文法學校；因其是由波士頓地方的城鎮公衆管理與供應的，故與書院亦不同。未幾，在新英格蘭以內及新英格蘭以外的其他城鎮，紛紛設立相同的學校。女子亦逐漸准入中學，寖假變爲男女同學。當時，拉丁文法學校，已不合新時代的需要，而書院雖爲欲升大學者必經的途徑，但一面領取政府的補助，一面又收學費，形成半公半私的組織，未能作普遍的供應。由於追求高等教育的人數日增，新興工商業的活動，亦需要初等學校以上的教育，爲解決這些問題，遂將公立學校的制度，向上推廣一步，使這單軌式學校，普遍供應青年以職業預備的、職業的、普通的、古典的與科學的課程，而創立美國式的中學。自風氣一開，中學的數量逐漸增加，尤在其復興階段之後。其最初發展緩慢的理由之一，是書院對中學擴展的競爭。顯然的，不迨至約一八八零年或稍後時期，美國的中等教育原爲公立的而非私立的，其次，大多爲普通的與盡端的，而非作升大學的準備。然而，合法與立法的問題，也常常發生，當一八七零或一八八零年間，學校開始較迅速的展佈時，最活動的公立中學之創建，受着相當的反對。法庭對於中學立法，一般的只作廣泛的解釋而非嚴格的。故不能太確定的來說，由於一種普遍運動與需要的結果，公立中學就算確定的與展佈的了。中學最先展佈與最充份發展者，是在大城市與特殊的區城，像新英格蘭、紐約與西北的各州。加利福尼亞（California)及其他西部各州，亦處領袖的地位。在南部，當內戰之後始展佈，每爲稍遲的。自一九零零年後，其展佈已至鄉村，且藉學校的聯合而進至僻壤之區。一八九零年，中學共有二千五百間，一九一零年增多四倍，一九三零年，則增至八倍之數，進展甚速。至於私立中等學校，在美國教育中表現或仍有重要的效用，但其數量，在半世紀間，已作急降的狀態。現時美國的中學，是一種地方的學校，變爲義教的一階段，凡學生可由小學直升而不需考試，男女同學，皆爲免費。其早期編制，原沒有一致。一年、二年、三年的簡易課程，是普遍流行。自一八六零年起，八四制是慣常的；自一八九零年起，已爲支配的編制。同時，中等教育改組，向上擴展，將大學之首先兩年課程轉給與中等學校，一九零二年創立初級學院（Junior College)；而向下伸展，一九一零年，又有初級中學之組設，於是改爲六三三制，但八四制仍保留而佔着一重要的地位。

教育擴展的階段　當美國內戰後，尤其在復興後，免費的、公立的、州供應的與州管理的教育制度之擴展，異常迅速。在新興的西部各州，教派的妒忌及免費公立教育僅視爲便於窮人的觀念，隨而消散了。每一州的最初憲法規定免費公立教育的全部制度，由小學擴展至大學。自第十九世紀之末起，在南部各州存有學校的州制。在北部及東部，各地已實施統一與集中的原則。集中於州控制的勝利，是基於許多原因而得，其中主要的如下：（一）由聯邦政府直接撥給數百萬畝土地於各州，以供應小學及農業的與技術的教育之高等學校；（二）由州教育廳按各州之遵照教育規程者而撥給州款；（三）州立大學統一的標準化的影響，在有些州已置於中等教育的控制者之手；（四）美國人民，對於公立教育作爲其解決政治的、社會的及經濟的問題的媒介，而漸生信心，因此需要其集中才使其有效的。

經過上述各階段的發展，卒造成教育上一種美國的制度。聯邦的憲法原沒有提到教育，當憲法於一七八八年通過時，在權力劃分中將這種活動歸於各州。聯邦雖有教育署之設，不過爲搜集及報導教育的消息，但其在這方面掌握一種非常大的影響。每一州有一種獨立的教育制度，但在綱領上及性質上却大致相同。他們全體有一種小學的完全制度，教育是免費的、普及的與强迫入學的。他們只有少數是靠地方上勁强在其團體內維持中學以供適齡青年的肄業，大部份已設置免費的公立中等教育。除東部有些較舊的州之外，各州設有一間州立大學，將免費的高等教育給與這州男女青年的進修。美國對其經濟的、工業的與社會的生活，尚未實現全體平等機會的理想，但已施諸教育；爲此而有一種由幼稚園以迄大學的教育階梯。有些州，其階梯雖仍缺乏，但大部份對這種組織可算是完全的。

自第二次世界大戰後，美國社會情形，有多少改變，爲着因應時代的需要，學制雖一仍舊貫，但對教育範圍，注意推廣，成人教育與職業，是其著例；教學新技術，亦盡量利用，如電影、電視、廣播、播音、社會活動等，用爲訓練青年的方法。教育的新趨向，可得而言者，對於初等教育，實施補救辦法：（一）修訂學校課程，使能眞正適合兒童的興趣；（二）提高教師的待遇，有些甚至採用單軌薪給制，中小學教師待遇相等，吸引優秀人士從事初等教育工作；（三）戰後學童數量突增，擴建學校校舍，廣爲容納；（四）供給兒童午膳及交通工具。中等教育，注意加强品格陶冶與增進國際了解，前者在培養完整的品格，後者對於聯合國組織的意義與活動，給予學生以實際的智識。爲着適應新的要求，中學課程，多開選科，近年更增置外國語。加以所謂太空時代的來臨，皇皇然以爲自然科學遜於蘇俄，特別增强數理化科學的教材，同時並適應現實生活的需要起見，增開與通常職業有關的科目。

進步派的教育　第二十世紀美國教育的進步，由於杜威(John Dewey)的教育理論、克伯屈(W. H. Kilpatrick)的教學法、詹姆斯(William James)、桑戴克(Edward L. Thornedike)的心理學、及推孟(Lewis Terman)的智力測驗，對教育研究另創新境界，貢獻很大。美國人常以這種傾向自詡爲進步的教育。茲附帶補述，俾明美國教育的特色。

美國教育理論的發展中，其最大改造的領袖，是哥倫比亞大學的杜威教授。在哲學中，杜威乃一個實驗主義者與工具主義者，反對形而上學，企圖從宗教的範圍中解放哲學。他認爲唯有採用實驗的方法與態度，以應付社會的問題，人類對於一個有效的社會生活所需智識的遺傳，方能決定其變更與放棄。杜威不欲建立達成至善之靜止的烏托邦，只追求一個「完全的、成熟的、純潔的、且常持久進行的」世界，成爲生活之主要目的。故其哲學的問題，並非決定怎樣知道這個世界，而在學習怎樣控制及改造這個世界。杜威的教育理論，他自己說過，誠以對於青年教育的、對於心理學的、及對於社會制度與社會生活的興趣，發展其一般哲學。但堪注意的，教育的問題，是感受以前的思想家尤其像赫爾巴特與福祿培爾的學旨，及體認民主政治社會中科學與工業的發展而啓廸其見解。福祿培爾採用教育卽生長的觀念，杜威宗其說，但批評生長乃潛在禀質之展開的概念，而拒絕福祿培爾的神秘主義與象徵主義。杜威特別批評福祿培爾的由做作卽由做事，及由社會的參加卽與人合作而學習的觀念。對於赫爾巴特的理論，雖批評其教師——控制與學習方法的組織，抽象的理性主義，及靠外面材料所構成思想的概念，但他贊同其反對能力心理學、側重興趣，及注意於個性差異與實施教學之前應研究兒童的需要。杜威在支加哥大學組織及主持一間實驗小學（一八九六至一九零三年），教導由四歲至十四歲的兒童。其施教的基本前提，認爲「學校除却其產生社會生活的典型條件之外，不能作爲對生活的一種準備」；「學校卽是生活而非爲生活的準備」。學校之主要目的是訓練兒童於「合作的與互助的生活」。這種生活是社會的與民主政治的生活。教育的方法與活動，注意於兒童的傾向以從事於活動，像織布、縫衣、烹飪及工場工作，作爲導引於其他的工業活動；但工業活動不是形式的與固定的，而採較自由的發展。學校是社會的縮影，不僅作智識或職業的訓練，社會的效率爲其主要的目的。杜威所撰學校與社會（The School and Society），是從職業訓練的要旨以培養兒童對社會的關係，爲其學習的基礎；明日的學校（School of Tomorrow），敘述其以前從事小學中最重要的實驗；民主政治與教育（Democracy and Education），包括其教育哲學最完全的理論。至於思維術（How We Think）及教育的興趣與努力(Interest and Effort in Education)兩書，則貢獻教育的方法——

教學的「問題法」(Problem Method)。在過去數十年間，美國設立許多實驗學校，大多受杜威在支加哥所設「兒童中心」學校的影響。克伯屈及其他教育家，並創「設計法」(Problem Method)，其步驟：（一）確定動作的目的(或極端)，（二）指導進行，（三）提供其志趣，即對其強力追求之心思的動機。這是有目的的活動，由學生自己計劃，自己負責去做的。以「設計法」為基礎的一般原則，可應用於學校任何一種的學科。

現在教育的理論，大多歸功於「新心理學」的提倡者。詹姆斯的與教師論心理學(Talks to Teachers on Psychology)，著重生物學的觀點——即人類原為行為的生物——是作為教育的推論，對於教師與教育的思想，曾有深刻的影響。赫爾(G. Stanley Hall)發表少年時代(Adolescence，一九零四年)一書，專心於青年的教育，引起中等教育問題的興趣，並激勵其實驗。桑戴克的心理學，特別注意於學習的定律，即準備律(Law of readiness)、用與不用律(Law of use or disuse)、及實行律(Law of effect)，對教育亦有最直接的最廣泛的影響。自是以後，從學習的試驗，證明其效能，而不相信陶冶的訓練與訓練轉移之說。從器官進化的理論，刺激起對兒童的研究，以實驗的與比較的心理學，從本質上貢獻於方法與結論。故第二十世紀稱為兒童的世紀，於是教育之科學研究的運動以興。至於智力測驗，繼法國的賓納(Alfred Binet)與施蒙之後，士丹佛大學的推孟，將其方法加以修正，從智力商數認明意志薄弱的、愚鈍的、正常的與聰明的兒童，使學校供應適應此類兒童各種能力之學習與教學的課程。這種智力測驗，並且引用到中學、大學、以至其他方面的設計。但智力測驗，又須靠調查與統計，從實際科學的方式來證明，引申至教學法及課程的改造。

統言之，由於杜威的教育卽生活及教育是生長之說，爲理論的基礎，而以行爲主義心理學對兒童本性的研究，注重個性的教授，經過調查統計的智力測驗，來決定其受教的可能性，控制其課程，實驗學校，遂紛紛興起。這是進步派教育所致力從事的傾向，在晚近美國教育上佔着一種重要的地位。

第六節 蘇俄教育

沙皇時代的教育遺產　俄羅斯公立教育的基礎，是在第十八世紀建立，但進展甚慢，尤其在沙皇的專制統治之下，教育制度是爲了少數人而設立，基本教育通常對他們是根本無用的。教會並且採取壓抑態度，以對付人民的開明運動。因爲教育行政，高度的集中於教育部與宗教會議（Holy Synod）之手，在實施上是較爲有效的。公立學校規定必須以俄羅斯語教授，乃其緩慢發展的另一理由。誠以俄羅斯廣袤的領土，由複雜的種族所居住，在此廣大的區域中，俄語是不甚通行的。加以鄉村的鄙陋與農人的窮苦，亦足以阻遲教育的進展。雖然有這些困難，但在共產黨掌握政權之前，重要的結果已有成就了。

稍後第十九世紀迅速增長的工業化，不僅在大城市，而且在農村之中，學校是普遍的設立。一九零五年，俄羅斯第一次國會成立，開始設法推廣初等教育於一般民衆，不以少數特殊階級的子弟爲限。一九零八年，第一次普通教育條例在國會通過，對小學教育大量的撥款，學校遂立卽增加；凡已設有學校的地方，强迫教育定爲四年（八歲至十二歲）。自這時期起，從實際的努力，發展初等的、中間的（Middle）、中等的、職業的及高等的學校之梯形制度。一九一二年，政府預定四年的初等教育爲强迫教育，並限於十五年內普及全俄。一九零五年，組設全俄教師聯合會 (All-Russian Teachers Union)，各級學校由幼稚園以至大學的教師，可參加爲會員，而發展一種强有力的職業精神。根據一八八八年法律，設立四種職業學校的制度。其手藝亦頗爲發展，早在一八七六年，因參加美國百年展覽會而傳入美國。一九一四年，俄國職業學校，全數約有二千八百間，收容學生二十五萬人以上，商業的學生未計在內。小學方面，全俄約有半數的兒童都進了學校。截至一九一七年共產黨革命的前夕，教育制度一直在繼續擴張的狀態下，兒童及青年入學者七百萬，共有免費的小學十萬間以上，中間的學校一千六百間，中學二千五百間，高等學校七十間，其中包括技術學校與大學。這種情形，頗爲可觀。但全部教育的成就，大部份僅爲十年努力的結果，惜改革太晚，其進步因受戰爭而中斷。

共產黨統治下的教育　一九一七年，共產黨革命，奪取政權，建立政府，改國號爲俄羅斯社會主義聯合蘇維埃共和國 (Russian Soviet Federative Socialist Republics，簡稱 R.S.F.S.R.)，包括有一百七十七個不同的種族，說一百二十五種不同的語言，信仰四十種不同的宗教。共產黨統治以後，將俄羅斯過去傳統的制度，全盤推翻，實施馬克斯主義 (Marxism) 的政治理論，採取集權政策，以國家的力量控制個人。教育視爲政治的工具，一面訓練人民，使其服從共產黨的指導，而成爲社會主義生產及擴張制度下一個生產單位，一面則培養少數遵守共產黨路線的領導人物。其教育發展的過程，可分兩階段來說。

第一階段。當共產黨革命，繼之以內戰及對外戰爭的時期，戰爭與革命之結果，使許多學校關閉乃至於破壞，學校雖仍有開設，但入學者人數寥寥，教學亦無組織。統馭一切的共產主義，其初期希望是建立一個完全新社會的秩序，舊式的强制應不存在，個人及全體的個性應准其自由發展，自詡是要創造「蘇維埃的新人」。正教會（Orthodox）雖遭取締，其土地與產業被充公，學校中宗教的教學被禁止，但首先正式宣佈信仰自由。一九一八年，人民教育委員會曾宣佈：「國家認爲宗教乃一種良心問題，故對於宗教事情保持中立」。同年的教育法令，且以寬大而明確之詞，聲言「個人對其自己特殊發展之權」。一九一八年的教育法案，定下「特重均全人格的教育，共同興趣的啓發，和各人獨立的發展，勞動學校的目的，不在手藝的練習，而在授與工藝教育，勞動方法，使能控制自然」。這法案規定一種統一的勞動學校制度，包含兩級的學校。第一級學校，截至十三歲，設有五年課程；第二級學校，截至十七歲，設有四年課程。這兩級的學校，皆爲免費的與男女合校的。但此僅爲一紙空文，對於供應及執行，實爲國家力量所不逮。這法案的第二十九條，規定學校幾完全爲分權的控制。學校之內部管理，由教師、學生與打掃工人，集體執行。課程與學校對外關係，由一學校委員會控制　這會的組織，包括地方教育局、地方工人的代表，學生亦與教師並肩而坐。每一間學校與學校的團體，實際上是自治的，國家僅保留通常的監督。實際上這種分權的設計，並非完全實現，因爲共產黨利用其地方單位的代表迅即支配學校委員會。

新課程與方法　在共產主義之下，教學與教材，是完全修正的。但這種勞動學校(Labor School)與最初十年表示特色的「複合法」（Complex Method），是與活動的原則密切的聯繫，此應追溯於裴斯泰洛齊、盧騷與更早的思想家。許多改革的理論，原來是陳舊的，實行起來，困難尚多；其中有許多，即使在蘇俄亦非新穎的。這勞動學校的名稱，原由實行相同理想之德文勞作學校（Arbeitsschule）一詞所翻譯而來。這學校與農場和工廠，有密切的聯繫。其全部課程是根據勞工而定，其早期目的雖非訓練一種工藝，但授給一種技術與智識的實用教育，即由於木工、鐵工、銅工、皮革工、印刷工及其他手藝，與由農工的一種技藝學校。即使中學，也應根據工業的。人民教育委員會所頒發示範課程，常注意適應地方的情形。教學的「複合法」將課程作混合組織，打破各科的界限，只圍繞自然、勞動、社會三個中心而按年分配。其訓練數學、語言、圖畫等能力，是由此活動的結果。蘇俄極重視這勞動學校，作爲標準學校而組設，但對其所含有的困難，極少考慮。而且受過新方法訓練之師資的缺乏，材料的不足，學生的擁擠，及計劃本身的弱點，阻撓這學校的成功。內戰與國家的貧乏，更造成不利的背景。學校很少設有農場、花圃或工場。學生通常既無學校書本，亦無書寫的材料。他們自詡教授「社會上有用的工人」，即意指砍柴或洗課室，就算有用的與必需的工作，但當其作爲一種固定的例行工作時，並無智識上激厲。誠如人民教育委員會評論：「他們難免傾向於狹隘的訓練某些手藝或手工的非常粗陋形式，從教學的觀點來看，是十分不需要的而且消耗兒童的脆弱組織」。

兒童與國家　戰爭使蘇俄留下無數的孤兒，零丁無依。其中有些任由流浪的與胡亂的生存，但許多是太年幼，無力照顧自己。對於這點，國家明顯的應負擔收養的義務。但理論的共產黨徒，每根據其國家對兒童關係的觀點進行，離眞正救濟孤苦者尙遠。他們同意栢拉圖的意見，認爲家庭乃個人主義與自私的一個中心，寧可放棄。兒童屬於國家而非屬於父母。兒童應爲集體的國家中一個良好公民，如果在家庭中受教育，變爲太過反社會的。當共產主義之早期的年頭，政府設置數千院舍與國立孤兒教養院（Creches），以收養嬰兒及年長兒童凡五十萬名；但由於使用陳舊的、不合衛生的建築物、貧乏的組織、及缺乏醫藥的照料，故死亡率殊堪驚人。此等國立孤兒教養院陸續關閉，故其大規模的實驗，實際上自一九二零年起已放棄了。

總結上面來說，這一階級對教育的希望，是由命令或紙上計劃所實現。當其目的流於失敗時，則常歸咎於舊智識的與官僚的階級。此皆為無辜的。許多教授與教師被監禁甚至槍決，於是紛紛逃亡。五、六年間，政府取消其初期政策，像學校中宗教的中立、教育的分權制度、「個人對其自己特殊發展之權」等。烏托邦理想既然消失，乃轉而採取苛刻的政治投機了。

第二階段　自執政者深悟共產主義的理想，類屬子虛，未能實現，於是改弦更張，採用國家資本主義，實行勞工專政，無如以後時陷騷亂，許多教育措施，不過在浮淺輕率中進行。至一九三二年第一次「五年計劃」完成後，對於整個教育制度，從事徹底的改革，但時有轉變，不斷的試驗與改造，以適應其實際的需要。一九二三年頒佈統一勞動學校規程，學校共分兩級：第一級等於小學教育，修業期四年，第二級等於中學教育，修業期五年，又分前後兩部，即前三年後二年，第一級與第二級均得獨立設置。第一級與第二級的前部，合稱七年制統一勞動學校。第一級與第二級前後部，合稱九年制統一勞動學校。男女合校，並未變更，在理論上學校保持開放，所有由八歲至十八歲間的學童，准許入學。但由於學生太過擁擠，准入統一勞動學校者，擴展至工人的子弟，這或意指其他階級的子弟，遭受拒納。學費再在中學期內徵收。教育是宣佈受國家統制。所有私立學校，即使由家長聯合會在家庭中設教，亦被取締之列。不僅禁止宗教的教導，而且連以前宣佈宗教中立的原則亦被否認的。

這新方案並規定，無神論及共產主義的教條，列爲正式教學。學校的分權制度及適應地方需要的原則，完全放棄。校長與教師，由地方教育當局所委任，此乃受黨控制的機構。校長不受學校委員會的決定所拘束，而信任其對「全校之教育的、財政的及行政的活動，負指揮之責。」應付學校的教學與內部的方法，新方案第三十二至第三十五條稱：「學校的工作是基於人類勞工活動及其組織之詳細理論的與實際的學習。所有在學校的及學校生活的整個組織之工作，應促進學生思想中，無產階級的意識，並在勞工於其與資本的奮鬪以及準備有用的生產之活動中，發展其協力的智識」。另有條文，規定取消對學生所施各種的懲罰，並主張將自治制度施行於各學校中。

在革命時期，唯一有經驗的教師是在沙皇時代所培養的。但新當局對其中許多不肯信任，全俄教師聯合會亦被解散。不待至一九二四年，共產黨已注意教師新一代的教育。這種教育的實施，不在特設的講習班（Seminaries），而在專科學校（Technicum）及在中學的高級班。其課程是四年制，但只在最後兩年始爲專門的性質。勞工是師資訓練的核心。尤其自一九三一年以降，規定教師要學習工廠及集體農場生產的基本原理。社會科學的修習，與側重馬克思的哲學，包括解剖學、生理學、兒童研究及心理學在內的生物科學，並專心於各種教學的方法，是其專門課程最重要的特色。顯然的，這種規定的訓練，仍感有些不足。全體教師，必須隸屬於教育工作者協會(Educational Worker's Union)，其會員並包括校醫、速記員、打掃工人及學生。這協會有審查課程、學校管理及某些委任之權。卽使如此，共產黨仍懷疑教師非完全忠實的，或非實在地像熟練的工人一樣。共產黨的全體委員，規定要協助監督教師。一九三一年，提高薪俸；並有恩俸制；教學服務二十五年後可以退休。然而，蘇俄的教師，並非構成一種自由職業；而且，受共產黨欽定的方式與思想之下，對於教學方法與課程，教師根本未有充份的自由。

中學教育　中學是四年小學之一種直接的繼續，僅包括統一勞動學校之最後三年或五年。整個學校制度既成爲單一階級社會之發展的一種機構，故階級區別與階級作用，至少在理論上已不復存在。但單一階級社會尚未達到，優先權往往給予統治階級即無產階級的子弟享受。一種七年的課程——小學四年及中學三年的教育，一九三二年規定由八歲至十五歲間的兒童，實行强迫入學。然而，蘇俄對於這等學齡的一羣人，尚未能供應其設備，故有選擇之必要；而這種選擇，只有利於共產黨的青年。這中學是一種獨立的單位，或包含一種七年制或九年制學校之高級的三年或五年課程。學生由小學升入，不需經過考試。依其環境的差別，此種學校共分爲三類：設在鄉間的叫做農人學校，設在工業城市的叫做工廠學校，設在住宅區的叫做普通學校；但所有學校，即使其稱爲普通者，均强有力的傾向於職業化。九年制學校之最後兩年，變爲專門化與職業的，而教師更由農場及工廠徵調而來。工廠學校本身，是一種半時間的學校，而在工廠內進行施教。一九三四年中小學革新規程，初等小學四年，不完全中學共七年，中學共十年，以迄於現在。共產主義在蘇俄的發展中，是反對爲自我啓發及自我決定的教育。個人是應爲職業化和政治化的。其生活的價値不過爲貢獻於國家的。

中學的課程是依標準中學的學科而編成，而且極著重於社會的科學，包含共產主義的原理與方法，及關於勞工的問題。所謂標準的學科，是意指通俗的語言與文學、外國語、數學、自然史及自然科學，以及些少藝術、音樂與體育。即使在中學的課程中，其致力教學者仍採用複合法，以勞工為中心的學科，在其兩面則由自然學識及社會學識來支持。修完七年學校後，無產階級青年可以在中學再修習兩年或入一間專修學校，以準備一種特別的職業。經過全部學習，變為更實用的與專門的，或更趨向於政治的與共產黨的。這種積極學習的複合法，曾大為共產黨所賞識，但試驗下來，困難很多，教育科目，既未完備，基本智識，又感貧乏。其後即使採用美國的道爾頓制(Dalton Plan)。亦不能供給正確而深入的智識。一九三二年，始將複合法放棄，並將道爾頓制廢止，而恢復為沙皇時代所使用的傳統教育方法，用規定的課程表，採取分科制。反對所謂實驗，而回復於陶冶的學科及訓練。每一科目作系統的講授使學生熟習於教科書和通常書籍的閱讀，文字的寫作，和實驗室及工場的作業。這是共產黨淺薄教學中一次大改變。其後若干年的政策，均在注意提高教育的水準。訓育方面，初等及中等教育的基本部份，是從集體主義來訓練。兒童在學校生活中是强化其紀律，教以集體的生活。因此兒童與青年的校內校外之課外活動，是學校組織的基本部份。這些活動，有十月團(Octobrists，簡稱兒童團)、少年先鋒團(Pioneers)、俱樂部工作、藝術活動、衛生與運動的促進、學校任務的操作、學校舒適設備的改良，及其他在學校與團體對無神論與對集體主義的宣傳，為教育計劃的基本部份。

蘇俄政府對於傳佈普及的及政治的教育，曾非常努力。在某些地區，對於幼年級的學生，曾普遍入學。在烏克蘭，一九三一年八歲與十歲間兒童入學者，逾百分之九十八，但這是全俄入學者百分率之最高的。學前教育（三至六歲）與預備班（七歲）的計劃，是使學校向下擴展。一九五五年統計，接受學前教育的兒童約五百萬人，其中托兒所收容九十萬人，幼稚園一百七十萬人，另外季節性的托兒所及幼稚園收容約二百萬人，夏令幼稚園收容約五十六萬人。蘇俄義務教育，自一九三四年建立了新的七年及十年制的學校，七年制學校爲强迫教育，十年制學校的最後三年爲選擇教育，所定標準，極爲嚴格。但因師資缺乏，設備不足，又因經過第二次世界大戰的破壞，以迄一九四九年度重建工作完成後，始能眞實的達到目的。一九五一年發表第五個五年計劃，將義務教育，延至十年。可是其義務教育的機構，共分爲三種：第一種是四年制的初級學校，設在窮鄉僻壤的落後地區；第二種是七年制的不完全中學，設在都市以外的鄉鎭；第三種是十年一貫制的完全中學，設在各大都市，故所謂義務教育的年限，事實上各地亦不盡同。據一九五七——五八年統計，全俄此類學校，共有二十一萬四千一百六十二間，學生數三千零六十二萬四千九百人。至於掃除文盲的工作，在第二次世界大戰前已做了不少，第四個五年計劃（一九四六至一九五一年），便針對這種工作，力謀補救，政府曾下令全國一致協助掃除文盲，以認識字或受過教育的成人，都變成所謂文化軍（Cultural Army）的隊員，進行「一教一」的運動。最近蘇俄雖自認掃除文盲已經成功，這每爲蘇俄宣傳的慣例，尙未能證實的。整個蘇俄教育的系統，其基本觀念是强迫的。這種獨裁的國家，一切生命財產均須受國家的支配，個人毫無自由可言，遑論有智識上自由，故個人的判斷力及興趣，在蘇俄教育上是不尊重的。蘇俄的教育政策，是採一黨專政的方式；教育的目的，完全在於配合國家的需要，故無論義務教育、職業教育以至高等教育，皆須遵照這種方式而實施的。

教育改革新方案　自第二次世界大戰後，蘇俄由於加强國家工業化及戰時人口生產率的降低，估計在一九五九至一九六三年間將大量缺乏二十至二十四歲的成年壯丁，爲解決農工勞工的不足，實行眞正的生產教育起見，乃於一九五八年十二月二十四日，由第二十屆最高蘇維埃通過一教育改革方案——蘇俄爲發展公共教育而加强學校與生活方案。這方案僅作原則性之指示，其詳細實施辦法，由各共和國依照各地需要，擬議後報請上級核准實施。全文分爲普通教育、職業教育、專業教育與高等教育四章，共計四十二節。關於普通教育的改革內容，全國一律設立八年一貫制學校，卽從前七年制學校（小學四年、初中三年）增加一年，課程照舊，並增設工藝科目，及加强職業訓練的準備工作，凡七至十四歲少年，一律平等强迫入學。學生畢業後，可投入農工生產部門，其優秀者的升學範圍：一、農工青年學校，農工青年日間工作，晚間或非農忙季節，修完相當於高中最後三年課程的中等教育，其內容多注重職業訓練；二、中等職業學校，此爲三年制中學，其課程內容除普通公民訓練科目外，注重農工商等職業訓練，並與農場或工廠合作辦理；三、三年制中學，此係原來十年一貫制學校的最後三年，現因七年制改爲八年，故此最後三年等於大學預科，選拔最優秀青年，國家以全力培養之，廣築宿舍使全部在校學生能寄宿學校，使共產主義的灌輸工作，較爲便利進行的。

中華社會科學叢書
西洋教育史

作　　者／劉伯驥　著
主　　編／劉郁君
美術編輯／鍾　玟

出 版 者／中華書局
發 行 人／張敏君
副總經理／陳又齊
行銷經理／王新君
地　　址／11494 臺北市內湖區舊宗路二段181巷8號5樓
客服專線／02-8797-8396　　　傳　真／02-8797-8909
網　　址／www.chunghwabook.com.tw
匯款帳號／兆豐國際商業銀行　東內湖分行
067-09-036932　中華書局股份有限公司

法律顧問／安侯法律事務所
製版印刷／百通科技股份有限公司　海瑞印刷品有限公司
出版日期／2017年7月臺八版
版本備註／據1983年12月臺七版復刻重製
定　　價／NTD 400

國家圖書館出版品預行編目（CIP）資料

西洋教育史 / 劉伯驥著. -- 臺八版. -- 臺北市:
中華書局, 2017.07
面 ; 公分. -- (中華社會科學叢書)
ISBN 978-986-94068-2-6(平裝)

1.教育史 2.西洋史

508　　106008206

NO.F1014
ISBN 978-986-94068-2-6（平裝）